학문을 키워주는 미래로의 산책

온고지신
인문학

에게 드립니다

온고지신(溫故知新)

'온고(溫故)'는 옛것을 익힌다는 뜻이고, '지신(知新)'은 새것을 안다는 뜻으로
새로운 것을 알기 위해서 옛것을 익히고 배워야 한다.

온고지신 인문학 7

원저:공자 / 편저:박일봉

일봉 논어1

개정판

육문사
Yukmoonsa

온고지신 인문학 **7**

일봉 논어1

초판 1쇄 ㅣ 2017년 5월 15일 발행

원저자 ㅣ 공자
편저자 ㅣ 박일봉
교   정 ㅣ 이정민
디자인 ㅣ 인지숙
펴낸이 ㅣ 이경자
펴낸곳 ㅣ 육문사

주소 ㅣ 경기도 고양시 일산동구 산두로 128. 909동 202호
전화 ㅣ 031-902-9948
팩시밀리 ㅣ 031-903-4315
출판등록 ㅣ 제313-2011-2호 (1974. 5. 29)

ISBN 978-89-8203-028-4 04140
      978-89-8203-100-7 (세트)

국립중앙도서관 출판예정도서목록(CIP)

```
(일봉) 논어. 1 / 원저자: 공자 ; 편저자: 박일봉. -- 고양
: 육문사, 2017
   p. ;   cm. -- (온고지신 인문학 ; 7)

한자표제: 論語
원표제: 论语
원저자명: 孔子
중국어 원작을 한국어로 번역
ISBN  978-89-8203-028-4 04140 : ₩15000
ISBN  978-89-8203-100-7 (세트) 04140

논어(사서)[論語]

148.3-KDC6
181.112-DDC23            CIP2017010517
```

一峰 論語1

논어를 시작하며……

　　《논어(論語)》는 깊은 맛이 있는 말씀과 엄격하되 따뜻한 삶의 모습을 전하기 때문인지 아득한 한대(漢代)로부터 집집마다 간직되고 사람마다 읽어 온 책이다. 더구나 독자는 천하에 걸치고 남녀노소를 묻지 않는다.

　　710년에 위구르(Uighur)에서 열두 살의 소년이 베껴 쓴 《논어정씨주(論語鄭氏註)》를 오늘날 우리는 볼 수 있다. 국적을 묻지 않고 지금까지 도대체 얼마나 많은 사람이 이 책을 읽은 것일까? 한 사람이 하염없이 읽고 또 읽었다면 그 연인원 수는 오늘날 지구에 사는 총인구와 비교하여 어느 쪽이 많을까? 당연히 무수한 주석(註釋)이 만들어지고 해설이 기술되어 있다. 이제 와서 내가 또 무슨 말을 하려는 것인가?

　　모든 고전은 독자의 수를 제한하지 않는다. 육십억 인구 중에 둘도 없는 나 한 사람임을 소중히 여길 때, 그리고 자기 자신의 존재를 돌이켜볼 때 고전은 이미 그 사람 앞에 문을 활짝 열어 놓고 있다. 그리고 기연(機緣)으로 맺어진 선인(先人)의 주석이 안내역을 한다. 《논어》는 우리 인류에게 둘도 없는 고전이다.

　　나는 지금 우리에게 주어져 있는 통행본(通行本)으로 《논어》를 읽는다. 그리고 그것이 나에게 이야기해 주는 바를 적는다. 중국의 고전이 표

의문자(表意文字)로 씌어져 있음은 우리에게 있어서 천만다행이다. 만일 2500년 전 이민족의 한 지역, 더욱이 한 무리의 사람들의 대화가 표음문자(表音文字)로 기록되어 있었다면 오늘날의 우리가 그것에 접근하기란 거의 절망일 것이다.

≪논어≫에서 우리는 한자(漢字) 하나하나에서 일단의 개념을 보고 느낄 수 있다. 그 개념에 포함되는 속성(屬性)에서 하나하나의 말이 각각의 경우에 주장하는 의미를 짜내어 파악하려는 시도가 주석이 되고 해설이 된다. 많은 선인들이 그것을 시도해 왔다. 나도 또한 그 뒤를 따라 그 아름다운 것을 주워서 이 완석본(完釋本)을 만든다. 사실상 선인들의 주석의 일가(一家)에 치우치는 것도 잃는 바가 많고, 여러 갈래에 걸치는 것도 얻는 바가 많지 않다.

나는 주로 여러 옛 주석가를 따른다. 말의 추구에 있어서 새 주석보다는 충실함을 높이 사는 것이다. ≪논어≫의 성립과 전승(傳承)에 따르는 여러 문제는 전공의 연구 성과에 맡기고 지금은 언급하지 않는다.

박일봉

차 례 / 논어(論語) 1

차 례 / 논어(論語) 2

서설(序說)

1. 공자(孔子)의 어머니와 아버지

공자는 아버지를 알지 못한다. 그가 3세 때에 아버지 숙량흘(叔梁紇)이 세상을 떴다. 그는 어머니 슬하에서 자랐다. 어머니는 아버지에 대한 이야기를 그에게 하지 않았다. 공자가 아버지를 알지 못한다는 것은 비단 아버지의 얼굴을 기억하고 있지 않다는 것만은 아니다.

사마천(司馬遷)은 공자를 존경한다. ≪사기(史記)≫를 저술할 때에 그는 공자를 위하여 「공자세가(孔子世家)」를 설정하였고 그 제자들을 위하여 「중니제자열전(仲尼弟子列傳)」을 설정하고 있다. ≪사기≫는 역대의 천자를 위하여 「본기(本紀)」를 설정하였고, 세대를 거듭하는 제후(諸侯)를 위하여 「세가(世家)」를 설정하였으며 개인을 위하여 「열전(列傳)」을 설정하고 있다. 제후 가계의 아들이 아닌 공자를 「세가(世家)」 가운데 넣은 것은 이례적인 예우(禮遇)이다. 더구나 그 권말(卷末)에 이렇게 말하였다.

「태사공(太史公)은 말한다. ≪시경≫에 '높은 산은 우러르고, 경행(景行, 큰 길)은 간다(高山仰止 景行行止)'고 하였다. 비록 이르지 못하더라도 마음은 이를 향하여 가는 것이다. 나는 공자의 글을 읽고 그 사람됨을 생각해 본다. 노(魯)에 가서 중니(仲尼)의 묘당(廟堂)·거복(車服)·예기(禮器)를 보았다. 여러 학생이 수시로 그 집에서 예를 배운다. 나는 삼가 그 집에 들러 머물며 떠날 수가 없었다. 천하의 군왕부터 현인에 이르기까지 그 수가 많다. 때를 만나면 곧 번영하지만 죽으면 곧 그친다. 공자는 포의(布衣)지만 전하여 오기 10여 세, 학자들이 그를 제1인자로 여긴다. 천자 왕후로부터 중국의 육예(六藝)를 말하는 자 부자(夫子)에 절중(折中)한다. 지성(至

聖)이라 해야 할 것이다.」

확실히 최대의 존경이며 찬탄이다. 사마천이 공자의 제자들을 위하여 열전을 설정한 것도 그 학설을 존중하기 때문이다.

또 ≪사기≫는 「12제후 연표(十二諸侯年表)」에 있어서도 제후와 마찬가지로 공자의 생졸(生卒)을 기록하여 완전히 제후의 대우를 하고 있다. ≪사기≫의 「공자세가」는 공자에 대하여 이렇게 말하고 있다.

「공자는 노(魯)의 창평 고을(昌平鄕)의 추읍(陬邑)에서 태어났다. 그 선조는 송(宋) 사람으로 공방숙(孔防叔)이라고 한다. 방숙은 백하(伯夏)를 낳았다. 백하는 숙량흘을 낳았다. 흘(紇)은 안씨(顔氏)의 딸과 야합(野合)하고 이구(尼丘, 산 이름)에 기도드려 공자를 낳았다. 노(魯)의 양공(襄公) 22년(기원전 551년)에 공자가 태어났다. 태어날 때 머리 위가 오목하여 이름을 구(丘)라 하였다. 자(字)를 중니(仲尼)라 하고 공씨(孔氏)를 성으로 삼았다.」

구(丘)가 태어나자 숙량흘이 죽어 방산(防山)에 장사지냈다. 방산은 노(魯)의 동쪽에 있었다. 이로 말미암아 공자는 아버지의 묘소를 잘 몰랐다. 어머니가 이를 꺼렸던 것이다.

공자가 자랄 때는 항상 제기(祭器)를 늘어놓고 예절 바른 태도를 갖추어 예를 올리는 놀이를 하였다.

공자의 어머니가 세상을 떴다. 그래서 오보(五父)의 큰 길거리에 빈소를 차렸다. 생각건대 근신한 것이리라. 추(陬) 사람인 만보(輓父)의 어머니가 공자에게 아버지의 무덤을 가르쳐 주었다. 그래서 방산(防山)으로 가서 합장(合葬)하였다.

노(魯)의 창평(昌平) 고을 추읍(陬邑)은 지금의 산동성(山東省) 곡부(曲阜)의 동남쪽에 있는 땅이다. '숙량흘(叔梁紇)'의 '숙(叔)'은 백·중·숙·계(伯仲叔季)의 숙(叔)으로, 배행(輩行)이다. 양(梁)은 그의 자(字), 흘(紇)이 그의 이름이다. 그는 당시 추읍(陬邑)을 관령(管領)하는 지위에 있었다.

죽죽 읽어 내려오던 《사기(史記)》의 문장이「흘(紇)은 안씨(顏氏)의 딸과 야합(野合)하여 공자를 낳았다.」는 구절에 이르러 독자를 당혹케 한다. '야합(野合)'이란 정식 혼례식을 올리지 않은 남녀 관계를 말한다.

《공자가어(孔子家語)》에 따르면 어머니 안징재(顏徵在)는 세 자매 중 막내였다. 공흘(孔紇)과 맺어졌을 때 언니 두 사람은 아직 미혼이었다. 그러므로 징재(徵在)의 나이는 아직 어렸을 것이 분명하다. 그런데 공흘은 키가 십 척인 데다가 무력이 절륜하지만 이미 칠십 세를 넘기고 있었다. 그의 아내 시씨(施氏)는 9녀를 낳았다. 그 밖에 다리를 앓는 아들을 가진 첩도 있었다. 징재는 이 같은 상황에서 공흘과 맺어졌던 것이다.

'지성 공자(至聖孔子)', '예교(禮敎)의 종주(宗主)'인 공자가 야합하여 낳은 아들이라는 점에 저항을 느껴 여러 가지로 강변하는 사람들이 있다. 그러나 그런 시도는 쓸데없는 짓이다. 야합하여 낳은 아들이 성인임에는 조금도 지장이 없다. 사마천은 공자를 존중하여 세가(世家)와 나란히 세우는 것과 야합하여 공자를 낳았다고 기재하는 것 사이에서 모순을 느끼고 있지 않다. 그 문장은 명확하며 하등의 주저도 어두운 그림자도 없다.

공흘과 징재의 사정이 이러할진대 《사기(史記)》에서 '이구(尼丘)에 기도드렸다.'고 하는 그 사람은 징재임이 분명하다. 《공자가어》에서는「징재는 남편이 노령임을 염려하여 이구산(尼丘山)에 사내아이의 출생을 빌었다.」고 한다. 이구산은 곡부의 동남에 있다. 이 산의 서쪽에 창평산(昌平山)이 있고 그 기슭이 창평 고을이다.

공자의 생년(生年)을 ≪사기≫에서는 '노(魯)의 양공(襄公) 22년'이라고 하였다. 서력으로 말하면 기원전 551년에 해당한다. 이때 주왕조(周王朝)는 이미 권위를 상실하고 있었지만 천하는 아직도 그 이름 밑에 통치되고 있었다. 당시의 천자는 영왕(靈王), 노의 양공보다 1년 뒤에 즉위하였다.

공자의 생년을 ≪춘추공양전(春秋公羊傳)≫과 ≪춘추곡량전(春秋穀梁傳)≫은 양공(襄公) 21년이라고 했다. ≪사기≫의 기록보다 1년이 빨라진다. 양자의 진부(眞否)를 지금은 따질 필요가 없다. 다만 나는 ≪사기≫를 사랑하고 존중한다.

공자의 이름은 구(丘)요 자는 중니(仲尼)인데 중(仲)은 차남(次男)임을 나타내는 배행(輩行)이다. 구(丘)와 니(尼)는 분명히 어머니가 기도 드렸던 이구산(尼丘山)에 연유되어 있다. 더욱이 ≪사기≫는 단지 어머니가 그 산에 기도한 인연만이 아니라 공자의 머리 모양이 이구산(尼丘山)을 닮은 것과도 관계됨을 덧붙여 말한다. 즉 공자의 노정골(顱頂骨)은 이구산 꼭대기의 모양처럼 가운데가 오목하게 생겼다. 공자는 마치 이구산이 점지한 아이인 것 같다.

≪사기≫는 '이름은 구, 자는 중니' 뒤에 새삼스러이 '성(姓) 공씨'라는 석 자를 둔다. 이것은 무슨 뜻인가? 아버지가 공흘이요, 공흘은 공방숙의 손자, 공백하의 아들임을 ≪사기≫는 이미 계보를 세워 말하고 있는 게 아닌가? 여기에 공자의 출생을 말하고 뒤에 또 새삼스러이 '성은 공씨'라고 한다. 그것은 중니가 공씨임을 인지(認知)시키기 위한 것 같다.

「구(丘)가 태어나자 숙량흘(叔梁紇)이 죽었다.」 ≪사기≫의 이 문장은 공자의 탄생과 공흘의 사망이 짧은 시차를 두고 이어지고 있음을 나타내고 있다. ≪공자가어(孔子家語)≫는 아버지의 사망이 공자 나이 3세 때의 일이었다고 한다. 공자가 아버지의 얼굴을 눈(眼) 속에 새겨 넣기에는 불행하게도 너무 어렸다. 공자는 아버지의 얼굴을 모른다.

공흘(孔紇)의 죽음을 ≪사기≫는 「방산(防山)에 장사지냈다. 방산은 노(魯)의 동쪽에 있다.」고 기록하고 있다. 「방산은 곡부(曲阜)에서 동쪽으로 이십오 리」라고 오랜 지지(地誌) ≪괄지지(括地志)≫는 기록한다. 「방산은 노의 동쪽에 있다.」 이 한마디의 덧붙임은 방산이 공자의 집에서 가까움을 독자에게 주의시키려는 의도이다.

이에 잇따른 ≪사기≫의 문장은 「야합하여 공자를 낳았다.」는 문장보다도 더 한층 독자를 당혹시킨다. 「공자는 그 아버지의 묘소를 잘 몰랐다.」 공자는 아버지의 묘지를 확실히는 몰랐다. 더욱이 그것은 「어머니가 이를 꺼렸기 때문이다.」 「공자에게 알리는 것을 어머니가 기피하였기 때문이다.」라고 한다. 왜 공자의 어머니는 남편의 묘지를 아들에게 말하는 것을 피했던 것일까?

≪예기(禮記)≫ 단궁(檀弓) 상편(上篇)에도 「공자는 어려서 아비를 여의었다. 그 무덤을 몰랐다.」고 했다. 거기에 후한(後漢)의 정현(鄭玄)은 주(註)를 달아 「공자의 아버지 추(陬)의 숙량흘(叔梁紇)은 안씨(顏氏)의 딸 징재(徵在)와 야합(野合)하여 공자를 낳았다. 징재는 수치스러웠다. 그래서 말하지 않은 것이다.」라고 한다.

정현은 후한(後漢) 말기의 대유(大儒)로 5경에 모두 통달해 있었는데, 특히 예학(禮學)의 권위자이며 ≪주례(周禮)≫, ≪의례(儀禮)≫, ≪예기(禮記)≫, 이른바 3례(三禮)에 대한 그의 주석은 오늘날에도 존중되어 계승하고 있다.

공자의 어머니가 남편 공흘의 무덤이 있는 곳을 공자에게 말하지 않았다는 것은 그때까지 한 번도 모자가 성묘를 함께 하지 않았음을 말하는 것이기도 하다. 공자의 어머니는 미혼모(未婚母)인 듯하다. 모자가정(母子家庭)

의 가난을 견디며 여자의 힘만으로 양육된 공자, 공흘에 대한 사모와 애정을 가슴 깊이 간직했을 징재(徵在), 이 박복했던 모자와 부친과의 연분을 소중히 하려는 사마천(司馬遷)의 감동도 역시 '성은 공씨'라는 말에 나타나 있는 것 같다.

이윽고 사마천의 기술은 공자의 유년 시절에 미친다. 공자는 어릴 적에 「항상 제기(祭器)를 늘어놓고 예절 바른 태도를 갖추고」 놀았다고 한다. 원문의 「조두(俎豆)」는 제사 때 제물(祭物)을 담는 그릇, 즉 제기이다. 예절 바른 태도를 갖춘다는 것은 제사 절차에 따라 본 대로 흉내 냄을 말하는 것이다.

이 한 구절은 원래 공자가 현명한 아이이며, 예(禮)와의 관계가 어릴 적부터 깊었음을 말해 주는 것이다. 그런데 사마천이 말하고자 하는 바는 거기에 그치지 않는 게 아닌가? 나는 이 한 구절이 그 앞의 「어머니가 이를 꺼렸던 것이다.」와 그 뒤의 「공자의 어머니가 세상을 떴다.」 사이에 삽입되어 있음에 주목한다. 「제기를 늘어놓고 예절 바른 태도를 갖추었다.」는 것은 어머니의 훈육과 영향으로 말미암은 것임을 사마천은 말하고 있는 것 같다.

조금 뒤에 언급되는 것처럼 노나라에는 주초(周初) 이래의 예의 전통이 있었고 노나라 사람들은 그 예를 배우고 있었다. 공자의 어머니도 그중의 한 사람이며 조상 제사에 경건하게 예를 다하고 있었을 것이다. 그리고 공자는 그것을 흉내 내고 있었던 것이다. 이 놀이가 그의 마음에 옛날의 유풍을 새겨 넣었고 그것에 친숙해지게 하였다. 공자의 생애를 일관하는 주례(周禮)의 존중은 이렇게 해서 뿌리를 내린 것이다. 후일에 그가 계속 꿈에 본 주공(周公)의 모습은 적잖이 그의 눈에 남은 어머니의 모습을 밑그림으로 하고 있었을 것이다.

　사마천은 '무력 절륜' 하였던 아버지 공흘에 대해서 전혀 쓰고 있지 않다. 공자가 지닌 갖가지 미덕은 오로지 어머니에 의하여 배양되었다고 사마천은 말하고자 하는 것 같다.

　어머니에 대한 공자의 사랑은 어머니의 죽음에 즈음하여 격앙된다. 그는 어머니를 아버지가 영면(永眠)한 묘지에 합장코자 한다. 어머니의 은근한 애정의 뜨거움을 그는 알고 있었던 것이리라. 그러나 그는 아버지의 묘지가 있는 곳을 모른다. 어머니가 가르쳐주지 않았던 것이다. 그래도 그는 어머니를 합장하려고 한다. 합장하는 것이 어머니의 뜻에 따르는 것인지 아닌지 그것을 그는 돌이켜보지 않는다. 합장하지 않고는 못 배긴 것이다. 그로서는 드물게 격정에 사로잡히고 있었다. 그는 마침내 어머니의 관을 오보(五父)의 큰 거리에 놓아두는 이상한 행위를 감행하였다. 일반적으로 발인할 때까지의 빈소는 집 안에 차린다. 그런데 공자는 노(魯)의 성안 오보(五父)라는 큰 거리에 빈소를 차린 것이다.

　오보의 큰 거리는 ≪춘추좌씨전(春秋左氏傳)≫에 재삼 나오는 유명한 광장이다. 특히 양공(襄公) 11년, 공자 탄생 10년에 노(魯)의 세 실력자 맹손씨(孟孫氏), 숙손씨(叔孫氏), 계손씨(季孫氏) ― 이 세 사람은 노나라의 운명뿐만 아니라 공자의 생애와도 매우 큰 관계가 있다 ― 가 공실(公室)의 백성을 3등분하여 3군(三軍)을 만들고 각각 1군을 자기 것으로 하였을 때 맹세한 장소가 바로 이 오보의 큰 거리인 것이다. 중요한 광장임을 알 수 있다.

　공자가 이 오보의 큰 거리에 어머니의 빈소를 차린 것은 분명히 사람들의 주의를 끌기 위해서이다. 아버지의 묘지를 알고 있는 사람이 나타나기를 기대했던 것이다.

이 행위에 대하여 사마천(司馬遷)은 '생각건대 근신한 것이리라.' 라는 말로써 평가하고 있다. 광장에 빈소를 차린 것은 깊이 숙고한 끝의 신중한 조치였음을 시인하는 것이다. ≪사기(史記)≫는 잇달아 공자의 이 행위에 반응이 있었음을 말한다. 추(陬) 사람인 만보(輓父)의 어머니가 공자에게 아버지의 묘지를 가르쳐주었다. 이리하여 방산(防山)에 합장할 수 있었다고 한다.

이렇게 공자가 어머니를 합장한 것은 ≪예기(禮記)≫의 단궁(檀弓) 상편(上篇)에도 기록되어 있다. 「공자는 어려서 아버지를 여의었는데 그 무덤을 몰랐다. 오보(五父)의 큰 거리에 어머니의 빈소를 차렸다. 그것을 본 사람들은 모두 장례인 줄 알았다. 그 삼감(愼)은 확실히 빈례(殯禮)이다. 추(陬)의 만보(曼父)의 어머니에게 물었다. 그 후에 방산에 합장할 수가 있었다.」

「그 삼감은 확실히 빈례이다.(其愼也蓋殯也)」 이대로는 이 원문의 의미가 통하지 않는다. 정현(鄭玄)의 주석은 愼자를 잘못이라 보고 引자로 고쳤다. 인(引)은 관(棺)의 장식이다. 장례에는 장례의 장식이 있고 빈례에는 빈례의 장식이 있다. 거리에 있는 관을 보고 사람들은 장례를 행하고 있는 줄로 알고 있었는데 그 장식을 보니 빈례의 그것이었으므로 기이하게 여겼다. 그러고는 공자가 의도하는 바에 주의하였던 것이다.

'만보(曼父)의 어머니' — 정현의 주석은 징재(徵在)의 이웃에 사는 친한 사람이었다고 한다. ≪사기≫는 輓父라고 썼다. 曼과 輓은 음이 가깝다.

어머니의 죽음은 공자가 몇 살 때의 일이었을까? ≪사기≫는 기록하지 않았다. 그 밖에도 명확한 글은 없다. 다만 단궁(檀弓) 상편(上篇)은 위의 기록 외에 합장에 관한 글을 싣고 있다.

「공자는 이미 방산(防山)에 합장할 수가 있었다. 그는 말하였다. "나는 '옛날에는 묘를 만들고 봉분을 하지 않았다' 고 들었다." 지금 구(丘)는 동서남북의 사람이다. 안표(眼標)가 없을 수 없다. 이에 이를 봉분하였다. 높이가 4척이었다.」

'동서남북의 사람'이라고 한 것은 정현(鄭玄)의 주가 말하듯이 주소가 안정되어 있지 않음을 말한다. 공자는 이미 사방을 돌아다니는 연령에 달해 있었다. 남녀의 애정이 그의 가슴에도 타올라 어머니의 심정을 이해할 수 있는 나이였다.

위의 단궁 상편의 기사는 계속된다.

「공자는 먼저 돌아왔다. 문인(門人)은 뒤늦었다. 비가 몹시 내렸다. 문인이 도착하였다. 공자가 "너는 왜 이렇게 늦게 왔느냐?" 하고 물었다. 문인은 "묘가 무너지는 것을 막았습니다." 하고 대답하였다. 세 번 대답하였다. 공자는 눈물을 줄줄 흘리며 말하였다. "나는 들었노라, 예전엔 묘를 꾸미지 않았다고."」

공자가 어머니 묘의 봉분을 높이 만든 것은 자신이 항상 곁에서 보살필 수가 없었기 때문이다. 세월이 흐른 뒤에도 찾아왔을 때 알아볼 수 있도록 해 두고 싶었던 것이다. 그런데 예상치 않은 큰비가 내려 아직 굳지 않은 묘를 무너뜨렸다. 그 말을 듣고 가슴이 미어져 말이 안 나오는 공자에게 둔감한 제자는 자기 목소리가 공자의 귀에 미치지 않은 것이라 생각하고 세 번이나 보고를 되풀이하였다. 필시 언성도 높아졌을 것이다. 그리하여 마침내 공자로 하여금 눈물을 흘리게 하였다. 고래의 관습에 따르지 않은 것을 후회하는 눈물이었다. 공자는 어머니를 합장할 때 묘제(墓制)의 예를 넘어 격정에 흐르고 있다.

어머니에 대한 공자의 사랑은 깊다. 뒷날의 일이지만 제자인 재아(宰我)가 공자에게,

"부모를 위하여 3년을 복상하는 것은 너무 깁니다. 자연계의 변천도, 인간 사회의 영위도 모두 1년을 주기(週期)로 삼고 있습니다."

라고 하여 복상도 1년으로 끝낼 것을 제의하였다. 이에 대하여 공자는,

"네 마음이 그것으로 편하다면 그렇게 해라."

하고 말하고,

"나는 세 살 때까지 부모의 품에 안겨 있었다. 적어도 사후 3년 정도는 부모의 사랑을 그리워하고 싶은 것이다."

라고 말하고 있다.(第十七 陽貨篇 21). 여기에 '부모의 품'이라는 그의 의식의 중심은 물론 어머니에게 있었다.

공자의 따뜻하고 겸허한 성격은 모친에게서 물려 받았지만 외모는 부친으로부터 물려받은 것 같다. ≪사기(史記)≫「공자세가(孔子世家)」는 말한다.

「공자의 키는 9척 하고도 6촌, 사람들이 모두 그를 큰 사람이라 하여 기이하게 여겼다.」

9척 6촌, 한척(漢尺)을 이십삼 센티미터로 계산하면 이백이십일 센티미터이다. 공자는 월등히 큰 체구를 가지고 있었다. 키다리라는 별명이 붙어 있었다. 이것은 나에게 공흘(孔紇)을 상기시킨다. ≪공자가어(孔子家語)≫는 공흘을 '키가 십 척, 무력 절륜'이라고 하였다.

사마천(司馬遷)은 공흘에 대하여 기록하는 데에 아주 소홀하다. 의식적으로 무시하려 드는 것 같기도 하다. 「흘은 안씨(顔氏)의 딸과 야합(野合)하여 공자를 낳았다」며 공자의 아버지가 공흘임을 말할 뿐이다. 「구(丘)가 태어나자 숙량흘(叔梁紇)이 죽었다」고 하여 공자가 아버지와의 인연이 엷었음을 말한다. 「방산(防山)에 장사지냈다.」는 어머니와의 합장을 위한 서두에 불과하다. 사마천이 공흘을 기록한 것은 이것뿐이다. 공흘이라는 인물

에 대하여는 자세히 기술되어 있지 않다.

그러나 공흘은 그 무력 절륜함에 있어서 당시에 유명한 사람이었다. ≪춘추좌씨전≫에 그의 활약이 기재되어 있다.

「양공(襄公) 10년(기원전 563년) 여름에 제후의 연합군이 핍양(偪陽)을 공격하였다. 핍양은 산동성(山東省)의 남부에 있는 소국이다. 원래 수비가 견고한 나라였다. 제후의 군대가 쳐들어가니 성문이 열려 있었다. 군대가 공격해 들어가자 성문에 장치가 되어 있어 갑자기 그 현문(懸門, 매단 문)이 잘려 떨어졌다. 제후의 군대는 독안의 쥐가 되었다. 그때 공흘이 그 문짝을 밀어 올려 틈새를 만들어 병사들을 성 밖으로 나가게 하였다.」

≪춘추좌씨전≫이 기록한 공흘의 무용담은 또 있다.

「양공(襄公) 17년, 공자가 탄생하기 5년 전의 일이다. 이해 가을에 노나라 이웃의 큰 나라 제(齊)와 전쟁을 하였다. 제(齊)의 군대가 노(魯)의 장흘(臧紇)의 영지인 방(防)을 포위하였다. 노의 원군이 출전했으나 방(防)에서 가까운 여송(旅松)이라는 곳에 멈추어 더 이상 진군할 수가 없었다. 노의 병사들이 제의 군대를 두려워했던 것이다. 이때 방(防)에 있던 추숙흘(鄹叔紇)과 장주(臧疇)와 장가(臧賈)가 갑사(甲士) 삼백 명을 이끌고 밤에 제의 군대를 돌파하여 장흘을 노군(魯軍)에게 데려다 주었다. 그리고 그들은 다시 방(防)의 성으로 돌아가서 수비를 굳혔다. 영주인 장흘을 놓치고 말았으므로 제의 군대는 철수하였다.

鄹는 聊라고도 쓰며 ≪사기≫ 「공자세가(孔子世家)」에서 말하는 추(陬)와 음이 같은 글자이다. 이 강습(强襲)의 주역을 맡았던 추숙흘이 바로 공흘(孔紇)이다.」

사마천은 공자와 그 어머니에게 정을 쏟기에 열심이었고 공흘에 대하여는 이렇게 유명한 무용담조차도 기록하지 않았다. 그러나 공자의 체격이

이 아버지로부터 물려받았음은 부정할 수 없다. 그리고 성인이라는 이름이 우리에게 주는 인상과는 달리 공자도 꽤나 힘이 센 사람이었다.

≪여씨춘추(呂氏春秋)≫「신대람편(愼大覽篇)」에「공자의 힘은 국문(國門)의 빗장을 들어올릴 만큼 세었다」고 하였다. 한(漢)의 고유(高誘)의 주(註)는「한 손으로 들어올렸다」고 한다. 이 이야기는 유명한 것으로 ≪회남자(淮南子)≫의「주술편(主術篇)」과「도응편(道應篇)」, ≪열자(列子)≫의「설부편(說符篇)」에도 기록되어 있다.

공자는 ≪논어≫ 속에서도 자주 '용기'를 말하고 그것을 덕목(德目)의 하나로 하고 있다. 그 용기는 육체의 힘으로써 뒷받침되어 있었던 것이다. ≪사기(史記)≫「공자세가」는 협곡(夾谷)의 모임에서 공자의 용감한 모습을 상세히 표현하고 있다.

「노(魯)의 정공(定公) 10년 여름의 일이다. 정공이 제(齊)의 경공(景公)과 협곡이라는 곳에서 회합하였다. 이 회견의 진행을 공자가 주관하였다. 그는 우선 정공에게 "문사(文事)에는 필히 무비(武備)가 있어야 하며, 무사(武事)에는 필히 문비(文備)가 있어야 합니다."라 말하고 좌우의 사마(司馬, 군사 책임자)를 데리고 갔다. 회견이 끝나고 연회가 끝나갈 무렵 제(齊)의 관원이 사방(四方)의 악(樂)을 연주하고 싶다고 자청하고는 무기를 든 패거리를 투입시켰다.

공자는 단상으로 뛰어올라 소맷자락을 번드치고는 그 비례(非禮)를 꾸짖고, 패거리가 물러나지 않자 경공(景公)과 안자(晏子)를 매섭게 쏘아보아 경공의 기를 꺾었다. 조금 있다가 또 궁중의 악을 연주한다며 광대·난쟁이가 잡희(雜戲)를 하면서 등장했다. 이때에도 공자는 단상에 뛰어올라 그 음탕하고 난잡함을 꾸짖고 제의 관원을 시켜 그 패거리를 처형케 하였다. 경공은 겁에 질려 귀국하고 노(魯)에서 뺏은 토지를 반환하고 사죄하였다.」

이 용감한 행위도 공자의 9척 6촌이나 되는 체구와 강한 완력에 힘입었다고 하겠다.

공자는 만년에 오십오 세나 되어 노국을 떠나 여러 나라를 편력한다. 그것도 십사 년의 긴 세월을 말이다. 물론 마차에 타이어도 없고 도로도 포장이 되어 있지 않았다. 여행은 극히 어려웠다. 그러나 공자는 오십오 세의 나이에도 이 긴 여행을 발심(發心)하였고, 그것을 칠십 세에 가까운 고령에 이르기까지 오랜 기간에 걸쳐서 계속하였다. 그 여행은 항상 여의치 않은 나그네 길이었다. 도중에 곤궁에 처하는 일도, 생명의 위험에 부닥치는 일도 있었다. 그는 그것을 이겨낼 만한 체력을 가지고 있었던 것이다.

공자는 백면서생(白面書生)은 아니었다. 사마천(司馬遷)은 짐짓 입을 다물고 말을 하지 않았지만 공자는 헌걸차고 튼튼한 육체를 아버지로부터 물려받았던 것이다. 그는 뼈대가 튼튼하고 몸집이 큰 사나이였다.

2. 노(魯)나라 ── 그 난맥상(亂脈相)

공자는 기원전 552년 또는 551년에 탄생하여 기원전 479년에 서거하였다. 그의 생애는 중국의 역사에서 「춘추 시대(春秋時代)」로 구분되는 시기의 한 가운데서 시종하였다.

'춘추(春秋)'라는 이름은 원래 춘하추동을 생략한 말이며 연대기(年代記)를 말하는 통칭이다. 그런데 ≪춘추(春秋)≫라 불리는 책은 한대(漢代)의 예로부터 이미 노나라의 연대기, 그것도 은공(隱公) 원년(기원전 772년)에 시작되고, 환공(桓公)·장공(莊公)·민공(閔公)·희공(僖公)·문공(文公)·선공(宣公)·성공(成公)·양공(襄公)·소공(昭公)·정공(定公)을 거쳐 애공

(哀公) 14년(기원전 441년)에 끝나는 것에 한하여 말한다. 그런데 공자의 탄생은 양공(襄公) 21년 또는 22년이요, 서거는 애공(哀公) 14년이다.

노나라의 역사는 주공(周公)의 아들 백금(伯禽)이 여기에 봉국(封國)됨으로써 시작된다. 은공(隱公)은 이 시조부터 헤아려 제14대째의 국왕이다. 왜 ≪춘추≫는 이 사람을 상한(上限)으로 삼았던 것일까? 또 왜 애공 14년을 하한(下限)으로 삼고 있는 것일까?

하한의 이유는 분명하다. 이해 노(魯)의 서쪽 교외에서 사냥이 행하여졌다. 그때 기린이 잡혔다. 잡은 자는 그것이 기린인 줄 모르고 산지기에게 주었다. 공자가 보고 기린이라고 판단해서야 그것이 기린인 줄 알게 되었다.

원래 기린은 영험이 있는 짐승으로 성천자(聖天子)가 태평 정치를 할 때에만 나타나는 것이다. 그 기린이 이제 화살에 맞아 잡힌 것은 기린의 등장을 기대했던 것이 이미 절망임을 보인다. 공자는 그렇게 판단하였다.

≪춘추≫는 공자가 현재의 세계를 부정하는 책이다. 그러면 은공(隱公)을 가지고 권두(卷頭)를 이룸은 어떠한 의미를 지니는 것인가? 여기에서도 나는 ≪사기≫「노세가(魯世家)」의 기술에 주목한다.

은공의 아버지는 혜공(惠公)인데, 혜공의 정실(正室) 맹씨(孟氏)에게는 아들이 없다. 천첩(賤妾) 성씨(聲氏)와의 사이에 아들 식(息)이 태어났다. 그 식(息)이 성장하여 송(宋)나라 무공(武公)의 딸 중자(仲子)를 아내로 맞이하였다. 이 며느리가 노(魯)의 서울에 왔는데 매우 아름다웠다. 이를 본 혜공이 빼앗아 자기 아내로 삼아 버렸다. 그리고 윤(允)이 태어났다. 혜공은 이 송의 여인을 부인으로 앉히고 윤(允)을 태자로 삼았다.

혜공이 죽으니 왕위에 오른 것은 태자이다. 그러나 아직 어리므로 노(魯)의 당사자들이 의논하여 성씨(聲氏)의 아들 식(息)에게 섭정케 하였고 즉위시키지는 않았다. 후에 은공이라 불리는 사람이다.

섭정 11년 겨울의 어느 날 공자(公子) 휘(揮)라는 자가 은공에게 아첨하여 말하였다.

"노나라 사람들은 당신을 높이 평가하고 있습니다. 일어서십시오. 내가 당신을 위하여 윤을 죽이겠습니다. 그 대신 나를 태재(太宰)로 삼아 주십시오."

은공은 이 제안을 물리치고,

"선군(先君)의 분부에 따라 윤(允)이 어리기 때문에 내가 대리를 하였을 따름이다. 윤은 이제 성장하였다. 나는 은퇴하고 윤에게 정사(政事)를 넘겨 줄 생각이다."

하고 말하였다. 당황한 것은 공자 휘였다. 자기가 한 말이 윤의 귀에 들어가면 도리어 자기가 죽임을 당할 것이 우려가 되었다. 그래서 이번에는 역으로 윤에게 은공을 참소하였다.

"은공은 일어나서 당신을 물리치려 하고 있습니다. 조심하셔야 합니다. 당신을 위하여 은공을 죽여 드리겠습니다."

윤은 경솔하게도 승낙하였다. 11월에 제사가 있어 은공이 위씨(蔿氏, 노의 대부)의 저택에 머물렀을 때 공자 휘는 사람을 시켜 은공을 죽이고 윤을 세워 왕으로 삼았다. 이것이 환공(桓公)이다.

은공(隱公)은 아내로 맞은 여인을 아버지에게 빼앗겼다. 그리고 아우에게 ― 아버지가 같다는 점에서는 아우이지만 그의 어머니가 본래는 자기 아내로 왔던 여인이고 보면 자기의 아들뻘이 되는 자에게 ― 국왕 자리를 빼앗기고, 더욱이 속이 검은 사나이 때문에 뜻하지 않은 횡사로 생을 마감한다. 이 비길 데 없는 비극인을 가지고 ≪춘추≫는 시작된다.

역사의 기술을 어디서부터 시작하느냐 하는 것은 그 역사가의 사관(史觀)에 의하여 결정된다. ≪춘추(春秋)≫는 난륜(亂倫) · 난맥(亂脈) · 난신(亂臣)의 역사를 쓰고자 하려는 듯하다.

환공(桓公)도 역시 비극의 인물이다. 환공의 부인은 제(齊)에서 왔다. 그녀를 맞으러 간 것은 공자(公子) 휘(揮)다. 환공 18년에 환공은 부인과 함께 제나라에 갔다. 제의 양공(襄公)이 환공 부인과 밀통하였다. 환공은 노하였다. 그것을 부인이 양공에게 고하였다. 양공은 환공을 위한다는 명목으로 잔치를 벌여 환공을 흠뻑 취하게 만들었다. 그리고 공자(公子) 팽생(彭生)으로 하여금 환공을 수레에 태우는 척 꼭 껴안아 늑골을 부러뜨리게 하였다. 환공은 수레 속에서 죽었다. 노(魯)의 당사자는 팽생의 생명을 요구하는 것으로써 겨우 면목을 세우는 수밖에 없었다. 환공 부인은 제나라에 머물며 노나라에는 돌아가지 않았다.

환공(桓公)의 아들 동(同)이 왕위에 올랐는데 그가 장공(莊公)이다. 어머니는 제(齊)에서 남편을 죽게 만들고 그냥 제에 머물러 있었다. 이 장공도 역시 후사(後嗣) 문제로 큰 실수를 한다.

장공은 제나라의 여인 애강(哀姜)을 맞아들여 부인을 삼았으나 적자(適子)가 태어나지 않았다. 애강을 따라온 처제 숙강(叔姜)과의 사이에서 개(開)가 태어났다.

그런데 장공에게는 별도로 애인인 맹임(孟任)이 있었고, 이 여인과는 부인으로 삼겠다고 굳게 맹세한 사이이다. 이 맹임에게서 반(斑)이 태어나 있었다. 장공은 반을 후계자로 삼고 싶었다.

장공(莊公)이 즉위한 후 32년, 그가 병상(病床)에 있을 때 후계자에 대하여 아우 숙아(叔牙)에게 의논하였다. 장공에게는 경보(慶父), 숙아(叔牙), 계우(季友), 세 아우가 있었다.

숙아는 대답하였다.

"일계 일급(一繼一及)은 노나라의 상도(常度)입니다. 경보(慶父)가 계시니 뒤를 이을 수 있습니다. 형님은 아무 걱정도 할 것이 없습니다."

일계 일급(一繼一及)이란 아비의 뒤를 아들이 잇고 형의 뒤를 아우가 잇는 것을 번갈아 되풀이하는 것이다.

이 대답은 당연히 장공의 뜻에 부합되는 것이 아니었다. 그는 또 막내 아우 계우(季友)에게 의논하였다. 계우는 대답하였다.

"나는 목숨을 걸고 반(斑)을 국왕으로 세우겠습니다."

이 대답은 장공을 기쁘게 하였다. 그러나 염려되는 것은 경보를 세우겠다고 하는 숙아의 존재이다. 그 처치도 계우가 떠맡았다. 그는 사람을 숙아한테 보내어 짐약(鴆藥)을 강요하며,

"이것을 마시면 후에 제사를 계속할 자손이 있을 테지만, 이것을 안 마시면 당신의 죽음과 동시에 자손이 끊길 것이다."

하고 협박하였다. 숙아는 할 수 없이 짐약을 마시고 죽었다. 숙손씨(叔孫氏)는 그의 후예이다.

8월 계해(癸亥)에 장공이 죽었다. 계우는 반(斑)을 세워 노의 임금으로 삼았다. 그런데 실은 경보(慶父)가 장공의 부인 애강(哀姜)과 밀통하고 있었다. 애강에게는 아들이 없었지만 그 동생 숙강에게는 장공의 아들 개(開)가 있었다. 경보는 이 제나라 여인과의 관계 때문에 개(開)를 국왕으로 세우려고 생각하였다. 장공이 죽고 반(斑)이 즉위하여 아직 오십오 일밖에 지나지 않은 시월 기미(己未)에, 경보는 마부 낙(犖)에게 분부하여 반을 죽이게 하였다.

낙(犖)이 반(斑)을 죽이는 데는 달리 까닭이 있었다. 반이 겨우 청년이 되었을 때 노(魯)의 대부(大夫) 양씨(梁氏)의 딸에게 마음을 두고 있었다. 이 여인에게 낙이 담장 밖에서 희롱을 하였다. 그것을 본 반은 화가 나서 낙을 채찍으로 갈겼다. 이때 아버지 장공(莊公)은,

"낙(犖)은 힘이 세다. 죽여 버려라. 채찍으로 때리고 그냥 두면 후일이 무섭다."

고 말하였던 것이다. 그러나 반은 낙을 차마 죽이지 못하였다. 그리고 마침내 아버지의 예언이 적중한 것이다.

반(斑)이 죽임을 당했으므로 반을 세웠던 계우는 진(陳)나라로 달아났다. 그의 생모가 진나라의 여인이었던 것이다.

개(開)가 즉위하였으니 그가 곧 민공(閔公)이다.

경보(慶父)는 민공을 세웠지만 애강(哀姜)과의 사이는 더욱 더 친밀해졌다. 애강은 경보 자신이 노의 국왕이 되기를 바랐다. 경보도 솔깃해졌다. 자기가 왕위에 오르려면 민공을 제거해야만 한다. 그래서 대부(大夫) 복기(卜齮)에게 분부하여 민공을 죽여 버렸다. 민공의 재위는 겨우 2년으로 끝난다.

진(陳)에 망명 중이던 계우(季友)는 죽임을 당한 민공의 아우 신(申)을 옹립하고 노나라 사람들에게 호소하였다. 신변에 위험이 닥친 경보는 거(莒)로 달아났다. 계우가 노(魯)로 돌아와서 신(申)을 즉위시켰으니 그가 희공(僖公)이다. 계우는 거(莒)에 뇌물을 주고 경보를 데려다가 자살을 강요하였다.

지난해 8월에 죽은 장공(莊公)은 이러한 내란으로 인하여 이해 6월까지 장사를 못 지내고 방치되어 있었다. 애강(哀姜)은 겁이 나서 주(邾)로 달아났다. 제(齊)의 환공(桓公)은 애강이 경보와 패륜을 행하여 노나라를 위태롭게 한 것을 알고, 애강을 불러들여 죽이고 그 시체를 노에 보냈다.

민공(閔公)의 재위는 겨우 2년. 노나라의 난맥상(亂脈相)은 이때에 극에 달한다. 그 즉위도, 제거되어 죽임을 당하는 것도 모두 환공(桓公)의 아들 세 명의 집안[三桓] 사람의 모략으로 인한다. 노의 국왕의 권위는 완전히 땅에 떨어졌다. 장공(莊公)의 죽음은 8월, 그 이듬해 6월까지 장례를 치를 수 없었던 것도 노나라 공실(公室)의 권위의 상실과 내란의 격렬했음을 말해 주고 있다.

경보(慶父)·숙아(叔牙)·계우(季友) 세 명은 서로가 모략하고 제거하였거니와, 그것은 노의 정치를 움직이는 세력이 그들에게 있었기 때문이다. 이 세 사람의 자손은 각각 맹손씨(孟孫氏)·숙손씨(叔孫氏)·계손씨(季孫氏)의 가계(家系)를 이루고, 그 후 노(魯)의 정치를 좌우한다. 부(富)와 힘이 있는 대로 참람한 짓을 거듭한다. ≪논어(論語)≫에서 「3가(三家)」, 「3환(三桓)」, 「3자(三子)」라 하는 사람들이다. 그리고 이 사람들이 공자의 진로에도 두꺼운 벽을 이룬다.

희공(僖公)의 재위 기간은 삼십삼 년이다. 그가 죽은 뒤 아들 흥(興)이 즉위하였는데 이가 문공(文公)이며 재위 18년 후 죽었다. 여기서 다시 내분이 일어났다.

문공(文公)은 첫 번째 부인 애강(哀姜)보다도 둘째 부인 경영(敬嬴)을 사랑하고 있었다. 애강에게 두 아들 악(惡)과 시(視)가 있었다. 경영에게는 유(俀)가 있었다. 유는 은근히 양중(襄仲, 희공의 아우, 문공의 숙부)에게 아첨하고 있었으므로 양중은 유를 문공의 뒤에 세우려고 하였다. 그러나 숙중(叔仲, 숙손씨, 숙아의 손자)이 반대하였다. 양중은 제(齊)의 혜공(惠公)에게 도움을 청하였다. 혜공은 막 즉위하였을 때라 노의 유력자와 가까이 하려고 생각하고 있었으므로 양중의 제의를 받아들였다. 양중(襄仲)은 악(惡)과 시(視)를 죽이고 유(俀)를 세웠으니 이가 선공(宣公)이다. 적자(適子)를 죽이고 서자를 세운 것이다. 문공의 정부인이자 태자 악(惡)의 어머니인 애강(哀姜)은 울며불며 제(齊)로 돌아갔다.

≪사기(史記)≫ 「노세가(魯世家)」에서 사마천은 '노는 이로 말미암아 공

실(公室)이 약해지고 3환(三桓)이 강해졌다'고 하였다. 춘추 시대에 있어서도 노(魯)의 역사를 말하는 자, 이를테면 노의 정공(定公)이 즉위했을 때 조간자(趙簡子)의 질문에 답한 진(晋)의 사관(史官) 채묵(蔡墨)은 '노의 문공이 죽자 동문수(東門遂, 양중)가 적자를 죽이고 서자를 세웠다. 노군(魯君)은 이에 국정(國政)을 잃었다. 정사(政事)가 계씨(季氏)에게 있음이 이제 4세이다. 백성은 임금을 모른다.'고 하였다.

선공(宣公)은 재위 18년 후에 죽고 아들 흑굉(黑肱)이 즉위하니 이가 성공(成公)이다.

성공도 역시 재위 18년 후에 죽었다. 아들 오(午)가 즉위하였으니 이가 양공(襄公)이다. 이때 겨우 세 살. 3환의 전권 행위는 점점 더한다. 3환이 3군(三軍)을 만들고 공실의 백성을 3분하여 각각 그 하나를 차지한 것은 양공 즉위 11년의 일이다.

양공(襄公)은 재위 31년의 6월에 죽는다. 호(胡)의 여인 경귀(敬歸)의 아들 자야(子野)가 즉위했는데 9월에 죽었다. ≪사기≫는 「태자가 죽음」이라고만 하였다. 그래서 경귀의 아우인 제귀(齊歸)의 아들 주(裯)가 즉위하였다. 이가 소공(昭公)이다.

선공(宣公)·성공(成公)·양공(襄公)·소공(昭公) 사이의 상속이 비교적 순탄하게 이루어진 이유는 노공(魯公)은 이름뿐이요 실권이 거의 없으며, 경제·군사 면에 있어서 3환들이 차지하는 힘이 커져서 노왕(魯王)의 자리는 다툴 가치가 별로 없었기 때문일 것이다.

그러나 소공(昭公)은 얌전히 있지는 않았다. 그가 즉위한 때는 19세. ≪사기≫는 「아직도 마음이 어리다」고 하였다. 어른답게 처신하지 않았던 것이다. 예의범절에도 구애받지 않았다. 대부(大夫) 목숙(穆叔)이 소공을 세우는 데에 난색을 보였다.

"태자가 죽은 경우에는 어머니가 같은 아우가 있으면 그를 세운다. 없으면 서자들 중 연장자를 세운다. 연령이 같을 경우에는 어진 자를 택하고, 어짊이 같을 때에는 점을 쳐서 정한다. 이것이 옛날의 법도였다. 그런데 주(裯)는 적사(適嗣)가 아니다. 게다가 부모의 상중에 있으면서 슬픈 기색이 없고 도리어 경사스러운 표정을 하고 있다. 만일 이 사람을 세운다면 반드시 계씨(季氏)의 근심거리가 될 것이다."

라고 말하였다. 그러나 계무자(季武子)는 이 말에 귀를 기울이지 않고 소공을 즉위시키고 말았다. 양공(襄公)의 장례식 때에는 세 번이나 상복을 갈아입었다. 뛰어다니다가 상복을 더럽힌 것이다.

마음이 어리거나 상중에 처하여 슬퍼하지 않거나 장례식에 뛰어다닌다는 것은 일종의 광기이다. 목숙이 "반드시 계씨의 근심거리가 될 것이다."라고 한 것은 소공이 계씨의 생각대로 되지 않으리라는 것을 염려한 것이다. 소공으로 말하면 계씨들에 의하여 쥠을 당하고 있는 환경이 견딜 수 없었던 것이다.

아니나 다를까, 25년의 9월에 소공(昭公)은 계씨(季氏)를 공격하였다. 처음에는 이겼지만 결국 3환의 힘에 지고 말아 제(齊)로 망명하는 처지가 되었다. 그러다 제와 진(晉)에 의지하여 노(魯)로 돌아가려고 획책했지만 이루지 못하고 결국 진의 건후(乾侯)라는 곳에서 죽는다. 즉위 후 32년의 일이다. 국왕이 국외에서 유랑하기 6년, 더구나 고국의 흙을 밟지 못하고 일생을 마친 것이다.

노(魯)의 당사자들은 소공의 아우 송(宋)을 세워 국왕으로 삼았다. 정공(定公)이다. 노의 6년 간의 공위(空位) 시대가 겨우 끝난다.

정공은 그 15년에 죽고 아들 장(將)이 즉위한다. 이가 애공(哀公)이다. 애공도 역시 3환을 골칫거리로 여기고 있었다. 즉위 후 27년의 여름, 마침내 3환을 공격한다. 그러나 결과는 도리어 패배, 애공은 위(衛)로 달아났다 추(鄒)로 가고, 결국 월(越)로 망명한다.

그러나 공자(孔子)는 애공의 이 비극을 보지 않아도 되었다. 그는 이미 애공 16년에 이 세상을 떠나고 없었다. 획린(獲麟)에 절망하고 붓을 던진 것은 그보다도 2년 전의 일이다.

윤리 관념(倫理觀念)은 상하 관계건 남녀 관계건 간에 때와 장소에 따라서 크게 다르다. 그러나 이 ≪춘추(春秋)≫가 자기 아내로 맞은 여인을 아비에게 빼앗기고 자기 아내였어야 할 여인이 낳은 자식에게 죽임을 당한 은공(隱公)으로부터 시작되고 획린으로 끝나고 있는 것은 수미상응(首尾相應)하여 이 한 시기를 절망적인 난륜(亂倫) 무도한 시대로서 파악하고 있는 것이라 하겠다.

공자가 살았던 때는 이와 같은 시대였다.

사마천(司馬遷)은 「노주공 세가(魯周公世家)」의 권(卷)을 끝냄에 있어서 총괄하여 말한다.

태사공(太史公)은 말한다.

"내가 듣기에 공자가 '노(魯)의 쇠함이 심하도다. 수수(洙水)와 사수(泗水) 사이가 다툼이 심하도다.(甚矣魯道之衰也 洙泗之間齗齗如也)'라고 하였다. 경보(慶父) 및 숙아(叔牙)・민공(閔公)의 시대를 보니 어찌 그토록 문란했던가! 은공(隱公)・환공(桓公)의 사건. 양중(襄仲)은 적자(嫡子)를 죽이고 서자를 세웠다. 3가(三家)는 북면(北面)하여 신하이면서도 몸소 소공(昭公)을 공격하고, 소공은 이로 인해 달아난다. 그 읍양(揖讓)의 예에 이르러서는 당연히 따른다. 그런데도 행사는 정말 허물이 많구나."

'수사(洙泗)'는 노나라에 있는 두 강. '수사 사이'는 노나라를 가리켜 말한다. '은은여(誾誾如)'는 이를 드러내고 다투는 모양. 경보(慶父)와 숙아(叔牙), 그리고 민공(閔公) 사이의 골육상잔을 극점으로 하여 은공(隱公)·환공(桓公) 때의 비극, 양중(襄仲)의 무리한 선공(宣公) 옹립, 그리고 3환의 횡포와 소공(昭公)의 망명, 공위(空位), 이국땅에서의 죽음. 사마천이 노세가(魯世家)의 역사를 마무리하는 말은 노나라의 분란을 말하는 데 그친다. '은환지사(隱桓之事)' 오직 이 네 자뿐이다.

이 일이 어찌된 것인가? 그것을 해명하는 말이 ≪사기(史記)≫에는 없다. 이 사실을 그 이상 말하는 것을 꺼리는 듯하다. 너무나 지나친 난륜(亂倫), 할 말을 찾아내지 못하기라도 한 것 같다. 마지막 한 구절 '읍양(揖讓)의 예'는 주공(周公)에 의하여 정해진 전아(典雅)한 의례로, 그것은 노나라 사람들에 의해 지켜지고 있었다. 그런데도 현실의 행위는 얼마나 또 그것에 위배되고 있는가. 노나라에 전해 오는 주공의 전통과 은공·환공 이래의 역사적 사실 사이의 모순을 사마천은 지적한다. 이 점에 대하여는 다음의 4절에서 언급한다.

춘추 시대에 노나라에 나타난 이러한 난륜·난맥의 모습은 실은 노(魯) 한 나라만의 특수 현상은 아니었다.

위(衛)나라의 선공(宣公)은 아버지의 첩인 이강(夷姜)과 통정하여 급자(急子)를 낳았다. 그 급자를 위하여 제(齊)에서 아내를 맞아들였는데 미인이었으므로 선공이 자기 여자로 만들어 버렸으니 이 여인이 선강(宣姜)이다. 선강은 수(壽)와 삭(朔)을 낳았다. 이강은 총애를 잃었으므로 스스로 목을 매어 죽었다. 선강에게는 급자의 존재가 거추장스러웠으므로 삭(朔)과 공모하여 급자를 죽였다. 그때 잘못으로 수(壽)도 죽이고 말았다. 선공이 죽자 삭이 즉위하였으니 이가 혜공(惠公)이다. 그러나 급자와 수의 부육자(傅育者)들이 승복하지 않고 혜공을 공격하여 제(齊)로 망명시켰다. ≪춘추좌씨전≫ 환공(桓公) 16년에 기록되어 있다.

초(楚)의 평왕(平王)은 태자 건(建)을 위하여 진(秦)으로부터 며느리를 맞이하였다. 맞으러 간 비무극(費無極)은 신부보다 먼저 돌아와서 평왕에게,

"이 여인은 예쁩니다. 폐하께서 아내를 삼고, 태자비는 별도로 찾아 보십시오."

하고 말하였다. 평왕은 그의 말대로 하였다. 일의 발단은 이러하다. 태자 건(建)에게는 태부(太傅) 오사(伍奢)가 있고, 비무극은 그 버금가는 소부(少傅)였다. 그러나 비무극은 태자 건으로부터 냉대를 받고 있었다. 그 때문에 태자 건의 결혼에 즈음하여 악랄한 짓을 하였고 평왕도 또한 그 일에 한몫 거들었던 것이다. 이 사실은 ≪춘추좌씨전≫ 소공(昭公) 19년에 보인다.

초나라는 이 사건이 원인이 되어 오(吳)나라로부터 침략당하고 위협을 받게 된다. 태자 건은 송(宋)으로 달아나서 정(鄭)으로 갔다가 진(晉)으로 가고, 다시 정으로 되돌아와 이국땅에서 죽임을 당한다.

국왕이 시해당하거나 부득이 외국으로 달아나야 했던 예는 춘추 제후의 어느 나라에서도 볼 수 있다. 청(淸)의 고동고(顧棟高)의 ≪춘추대사표(春秋大事表)≫에 따라 헤아리니 그 건수는 다음과 같다. 괄호 안은 그 사건이 있었던 해를 노나라 군주의 재위 연차로 나타낸 것이다.

위(衛)에서는 시해(弑害)가 둘(은공 4년·양공 26년), 망명 셋(환공 16년·희공 28년·양공 14년). 송(宋)에서는 시해 셋(환공 2년·장공 12년·문공 16년). 진(晉)에서는 시해 넷(희공 9년·10년·선공 2년·성공 18년). 진(陳)에서는 시해 하나(선공 10년). 제(齊)에서는 시해 넷(문공 14년·16년·양공 25년·애공 10년). 정(鄭)에서는 시해가 둘(선공 4년·양공 10년), 망명 둘(환공 11년·15년). 초(楚)에서는 시해 셋(문공 원년·소공 원

년·13년). 거(莒)에서는 시해가 둘(문공 18년·양공 31년), 망명 둘(소공 원년·23년). 오(吳)에서는 시해 둘(양공 29년·소공 27년). 채(蔡)에서는 시해가 둘(양공 30년·애공 4년), 망명 하나(소공 21년). 국왕이 시해당한 것은 도합 25건, 그중 6건은 아들이 아비를 죽이고 있다. 그 밖의 사건은 신하 또는 하수인 미상이다.

국왕이 시해당하거나 혹은 타국으로 망명하는 것은 그 나라의 정치가 불안정하고 질서가 혼란함으로 인한다. 더욱이 그 혼란은 한 나라 안에 그치지 않고 왕왕 타국으로 연관해 온다. 그것은 분쟁이 국제적 규모로 이행(移行)하는 것이다.

공자는 이 혼란한 시대에 태어났다. 그는 그 한 가운데서 어떻게 살아가려 했을까?

3. 질서의 회복 ― 병(兵)과 법(法)의 경우

혼란은 어느 극한 상황에 이르면 질서의 회복을 요구한다. 춘추 시대(春秋時代)의 열두 제후의 병립(並立)이 전국 시대(戰國時代)의 6국과 진(秦)의 대립으로 되고, 이윽고 제(齊)와 진(秦) 동서의 2대 패권국의 대립으로 되고, 진 제국(秦帝國)의 통일로 된다. 이 흥망의 역사를 움직인 동력은 병(兵)과 법(法)이었다. 진(秦)은 최강의 군대를 가지고 가장 엄한 법률을 시행하고 있었다.

정치를 말할 때 병과 법에 무관심할 수 없었던 점에 있어서는 공자도 역시 예외는 아니다. 제자 자공(子貢)이 정치에 필요한 조건을 물었을 때 공자는 '족식(足食, 백성의 먹을 것을 충분히 하고)', '족병(足兵, 군비를 갖추는 것)', '민신지의(民信之矣, 백성의 신뢰를 얻는 것)' 이 세 가지를 들어 대답하고 있다. 이어 자공이 '이들 세 가지를 동시에 충족시킬 수 없을 경우에는 무엇을 첫째로 버립니까?' 하고 거듭 물은 데 대하여 공자는 '병(兵)을 버려라.' 하고 단언하고 있다.(第十二. 顔淵篇 7)

만일 질문이 처음부터 병(兵)에 대한 것만을 주제로 하고 있었다면 그는 대답을 준거(峻拒)하였을 것이다. 위(衛)의 영공(靈公)이 진법(陣法)을 공자에게 물었을 때 공자의 태도는 준엄하였다. 그는 '제기(祭器)를 다루는 일은 일찍이 들어서 알고 있지만 군사에 관한 일은 아직 배우지 못했습니다.'라고 말하고 다음 날 위를 떠났다.(第十五 衛靈公篇 1).

공자는 이렇게 보고 있다. 국내에 있어서나 국제적으로나 병(兵)은 상대보다 나을 때에는 상대를 누르고 자기 방식을 강요하는 데에 실효를 거둔다. 그러나 그 강함이라는 것은 결국 상대적인 것밖에 안 된다. 무력의 절대적인 강함이라는 것은 없다. 이기고 지고, 싸움은 되풀이되고 있다. 원래 무력의 효과에는 치명적인 한계가 있다. 설사 무력으로 상대를 극복했다 할지라도 그 시점에서 무력은 의미를 상실한다.

극복한 뒤의 질서는 무력으로부터는 우러나지 않는다. 평화를 유지하기 위한 지도 이념이 따로 있어야만 한다. 더욱이 막대한 병력을 축적하기 위하여 민중은 그 얼마나 무거운 부담을 강요당하고 있는 것인가. 실제로 전쟁이 빚어지면 그 참화는 눈뜨고 볼 수 없다.

설상가상으로 노(魯)는 대국 사이에 끼인 소국이었다. 사마천(司馬遷)은 다름 아닌 「공자세가(孔子世家)」에서 노나라를 둘러싼 국제 환경을 적확하게, 그리고 교묘히 기술하고 있다. 「노나라는 약하다. 초(楚)에 붙으면 진(晋)이 노하고, 진에 붙으면 초가 와서 친다. 제(齊)에 대비하지 않으면 제의 군사가 노를 침노한다.」

　공자에게 있어서 병(兵)은 의지해야 할 것이 아니었으며 의지할 만한 것
도 못 되었다.

　사회생활에 따르는 다툼을 판가름하기 위하여 법(法)을 제정하고 그것을
공시(公示)해 두는 것은 위정자에게 있어 필요한 일이다. 공자의 시대에 법
을 세발솥[鼎]에 부어 넣는다는 획기적인 일이 정(鄭)과 진(晋)의 두 나라에
서 전후로 이루어졌다.

　노(魯)의 소공(昭公) 6년(기원전 536년) 공자가 십육 세 때의 일이다. 정
(鄭)으로 말하면 간공(簡公) 30년에 유명한 재상 자산(子產)이 「형서(刑書)」
를 세발솥에 부어 넣었다. 세발솥[鼎]은 원래 제기(祭器)이며 신성과 권위
를 상징하는 것이었다. 그 세발솥에 「형서(刑書)」를 부어 넣은 것은 세발솥
에 의하여 법률 서적에 권위를 붙이려는 것이다. 형정(刑鼎)을 하는 것에
대하여 자산(子產)은 '나는 이로써 세상을 구하노라.'고 단언하고 있다.

　공자 삼십구 세 때인 노(魯)의 소공(昭公) 29(기원전 513년), 진(晋)에
서는 경공(頃公) 13년 때 진의 조앙(趙鞅)과 순인(荀寅)이 온 나라에 부과하
여 쇠를 공출시켜 그것으로 세발솥을 만들고 범선자(范宣子)가 만든 「형서
(刑書)」를 부어 넣었다. 청동(靑銅)이 아니라 쇠를 사용한 것은 시대의 새로
운 감각, 당시의 관점에서 택해진 것이리라. 세발솥의 형식을 차용하고는
있지만 형서(刑書)의 의의를 중히 함에 있어서는 조앙 등이 자산(子產)보다
한 걸음 앞서 있다고 하겠다.

　'법률을 성문화(成文化)하여 그 성문을 공시하고 그로써 사회생활의 여
러 문제를 해결한다. 그것은 공정한 정치를 하기 위한 하나의 필요조건이
다.' 이렇게 생각했기 때문에 자산은 법으로써 세상을 구한다고 단언할 수

있었던 것이다.

그러나 당시 식자(識者)들의 견해는 반드시 자산 등의 행위를 인정한 것은 아니었다. '인간이 법률 위에 생활한다면 거기에는 다툼이 소용돌이쳐 그치는 일이 없고 결국은 파멸에 이른다.'는 것이다.

정(鄭)의 자산(子産)에 대하여 숙향(叔向)이 장황한 편지를 썼다. 그 결론은 이러하다.

"백성은 무슨 일이건 다툼거리로 삼고 법률을 방패 삼아 이기기만 하면 좋다는 것이 된다. 송곳 끝의 미세한 것까지 끝까지 싸운다. 난옥(亂獄), 조리가 닿지 않는 재판이 빈번해지고 부정한 뇌물이 사용된다. 귀하의 후세가 되었을 때 정(鄭)나라는 망할 것이다. 나라의 멸망이 가까워지면 반드시 법률이 자주 발표된다고 나는 듣고 있다. 그것은 바로 지금을 두고 하는 말일까?"

조앙(趙鞅) 등의 행위에 대하여는 공자의 비판이 기록되어 있다.

「진(晋)나라는 주(周)의 무왕(武王)의 아들이자 성왕(成王)의 아우인 숙우(叔虞)가 봉해진 나라이다. 이 숙우로부터 지켜져 내려오는 법도가 있어서 그로써 진나라의 질서는 유지되어 왔다. 그런데 지금 이 법도를 버리고 형정(刑鼎)을 만든다. 민중의 존재는 형정 위에 있다. 귀천의 구별은 상실되고 국가의 질서는 문란해질 것이다. 하물며 범선자(范宣子)가 만든 형(刑)은 오랑캐를 모을 때의 것으로 진나라의 비상사태하의 법일 따름이다.」

위의 두 이야기는 ≪춘추좌씨전(春秋左氏傳)≫의 소공(昭公) 6년과 29년의 두 곳에 기록되어 있다.

법 위에서 질서를 찾으면 도리어 다툼의 단서를 많게 하고, 여하튼 법률상으로 이기기만 하면 된다는 것이 되어 도의가 쇠퇴해 버린다는 것을 숙향(叔向)이나 공자(孔子)는 우려한 것이다. 공자의 생각은 또 ≪논어(論語)≫

「위정편(爲政篇)」에 간결하고 아름답게, 게다가 아주 설득력 있게 표현되어 있다.

「공자가 말씀하셨다. '법제로써 이끌고 형벌로써 질서를 잡으면 백성은 형벌을 면하는 것을 수치로 여기지 않을 것이다. 덕으로써 이끌고 예로써 질서를 잡으면 잘못을 수치로 여기고 바르게 될 것이다.'」(第二. 爲政篇 3).

4. 노(魯)나라 — 전통(傳統)

인간 사회는 투쟁의 장소냐, 조화의 세계냐? 그 어느 것이기도 하리라. 다만 인간이 자신의 행동을 결정하려 할 때 가치 판단의 기준을 어디에 두 느냐에 따라서 생활 방식이 다르다. 병(兵)과 법(法)으로써 다툼을 극복하 려 드는 자는 힘에 가치를 둔다. 그러나 그와 같은 가치관에 거부 반응을 보이는 사람들도 있다. 인간의 선의와 사랑을 믿고 우주의 조화에 따라 살 고자 하는 사람들이다. 공자는 그중 한 사람이었다.

노(魯)나라는 일면 몹시 문란해져 있었지만 또 한편으로 공자와 같은 생 활 방식을 취하려는 사람들 앞에 대도(大道)가 트여 있었다. 사마천(司馬 遷)이 「읍양(揖讓)의 예는 지켜지고 있다.」고 한 바로 그 도(道)이다. 공자 가 노나라 사람이었던 것은 그의 복이었다. 혹은 그 일이 그에게 하나의 행 로(行路)를 운명지었다고도 하겠다.

노나라에는 폭풍우 속에서도 그의 마음을 지탱케 하는 것이 있었다. 깜 깜한 밤에도 희망을 잃지 않게 하는 빛이 있었다. 그것은 노나라의 전통이 며 나아가서는 주 왕조(周王朝)의 이념이며 부활해야 할 고대 정신이었다.

노(魯)는 대국 틈새에 끼어 있는 한 소국이었다. 더구나 3환(三桓)의 횡

포로 인하여 내란을 거듭하고 있었다. 그런데도 춘추 시대를 거쳐 6국 시대의 말기에 이르기까지 여러 나라의 흥망이 빈번한 가운데 노나라는 제사를 계속 유지하였다. 그것은 노나라가 제후들 사이에서 하나의 성지(聖地)로 간주되어 두려움의 대상이었기 때문이다.

여기서 노(魯) 장공(莊公)의 후계에 관한 분쟁을 생각해 보자. 장공은 애인의 아들 반(斑)을 태자로 삼으려고 하였다. 그 뜻을 받은 계우(季友)가 그것에 반대하는 숙아(叔牙)를 자살로 몰아넣었다. 숙아는 계우의 형이다. 그러나 맏형인 경보(慶父)가 반(斑)을 죽이고 개(開)를 옹립하였다. 이가 민공(閔公)이다. 개는 장공의 부인과 연고가 있는 자이다. 이 부인과 경보는 내밀한 사이였다. 자기가 세운 반이 죽임을 당하자 계우는 이웃 나라로 망명하였다.

민공 2년에 경보는 스스로 국왕이 되고자 하여 민공을 죽여 버렸다. 이에 망명 중이던 계우가 반격하여, 노에 돌아와 희공(僖公)을 세운다. 경보는 일단 망명은 했지만 되돌아와 계우에게 자살을 강요당한다. 장공(莊公)·경보(慶父)·숙아(叔牙)·계우(季友)는 모두 아버지가 같은 형제였다.

장공은 재위 32년 8월에 죽었는데 이듬해 6월까지 장례가 치러지지 못하였다. 《춘추(春秋)》는 민공에 대하여 '즉위'라고 쓰지 않는다. 춘추 시대에 각국의 분쟁은 있었으되 이때의 노나라 내분만큼 참혹한 것은 또 없다. 사마천(司馬遷)이 노세가(魯世家)를 총괄하는 말에서 특히 이 사건을 강하게 기술하고 있는 것은 올바른 사관(史觀)이다.

그런데 여기에 우리의 주의를 끄는 큰 사건이 있다. 이 내분이 한창일 때, 즉 민공이 옹립된 그해(기원전 661년) 겨울, 인접한 강대국인 제(齊)의 대부 중손(仲孫)이 노의 상황을 시찰하러 왔다. 위의 난륜(亂倫)이 보고되었다. 그 보고를 받은 제의 환공(桓公)이,

"지금 노나라를 탈취할 수 있느냐(魯可取乎)?"

하고 말하였다. 그에 대하여 대부(大夫) 중손은 이렇게 답하고 있다.

"그것은 안 됩니다. 노에서는 아직 주(周)의 예(禮)가 지켜지고 있습니다. 주의 예는 국가의 근본입니다. 속담에 '나라가 망할 때는 근본부터 쓰러진다. 지엽(枝葉)은 그 뒤를 따른다.'고 했습니다. 노는 주의 예를 버리지는 않았습니다. 아직 움직일 수 없습니다."(不可. 猶秉周禮. 周禮所以本也. 臣聞之 國將亡 本必先顚 而後枝葉從之. 魯不棄周禮. 未可動也.)

주례(周禮)의 전통이 경보 등의 내란 때에도 대국 제(齊)로 하여금 노나라를 두려워하게 만들고 있다.

노의 전통은 그로부터 백 년을 넘은 뒤에도 변함이 없다. 노의 양공(襄公) 29년(기원전 544)에는 오(吳)의 공자 계찰(季札)이 노에 와서 주(周)의 음악을 듣고 싶어했다. 노에는 그것이 전해지고 있어서 연주할 수가 있었던 것이다. 악인(樂人)이 주남(周南)·소남(昭南)을 비롯하여 잇달아 국풍(國風)의 노래를, 그리고 다시 소아(小雅)·대아 (大雅)·송(頌)을 불러 들려주었다.

그뿐만이 아니라 주(周) 문왕(文王)의 음악인 상소(象箾)·남약(南籥), 무왕(武王)의 음악인 대무(大武), 은(殷)의 탕왕(湯王)의 음악인 소호(韶濩), 하(夏)의 우(禹)의 음악인 대하(大夏), 그리고 순(舜)의 음악인 소소(韶箾)를 추어 보였다. 계찰(季札)은 그 하나하나에 '아름답도다.' '더할 나위 없도다.'라고 감탄하여 그것이 나타내는 왕자의 덕의 모습을 인상대로 말하고 있다.

진(晋)나라의 사자 한선자(韓宣子)가 노(魯)나라에 온 것은 소공(昭公) 2년(기원전 540)의 일이다. 공자의 나이 열두 살 때이다.

(韓宣子) 觀書於太史氏. 見易象與魯春秋. 曰 周禮盡在魯矣. 吾乃今知周

公之德與周之所以王也.

한선자는 태사씨한테서 옛 서적을 보게 되었다. 태사씨는 노의 사관(史官)이다. 글을 쓰고, 쓴 글을 보존하고 전승(傳承)하는 세습 전문가이다. 한선자는 그의 집에서 옛 문헌을 보았다. 그리고 감탄하였다. '주의 예는 모두 노나라에 남아 있다. 이제야 주공의 덕과 주 왕조 성립의 근거를 알겠다.'고 말하였다. 「見易象與魯春秋」의 일곱 자는 역(易)과 춘추(春秋)의 학(學)이 왕성해진 뒤에 덧붙여진 한 구절일 것이다. 「觀書於太史氏」로 문장은 족하다.

제(齊)의 대부 중손(仲孫)과 진(晋)의 한선자(韓宣子)가 '주례(周禮)'라 하고 오(吳)의 계찰(季札)이 '주악(周樂)'이라고 한 것은 주 왕조적 체제를 말한다. 그 체제를 표현하는 문헌과 예악이 노나라에서 가장 현저하게, 그리고 어떤 것은 노나라에서만 볼 수가 있었던 것이다.

주 왕조는 이미 천하의 질서를 유지하는 권위를 상실하고 그 권위를 상징하는 세발솥의 경중(輕重)을 따지고 있었지만 세력을 다투는 제후들은 아직도 주 왕조 자체를 타도하려 하지는 않았다. 오히려 은주혁명(殷周革命)을 이룩하여 주 왕조를 세운 문왕(文王)·주공(周公)·무왕(武王) 등의 대업을 동경하고 그 체제를 거룩한 것으로 여기고 있었던 것이다. 그리고 그 영광을 전하는 노나라에 그들은 경의를 표하고 이를 신성시하고 있었다.

훨씬 뒤에 한(漢)의 고조(高祖)가 노의 성을 포위하고 공격했는데 노의 사람들의 예악 소리가 끊이지 않음을 듣고 포위를 풀었다. 이 사나이에게도 역시 노나라에 대해서는 두려움을 지니게 하였던 것이다.

노(魯)에서 주례(周禮)가 보존 유지되고 있었던 것은 노나라가 주공(周公)을 시조로 하는 나라였기 때문이다.

은주혁명이 성공하고 주 왕조가 수립되었을 때 이 혁명의 최대 공로자인 주공은 노에 봉국(封國)되었다. 그러나 아직 주 왕조의 초창기여서 그는 서울인 낙양(洛陽)을 떠날 수가 없었기 때문에 아들 백금(伯禽)을 가게 하였던 것이다. 노나라에서는 주공의 공으로 인하여 특별히 천자의 예를 사용하는 것이 허용되어 있었다. 노나라 사람들은 주공의 계보(系譜), 주공의 공훈을 자랑하여 주나라 문화의 전통을 소중히 지속해 왔던 것이다.

사마천(司馬遷)은 「노주공 세가(魯周公世家)」를 총괄하는 말에서 그 난맥상을 '어찌 그토록 문란한 것이냐!' '정말 허물이 많구나!' 하고 격한 말로 개탄하면서도 '그 읍양(揖讓)의 예에 이르러서는 당연히 따른다.'고 말하고 있다. 정쟁(政爭)과 분란의 경우와는 다른 차원에서 예가 지켜지고 행해졌던 것이다.

사마천은 공자의 전기에서 공자가 어렸을 적에 항상 제기를 늘어놓고 예복을 갖추고 놀았다고 말하고 있다. 부모가 예를 행하는 것을 아이들이 보고 흉내 낸다. 이와 같은 정경은 공자 가정만의 특수한 예가 아니라 노나라에 있어서는 도처에 있었던 일이 아닐까? 사마천이 특별히 그것을 「공자세가」에 기술한 것은 그것이 유가(儒家)의 종조(宗祖)이자 읍양 예의 스승인 공자의 인물 형성을 표현하는 데에 빠뜨릴 수 없는 자료였기 때문이리라. 다음은 역사가 사마천의 기록이다.

공자는 노나라의 전통 속에서 자신의 도를 구하였다. 세상의 문란이 심해지면 심해질수록 그는 문란이 없었던 옛날을 떠받치고 있던 것이 무엇이었나를 찾았다.

그는 '백세의 앞일도 알 수 있을 것이다.' (第二 爲政篇 23)라고 한다. 또 기(杞)나라에서 하 왕조(夏王朝)의, 송(宋)나라에서 은 왕조 (殷王朝)의 '문

헌'을 찾는 데도 애쓰고 있다.(第三 八佾篇 9) 그것은 이미 대부분이 없어
진 희소 자료의 탐구였다. 그에게는 역사가의 자질이 충분히 갖추어져 있
었다. 그것은 십사 년에 걸친 그의 제국 편력(諸國遍歷)을 지탱해 준 것이
기도 할 것이다. 대역사가가 대여행을 하는 것이다.

　노나라의 역사는 주공(周公)으로부터 시작된다. 노나라의 전통을 전하는
죽책(竹冊) 또는 전설은 주공을 주인공으로 하고 있다. 노나라 사람인 공자
는 친히 주공을 만난다. 그의 앞에 주공이 있었던 것이다. 주공은 공자를
맞아 이야기하였다. 왕성했던 주(周)의 영광을 이야기했다. 은주혁명(殷周
革命)의 큰 드라마를 이야기하였다.
　공자는 그것을 ≪서경(書經)≫을 통해 들었다. 특히 「5고(五誥)」의 여러
편(篇)에 감동했다. '고(誥)'는 청중에게 깨우쳐 고하는 것을 말한다. 「5고
(五誥)」 5편은 은주혁명과 주초(周初)의 경영을 깨우쳐 고하는 말의 기록이
다. 그 말을 하는 사람이 주공(周公)이다. 거기에는 은주혁명(殷周革命)의
필연성과 은(殷)이 망하고 주(周)가 이긴다는 사실과 당연성이 소박하고도
웅혼(雄渾)한 말로 이야기되어 있다. 말하는 바는 은(殷)이 천명(天命)을 상
실하고 주(周)가 천명을 얻은 일이다.
　천명을 잃음과 얻음의 차이는 민심을 잃느냐 얻느냐로써 발생한다. 백성
이야말로 우주의 조화 속에 존재하는 것이다. '백성'이 바라는 바를 확실
히 파악하고 그것을 하늘의 이념으로서 인식한 것을 '하늘'이라 일컫는다.
이 이념을 공동으로 지닌 세계가 '천하'이다. 민족·국가의 테두리에 구애
받지 않는다. 하늘의 이념을 현실의 정치상에 구체화하려는 사명감, 이것
이 '천명(天命)'이다. 그리고 천명의 실현에 책임을 지닌 자가 '천자(天子)'
이다.

그 책임 수행에 효과가 있는 작용이 '덕(德)'이다. 최대의 덕은 천자의 덕이다. 천자와 함께 정치를 분담하는 자도 역시 덕을 나누어 가진 자이다. 그것이 '군자(君子)'이다. 천자가 덕이 없을 때 그는 천자로서의 자격을 상실한다. 그리고 진실로 뛰어나고 덕을 지닌 자가 대신 천자가 된다. 이 교체가 '혁명'이다.

'백성', '하늘', '덕'은 모두 은대(殷代)에는 없었고 은주혁명에서 인식된 말들이다. 이 세 가지의 말을 발견한 일이 은주혁명을 야기하고 성취한 것이다. 은주혁명은 이 세 가지의 말을 기초로 한 세계관 — 나는 그것을 '천하적 세계관'이라 부른다 — 을 수립함으로써 그 이전의 역사로부터 새로운 시대의 획을 긋는다. 이 천하적 세계관은 공자에 의하여 「경서(經書)」의 형태로 완성된다. 그리고 그 후 중국에서 청조(淸朝) 말까지 지도력을 지니게 된다.

노(魯)나라 사람이며 역사에 관심이 있는 공자가 노(魯)의 고전을 읽고 주공(周公)과 만나게 되는 것은 그야말로 자연적인 결과이다. 그러나 주공과의 대화가 공자에게 준 강렬한 인상은 필시 공자가 예기치 못했던 것이었으리라. 그는 주공을 전폭적으로 신뢰한다. 은주혁명과 주 왕조 수립 때의 주공의 입장에서 자신의 입장을 발견한다. 그는 그 입장에서 현재 더없는 난맥(亂脈)을 보이는 시대를 극복하고 주초(周初)와 같은 천하적 세계를 부흥시키려고 한다.

「심하구나, 나의 노쇠함이여! 오래구나, 내 다시 꿈에 주공을 보지 못함이.」(第七 述而篇 5).

이 말은 공자가 얼마나 열렬히 주공(周公)을 사모하고 있었으며, 밤에 잘 때에도 역시 그 사람을 잊지 못했음을 고백하는 것이다.

「주(周)는 두 왕조를 본떴으니, 그 문화가 아주 찬란하구나. 나는 주를 따르리라.」(第三 八佾篇 14).

주 왕조는 앞선 두 왕조 하(夏)와 은(殷)을 본떠서 다채로운 문화, 즉 조화가 아름다운 세계를 이루고 있다. 「나는 주를 따르리라.」 이 주(周)는 물론 과거 역사상의 주가 아니다. 공자의 이념 속에 살아 있는 주(周)이다. 그것은 시간과 공간을 초월한 하나의 이념이다. 객관적으로 말하면 그것은 천하적 세계관으로서 파악된 것이다. 그런데 공자는 그것을 관념적으로 이해하고 있는 것이 아니라 노(魯)나라의 고전이 주는 감동과 전통의 예악(禮樂)이 지닌 조화에 의하여 피부로 느끼고 있는 것이다.

그 누가 편집한 것인가, 《논어(論語)》 전권(全卷)의 첫머리를 「배우고 때로 익힌다(學而時習之)」의 구로써 시작한 것에는 아주 감탄한다. 이 한 구절은 공자의 인물과 생애를 정말로 잘 나타내고 있기 때문이다. 「배운다」란 노(魯)나라의 고전, 즉 주공의 말을 배우는 일이다. 배우고 또 배우는 중에 주공과 친히 대화하는 길이 트인다. 천하적 세계관이 확인되고 공자의 인생관이 확고해진다. 그 반응이 흐뭇하다. 고전을 읽음에 따라 시(詩)·예(禮)·악(樂)도 또한 배울 수 있다.

「때로」라는 것은 「배우고 싶은 생각이 들 때마다」라는 것이다. 주공과 대화하고 싶어질 때마다, 의문점이 떠오를 때마다, 그 속의 아름다운 말을 상기할 때마다, 수시로 고전을 펼친다.

「익힌다」란 새끼 새가 어미 새의 홰치는 것을 흉내 내어 몇 번이고 되풀이하여 홰치는 가운데 어느덧 자신의 몸뚱이가 날아올라 비행을 터득함을 말한다. 원래 배운다는 것은 가치를 발견하고자 하여, 혹은 이미 얻은 것을 확인코자 하여 꾸준히, 부지런히, 되풀이하여 뭔가에 부딪쳐 나가는 것이다. 그것이야말로 학문이 자신에게 스며드는 유일한 방법이다.

공자의 생애는 배움 가운데에 있었다. 그리고 공자는 이 학습을 「즐겁다」고 한다. 인생관이 확고해지는 느낌은 즐겁다. 시(詩)·예(禮)·악(樂)은 조화와 질서 감각을 충족시키고 천하적 세계관의 진실을 실증한다. 이것 또한 즐겁다.

5. 인(仁)과 효(孝)

≪논어(論語)≫를 해설하는 붓이 ≪논어≫의 본문에 미치게 되었다. 만일 공자가 단순한 독서인이었다면 또는 그의 사상이 초기의 천하적 세계관에 머물러 있었다면, 나는 서설(序說)을 여기서 그치고 문장 본문의 해석으로 들어갔을 것이다. 그러나 공자는 강한 행동인이며 그의 생애는 파란이 많다. 그동안의 지독한 인생 경험이 그의 사상을 더욱 심화시키고 결국에 가서는 그로 하여금 인(仁)의 경지에 도달케 한다. ≪논어≫는 또 인(仁)을 설명하는 책(册)임을 언급해야만 한다.

천하적 세계관은 원래 혁명도 불사한다. 과격한 정치 사상이다. 천자(天子)는 천하의 정치에 절대적인 책임을 진다. 좋은 정치를 하지 않는 천자는 천자일 수 없다. 그러므로 천자는 정치를 하는 기능, 즉 덕(德)을 지닌 자이다. 천자의 정치를 분담하는 자도 당연히 이 덕을 나누어 갖는다. 그것이 '군자(君子)'이다. 경(卿)·대부(大夫)·사(士)는 책임의 대소에 의하여 구별된다. 덕을 지니지 않은 자는 그 지위에서 떠나야만 한다.

천하적 세계관에 선 공자는 당연히 정치에 종사할 것을 지망한다. 「정사(政事)를 묻는다」— 이것은 공자에게 있어서 가장 중요한 문제이다. 바로 그 때문에 ≪논어≫에 종종 언급되고 있다. 「나라 다스리는 법을 물었다.」(第十五 衛靈公篇 11), 「임금 섬기는 법을 물었다.」(第十四 憲問篇 23), 그 밖에 정치상의 각종 사항이 토의되고 있다.

질문자는 공자의 제자들만이 아니다. 노(魯)의 임금도, 3환(三桓)의 사람도, 그리고 여러 나라의 군주도 질문을 하고 있다. 인물을 말할 때에도 종종 정치의 능력을 바탕 삼아 평가하고 있다. 그리고 공자도 제자들도 기꺼이 벼슬을 하고 있다. ≪논어≫는 정치를 말하는 책으로서의 성격을 다분히 지니고 있다.

공자는 삼십 세도 되기 전에 노(魯)의 소공(昭公)을 섬겨 위리(委吏, 창고계)·승전(乘田, 목축계)이 된다. 그러나 그의 벼슬길은 소공이 3환에게 쫓겨 제(齊)로 망명함으로써 중단된다. 정공(定公) 즉위 후에 중도(中都)의 수령이 되어 뛰어난 업적을 올린다. 사공(司空)으로 승진하고 대사구(大司寇)에 오른다. 정공 10년, 정공이 제(齊)의 경공(景公)과 협곡(夾谷)에서 회맹(會盟)한다.

이때 공자는 예에 역행하는 자를 참하여 대국 제(齊)의 임금을 부들부들 떨게 하였다. 정치에 대한 기력은 대단하며 의욕이 약동하고 있다. 9척 6촌의 체구가 얼마나 우러러보였을까? 그렇지만 이 협곡 회맹의 행위가 정치에 종사하는 공자에게 허용된 극한이었다. 그도 역시 3환의 벽에 부딪쳐 그것을 타파할 수가 없었다. 3환의 잘못을 몹시 꾸짖는 것도 역시 ≪논어≫의 중요한 부분을 이루고 있다.

그 후 그의 벼슬길은 막히고 만다.

「여하튼 나를 써 주는 사람이 있다면 1년으로 좋다. 3년만 지나면 완성해 보이겠다.」(第十三 子路篇 10) 「만일 나를 써 주는 사람이 있다면 나는 그

나라를 동주(東周)로 일으켜 보이리라.」(第十七 陽貨篇 5)

공자는 자신이 정치하는 능력과 덕을 지니고 있음을 스스로 믿고 있다. 그런데도 그것을 발휘할 기회가 주어지지 않는 것이다. 그는 애가 탄다.

「팔아야지, 팔아야 하고말고. 나는 사 줄 사람을 기다리는 것이다.」(第九 子罕篇 13)

「나는 여주[匏瓜]도 아닌데 어찌 매달린 채로 먹지 않고 있을 수 있으랴.」(第十七 陽貨篇 7)

그는 고(賈), 즉 사 줄 사람을 기다린다. 때로는 기다리다 지쳐 남자(南子)(第六 雍也篇 28), 공산불요(公山不擾)(第十七 陽貨篇 5), 필힐(佛肸)(第十七 陽貨篇 7) 등 좋지 못한 인물들에게 접근하려다 제자들로부터 불평을 받기도 한다.

모국 노(魯)나라에서 3환(三桓)에게 저지당한 공자는 제국 편력(諸國遍歷)에 나선다. 정공(定公) 13년(기원전 497), 공자는 이미 오십오 세이다. 그로부터 실로 십사 년의 세월 동안 그는 유랑을 계속한다. 좋은 체력을 타고났다고는 하나 그것은 지독한 신념 없이는 할 수 없는 일일 것이다.

결국 그에게 어울리는 지위를 얻을 수가 없었다. 그에게는 정치할 능력이 있고 정치에 대한 정열이 있었다. 사람들도 그것을 알고 있었다. 그런데도 그 지위를 얻을 수 없었던 것은 주공(周公)을 꿈꾸는 그의 눈이 너무도 맑아 시국과 타협하여 현 체제에 파묻힐 수 없었기 때문이다. 타협하지 않고 파묻히지 않으려면 자신의 진퇴를 주체적으로 택할 수밖에 없다.

「지위를 얻으면 도(道)를 행하고, 얻지 못하면 도를 간직해 둔다고들 하는데 그것을 할 수 있는 것은 오직 나와 너뿐이다.」(第七 述而篇 10).

「군자로다, 거백옥(蘧伯玉)은. 나라에 도가 있으면 벼슬하고, 나라에 도가 없을 때에는 말아서 간직해 둘 수가 있었으니.」(第十五 衛靈公篇 7)

행함과 간직함[行藏]과 말아서 간직함[卷懷]이 특정 인물을 두고 사무치게 이야기되고 있다. 공자는 이때 새삼스러이 중요한 가치를 발견한 것 같다.

이리하여 공자는 말한다.

「남이 나를 알아주지 않더라도 속상해 하지 않으니 군자가 아니겠는가!」 (第一 學而篇 1)

정치에 종사하는 것과 마찬가지로 정치에서 떠나 있는 것에도 가치를 인정했을 때 그의 천하적 세계관은 이미 근본적인 것을 향하여 질문을 던지고 있었던 것이다. 천하적 세계관이 정치의 틀을 벗기고 그 근본을 질문 당했을 때, 그것은 조화의 세계관으로 귀결된다. 그것은 또,

「하늘이 무슨 말을 하더냐? 그래도 4계절은 순환되고 만물은 생장하거니와 하늘이 무슨 말을 하더냐?」(第十七 陽貨篇 19)

라는 감탄으로도 된다.

이렇게 하여 천하적 세계관을 돌이켜보았을 때 공자는 거기에 있는 더욱 근본적이고 더욱 보편적인 원리를 「도(道)」라는 말에서 찾아냈다. 그리고 세상에 나가지 않고 사람들이 알아주지 않더라도 이 도(道)에 살고 속상해 하지 않는 사람을 「또한 군자가 아니겠는가!」 하고 높이 평가한다.

여기서 덕의 개념도 역시 위정자의 덕으로부터 백성의 덕으로 확대 혹은 심화된다. 이와 같이 새로이 도달한 가치를 공자는 「인(仁)」이라는 말에서 찾아낸다. 인(仁)이란 사람을 사랑하는 것이다.

「번지(樊遲)가 인(仁)에 대해 묻자 공자는 말하였다. '사람을 사랑하는 것이다'라고.」(第十二 顏淵篇 22)

「중궁(仲弓)이 인에 대해 묻자 공자는 말하였다. '자기가 바라지 않는 일을 남에게 하지 않는 것이다. 제후의 나라에 있더라도 원망 받는 일이 없

고, 경대부(卿大夫)의 집에 있더라도 원망을 사는 일이 없다.'」(第十二 顏
淵篇 22)

자공이 말하였다.

"만일 은혜를 널리 백성에게 베풀 수가 있고, 환난에서 민중을 구제할 수
가 있다면 어떻겠습니까? 인(仁)이라 하여도 되겠습니까?"

공자가 대답하였다.

"어찌 인에 그치랴. 그야말로 성(聖)일 것이다. 요순(堯舜)도 그것에는 애
를 태웠을 것이다. 인자(仁者)라는 것은 자기가 서고자 하면 남을 세우며,
자기가 이루고 싶은 것을 남으로 하여 이루게 한다. 자기를 미루어 남을 이
해할 수 있다면 가히 인의 방법이라 하겠다."(第六 雍也篇 30)

《논어》에서 인(仁)에 관한 문답은 되풀이하여 이루어지고 있다. 공자
는 그것을 묻는 사람의 소양(素養)과 환경에 따라 다양하게, 순순히 타이
른다.

이에 이르러 천하적 세계관에 있어서의 덕(德)은 사람을 사랑한다는 인
간관계의 기본에 있어서 다시 문제가 되고 다시 파악되었다. 덕(德)은 원래
위정자의 도였지만 인(仁)은 만인의 도이다.

《논어》에서 인을 논하는 장(章)은 모두 오십구 장. 《논어》 사백여 장
에 있어서 최대의 주제이다. 공자야말로 「인을 구하여 인을 얻은」(第七 述
而篇 14) 사람이라 하겠다. 「仁」자(字)는 은(殷)의 갑골문(甲骨文)에도, 주
(周)의 동기명(銅器銘)에도 없다. 「인(仁)」이라는 말을 발견했을 때 공자는
주공(周公)을 초월하였다. 인류의 스승으로서 시간을 초월하여 영원한 생
명을 지니게 된 것이다.

《논어》를 읽는 사람을 위하여 또 하나, 효(孝) 또는 효제(孝悌) 문제에

대해 언급해 두어야만 한다. 그것은 정(政)·인(仁)과 함께 ≪논어≫를 구성하는 가장 중요한 과제의 하나이다. 효제(孝悌)란 가족의 사랑을 말한다. 그것은 또한 인간의 사랑을 말하는 인(仁)과도 당연히 깊은 관계가 있다.

유자(有子)가 말하였다.

「사람됨이 효성스럽고 형제간에 우애하면서 윗사람에 거스르기를 좋아하는 자는 거의 없다. 윗사람에게 거스르는 것을 좋아하지 않으면서 난을 일으키는 것을 좋아하는 자는 있은 적이 없다. 군자는 근본에 힘쓰거니와 근본이 확립되어야 도(道)가 생긴다. 효(孝)와 제(悌)는 바로 인을 이루는 근본이리라.」(第一 學而篇 2)

유자(有子)는 공자의 제자 유약(有若)이다. 본문의 「효제(孝弟)」는 「효제(孝悌)」로, 부모와 윗사람을 공경하고 사랑하는 것과 그로써 유지되는 가정의 질서를 말한다. 그 효제를 유자는 인을 실천하는 근본이라고 한다. 나는 이 마지막 한 구절을 중시한다.

국가의 정치를 말하는 천하적 세계관을 초월하여 인간의 사랑을 말하는 인(仁)으로 공자의 사유(思惟)를 이끈 것은 도대체 무엇이었을까? 그는 인(仁)이라는 말을 발견하기 전에, 즉 이 말로 그의 사유(思惟)가 종합되기 전에 육친의 사랑으로 되돌아가 있었던 것은 아닐까? 정치 이상(理想)의 좌절과 권회(卷懷)의 생활은 어머니의 품에 대한 사모의 정을 높이고 있었을 것이 분명하다. 어머니에 대한 사랑, 어머니의 사랑, 젊은 시절의 그의 체험이 인간 사랑의 근원으로 그를 이끌고, 거기서 생각을 인(仁)에 이르게 한 것은 아닐까?

「효(孝)와 제(悌)는 바로 인(仁)을 이루는 근본이리라.」 이것은 인의 근본이 효제에 있음을 감개 어리게 말한다. '가족 된 자가 공경하고 사랑하여 질서가 유지되는 것, 이것이 인(仁)이라는 최고의 도덕 실천의 기본을 이룬다.'라고 하는 것이다. '가족 된 사람마저 사랑하고 공경하지 못하고서야 어찌 인(仁)이 있을 수 있겠느냐.'하고 타이르는 소리로도 들린다.

공자를 포함하여 말의 관념에 만족하는 일이 없는 사람들은 인(仁)이 현실 사회에서 어떤 모양을 이루고 있는가를 추구해 나간다. 그리고 그들은 인(仁)이라는 말의 실증을 가족 간의 사랑과 공경에서 보고 있었음을 유약(有若)의 한 구절은 보여 주고 있다. 공자(孔子)의 인(仁)은 가족의 사랑에서 시작되었고 가족의 사랑을 기초로 하였으며 그가 죽은 뒤에도 계속 빛을 발하고 있었다.

6. 대화와 고어(古語)

≪논어(論語)≫는 공자의 대화록이다. 이야기 상대가 분명한 경우도 있고 공자의 말만을 기록한 경우도 있다.

공자 시대에는 자기 생각을 논문식으로 표현하는 일은 물론 수필식으로 적어 두는 일도 아직 없었다. 그들의 사상과 감정의 전달은 말에 의한 대화 장소에서 이루어졌다. 원래 문자 그 자체가 아직 사관(史官)의 수중에 있어서 쓰기 위해 선택하는 대상에도, 쓰는 형식에도 한계가 있었다. 공자는 「학습(學習)」의 즐거움에 이어,

「벗이 있어 먼 곳에서 찾아온다. 또한 즐거운 일이 아닌가!」(第一 學而 篇 1)

라고 한다. 대화는 자기 자신을 나타낸다. 따라서 자기 자신을 발견하는 가장 좋은 방법이다. 평소 드물게 만나는 먼 곳의 벗과 오랜만에 이야기한다면 평소에 깨닫지 못했던 자신의 장점을 발견하고, 또 벗의 탁견(卓見)에

놀라기도 할 것이다. 어찌 즐겁지 않으랴!

　보통 대화할 때 상대를 자기의 씨름판으로 끌어들이기 위해서도, 대화의 실마리를 조성하기 위해서도, 대화를 진행시키기 위해서도, 상호의 이해를 돕기 위해서도, 그리고 대화를 수습하기 위해서도 고어(古語)를 쓰는 것은 큰 효과가 있다.

　여기서 고어라 함은 고전의 말, 민족의 격언, 속담, 입에 익혀져 있는 성어(成語)·속어(俗語) 등 그 사회 안에서 공통으로 전승되고 있는 것을 아울러 말한다. 그러한 고어는 장소, 시대에 있어서 그 사회 사람들의 공통된 지혜이며, 더욱이 생활 체험으로 가치가 실증되어 있는 지혜이다. 표현은 딱 어울리는 말로 세련되어 있으며 간결·명쾌하다. 그래서 설득력이 강하다.

　공자의 대화에도 당연히 이러한 고어가 사용되고 있다. 이 점은 종래에도 언급되고 있었지만 나는 특히 그것에 주의하였다. 나의 설명 가운데 종종 '고어(古語)'라는 말이 나오는 것은 그 때문이다. 혹은 너무 지나치게 많은 것을 초들고 있는지도 모른다.

　그러나 아무리 ≪논어≫ 속에서 공자 이전의 고어를 많이 찾아내더라도 ≪논어≫로부터 생겨난 고어, 즉 공자로부터 비롯된 말로서 후세 사람들에 의하여 현재의 우리에게까지 전승되고 있어 고어로서의 가치를 지닌 것의 수에는 훨씬 미치지 못한다. 자신이 새로운 말을 만들어 그것이 고어가 되어 계속 살아 있다면 그것은 그 사람의 사상의 창조성과 영원성을 보이는 것이리라.

〈일러두기〉

● 이 책은 세상을 움직이는 책 《일봉 논어》를 원본으로 하여 자신의 내면을 바르고 건전하게 가꾸며 타인, 공동체, 자연과 더불어 사는 데 필요한 인간다운 성품과 역량을 기르는 인성교육의 도움이 되도록 온고지신 인문학 시리즈로 발간하였다.

● 한자의 뜻과 문장을 【글자 뜻】, 【말의 뜻】, 【뜻 풀이】로 음과 훈을 달아 자세히 풀어 한자 사전을 찾는 번거로움을 덜도록 하였다.

● 한자와 어구(語句)를 익힌 다음, 【뜻 풀이】로 문장을 참고해 가며 원문을 큰 소리로 되풀이하여 읽으면 한문 실력이 좋아질 것이다.

제1
학이편
(學而篇)

고전을 읽고 또 읽는다. 벗과 대화를 거듭한다. 세상에 쓰이지 않더라도 기력을 잃지 않는다. 공자의 전 생애는 바로 이러한 말대로 시종하였다. ≪논어≫ 권두(卷頭)의 1장은 구도(求道)의 시초부터 불우한 죽음에 이르기까지 모든 것을 통틀어 말한다. 이 장이 권두에 있음은 우연이 아닐 것이다. 우리의 선생님은 어떤 사람이었던가? 제자들이 모여서 돌아가신 스승의 모습을 연모하는 중에 공자의 전체상이 이와 같이 묘사된 것이리라. 그것은 또 공자 한 사람의 모습이 아니라 제자들 사이에 지켜지고 있는 공문(孔門) 전체 본연의 모습이기도 하였다.

> 子曰 學而時習之 不亦說乎. 有朋自遠方來 不亦樂乎. 人不
> 자 왈 학 이 시 습 지 불 역 열 호 유 붕 자 원 방 래 불 역 락 호 인 부
> 知而不慍 不亦君子乎.
> 지 이 불 온 불 역 군 자 호

공자께서 말씀하셨다.

"배우고 그때그때 익히니 즐거운 일이 아닌가! 벗이 멀리서 찾아오니 즐거운 일이 아닌가! 남이 나를 알아주지 않더라도 속상해 하지 않으니 군자가 아닌가!"

【글자 뜻】 習:익힐 습. 朋:벗 붕. 樂:즐거울 락. 慍:성낼 온.

【말의 뜻】 자(子):남자의 존칭. 여기서는 공자(孔子)를 가리킨다. 제2장의 유자(有子), 제4장의 증자(曾子)의 자(子)도 같다. 공자에 한하여 '자(子)'라고만 하고 '孔子'라고 하지 않은 것은 ≪논어≫가 공자의 문인(門人)에 의하여 기록된 것임을 보인다. 學而時習之(학이시습지):서설 43페이지 참조. 不亦說乎(불역열호):이 장에는「不亦~乎」가 세 번 되풀이되고 있다. 이 세 가지 모두 훌륭함을 찬탄하는 말이다. 第八 泰伯 篇 7에「불역중호(不亦重乎)」, 「불역원호(不亦遠乎)」가 거듭되고 있다. 「열(說)」은 열(悅). 유붕(有朋):어느 벗, 유개붕우(有個朋友). 구어적인 말투. 人不知(인부지):자신의 가치를 남이 알아주지 않는다. 따라서 임용도 안 된다. 불우한 상태이다. 慍(온):마음이 답답하다. 기가 죽다. 일설에는, 노여워하다. 학습의 즐거움과 붕우의 낙이「온(慍)」을 달랜다. 군자(君子):덕을 갖춘 사람. 그 덕은 원래 천하적 세계관에 있어서의 위정자의 기능을 말한다. 그러므로 '군자란 경(卿)·대부(大夫)·사

(士)를 말한다.'고 한다. ≪예기(禮記)≫「향음주의편(鄕飮酒義篇)」의 정
현(鄭玄)의 해석이 이에 해당한다. 그 후 적극적으로 정치에 참여할 기
회를 갖지 않고 스스로 도(道)에 사는 사람도 군자라 한다. 여기서 행
(行)·장(藏)을 다 같이 군자라고 한다. 서설 42페이지 참조. 역시 ≪예
기≫「악기편(樂記篇)」에 '예악을 모두 터득함을 덕이 있다고 한다.'라
고 한 것은 이것을 말한다.

【뜻 풀이】 고전을 읽고 또 읽는다. 벗과 대화를 거듭한다. 세상에 쓰이지
않더라도 기력을 잃지 않는다. 공자의 전 생애는 바로 이러한 말대로 시
종하였다. ≪논어≫ 권두(卷頭)의 1장은 구도(求道)의 시초부터 불우한
죽음에 이르기까지 모든 것을 통틀어 말한다. 이 장이 권두에 있음은 우
연이 아닐 것이다. 우리의 선생님은 어떤 사람이었던가? 제자들이 모여
서 돌아가신 스승의 모습을 연모하는 중에 공자의 전체상이 이와 같이
묘사된 것이리라. 그것은 또 공자 한 사람의 모습이 아니라 제자들 사이
에 지켜지고 있는 공문(孔門) 전체 본연의 모습이기도 하였다.

　　첫머리의 1장은 ≪논어≫ 편집자가 자기 스승을 자랑하고 자기 학파
의 깃발을 내거는 것이리라. 제1장에 대하여는 서설 43페이지를 참조
하라.

2

有子曰 其爲人也孝弟 而好犯上者鮮矣. 不好犯上 而好作亂
유자왈 기위인야효제 이호범상자선의　불호범상 이호작란
者 未之有也. 君子務本 本立而道生. 孝弟也者 其爲仁之本
자 미지유야　군자무본 본립이도생　효제야자 기위인지본
與.
여

유자가 말하였다.

"사람됨이 부모에게 효성스럽고 형제간에 우애하면서 윗사람에게 거스르기를 좋아하는 자는 거의 없다. 윗사람에게 거스르기를 좋아하지 않으면서 난동을 일으키기를 좋아하는 자는 있었던 예가 없다. 군자는 근본에 힘쓰거니와 근본이 확립되어야 도(道)도 생긴다. 효와 우애야말로 인(仁)을 실천하는 근본일 것이다."

【글자 뜻】 好:좋을 호. 犯:범할 범. 鮮:드물 선. 務:힘쓸 무.

【말의 뜻】 有子(유자):유(有)는 성, 이름은 약(若), 자(字)는 자유(子有). '자(子)'는 미칭(美稱). 공자보다 사십삼 세 연소한 제자. 노(魯)나라 사람. 용모가 공자를 닮았다고 한다. 여기서 유자라고 한 것은 이 한 장(章)이 유약(有若)을 스승으로 한 사람으로부터 제출되어 있음을 암시한다. 효제(孝弟):서설 49페이지 참조. 선의(鮮矣):鮮은 적다는 뜻. 矣는 어조사. 君子務本 本立而道生(군자무본 본립이도생):두 고어(古語)가 서로 연결되어 있는 것이리라. 其爲仁之本與(기위인지본여):이 구를 「인(仁)의 근본이 되는 것인가?」라고 해석하는 설도 있다. 효제(孝弟)와 인(仁)을 나처럼 해석하면(서설 44페이지 참조) 어느 쪽이든 뜻은 바뀌지 않는다. ≪논어≫에는 「임방(林放)이 예의 근본을 물었다」(第三 八佾篇 4)라는 표현법도 있다. 그러나 「위인(爲仁)」은 하나의 말을 이루는 것 같다. 인(仁) 그 자체는 아니지만 인(仁)을 구체적으로 실천하는 실마리를 말한다. 「불인(不仁)을 미워하는 사람도 인(仁)을 행하고 있는 것이다(惡不仁者其爲仁矣)」(第四 里仁篇 6), 「인(仁)을 실천하는 것은 자기 자신이다(爲仁由己)」(第十二 顏淵篇 1), 「자공이 인의 실천을 물었다(子貢問爲仁)」(第十五 衛靈公篇 10), 「인을 행하여 어깨를 나란히 하기는 어렵다(難與並爲仁矣)」(第十九 子張篇 16)의 예가 있다. 끝의 「여(與)」는 후세에 「여(歟)」로 쓰이는 글자. 단정을 유보하고 함축성을 주는 조사

(助辭). 평성(平聲)으로 읽는다.

【뜻 풀이】 제1장은 공자의 생애를 일관하는 생활 태도를 말하고 있다. 공자께서 생애를 걸어 구하여 얻은 것은 「인(仁)」이다. 효제를 근본으로 한 인(仁)이다. 그 인(仁)을 두 번째 장에서 말하고 있다. 제2장도 역시 편집자가 의식적으로 그 위치를 부여하고 있는 것 같다. 서설 44페이지 참조.

≪맹자(孟子)≫ 등문공(滕文公) 상편(上篇)에는 공자의 사후에, 유약(有若)이 공자를 닮았으므로 자하(子夏) · 자장(子張) · 자유(子游) 등이 유약을 스승으로 선정하고 섬기려고 한 일이 기록되어 있다. 그것은 ≪사기(史記)≫에도 기록되어 있다. 자하 · 자장 · 자유라면 공문(孔門)을 대표하는 제자들이다. 그 사람들이 유약을 스승으로 삼아 받들려고 하는 것이다. 단지 용모가 비슷하기 때문만은 아닐 것이다. 공자의 사색과 실천의 귀결인 효제와 인을 유약이 가장 잘 완성시키고 있었기 때문은 아닐까?

그것은 증자(曾子)가 자하 등의 행동에 강경히 반대하고 있는 것으로도 엿볼 수 있다. 이때 증자의 반대는 정말 대단하다. 지독한 말을 써서 절규하고 있다. ≪맹자≫에 상세히 기술되어 있다. 그런데 증자는 ≪효경(孝經)≫의 편자(編者)라고 한다. 효(孝) 문제의 권위자이다. 유약에 대한 증자의 강경한 반대는 효 문제를 둘러싼 두 사람의 심한 대립이 원인인 듯하다.

≪논어≫에서는 유약과 증삼(曾參) 두 사람만이 항상 유자 · 증자라 일컬어지고 있다. 서로 대항하는 유력한 파벌을 이루고 있었던 것이다. 또 ≪예기(禮記)≫ 단궁(檀弓) 상편(上篇)에 「관직을 잃고는 조속히 가난해지려 하고, 죽은 후에는 조속히 썩으려 한다.」라는 공자의 말씀에 관하여 유자와 증자의 의론을 싣고 있다. 거기서도 자유(子游)는 유자가

하는 말이 공자와 똑같다고 감탄하고 있다.

3

> ## 子曰 巧言令色 鮮矣仁.
> 자 왈 교 언 영 색 선 의 인

공자께서 말씀하셨다.
"겉치레 말과 거짓 웃는 얼굴을 하는 자에게는 인(仁)의 덕은 거의 없는 것이다."

【글자 뜻】 巧:공교할 교. 色:빛 색.
【말의 뜻】 巧言令色(교언영색):「巧言」, 「令色」은 각각 ≪시경(詩經)≫의 말. 공자 시대에는 둘이 연결되어 하나의 고어(古語)로서 통용되고 있었던 것이리라. ≪시경≫ 소아(小雅) 우무정편(雨無正篇)에 「교언이 물 흐르듯 한다.(巧言如流)」라고 하였다. 「교언은 세속을 따라 돌아 흐른다.」로 해석되고 있다. 또 소아에 「교언(巧言)」이라고 하는 편이 있어 「교언은 생황(笙簧)과 같다. 얼굴이 두텁다.(巧言如簧 顔之厚矣)」라고 하였다. 황(簧)은 생(笙)의 혀. 말을 잘하는 자는 장단에 맞추어 언사를 하고 후안무치함을 이른다. 「영색(令色)」은 대아(大雅) 증민편(烝民篇)에 「그 몸가짐과 용모가 아름답다.(令儀令色)」라고 하였다. 「영(令)」은 선(善). 영형(令兄)·영식(令息)의 「令」이다. 이 구는 본디 행동거지나 자태의 아름다움을 기린다. 그러나 「교언영색」으로 말을 이룰 때에는 겉보기만 있고 알맹이가 없는 자태를 말한다. 第五 公冶長篇 25의 「겉발림 말과 웃는 얼굴과 비루한 언행(巧言令色足恭)」도 같다. ≪상서(尚書)≫ 고요모편(皐陶謨篇)에도 이 넉 자의 말을 썼는데 거기서는 「공임(孔壬)」이라

고 하였다. 「공(孔)」은 매우, 「임(壬)」은 간사함.   鮮矣仁(선의인):선(鮮)
은 적음.

【뜻 풀이】 제1장과 제2장의 위치 부여에 의미를 인정했다고 해서 제3장 이
하에도 역시 의미를 인정해야만 하는 것은 아니다. ≪논어≫는 불특정
인들이 불특정한 때와 장소에서 공자와 함께 한 대화를 기록한 것이기
때문이다. 그러나 「孝弟也者 其爲仁之本與」에 이어 「巧言令色 鮮矣仁」
이라고 받은 것을 보면 그 사이의 아운(阿吭)의 호흡이 썩 잘 맞고 있
다. 편집자의 감각을 높이 평가하고 싶다.

　　이 제3장은 도리어 인(仁)이 일상 비근한 곳에서 평가되고 있음을 보
인다. 第十三 子路篇 27의 「剛毅木訥(강직하고 순박하여 꾸며서 말할
줄 모르는 사람, 이러한 사람은 인 가까이에 있다)」는, 이 장(章)과 반대
의 면에서 인(仁)을 적극적으로 말한다.

　　第十七 陽貨篇 17에 「子曰 巧言令色 鮮矣仁」이라고 본장(本章)과 완
전히 똑같은 말이 실려 있다. 여러 명의 제자가 공자의 말씀을 듣고 각
기 기록한 것이리라.

4

曾子曰 吾日三省吾身. 爲人謀而不忠乎 與朋友交而不信乎
증자왈 오일삼성오신　위인모이불충호 여붕우교이불신호
傳不習乎.
전불습호

증자가 말하였다.

"나는 하루에 몇 번이고 나 자신을 반성한다. 남을 도왔을 때 정성을 다

하지 않은 일은 없었는가? 벗과의 사귐에서 신의를 저버린 일은 없었는가? 어설피 익힌 것을 남에게 전하지는 않았는가?"

【글자 뜻】曾:일찍 증. 省:살필 성. 謀:꾀할 모.

【말의 뜻】曾子(증자):증(曾)은 성, 이름은 삼(參). 노나라 사람. 공자보다 사십육 세 연하이면서 공문(孔門)에서 가장 중요한 인물. ≪논어≫에서는 유자(有子)와 함께 항상 「자(子)」라 일컬어지고 있는 사람. ≪효경(孝經)≫의 저자라는 데 대해서는 제2장의 해설을 참조하라. 공자의 손자 자사(子思)는 증자의 제자이며, 자사의 문하에서 맹자(孟子)가 배출되었다. 삼성(三省):「삼(三)」은 반복함을 말한다. 거성(去聲)으로 읽는다. 「성(省)」은 반성. 「삼성(三省)」은 몇 번이고 반성함. 일설에 '아래에 말하는 세 가지를 반성한다.'고 하지만 그 설을 따르지 않는다. 不信(불신):「신(信)」은 자기 말에 책임을 지는 것. 따라서 「불신(不信)」은 자기 말을 어기고 스스로 배반하는 것.

【뜻 풀이】「교언영색(巧言令色)」, 경박한 언행에서 인(仁)을 구할 수는 없다고 한다. 그러면 어디서 구할 것인가? ≪논어≫의 편자는 일전(一轉)하여 증자의 3성(三省), 남에 대한 신중한 행위를 여기에 곁들인다. 인(仁)을 행하는 장면이다.

5

子曰 道千乘之國 敬事而信 節用而愛人 使民以時.
자왈 도천승지국 경사이신 절용이애인 사민이시

공자께서 말씀하셨다.

"제후의 나라를 다스리는 데에는 정사를 신중히 실행하고 거짓말을 하지 않는다. 정부의 비용을 절약하여 백성을 사랑으로 기른다. 백성을 부리는 데에는 적당하고 알맞은 때를 택한다."

【글자 뜻】 乘:수레 승.   敬:공경할 경.   節:절약할 절.   使:부릴 사.

【말의 뜻】 道(도):「도(道)」는 도(導). 강제에 의해서가 아니라 백성이 스스로 따라오도록 함.   千乘之國(천승지국):제후(諸侯)의 나라. 천자(天子)는 만 승(萬乘), 제후는 천 승, 대부(大夫)는 백 승이라고 한다. 「승(乘)」은 말 네 마리가 끄는 전거(戰車). ≪사마법(司馬法)≫에 따르면 전거 1승에 갑사(甲士) 3명, 보졸(步卒) 칠십이 명, 취사계(炊事係) 십 명, 피복계(被服係) 5명, 마계(馬係) 5명, 신탄급수계(薪炭汲水係) 5명, 도합 일백 명이 따른다. 따라서 천 승의 나라는 전거 일천 승, 말 사천 마리, 인원 십만 명을 가진다.   경사(敬事):「경(敬)」은 방일(放逸)의 반대.   절용(節用): 적당한 한도를 넘지 않도록 함. 자연재(自然財)를 손상하지 않으며 백성의 생활을 침해하지 않는 범위를 말한다.   애인(愛人):「인(人)」은 백성. 使民以時(사민이시):이 「민(民)」은 앞의 「인(人)」과 백성을 구분해서 말하고 있는 것이다. 「以時」는 토목 공사나 군사 훈련 등은 농한기에 행함.

【뜻 풀이】 공자의 본령(本領)은 좋은 정치를 하는 데에 있다. ≪논어≫의 편집은 본령으로 되돌아간다.

6

子曰 弟子入則孝 出則弟 謹而信. 汎愛衆而親仁. 行有餘力
자왈 제자입즉효 출즉제 근이신 범애중이친인 행유여력
則而學文.
즉이학문

공자께서 말씀하셨다.

"젊은이여, 가정에서는 효도하고 밖에서는 어른을 공경하며, 언행을 삼가고 선의를 지켜라. 누구와도 널리 서로 사랑하되 특히 인(仁)의 사람을 가까이하라. 그와 같이 행동하고도 여유가 있거든 문(文)을 배워라."

【글자 뜻】弟:아우 제. 謹:삼갈 근. 衆:무리 중. 餘:남을 여.

【말의 뜻】出則弟(출즉제):「弟(제)」, 즉 「悌(제)」는 가정 안에서만이 아니라 널리 사회생활에까지 넓히고 있다. 第九 子罕篇 16에 「밖에서는 조정의 고관을 잘 섬기고, 집에서는 부형을 잘 섬긴다.(出則事公卿 入則事父兄)」고 하였다. 學文(학문):「文(문)」은 조화를 상징하는 것을 말한다. 후세에는 시(詩)·산문(散文), 그리고 문자 자체도 문(文)이다. 그러나 공자 당시에 있어서는 그것들이 아직 무르익지 못하였다. 그가 배우는 문(文)은 주공(周公)의 고전[書]과 시(詩)·예(禮)·악(樂)이다. 문(文)을 배우는 것은 다만 사물의 지식을 늘릴 뿐만 아니라 그보다도 배우는 자의 덕을 심화시키고 확인하는 것이다.

【뜻 풀이】「行有餘力 則而學文」은 위에서 말하는 행동의 중요함과 엄격함을 강조하기 위한 표현이다. 학문을 여가에나 할 일이라고 경시하는 것은 아니다.

「호학(好學)」, 학문을 좋아하는 것은 공자로 하여금 공자이게 하고, 안회(顔回)로 하여금 안회이게 하고 있는 것이다. 第五 公冶長篇 28에 「열 가구의 마을이라도 충신(忠信)스럽기가 나와 같은 사람은 꼭 있을 것이다. 그러나 학문을 좋아하는 것에서는 나에게 미치지 못한다.」

또 第六 雍也篇 3과 第十一 先進篇 7에는 「안회라는 자가 있어 학문을 좋아했습니다.」라고 말하고, 그의 단명(短命)을 슬퍼한다. 第十七 陽貨篇 8에서는 「학문을 좋아하지 않으면 인(仁)도, 지(知)도, 선(信)도, 직(直)도, 용(勇)도, 강(剛)도 도리어 폐단이 된다.」고 하였다.

7

子夏曰 賢賢易色 事父母能竭其力 事君能致其身 與朋友交
자 하 왈 현 현 역 색 사 부 모 능 갈 기 력 사 군 능 치 기 신 여 붕 우 교
言而有信 雖曰未學 吾必謂之學矣.
언 이 유 신 수 왈 미 학 오 필 위 지 학 의

자하가 말하였다.

"현인을 현인으로서 공경함을 여색을 좋아하는 것같이 하고, 부모를 섬기되 힘을 다하며, 임금을 섬기되 몸을 바치고, 벗과의 사귐에 말한 것을 지킨다. 이런 사람이라면 '아직 학문이 짧습니다.'라고 할지라도 나는 그를 학문이 있다고 평가하지 않을 수 없다."

【글자 뜻】夏:여름 하. 賢:어질 현. 竭:다할 갈. 致:다할 치. 雖:비록 수. 謂:이를 위.

【말의 뜻】子夏(자하):성은 복(卜), 이름은 상(商). 자하는 그의 자(字). 위(衛)나라 사람. 공자보다 사십사 세 연하. 공문(孔門)의 고족제자(高足弟

子). 第十一 先進篇 3에 「문학에서는 자유(子游) · 자하(子夏)」라고 하였다. 賢賢易色(현현역색):고어(古語)일 것이다. 넉 자로 잘라 말하고, 잇따른 두 구와 형태가 다른 것도 그렇게 생각하게 한다. 그러나 이 한 구의 해석은 정말 평정(評定)하기 어렵다. 《광아(廣雅)》에 「역(易)은 여(如)다.」라고 하였고 「이 구의 역(易)이 그 뜻이다.」라고 한 왕염손(王念孫)의 설을 따른다. 第九 子罕篇 18에 「나는 미녀를 사랑하는 만큼 덕을 사랑하는 사람을 아직 못 보았다.」고 하였고, 第十五 衛靈公篇 13에도 같은 말이 있는 것도 이 해석을 돕는다. 致其身(치기신):공직에 자기 몸을 내던지는 것. 평소의 일을 말하며 한때의 어려운 일에 생명을 바치는 것을 말하는 게 아니다. 雖曰未學(수왈미학):설사 본인이 '아직 학문을 이루고 있지 않다.' 고 말할지라도. 자하가 가정하는 말이 아니다.

【뜻 풀이】「현현역색(賢賢易色)」의 해석은 구구하다. 「易(역)」을 개역(改易), '바꿀 역'이라 읽고, '현인을 현인으로 공경함으로써 호색하는 마음을 바꾼다. 즉 여색을 좋아하는 마음을 현인을 존경하는 마음으로 전환한다.'로 해석한다. 또 일설에 「易(역)」을 「바꿀 역」으로 읽으면서도 「色」이 「好色」으로 씌어 있지 않다 하여 「易色(역색)」을 '안색을 바꾼다.'로 해석한다. 현인을 존경하여 긴장하고 외경(畏敬)하는 것이다.

또 일설에 이 구가 부모 · 임금 · 벗 앞에 있다 하여 이 넉 자를 부부(夫婦)에 대하여 말하는 것으로 보고, 「역(易)」을 '홀하게 여길 이'라 읽고 '가벼이 여긴다.'로 해석한다. 현인을 존경하여 용색(容色)을, 혹은 색음(色淫)을 경시하라고 하는 것이다.

8

子曰 君子不重則不威 學則不固. 主忠信 無友不如己者 過
자왈 군자불중즉불위 학즉불고   주충신 무우불여기자 과
則勿憚改.
즉물탄개

공자께서 말씀하셨다.

"군자는 엄숙하고 무게가 없으면 위엄이 없고, 학문을 하면 고루하지 않
게 된다. 충(忠)과 신(信)을 으뜸으로 하고, 자기보다 못한 자를 벗으로 삼
지 말며, 잘못을 하였으면 꺼리지 말고 고쳐라."

【글자 뜻】威:위엄 위. 固:굳을 고. 過:허물 과. 憚:꺼릴 탄.

【말의 뜻】重(중):엄숙하고 무게가 있다. 두리번거리지 않는다. 경박(輕薄)
의 반대. 威(위):외경(畏敬) 당하기에 족한 모습. 固(고):고루(固陋), 도
리에 어두운 상태. 主忠信(주충신):「충신(忠臣)」은 본편 4의 「爲人謀而
不忠乎 與朋友交而不信乎」의 충(忠)과 신(信). 「주(主)」는 충신(忠信) 쪽
으로 언행의 키를 잡고 가는 것. 過(과):본의 아니게 저지른 잘못.

【뜻 풀이】「학즉불고(學則不固)」— 일설에 학문은 좁은 것에 고정하지 말
고 널리 배울 것. 정해진 스승을 갖지 않음을 말하고, 또 혹은 위의 구를
받아, 군자가 엄숙하고 무게가 없으면 그 학문은 견고하지 않음을 말한
다고 본다. 「주충신(主忠信)」도 아래의 구와 관련시켜 '충신의 사람과
가까이한다'로 보는 설이 있다. 第十二 顔淵篇 10의 「충신(忠信)을 으뜸
으로 하여 의(義)로 옮겨가는 것이 덕을 높이는 것이다.(主忠信徙義 崇
德也)」는 이 방향으로 읽는 것이 적당하다. 말은 듣는 사람에 따라 말의

의미가 달라진다. 「子曰 主忠信 無友不如己者 過則勿憚改」의 16자는 第九 子罕篇 25에도 재차 기재되어 있다.

「과즉물탄개(過則勿憚改)」— 인간은 잘못을 범하게 되어 있는 것임을, 즉 그 불완전함을 공자는 인정하고 있다. 동시에 그 잘못을 고치는 것도 본인 자신임을 가르쳐 준다. 인간은 스스로가 자기 주인이다. 원죄(原罪)의 관념도 없고 신(神)을 다른 것에서 구하는 짓도 하지 않는다.

9

曾子曰 愼終追遠 民德歸厚矣.
증 자 왈   신 종 추 원   민 덕 귀 후 의

증자가 말하였다.

"부모의 장례를 정중히 치르고 조상의 제사를 귀중히 지내면 백성의 덕이 돈후해질 것이다."

【글자 뜻】 愼:삼갈 신. 終:끝날 종. 追:쫓을 추. 歸:돌아갈 귀. 厚:두터울 후.

【말의 뜻】 愼終(신종):「종(終)」은 사(死). 追遠(추원):먼 조상을 추모하여 귀중히 제사지냄. 民德歸厚(민덕귀후):「귀(歸)」는 여러 가지 일이 귀결점으로 돌아가는 것을 말한다.

【뜻 풀이】 第八 泰伯篇 2에 「군자가 근친에게 도타이 한다면, 백성 사이에 인(仁)이 성한다.」고 하였다.

10

子禽問於子貢曰 夫子至於是邦也 必聞其政. 求之與 抑與之
자금문어자공왈 부자지어시방야 필문기정 구지여 억여지
與. 子貢曰 夫子溫良恭儉讓以得之. 夫子之求之也 其諸異
여 자공왈 부자온양공검양이득지 부자지구지야 기제이
乎人之求之與.
호인지구지여

자금(子禽)이 자공에게 물었다.

"그 어른은 어떤 나라에 가시든 꼭 그 나라의 정치를 물어서 들으시는데, 이쪽에서 요구하시는 것인가요, 아니면 저쪽의 청에 응하시는 것인가요?"

자공이 말하였다.

"그 어른은 온화하시고 착하시며 공손하시고 검소하시며 겸양하시므로 그렇게 되는 것이다. 그러므로 가령 선생님이 요구하셨다 하더라도 그것은 다른 사람이 요구하는 것과는 다를 것이다."

【글자 뜻】 禽:날짐승 금. 貢:바칠 공. 邦:나라 방. 抑:누를 억. 儉:검소할
검. 讓:사양할 양. 諸:모두 제. 與:줄 여.

【말의 뜻】 子禽(자금):성은 진(陳), 이름은 항(亢), 자금(子禽)은 그의 자. 위(衛)나라 사람. 공자의 제자라고도 하며 자공(子貢)의 제자라고도 한다. 후자라고 하면 이는 큰 스승에 대한 것을 직접 스승에게 물어 보고 있는 것이다. 第十九 子張篇 25에 「진자금(陳子禽)이 자공(子貢)에게 말하였다. '선생님께서는 겸하(謙下)하고 계십니다. 중니(仲尼)가 어찌 선생님보다 더 현명하겠습니까?'」라고 하였다. 자공을 자(子)라 불러 스승으로 하고 공자를 중니라 불러 제3자로 하고 있다. 子貢(자공):성은 단목(端

木), 이름은 사(賜), 자공은 그의 자(字). 위(衛)나라 사람. 공자보다 삼십일 세 연하. 공문(孔門)의 대표적인 제자의 한 사람. 공자 곁에서 오랫동안 모셨으며, ≪논어≫에 자주 등장하고 있다. 「언어에서는 재아(宰我)·자공」(第十一 先進篇 3)이라 인정되고 있다. 경제의 재능이 있었다. 夫子(부자):그 어른. 제3자에 대한 존칭. 여기서는 공자를 가리킨다. 至於是邦(지어시방):이르는 곳의 제후 나라마다. 必聞其政(필문기정):국왕이 공자에게 정치에 대하여 의논함. 抑與至與(억여지여):「억(抑)」은 이야기의 머리를 새롭게 하는 조자(助字). 앞의 「여(與)」는 주는 것. 상성(上聲)으로 읽는다. 뒤의 「여(與)」는 의사(疑辭)인 여(歟). 본편 2의 「其爲仁之本與」를 참조하라. 溫良恭儉讓(온양공검양):「온(溫)」은 온화한 용모, 「양(良)」은 착한 마음, 「공(恭)」은 공손한 태도, 「검(儉)」은 검소한 생활 모습, 「양(讓)」은 남을 위하는 교제 태도. 其諸異乎人之求之與(기제이호인지구지여):의문을 남기는 표현법이다. 이 표현법은 ≪춘추공양전(春秋公羊傳)≫의 환공(桓公) 6년, 민공(閔公) 원년, 희공(僖公) 24년, 선공(宣公) 5년에 거듭 보이고 있다. 제(齊)나라의 방언이라고도 한다. 따라서 이 장이 쓰인 장소를 짐작할 수 있다.

【뜻 풀이】 공자께서 십사 년에 걸쳐 여러 나라를 편력했을 때의 일일 것이다. 온(溫)·양(良)·공(恭)·검 (儉)·양(讓), 이것은 공자를 오랫동안 가까이 접하고 있던 제자가 말하는 공자상(孔子像)이다. 가까이 지내던 사람으로부터 이와 같이 평가받을 수 있는 사람이라면 정말 위대하다고 하겠다. 제후가 요구하는 바는 군사(軍事)와 경제이다. 그런데도 공자는 이 다섯 가지의 덕으로써 설명한다. 그리고 제자는 그에 경도(傾倒)해 버리고 있다. 아름다운 광경이다.
　「양(良)」은 일설에 '뛰어난 재간' 이라고 해석한다. ≪논어≫에서 「양(良)」자는 여기에만 보이므로 용례로써 의미를 정할 수는 없다.

11

子曰　父在觀其志　父沒觀其行. 三年無改於父之道　可謂孝
자왈　부재관기지　부몰관기행　　삼년무개어부지도　가위효
矣.
의

공자께서 말씀하셨다.

"아버지가 살아 있는 동안은 그 의향을 살피고, 아버지가 돌아가신 후에
는 그 행적을 살핀다. 3년 동안 선친의 방식을 바꾸지 않으면 그것은 효행
이라 말할 수 있다."

【글자 뜻】觀:볼 관.　改:고칠 개.　道:길 도.

【말의 뜻】父在觀其志(부재관기지):「관(觀)」은 잘 관찰함.　三年(삼년):자식
　　이 부모의 상을 입는 기간. 일설에 3년은 긴 세월을 상징적으로 말하는
　　것이라고 한다.　父之道(부지도):선친(先親)의 방식.

【뜻 풀이】　자식은 살아 있는 동안 아버지의 의향과 행적을 잘 살피고, 죽
　　은 뒤에도 그것들을 잘 계승하고 추모한다.

　　　일설에 이 장은 인물 평가의 기준을 그 사람의 아버지와의 관계에 두
　　고서 말하는 것이라고 한다. 「기지(其志)」, 「기행(其行)」은 아버지의 그
　　것이 아니라 평가 대상으로 되어 있는 사람의 그것이라고 해석했는데
　　지금은 그 설을 따르지 않는다.

　　　第四 里仁篇 20에도 「三年無改於父之道 可謂孝矣」라고 하였다.

12

> 有子曰 禮之用 和爲貴. 先王之道 斯爲美. 小大由之 有所
> 유자왈 예지용 화위귀 선왕지도 사위미 소대유지 유소
> 不行. 知和而和 不以禮節之 亦不可行也.
> 불행 지화이화 불이례절지 역불가행야

유자가 말하였다.

"예의 기능은 조화에 그 귀중함이 있다. 옛날의 성왕(聖王)의 도는 그야 말로 훌륭하였다. 그런데 작은 일이든 큰일이든 간에 조화의 도를 따르고 있었지만 때로는 잘 안 되는 일이 있었다. 조화의 중요함을 알지만 그냥 조화를 이루는 것에만 힘쓰고 예로써 조절하지 않으면 역시 잘 안 되는 법이다."

【글자 뜻】 禮:예도 예. 貴:귀할 귀. 節:마디 절. 亦:또 역.

【말의 뜻】 有子(유자):제2장 참조. 禮之用 和爲貴(예지용 화위귀):고어일 것이다. 서로 알고 있는 말을 제기하고 그것을 바탕으로 대화를 전개시켜 나간다. ≪예기(禮記)≫ 연의편(燕義篇)에 「화영(和寧)은 예의 쓰임이다.(和寧 禮之用也)」라고 하였다. '예(禮)'란 그것을 이행함으로써 공동생활에 조화와 질서를 주고 평화를 유지시킬 수 있는, 그와 같은 목적을 가지고 인간의 예지와 겹쳐 쌓인 생활 체험이 정한 예의범절이다. 先王之道(선왕지도):「선왕(先王)」이란 좋은 전통을 그 옛날에 확립하고 발전시켜 온 뛰어난 왕들을 말한다.

【뜻 풀이】 제1구의 「귀(貴)」와 제2구의 「미(美)」는 압운(押韻)을 이루고 있다. 제2구를 제1구와 압운시킴으로써 양자를 결부시키고 그것을 토대로

하여 「小大由之」 이하에 화제를, 따라서 문제를 전개해 나간다. 주제는
예(禮)와 화(和)의 관계이다.

13

有子曰 信近於義 言可復也 恭近於禮 遠恥辱也. 因不失其
유자왈 신근어의 언가복야 공근어례 원치욕야 인부실기
親 亦可宗也.
친 역가종야

유자가 말하였다.

"신(信)은 의로움에 가까워졌을 때 그 말을 되풀이할 수가 있으며, 공(恭)
은 예에 가까워졌을 때 치욕으로부터 멀어진다. 연척 관계가 있는 자가 친
밀함을 잃지 않을 때에도 종족의 중추가 될 수 있다."

【글자 뜻】 信:믿을 신. 義:옳을 의. 復:돌아올 복. 恥:부끄러울 치. 辱:욕
될 욕. 親:친할 친.

【말의 뜻】 有子(유자):유약(有若). 본편 2의 「有子曰」 참조. 信近於義(신근
어의):「신(信)」은 자기 말을 어기는 일이 없이 실행하는 것. 이미 본편 4
에 언급되어 있다. 「의(義)」는 올바름. 이 구와 아울러 처음 네 구는 역
시 고어일 것이다. 제1구의 「의(義)」는 제3구의 「예(禮)」와, 제2구의 「복
(復)」은 제4구의 「욕(辱)」과 압운을 이루고 있다. 言可復也(언가복야)
「복(復)」을 「이행(履行)」으로 보는 것은 일반적인 해석이다. 그러나 ≪
논어≫에서 「復」을 「履」자로 쓴 예는 이곳 말고는 없으며, 다른 면에 있
어서 ≪논어≫에는 「履」자가 이미 쓰이고 있다. 「다니는데 문지방을 밟
지 않았다.(行不履閾)」(第十 鄕黨篇 4)가 그 예이다. 더구나 「복(復)」이

「욕(辱)」과 압운하고 있다는 견해에서 말하면 이「복(復)」을「이(履)」로 해석할 수는 없다. 그 때문에 문자대로 '반복'의「복(復)」으로 해석하였다. 말한 것은 실행해야 하지만 정의를 토대로 하지 않은 말은 두 번 다시 실행할 수 없다.   恭近於禮(공근어례):공순함도 깍듯한 예에서 벗어날 때에는 도리어 치욕을 당한다. 第八 泰伯篇 2에「공순도 예가 없으면 헛수고로 끝난다.(恭而無禮則勞)」고 하였다.   因不失其親(인부실기친):「인(因)」은 인(姻).   亦可宗也(역가종야):「역(亦)」은 위에서 말한「신(信)」,「공(恭)」에 대해서 말한다. 신(信)·공(恭)의 논이 발전하여 인(姻)에까지 미친 것이다.「종(宗)」은 존숭(尊崇)이 집중되는 곳. 친족이 결합하는 구심점.

14

子曰 君子食無求飽 居無求安. 敏於事而慎於言 就有道而
자왈 군자식무구포 거무구안   민어사이신어언 취유도이
正焉 可謂好學也已矣.
정언 가위호학야이의

공자께서 말씀하셨다.

"군자는 음식에 배부름을 구하지 않고 생활에 안락을 구하지 않는다. 일에는 부지런을 떨고 말은 적게 하며 도의를 몸에 지닌 사람에게 나아가 시정 받는다. 이런 인물이라면 학문을 좋아한다고 말할 수 있다."

【글자 뜻】 飽:배부를 포. 居:살 거. 敏:재빠를 민. 慎:삼갈 신. 就:나아갈 취.

【말의 뜻】 食無求飽 居無求安(식무구포 거무구안):이것은 ≪논어≫에 되풀

이하여 언급되고 있다. 「선비는 도에 뜻을 둔다. 그런데도 조의조식(粗衣粗食)을 수치로 여기는 자는 더불어 이야기할 여지가 없다.」(第四 里仁篇 9). 「어질도다, 회(回)여! 거친 밥과 표주박의 물, 누추한 집, 사람들은 그 괴로움을 견디지 못하지만 회는 그 즐거움을 고치려 들지 않는다. 어질도다, 회여!」(第六 雍也篇 11). 「선비로서 편안한 가정생활에 젖어 있는 자는 선비라고 할 수 없다.」(第十四 憲問篇 3). 敏於事而慎於言(민어사이신어언):실행해야 할 일은 척척 해치우고 태만하지 않는다. 실행할 수 없는 일은 말하지 않는다. 第四 里仁篇 24에 「군자는 말을 더디게 하고 행동은 민첩하게 하려고 한다.」고 하였다. 可謂好學也已矣(가위호학야이의):第十九 子張篇 5에서 자하(子夏)는 「나날이 모르는 것을 알고, 다달이 알고 있는 것을 잊어버리지 않도록 한다면 학문을 좋아하는 자라 해도 된다.」고 하였다. 그 끝의 구는 「可謂好學也已矣」로 여기와 같은 말투이다. 이와 같이 조자(助字)가 잇따르는 것은 감개가 깃들어 있는 것이다. 第二 爲政篇 16 「斯害也已矣」의 해설을 참조하라.

15

子貢曰 貧而無諂 富而無驕 何如. 子曰 可也. 未若貧而好
자 공 왈 빈 이 무 첨 부 이 무 교 하 여 자 왈 가 야 미 약 빈 이 호
樂 富而好禮者也. 子貢曰 詩云 如切如磋 如琢如磨 其斯
락 부 이 호 례 자 야 자 공 왈 시 운 여 절 여 차 여 탁 여 마 기 사
之謂與. 子曰 賜也 始可與言詩已矣. 告諸往而知來者也.
지 위 여 자 왈 사 야 시 가 여 언 시 이 의 고 저 왕 이 지 래 자 야

자공이 말하였다.

"가난하면서도 아첨하지 않고 부유하면서도 교만하지 않은 것은 어떻습니까?"

공자께서 말씀하셨다.

"나쁘지 않다. 그러나 가난하면서도 즐거워하고 부유하면서도 예를 좋아하는 것만은 못하다."

자공이 말하였다.

"≪시경≫에 「끊는 듯이 하고 가는[磋] 듯이 하며 쪼는 듯이 하고 닦는 듯이 한다.」고 하였습니다. 그것은 이를 말한 것입니까?"

공자께서 말씀하셨다.

"사(賜)야, 이제 너와 함께 시를 논할 수 있겠구나. 지난 일을 들려주었더니 다가올 일까지 알아채니 말이다."

【글자 뜻】貧:가난할 빈. 諂:아첨할 첨. 富:가멸 부. 驕:교만할 교. 磋:갈차. 琢:쫄 탁. 磨:갈 마. 賜:줄 사.

【말의 뜻】子貢(자공):본편 10의 「子貢曰」 및 본장의 해설 참조. 貧而無諂富而無驕(빈이무첨 부이무교):고어일 것이다. 第十四 憲問篇 11에 「가난하면서 세상을 원망하지 않기는 어려운 일이지만, 부자이면서 남에게 거만을 떨지 않기는 쉽다.」고 하였다. 貧而好樂 富而好禮(빈이호락 부이호례):이것도 고어일 것이다. 위의 구는 ≪논어≫의 원문으로는 「호(好)」자가 없는 것이 있고, 「호락(好樂)」이 「낙도(樂道)」로 된 것도 있다. 전자는 석 자의 구가 되어 아래 구와 대구(對句)를 이루지 못한다. 후자는 넉 자의 구이기는 하지만 '도를 즐김'이라는 말은 ≪논어≫의 말 같으나 실은 그렇지가 않다. 「낙(樂)」은 앞의 장에 인용한 第六 雍也篇 11의 「안회(顔回)는 자신의 즐거움을 고치려 하지 않는다.(回也不改其樂)」, 혹은 第七 述而篇 15의 「거친 밥에 맹물, 팔을 구부려 베개 삼아도 거기에도 즐거움은 있다.(飯疏食飮水 曲肱而枕之 樂亦在其中)」와 같이 즐거움 그 자체가 의미를 가지고 있다. 궁극적으로는 「천명을 즐거워하고 운명을 안다. 그러므로 조심하지 않는다.(樂天知命 故不憂)」≪역

(易)≫ 계사전 상(繫辭傳 上)에 이른다. ≪예기≫ 방기편(坊記篇)에 공자의 말이라 하여 「貧而好樂 富而好禮」라고 하였다. 「貧而無諂」, 「貧而好樂」, 「貧而無怨」, 「貧而樂道」가 모두 고어의 변형이겠지만 여기서는 「好樂」이 가장 잘 대구(對句)를 이룬다. ≪논어≫의 원형은 여기에 있는 것이 아닐까? 육덕명(陸德明)의 ≪경전석문(經典釋文)≫은 방기편(坊記篇)의 「樂」에 음은 락(洛), 또는 악(岳)이라고 두 음을 달고 있다. 낙음(洛音)은 열락(悅樂), 악음(岳音)은 음악. 第三 八佾篇에는 예와 음악이 열거되고 있는데 ≪논어≫의 이 부분에는 아직 예악을 대응시키는 말은 나와 있지 않다. 육덕명의 첫째 음은 근거가 있는 것이리라. 나는 낙음(洛音)으로 읽어 둔다. 「무첨(無諂)」, 「무교(無驕)」는 소극적인 삶의 방식이고 「호락(好樂)」, 「호례(好禮)」는 적극적인 삶의 방식이다. 詩云 如切如磋 如琢如磨(시운 여절여차 여탁여마):≪시경(詩經)≫ 위풍(衛風)의 기오편(淇奧篇)의 구. 「절(切)」은 뼈를, 「차(磋)」는 상아(象牙)를, 「탁(琢)」은 옥(玉)을, 「마(磨)」는 돌을 갈아냄을 말한다. 자공은 이 시구를, 생활 태도를 점점 더 갈고 닦아 나아감을 말하는 것으로서 이해한 것이다. 其斯之謂與(기사지위여):「여(與)」는 여(歟). 앞에서 설명한 바 있다. 이 한 구는 감정이 어리게, 그러나 넌지시 물어 보는 말이다. 賜也(사야):「사(賜)」는 이름. 자를 부르지 않고 이름을 부르는 것은 두 사람이 사제 관계에 있기 때문이다. 또 친밀함을 나타낸다. 始可與言詩已矣(시가여언시이의):「이의(已矣)」는 매우 의미심장한 상태를 나타낸다. 第三 八佾篇 8에 「상(商)아, 나를 일깨워 주었다, 너는. 이제 너와 함께 시를 이야기할 수 있겠다.(起予者商也 始可與言詩已矣)」라는 같은 표현이 보인다. 「상(商)」은 자하(子夏)의 이름. 告諸往而知來者(고저왕이지래자):「저(諸)」는 지어(之於) 두 자가 준 것. 「왕(往)」은 기왕(既往), 「내(來)」는 미래. 한 걸음 앞의 것을 이야기하면 한 걸음 앞선 것을 알아챈다.

【뜻 풀이】 자공은 재산을 불리는 재간이 있고 추측이 자주 적중한 것을 안연(顏淵)의 가난과 대비하여 말하고 있다.(第十一 先進篇 19 참조). ≪사기(史記)≫ 중니제자열전(仲尼弟子列傳)에는 자공이 물건을 싸게 사서 비싸게 팔아 집에 천금을 쌓은 일, 그 굉장한 부로써 제후와 대등하게 사귀고 있던 일, 그리고 공자의 활동을 경제적으로 원조한 일 등을 기록하고 있다.

이 자공이 부유해진 뒤에도 사람들에게 거만한 태도를 갖는 일이 없도록 조심하고 있음을 말하여 공자에게서 칭찬받기를 기대했던 것이다. 그러나 자기 스스로 자랑할 수는 없으므로 고어(古語)를 빌어 일반론으로 꾸며서 겸연쩍음을 은폐하였다. 말하고 싶은 것은 「부자가 되어서도 거만하게 굴지 않는다.」이지만 고어는 두 구로·완결된다.

공자는 이 질문의 진의를 간파하고 있다. 공자는 '가야(可也)'(나쁘지 않다)라고 합격점을 준다. 그리고 잇따라 좀더 높은 생활 태도가 있음을 가르친다. 더욱이 그것도 고어라 생각되는 말 중에 질문에 대구(對句)를 이루는 말을 골라서 대답한다. 그것을 자기 몸에 절실한 말로서 받아들이느냐의 여부는 제자의 기근(機根)에 기대한다.

자공은 공자의 기대에 어긋나지 않았다. 공자의 기쁨은 크다. 끌어안을 듯이 기뻐하였다. 덧붙여서 말하면 第十一 先進篇 3은 공문(孔門)의 「언어(言語)」의 재능을 대표하는 자로서 재아(宰我)와 더불어 자공을 들고 있다.

16

子曰 不患人之不己知 患不知人也.
자 왈 불 환 인 지 부 기 지 환 부 지 인 야

공자께서 말씀하셨다.

"남이 나를 알아주지 않음을 걱정하지 말고 내가 남을 알지 못함을 걱정해야 한다."

【글자 뜻】 患:근심 환. 己:자기 기.

【말의 뜻】 不己知(부기지):나를 알아주지 않음. 不知人(부지인):남을 알지 못함.

【뜻 풀이】 第一 學而篇을 마무리 짓는 것은 첫 장의 「남이 나를 알아주지 않더라도 속상해 하지 않으니 군자가 아닌가!」와 같은 뜻의 말이다. 권두(卷頭) 첫째 편이 이와 같은 말로써 수미(首尾)를 이룬 것은 단순한 우연이 아닐 것이다. 엮은이 역시 알려지지 않아도 속상해 하지 않고 우려하지 않는 입장에 있으며 거기서 공자를 보고 있는 것 같다.

제2

위정편

(爲政篇)

공자의 문하에서 학습 목적은 정치이며 정치의 기초는 학습에 있음을 보이고 있는 것 같다.

공자는 형(刑)으로써 하는 정치를 배척한다. 「위정이덕(爲政以德)」 ─ 이것도 고어일 것이다. 이것을 북극성과 그것을 둘러싼 중성(衆星) 들의 모습으로 설명하는 것은 공자의 문학이다. 북극성과 중성의 모습은 만인이 우러러보고 감탄하고 있는 것이다. ≪사기(史記)≫의 천관서(天官書)는 그 첫머리에 북극성(황제)이 천계에 '상거(常居)'하고 있고 그 옆에 '3성(三星)' ─ 3공(三公)과 4성(四星), 정비(正妃)와 후궁의 무리 ─ 가 있고, 그 주위에 '12성(十二星, 제후)'이 둘러싸고 호위하고 있음을 기술하고 있다. 제기한 문제에 대한 공자의 설명은 언제나 이와 같이 누구나 다 아는 것을 가지고 전개해 나간다.

> 子曰 爲政以德 譬如北辰居其所 而衆星共之.
> 자왈 위정이덕 비여북신거기소 이중성공지

공자께서 말씀하셨다.

"덕으로써 하는 정치의 모습, 그것은 이렇게도 비유할 수 있으리라. 북극성이 제자리에 있고 많은 별들이 그것을 중심으로 둘러싸고 있는 그러한 것이다."

【글자 뜻】 爲:할 위. 政:정사 정. 譬:비유할 비. 辰:때 신. 星:별 성.

【말의 뜻】 爲政(위정):국정을 잡고 책임자가 되는 것. 北辰(북신):북극성. 지덕(至德)의 천자에 비유된다. 居其所(거기소):있어야 할 일정한 장소에 자리 잡고 있음. 천자가 무위(無爲)하면서도 다스림을 말한다. 衆星(중성):많은 별. 천자와 더불어 천하적 세계관을 공유하고 천하의 정치를 돕는 현신(賢臣)들에 비유한다. 共之(공지):「공(共)」은 공(拱). 많은 별이 북극성을 중심으로 둘러싸고 질서 바른 운행을 하는 모양을 말한다.

【뜻 풀이】 第一 學而篇 다음에 第二 爲政篇이 잇따른다. 공자의 문하에서 학습 목적은 정치이며 정치의 기초는 학습에 있음을 보이고 있는 것 같다.

공자는 형(刑)으로써 하는 정치를 배척한다. 「위정이덕(爲政以德)」—이것도 고어일 것이다. 이것을 북극성과 그것을 둘러싼 중성(衆星)들의 모습으로 설명하는 것은 공자의 문학이다. 북극성과 중성의 모습은 만인이 우러러보고 감탄하고 있는 것이다. ≪사기(史記)≫의 천관서(天官

書)는 그 첫머리에 북극성(황제)이 천계에 '상거(常居)'하고 있고 그 옆에 '3성(三星)' — 3공(三公)과 4성(四星), 정비(正妃)와 후궁의 무리 — 가 있고, 그 주위에 '12성(十二星, 제후)'이 둘러싸고 호위하고 있음을 기술하고 있다. 제기한 문제에 대한 공자의 설명은 언제나 이와 같이 누구나 다 아는 것을 가지고 전개해 나간다.

공자가 여기서 말하는 '덕'은 서설에서 이미 언급했듯이 천하적 세계관에 있어서의 덕이며 그것은 우주의 조화와 질서에 따라서 정치를 하는 능력을 말한다. 그 능력을 최고로 가진 자라야만 비로소 신하들 중에서 이 덕을 나누어 가진 자를 발견할 수가 있다. 그리고 이러한 유덕자를 임용함으로써 정치는 구체화한다. 천자는 부채의 사북과 같으며 사북은 움직이지 않는다. 第十五 衛靈公篇 5에「공자께서 말씀하셨다. 자신은 아무것도 하지 않고서도 천하를 다스린 사람은 저 순(舜)일까? 그는 무엇을 하고 있었는가? 자신의 자세를 바로잡고 똑바로 남쪽을 향하고 있었을 뿐이다.」라고 하였다.

2

子曰 詩三百 一言以蔽之 曰思無邪.
자 왈 시 삼 백 일 언 이 폐 지 왈 사 무 사

공자께서 말씀하셨다.

"≪시(詩)≫ 삼백 편은 한마디로 개괄한다면 '생각에 사악함이 없다.'이다."

【글자 뜻】詩:시 시.　蔽:덮을 폐.　思:생각할 사.　邪:사악할 사.
【말의 뜻】詩三百(시삼백):≪시경(詩經)≫은 ≪상서(尙書)≫와 더불어 공자

에게 있어서 가장 중요한 교과서였다. 수록한 시편 수는 삼백오, 서(序)만을 남긴 것 6편을 합치면 삼백십일 편이다. 여기서 '삼백'이라고 한 것은 대강의 수를 말한 것이다. 第十三 子路篇 5에도 「시 삼백 편을 암송한다.」고 하였다. 一言(일언):한마디. 蔽(폐):「폐(蔽)」는 색(塞). 전체를 개괄하는 것. 思無邪(사무사):「사(邪)」는 엉뚱한 방향으로 달리는 것, 기교(奇巧)를 구하는 것. 「思無邪」는 성품이 똑바르고 솔직함을 말한다. 이 말은 ≪시경≫ 노송(魯頌)의 경편(駉篇)에서 인용한 것이다.

【뜻 풀이】「사무사(思無邪)」는 ≪시경≫의 노송(魯頌) 경편(駉篇)의 끝머리에 「思無邪(사무사) 思馬斯徂(사마사조)」라고 하였다. 이 시는 노(魯)의 희공(僖公)이 시조(始祖) 백금(伯禽)의 가르침에 순종한 것을 기린다. 「사(思)」자는 본래 조자(助字)이다. 그러나 공자는 이것을 '마음이 생각하는 바'라고 해석하여 이 구를 인용하고 있다.

子曰 道之以政 齊之以刑 民免而無恥. 道之以德 齊之以禮
자왈 도지이정 제지이형 민면이무치 도지이덕 제지이례
有恥且格.
유치차격

공자께서 말씀하셨다.

"법제(法制)로써 이끌고 형벌로써 죈다면 백성들은 '걸리지만 않으면 된다' 하여 형벌을 면하는 것을 수치로 여기지 않을 것이다.

덕으로써 이끌고 예로써 죈다면 백성들은 수치로 여기는 마음을 잃지 않고 따라온다."

【글자 뜻】齊:다스릴 제. 刑:형벌 형. 且:또 차. 格:바로잡을 격.

【말의 뜻】道之以政(도지이정):「도(道)」는 도(導), 이끌음.「정(政)」은 법제에 의거한 정치. 民免而無恥(민면이무치):「면(免)」은 벌(罰)·형(刑)·화(禍)에서 요행히, 혹은 어떻게 해서든 임시로 벗어나는 것.「무치(無恥)」는 책임감을 상실하고 있는 것. 有恥且格(유치차격):「격(格)」의 옛 주석은「(마음을) 바로잡음」, 새 주석은「(선에) 이름」이라고 푼다. ≪예기(禮記)≫ 치의편(緇衣篇)에「공자께서 말씀하셨다. '백성을 가르침에 덕으로써 하고 다스림에 예로써 하면 백성은 곧 마음을 바로잡는다. 이를 가르침에 정치로써 하고 다스림에 형벌로써 하면 백성은 곧 법망을 피하려고 한다.' (子曰 夫民敎之以德 齊之以禮 則民有格心. 敎之以政 齊之以刑 則民有遯心.)라고 하였다.」≪논어≫의 이 장에 대한 옛말의 해석법을 전해 주고 있다. 여기서는 그것을 따른다.「둔(遯)」은「도(逃)」,「격(格)」은 그것에 반대되는 말이므로「내(來)」의 뜻이다. 백성이 따라옴을 말한다.

【뜻 풀이】「道之以政」,「齊之以刑」― 이것도 당시의 법가(法家) 및 일반 사람들이 입에 올리고 있던 고어일 것이다.「정(政)」과「형(刑)」이 압운을 이루고 있다. 공자는 세간에서 입에 올리고 있는 고어를 들어 이야기의 실마리를 만들고 자기 의견을 말하여 이야기를 전개해 나간다. 고어를 사용한 것은 그것이 공통의 화제로 될 수 있기 때문이다.

4

子曰 吾十有五而志于學 三十而立 四十而不惑 五十而知天
자왈 오십유오이지우학 삼십이립 사십이불혹 오십이지천
命 六十而耳順 七十而從心所欲不踰矩.
명 육십이이순 칠십이종심소욕불유구

공자께서 말씀하셨다.

"나는 십오 세 때에 학문에 뜻을 두었고, 삼십 세가 되어 자신의 입장을 가졌고, 사십 세 때에 확신을 얻었고, 오십 세가 되어서 천명을 알았으며, 육십 세가 되어 남의 말이 순수하게 들렸고, 칠십 세가 되니 마음이 하고자 하는 대로 행동하여도 도에서 벗어나지 않게 되었다."

【글자 뜻】 惑:미혹할 혹. 從:좇을 종. 踰:넘을 유. 矩:법도 구.

【말의 뜻】 十有五(십유오):「유(有)」는 우(又). 십오 세. 志于學(지우학):인생에 눈뜨고 세계관의 탐구에 자주적으로 뜻을 둠. 而立(이립):자기 입장을 가짐. 사상과 행동에 제나름의 기반을 가짐. 공자께서 천하적 세계관에 도달함을 말함. 不惑(불혹):십 년의 체험과 지식을 쌓아 자기가 지닌 세계관의 올바름에 확신을 가짐. 가치 판단의 기준이 확고해짐. 第九 子罕篇 30과 第十四 憲問篇 30에 「지자는 미혹하지 않는다.(智者不惑)」라고 하였다. 知天命(지천명):천하적 세계관을 객관적으로 인식하고 있던 — 그것은 지자(智者)의 경지이다. — 것으로부터 초탈하여 공자의 존재는 천하적 세계와 일체가 되어 있다. 그 세계관은 이미 선택되어 그의 두뇌 속에 있는 것이 아니다. 그러나 그와 더불어 교조(敎祖)가 되지 않은 그는 자신에 있어서의 천명을, 공구(孔丘)라는 개인에 있어서 활용되고 현현(顯現)되는 천하적 세계관의 의미를 알았던 것이다. 「지천명

(知天命)」은 공자가 자신의 역사적 사명을 이룩한 데 대한 만족과 체념의 말이다. 耳順(이순):남의 의견을 순수하게 들음. 오십 세가 되어 천명을 안 것은 실은 자신이 역사적 존재임을 자각한 것이다. 또한 다른 사람의 존재 역시 역사적 의의를 가짐을 이해한 것이다. 극언하면 공자는 이성적으로는 천하적 세계관에서까지 해방된 것이다. 무엇을 다투고 무엇을 걱정하겠는가? 위의 자한(子罕)과 헌문(憲問)의 두 장(章)은 「지자는 미혹하지 않는다.(智者不惑)」에 이어, 「인자는 걱정하지 않는다.(仁者不憂)」라고 하였다. 또 第十四 憲問篇 37에 「하늘을 원망하지도 않고 사람을 탓하지도 않는다.(不怨天 不尤人)」라고 하였다. 從心所欲不踰矩(종심소욕불유구):남에게 지지 않으려는 오기나 명예에 대한 욕심이 없어진 것은 아니다. 그러나 공자는 자신이 확고하게 천하적 세계관에 투철함을 깨달았다. 단적으로는 고전의 세계와 일체가 되어 있는 자신을 객관시하는 경지에 도달한 것이다. 그는 이미 고전(古典)의 마음을 자기 마음으로 하고 있다. 자기 마음을 쫓아 읽고 생각하는 것이 고전의 세계에서 벗어나지 않는다는 데 대한 확신이 있고 안심이 된다. 지천명(知天命)으로부터 이십 년, 이순(耳順)으로부터 십 년, 정신의 편력을 거쳐서 이제 칠십 세, 공자가 이 경지에 도달했다는 것은 존귀한 것으로 찬미할 수 있겠다.

【뜻 풀이】 공자께서 말하는 일생의 정신사(精神史)이다. 공자는 칠십사 세에 세상을 뜬다. 생애를 닫는 시점에서 궁극의 자신을 관점에 두고 거기서 정신생활의 마디마디를 여러 모로 상기한다. 어떻게 살아야 할 것인가? 그 도를 구하여 끊임없는 노력을 하였고 또 그것이 이루어졌다는 것, 삶을 구하여 삶을 얻은 기쁨이 공자의 명목(瞑目)하는 눈꺼풀 안에 있었을 것이다. 원만한 죽음이다. 삼십, 사십, 오십, 육십은 모두 삼십 대, 사십 대, 오십 대, 육십 대의 그 어느 날을 말하는 것이리라.

공자는 지상의 인간으로서 완성하였다. 그것은 석가가 부처로서 열반에 들어간 것과는 다르다. 하물며 그리스도의 십자가형에 의한, 소크라테스의 독배(毒盃)에 의한 죽음과도 현저히 다르다. 어떤 식으로 죽음을 받아들이느냐 하는 것은 어떤 식으로 삶을 사느냐 하는 것이다. 공자가 죽음에 대하여 이야기하는 말이 ≪논어≫에 가끔 나온다.

≪논어≫의 편자는 공자의 인생의 완결을 이야기하는 말을 왜 여기에 둔 것일까? 다음에 효(孝)의 구체적인 실천을 설명하는 네 장(章)이 계속된다. 편자는 각론에 들어가기 전에 먼저 총괄을 해 두고 싶었던 것일까?

5

孟懿子問孝. 子曰 無違. 樊遲御. 子告之曰 孟孫問孝於我.
맹 의 자 문 효 자 왈 무 위 번 지 어   자 고 지 왈 맹 손 문 효 어 아

我對曰 無違. 樊遲曰 何謂也. 子曰 生事之以禮 死葬之以
아 대 왈 무 위 번 지 왈 하 위 야   자 왈 생 사 지 이 례 사 장 지 이

禮 祭之以禮.
례 제 지 이 례

맹의자가 효에 대하여 여쭈어 보았다. 공자께서 대답하셨다.

"어김이 없는 것이오."

번지가 공자의 수레를 몰고 있었다. 공자께서 그에게 이야기하셨다.

"맹손이 나에게 효에 대하여 질문하기에 나는 '어김이 없도록 하라'고 대답해 주었다."

번지가 말하였다.

"그것은 무슨 뜻입니까?"

공자께서 말씀하셨다.

"부모가 살아 계실 때에는 예로써 섬기고, 돌아가시면 예로써 장사지내

고, 예로써 제사지내는 것이다."

【글자 뜻】懿:아름다울 의. 違:어길 위. 樊:울타리 번. 遲:늦을 지. 御:거
느릴 어. 對:대답할 대. 葬:장사지낼 장.

【말의 뜻】孟懿子(맹의자):노(魯)나라의 대부(大夫). 맹(孟)은 맹손씨(孟孫
氏). 이름은 하기(何忌), 의(懿)는 시호(諡號), 자(子)는 미칭. 시호로써 일
컫고 있는 것은 이 한 장이 하기(何忌)의 사후에 기록된 것임을 말해 주
고 있다. 無違(무위):예도에서 벗어나지 않음. 동시에 부모의 뜻도 어기
지 않는 일이다. 해설을 참조. 樊遲(번지):번(樊)은 성, 이름은 수(須), 자
는 자지(子遲). 공자의 제자. ≪사기≫에 따르면 공자보다 삼십육 세 연
하. 정현(鄭玄)은 제(齊)나라 사람이라고 하였다. ≪공자가어(孔子家語)
≫와 ≪춘추좌씨전(春秋左氏傳)≫ 애공(哀公) 11년의 주(註)는 노(魯)나라
사람이라고 하였다. ≪가어(家語)≫에서는 사십육 세 연하. ≪논어≫에 5
회 등장한다. 御(어):마차를 모는 것. 수레 위에 주인의 오른쪽에 있다.
孟孫(맹손):맹의자(孟懿子). 제후의 아들을 공자(公子), 공자의 아들을
공손(公孫)이라고 하며, 그 후는 공자(公子)의 자(字)를 쓰고 뒤에 씨(氏)
를 붙인다. 맹의자는 환공(桓公)의 장자 경보(慶父)의 후예이다. 경보의
계통은 맹손씨라 칭하고 또 중손씨(仲孫氏)를 겸하여 일컬었다.

【뜻 풀이】맹의자의 아버지 맹희자(孟僖子)는 공자를 존경하고 높이 평가
하고 있었다. 그리고 죽을 때에 '예는 사람의 근간이다. 예가 없으면 설
수가 없다.'고 하며 맹의자 등 형제에게 명하여 공자에게 예를 배우게
한 일이 ≪춘추좌씨전≫ 소공(昭公) 7년에 보이고 있다. ≪예기≫에 「어
김이 없다」라는 말은 맹손씨 등 이른바 3환(三桓)의 유력자가 자칫하면
저지르기 쉬운 참례(僭禮)를 경고한 것이다. 맹의자의 경우, 예를 어기
지 않는 것은 그 자체가 아버지의 유지(遺志)도 어기지 않는 일이다.

맹의자는 ≪사기≫의 「중니제자열전」에는 들어 있지 않다. 후에 공자께서 3환의 거점을 무너뜨리려고 했을 때 맹의자는 그에 저항하였다.

6

孟武伯問孝. 子曰 父母唯其疾之憂.
맹 무 백 문 효   자 왈 부 모 유 기 질 지 우

맹무백이 효를 여쭈었다. 공자께서 말씀하셨다.
"부모에게 걱정을 끼치는 것은 앓을 때만으로 하라."

【글자 뜻】 武:호반 무. 唯:오직 유. 疾:병 질. 憂:근심할 우.

【말의 뜻】 孟武伯(맹무백):맹의자(孟懿子)의 아들. 이름은 설(泄)이나 일설
에는 체(彘). 무(武)는 시호. 백(伯)은 맏이임을 가리킴.

【뜻 풀이】 이 장에서는 「기질(其疾)」을 부모의 병환, 「우(憂)」의 주체를 자
식이라고 해석하는 설이 있다. 부모에 대해 병환이 나지 않도록 일편단
심으로 마음을 쓴다는 것이다. 그러나 우리가 부모에게 근심을 끼치는
것은 우리 자신이 어쩔 수 없이 병을 앓게 되는 경우에만 국한해야 한다
고 해석하는 것이 옳을 것이다.

　맹무백은 애공(哀公) 11년, 공자께서 육십팔 세 때에 우사(右師)를 이
끌고 제(齊)나라 군대와 싸우다가 패하였다. 그때의 강변(强辯)하는 모
습, 혹은 애공 14년에 성(成)이라는 땅에서 말을 기르려다 거절당하자
성읍(成邑) 사람들에게 보인 몹시 난폭한 태도, 그리고 사후에 「무(武)」
라는 시호가 내린 사실들로 보아 생각이 짧고 혈기가 넘쳐서 신중함이
없으며 여러 모로 부모에게 걱정을 끼치고 있었던 것이리라.

아버지 맹의자는 공자에게서 예를 배운 사람이다. 공자는 손자를 타이르는 심정으로 깨우쳐 준다. 좀처럼 병이 날 것 같지도 않은 사람에게 병났을 때에 끼치는 걱정만은 어쩔 수 없다고 하는 말은 부모에게 조금도 걱정을 끼치지 말라고 가르치는 것이다.

7

子游問孝. 子曰 今之孝者 是謂能養. 至於犬馬 皆能有養.
자유문효   자왈 금지효자 시위능양   지어견마 개능유양
不敬何以別乎.
불경하이별호

자유(子游)가 효를 여쭈었다. 공자께서 말씀하셨다.

"요즈음의 효는 부모를 잘 공양함을 가리켜 말한다. 그러나 개나 말도 다 (제 어미를) 공양하고 있다. 존경이 따르는 것이 아니면 어디에 구별이 있겠는가?"

【글자 뜻】遊:놀 유. 養:기를 양. 馬:말 마. 別:나눌 별.
【말의 뜻】子游(자유):공자의 문인. 성은 언(言), 이름은 언(偃), 자유(子游)는 자. ≪사기(史記)≫「중니제자열전」에 따르면 오(吳)나라 사람. 공자보다 사십오 세 연하. 자하(子夏)와 더불어 공자 문하의 학문을 대표한다. 是謂能養(시위능양):「양(養)」은 식사를 제공하는 것. 何以別乎(하이별호):「금지효자(今之孝者)」, 즉 현재 잘못 생각하고 있는 효행자와 진실한 효행자의 구별, 혹은 소인과 군자의 구별. ≪예기(禮記)≫ 방기편(坊記篇)에「공자께서 말씀하셨다. '소인들도 다 그 부모를 잘 공양한다. 군자가 공경하지 않으면 무엇으로써 분별하겠는가?'」라고 하였다.

【뜻 풀이】 至於犬馬 皆能有養 — 여기서는 「개나 말도 다 제 어미를 공양한다」고 해석하였다. 일설에 견마도 집을 지키고 노동력을 제공하여 사람을 위해 봉사함을 이른다고 한다. 그러나 이 설에서는 「양(養)」의 뜻이 위의 「양(養)」과 약간 어긋난다. 또 하나의 설에, 견마에게도 사람은 사료를 먹여 준다고 해석하는 것이 있다. 후자가 가장 알기 쉬운 해석이지만 이것은 부모를 개나 말에 비유한다는 흠이 있다. 이러한 발상 혹은 비유는 공자 시대에는 없었을 것이라고 본다.

공자께서 이렇게 가르친 자유(子游)는 어떤 인물이었을까? 공자께서 '닭을 잡는 데에 소 잡는 칼을 쓴다' (第十七 陽貨篇 4)고 말한 일이 있다. 부모에게 충분히, 아마도 지나칠 만큼 봉사하고 있었던 것이리라. 그러나 그것이 부모에 대한 사랑에서 우러난 행위일지라도 본능적, 맹목적인 것이라면, 또 반찬 수가 많은 것으로 자기만족을 하고 있는 것이라면 두 가지 다 공자의 꾸중을 들어야만 한다.

≪예기(禮記)≫ 제의편(祭義篇)에 「증자(曾子)가 말하였다. 효에 세 가지가 있는데 대효(大孝)는 부모를 존경하는 것이요, 그 다음은 욕되게 하지 않는 것이요, 그 아래는 잘 공양하는 것이다.」라고 하였다.

8

子夏問孝. 子曰 色難. 有事 弟子服其勞 有酒食 先生饌. 曾
자 하 문 효   자 왈 색 난   유 사   제 자 복 기 로   유 주 사   선 생 찬   증
是以爲孝乎.
시 이 위 효 호

자하가 효를 여쭈었다. 공자께서 대답하셨다.
"얼굴빛을 하기가 어렵다. 일이 있으면 젊은이가 수고하고, 술이나 밥이

있으면 어른 앞에 차려 낸다. 이러는 것만으로 효라 할 수 있겠는가?"

【글자 뜻】難:어려울 난. 酒:술 주. 饌:차릴 찬.

【말의 뜻】子夏(자하):第一 學而篇 7 참조. 色難(색난):「색(色)」은 얼굴빛.
자식의 얼굴빛인지 아니면 부모의 얼굴빛인지 설이 구구하다. 나는 자
식의 얼굴빛이라고 해석하였다. [해설]을 참조할 것. 弟子(제자):젊은이
들. 有酒食 先生饌(유주사 선생찬):「주사(酒食)」의 「사(食)」는 밥. 「선생
(先生)」은 연장자. 「찬(饌)」은 음식을 차림. 曾是爲孝乎(증시위효호):
「증(曾)」은 곧. ≪설문해자(說文解字)≫에 「증(曾)은 말(詞)의 펴짐(舒)이
다.」라고 하였고, 은옥재(殷玉裁)의 주(註)에 「증(曾)이라는 말은 곧(乃)
이다.」라고 하였다. 第三 八佾篇 6의 「曾謂泰山 不如林放乎」의 「증(曾)」
도 그 예이다. 구의 머리에 놓인다.

【뜻 풀이】자식이 부모에 대하여 항상 온화한 얼굴을 하고 있다. 볼멘 얼굴
이나 무서운 얼굴을 하지 않는다. 이것은 부모에 대한 존경과 깊은 사랑
이 없으면 안 되는 일이다. 더구나 그 존경과 사랑이 시종 변치 않는 것
이 아니면 안 된다. 쉬운 일은 아니다.

「색(色)」을 부모의 얼굴빛이라고 보는 경우는, 부모의 얼굴빛을 보고
그 심중을 살펴서 원하시는 바를 충족시켜 드리는 것을 말한다. ≪예
기≫ 곡례(曲禮) 상편(上篇)에 「사람의 자식 된 자는 소리가 없는데도
듣고 형상이 없는데도 본다.」고 말하고 있다. 이것도 쉽지 않은 일이
다. 역시 깊은 존경과 사랑이 없이는 안 된다.

이 두 가지의 해석 중 어느 쪽이 낫다고도 단정하기가 어렵다. 그러나
「복로(服勞)」와 「주사(酒食)의 찬(饌)」이 자식을 주체로 하여 말하는 것
이므로 「색난(色難)」도 자식의 얼굴빛이라고 해석하고 싶다. 또 자하(子
夏)는 자기 자식이 죽었을 때에 심히 곡하여 그로 인해 실명(失明)까지

한 사람이다. 다정다감하며 감정이 곧바로 얼굴에 나타난 일이 있었던 게 아닐까. 공자께서 「너는 군자적 학자가 되어라. 소인적 학자는 되지 말아라.」(第六 雍也篇 13) 하고 경고를 한 것도 이 사람이 정에 흐르기 쉬운 사람이었음을 나타내고 있는 게 아닌가! 「색(色)」을 자하의 입장에서 말한 것이라고 보는 이유가 여기에도 있다.

효(孝)를 설명하는 네 장은 여기서 끝난다. 이 네 장은 효를 제자 한 사람 한 사람에 입각하여 설명하고 있다. 효가 무엇인가를 설명함과 동시에, 그보다도 인류의 스승으로서 공자의 면모를 그려내고 있다.

9

子曰 吾與回言終日 不違如愚. 退而省其私 亦足以發. 回也
자왈 오여회언종일 불위여우 퇴이성기사 역족이발 회야
不愚.
불우

공자께서 말씀하셨다.

"회(回)와 종일 이야기를 하고 있어도 이론(異論)을 제기하는 일이 없으니 마치 어리석은 자 같다. 그러나 물러간 뒤에 그의 일상생활을 살피니 충분히 사람을 계발하고 있다. 회는 어리석지가 않다."

【글자 뜻】 回:돌 회. 終:끝날 종. 私:사사 사. 發:필 발.
【말의 뜻】 回(회):성은 안(顔), 회(回)는 이름, 자는 자연(子淵). 그래서 안연 (顔淵)이라고도 한다. 노(魯)나라 사람. 공자보다 삼십 세 연하. 여기서 자로 부르지 않고 이름을 부른 것은 공자와 안회가 사제 사이이기 때문 이지만, 동시에 친밀한 감정도 나타나 있다. 안회는 공문(孔門)의 가장

뛰어난 제자이며 공자께서 가장 사랑하고 많은 기대를 걸었던 제자이다. 이 사제 간 교제의 깊이와 아름다움은 ≪논어(論語)≫에서 그지없이 감동을 주는 문장이 되었다. 그러나 사십일 세의 중년에 죽는다. 애제자를 앞서 여읜 칠십 세의 공자는 「하늘이 나를 저버렸다.」 하며 통곡한다.(第十一 先進篇 9)   省其私(성기사):「사(私)」는 안회의 사생활. 혼자 편안히 있을 때, 혹은 동문의 제자들과 대화하고 있을 때의 생활 태도. 「성(省)」은 그것을 잘 살핌.   亦足以發(역족이발):「역(亦)」은 '어리석은 것 같지만 그러나' 하고 글의 뜻을 전환하는 말. 「발(發)」은 동문의 제자들을 계발하는 것. 공자께서 말한 것을 잘 이해하고 그 주지(主旨)를 깨달아 밝히는 것을 말하는 것이다.

【뜻 풀이】 안회는 대단히 총명한 사람이었다. 하나를 듣고 열을 깨닫는(第五 公冶長篇 9) 사람이었다. 이 장도 역시 그의 총명함을 말함과 동시에 그가 과묵하고 신중한, 그리고 말없이 실행하는 사람이었음을 말하고 있다. "이야기를 하여 주었을 때 자세를 흐트러뜨리지 않고 듣는 이는 회일 것이다."(第九 子罕篇 20) "회는 쓸모가 없는 자라, 내가 무슨 말을 하더라도 지당하다고만 할 따름이다."(第十一 先進篇 4) 이러한 공자의 말이 아울러 생각난다. 공자와 안회, 이 드물게 있는 사제의 만남에서 공자는 가르치고 안회는 받아들인다. 그 모습이 눈앞에 선하게 나타난다.

10

子曰 視其所以 觀其所由 察其所安 人焉廋哉 人焉廋哉.
자왈 시 기 소 이 관 기 소 유 찰 기 소 안 인 언 수 재 인 언 수 재 공자께서 말씀하셨다.

"그 행위를 보고, 그 동기를 관찰하고, 그 귀착하는 바를 소상히 밝힌다면, 그 인간됨을 아무리 숨기려 해도 안 되는 것이다."

【글자 뜻】 視:볼 시. 觀:볼 관. 焉:어찌 언. 廋:숨길 수. 哉:어조사 재.

【말의 뜻】 視其所以(시기소이):「이(以)」는 위(爲), 「소이(所以)」는 하는 바, 행위. 觀其所由(관기소유):「유(由)」는 경(經). 제1구가 현재에 이루어지고 있는 행위를 말함에 반하여 제2구는 그 행위가 이루어지기까지의 경과를 말한다. 혹은 단적으로 '동기'라 하여도 된다. 察其所安(찰기소안):「안(安)」은 정(定). 장래에 정착하는 바, 이상으로 하는 바. 단적으로는 '목적'이라고도 하겠다. 人焉廋哉(인언수재):「언(焉)」은 하(何), 어찌. 「수(廋)」는 닉(匿), 숨김. 이 말을 두 번 되풀이하고 있는 것은 스스로 감동함의 깊이, 다시 말해서 확신의 깊이를 보인다.

【뜻 풀이】 「시(視)」, 「관(觀)」, 「찰(察)」 — 모두가 보는 것을 말하면서도 구마다 글자를 바꾸고 있다. 관찰하기 쉬운 것부터 어려운 것으로 심천(深淺)의 차가 구별되어 있다. 현재 눈앞에서 행하여지고 있는 행위는 가장 관찰하기 쉽다. 그것의 유래한 바는 이미 과거사이므로 확인하는 데에 어려움이 따른다. 장래의 귀결은 아직 형태가 없으므로 확인하기가 가장 어렵다.

이 세 구를 ≪대대례(大戴禮)≫ 문왕(文王) 관인편(官人篇)에는 「고기소위(考其所爲), 관기소유(官其所由), 심기소안(審其所安)」이라고 하였다. ≪논어≫의 「이(以)」를 「위(爲)」자로 하고 있다. 「이(以)」를 「위(爲)」로 해석하는 근거이다. 그러나 이 「이(以)」를 보다 흔한 사용법에 따라 「용(用)」이라 해석하여 '사용하는 사람'을 뜻한다고 보는 설도 있다.

11

> ## 子曰 溫故而知新 可以爲師矣.
> 자 왈 온 고 이 지 신 가 이 위 사 의

공자께서 말씀하셨다.

"고전을 읽고 충분히 이해하여 새로운 의미를 스스로 터득한다면 스승이
될 수 있을 것이다."

【글자 뜻】溫:익힐 온. 新:새 신.

【말의 뜻】溫故(온고):「온(溫)」은 익힘. 온습(溫習)이라는 말이 있듯이, 형
식적으로만 하는 것이 아니라 충분히 배우는 것.「고(故)」는 고(古). 전
고(典故)·고실(古實)도 다 포함되지만 '고전'으로 대표하게 해도 될 것
이다. 知新(지신):새로운 의미를 찾아내어 창조적으로 생각하고 행동
함.

【뜻 풀이】≪예기(禮記)≫는 학기편(學記篇)에서「기문(記問)의 학은 사람
의 스승이 되기에 부족하다.(記問之學 不足以爲人師)」라고 하였다. 잡
스러운 지식을 머리에 채워 넣고 남들의 요구에 대비하는 학문으로는
사람의 스승이 될 수 없음을 말한다. 이것은 온고지신의 한 장을 다른
면에서 설명하는 것이 된다. 공자 당시에는 기문(記問)의 학을 가지고
사람의 스승이 되고자 하는 자가 많이 있어서 해독을 끼치고 있었다.

일설에「온고지신」은 남을 위해서가 아니라 자신을 위한 학문(第十四
憲問篇 25)의 길을 말하는 것이라고 한다. 즉「온고지신」이야말로 자기
학업을 진취해 나가는 데 있어서의 자기의 스승이다. 유행에 현혹되어
스승을 밖에서 구함이 없이 오로지 고전을 읽으라고 가르치는 것이다.

이때의 「위사(爲師)」는 '자기의 스승으로 삼는다.'로 해석한다.

12

子曰 君子不器.
자 왈 군 자 불 기

공자께서 말씀하셨다.
"군자는 그릇이 아니니라."

【글자 뜻】君:임금 군. 器:그릇 기.
【말의 뜻】器(기):그릇, 도구. 그릇은 각각 그 쓰임에 알맞게 만들어져 있으
므로 한 가지 일에만 능한 기능자를 말함.

【뜻 풀이】기물(器物)은 모두 저마다 다른 형태와 용도가 있다. 그것은 각
각 한 가지 일에 제약되고 한계 지어져 있는 것이다. 군자, 즉 백성을 위
하여 정치를 하는 자는 많은 가능성과 그것을 실현하는 능력을 지녀야
만 한다. 한 가지의 재주나 한 가지의 능력에 사로잡혀 있으면 안 된다.
또 그릇일 따름인 사람은 자기의 식견과 능력에 구애되어 그 범위 내의
일밖에 하지 못한다. 사람을 사용하는 것도 좁아진다.
　공자는 그런 사람을 많이 만났던 것이다. 일설에 「불기(不器)」는 자신
의 특기를 뽐내며 표면에 나서지 않음을 말한다고 한다. 이 뒤에 군자
론이 세 장에 걸쳐 계속된다.

13

子貢問君子. 子曰 先行其言 而後從之.
자 공 문 군 자   자 왈 선 행 기 언 이 후 종 지

자공이 군자에 대하여 여쭈어 보았다. 공자께서 말씀하셨다.
"주장하는 것을 먼저 실천하고, 그러고 나서 입 밖에 내는 사람이니라."

【글자 뜻】 貢:바칠 공. 先:먼저 선. 後:뒤 후.   從:좇을 종.

【말의 뜻】 先行其言(선행기언):그 말에 앞서 먼저 행함.   而後從之(이후종
지):이미 행한 후에 말을 함.

【뜻 풀이】 언행일치는 공자께서 가장 중요시하는 바였다. 이미 第一 學而篇
14에「일에 부지런을 떨고 말을 적게 한다.」고 말하고 있다. ≪논어≫에
는 이후로도 가끔 이런 말이 나온다. 자공은 공문(孔門) 제일의 웅변자이
다. 어쩌면 버젓이 큰 보자기를 펼치며, 나야말로 군자라고 자부하면서
이 질문을 한 것인지도 모른다. 결과는 공자에게 꾸중을 듣게 된다.
자공에 대하여는 第一 學而篇 10·15를 참조하라.

14

子曰 君子周而不比 小人比而不周.
자 왈 군 자 주 이 불 비 소 인 비 이 불 주

공자께서 말씀하셨다.
"군자는 두루 친밀히 사귀지만 사적으로 친압(親押)하는 일은 없으며, 소

인은 친압하지만 두루 친밀히 사귀지는 않는다."

【글자 뜻】周:두루 주. 比:견줄 비.
【말의 뜻】君子周而不比(군자주이불비):「주(周)」는 친(親), 밀(密). 고주(古
註)에는 「충신(忠信)」이라고 함. 널리 사람들과 친밀하게 사귀는 것은
곧 미쁨(忠信)에 바탕을 둔 행위이다. 「비(比)」는 압(押), 편(偏). 고주는
「아당(阿黨)」이라고 주함. 사리사욕으로 인하여 서로 친해지고 당파를
이룸. 주(周)는 공적(公的)이고 비(比)는 사적임.

【뜻 풀이】 군자와 소인을 대조함으로써 군자의 입장이 확연한 것임을 보이
는 것은 ≪논어≫ 서술 형식의 하나이다. 「군자는 의(義)에 밝고 소인은
이(利)에 밝다.」(第四 里仁篇 16), 「군자는 편안하고 유연한데 소인은 항
상 근심에 싸여 있다.」(第七 述而篇 36), 「군자는 조화하지만 뇌동(雷
同)하지 않으며, 소인은 뇌동하지만 조화하지 않는다.」(第十三 子路篇
23), 「군자는 태연하지만 교만하지 않고 소인은 교만하지만 태연하지
않다.」(第十三 子路篇 26), 「군자는 자기에게서 구하지만 소인은 남에
게서 구한다.」(第十五 衛靈公篇 21), 「군자는 작은 일에는 적당치 않으
나 큰일은 맡길 수 있고 소인은 큰일은 맡길 수 없으나 작은 일에는 적
합하다.」(第十五 衛靈公篇 34), 「군자가 용감하되 예의가 없을 때에는
난을 일으키는데 소인이 그러할 때에는 도둑질을 한다.」(第十七 陽貨篇
23) 등이 그 예이다. 특히 「자로편(子路篇)」의 두 장은 여기와 아주 똑
같은 구성이다.

15

子曰 學而不思則罔 思而不學則殆.
자 왈 학 이 불 사 즉 망 사 이 불 학 즉 태

공자께서 말씀하셨다.

"학문을 배우더라도 스스로 생각하지 않으면 지식이 애매하며, 스스로
생각하더라도 학문을 배우지 않으면 확신이 안 선다."

【글자 뜻】 學:배울 학. 思:생각할 사. 罔:어두울 망. 殆:의심할 태.

【말의 뜻】 學而不思則罔(학이불사즉망):「학(學)」은 고전을 배움. 되풀이하
여 읽음. 「배우고 때때로 이를 익힘」(第一 學而篇 1)의 '배움'이다. 「사
(思)」는 사색·사유(思惟). 자주적으로 생각하고 판단함. 「망(罔)」은 망
연히 파악함이 없는 상태. 애매모호. 殆(태):모호함. 부정확함. 본편 18
에 「많은 것을 보라. 그리고 모호한 것은 가만두라.」고 하였다.

【뜻 풀이】 공자는 또 "나는 전에 종일 먹지 않고 밤새 자지 않고 사유하였
다. 그러나 유익한 바가 없었다. 배우는 것에 미치지 못한다."(第十五
衛靈公篇 31)라고 하였다. 공자의 면학의 단면이다.

16

子曰 攻乎異端 斯害也已矣.
자 왈 공 호 이 단 사 해 야 이 의

공자께서 말씀하셨다.

"말단의 기설(奇說)을 공격하는 것은 오직 해(害)가 있을 따름이다."

【글자 뜻】 攻:칠 공. 端:끝 단. 害:해칠 해. 已:뿐 이.

【말의 뜻】 攻乎異端(공호이단):「공(攻)」은 공격. 또는 '닦는다' 로 해석하는 설도 있음. 「이단(異端)」은 말초적인 벽설(僻說), 기설(奇說), 이설(異說). 일설에 성인의 도가 아닌 양자(楊子)·묵자(墨子)·불교 등을 가리키는 것이라고 하지만 이들은 후세에 나왔음. 斯害也已矣(사해야이의):「야이의(也已矣)」는 감동 깊은 어조를 보이는 조사(助辭).

【뜻 풀이】 ≪논어≫에서의 「공(攻)」자의 용법은 「북을 울리고 이를 공격함」(第十一 先進篇 17), 「자신의 나쁜 점을 책하고 남의 나쁜 점을 책하지 않음」(第十二 顔淵篇 21)의 두 예가 있다. 모두 다 「공벌(攻伐)」의 뜻이다. 따라서 여기서도 그 뜻으로 해석하였다. 「이단(異端)」은 기이말단(奇異末端). ≪논어≫에서는 이 말이 여기에만 보일 뿐이다. 따라서 다른 용례와 아울러 거기서 의미를 귀납할 수가 없다.

그러나 ≪춘추공양전(春秋公羊傳)≫ 문공(文公) 12년에 「오직 한결같이 참되고, 다른 기술이 없다.」(惟一介斷斷焉 而無他技)라는 문장을 한(漢)의 하휴(何休)의 주(註)는 「타기(他技)는 기교이단(奇巧異端)이다.」라 하고, 그 뒤에 「孔子曰 攻乎異端 斯害他已」의 글을 인용하고 있다. ≪예기(禮記)≫ 대학편(大學篇)은 「참되고, 다른 기술이 없다.」(斷斷兮 他技無)를 인용하였다. 이에 대한 정현(鄭玄)의 주는 「타기(他技)는 이단의 기술」이라고 하였다. 「단단(斷斷)」은 전일(專一)[하휴(何休)의 주]한, 또는 성일(誠一)[정현(鄭玄)의 주]한 모습을 말한다. 즉 이단은 불순한 기교를 말하는 것이다. 거기에는 우리가 현재 이 말에서 느끼는 만큼의 무게가 없다.

이단을 공격하는 것이 해롭다고 하는 것은 그 편광(偏狂)한 반발을 경계하는 것이리라. 이단의 기설(奇說)도 그대로 주장하게 놔두면 되는 것이며, 그 사람이 남들의 이목을 끄는 것은 한때의 일일 뿐 이윽고 올바른 것으로 귀착한다는 신념이 공자에게는 있었던 것이다.

「공(攻)」을 '닦는다'로 해석한다면, 이단의 것을 배우는 것이 해롭다는 것은 그것에 현혹되는 것을 염려해서가 아니라 천하의 정치에 유익한 바가 없기 때문이리라. 第十九 子張篇 4에서 자하(子夏)는 "소도(小道)라 할지라도 반드시 볼 만한 곳이 있다. 그러나 진창에 빠져 멀리 가지 못할 염려가 있다. 그래서 군자는 배우지 않는 것이다."라고 하였다. 이것이 공자학파의 태도일 것이다. 여기서 자하가 말하는 「소도(小道)」는 곧 이단의 잡서(雜書) · 잡설(雜說)이다.

「也已矣」는 「可謂好學也已矣」(第一 學而篇 14, 第十九 子張篇 5), 「其可謂至德也已矣」(第八 泰伯篇 1, 20), 「吾未如之何也已矣」(第九 子罕篇 24, 第十五 衛靈公篇 16), 「可謂遠也已矣」(第十二 顔淵篇 6) 등의 용례가 있다.

17

子曰 由 誨女知之乎. 知之爲知之 不知爲不知 是知也.
자왈 유 회녀지지호 지지위지지 불지위불지 시지야

공자께서 말씀하셨다.

"유야, 너에게 안다는 것이 무엇인지를 가르쳐 주랴? 아는 것을 안다고 하고 모르는 것을 모른다고 하는 것, 그것이 곧 아는 것이니라."

【글자 뜻】誨:가르칠 회. 是:이 시.
【말의 뜻】由(유):성은 중(仲), 유(由)는 그의 이름, 자는 자로(子路). 공자보

다 겨우 9세 연하. 따라서 공자의 초기 제자이다. ≪논어≫에 자주 등장한다. 호쾌하며 게다가 성질이 외곬이어서 그만큼 신중성이 없었다. 안회(顔回)와는 다른 의미로 혹은 대조적인 인물로서 공자의 사랑을 받고 있었다. 여기서 유(由)라고 이름을 부르는 것도 친밀감을 나타내는 것이다. 誨女知之乎(회녀지지호):「회(誨)」는 가르침.「여(女)」는 여(汝).

【뜻 풀이】≪사기(史記)≫ 중니제자열전(仲尼弟子列傳)은 말하고 있다. "자로는 성품이 곱지 못하였다. 용력(勇力)을 좋아하고 마음이 강직하였다. 장닭을 머리에 이고 수퇘지를 허리에 차고 공자를 능멸하였다. 공자는 예(禮)를 베풀어 자로를 가르쳤다. 자로는 후에 유복(儒服)하고 그 문인(門人)을 시켜 청하여 제자가 되었다."

자로(子路)는 그 호쾌한 성질 때문에 공자 앞에서 득의양양하게 천하사를 다 알고 있기라도 한 듯이 지껄였던 것이리라. 공자의 훈계는 결코 심한 말을 쓰지 않는다. 그러나 듣는 사람의 마음에 따뜻하게 스며든다. 第十三 子路篇 3에서 자로를 훈계하는 말 중에도 "이야기가 안 되는구나, 너는! 군자는 자기가 모르는 것에는 입을 다무는 법이다."라고 하였다.

18

子張學干祿. 子曰 多聞闕疑 愼言其餘 則寡尤. 多見闕殆
자 장 학 간 록   자 왈 다 문 궐 의 신 언 기 여 즉 과 우   다 견 궐 태
愼行其餘 則寡悔. 言寡尤行寡悔 祿在其中矣.
신 행 기 여 즉 과 회 언 과 우 행 과 회 녹 재 기 중 의

자장이 벼슬을 얻는 법을 배우려고 하였다. 공자께서 말씀하셨다.

"많은 것에 귀를 기울여라. 그리고 납득이 안 가는 것은 가만두고 그렇지 않은 것을 신중히 말하라. 그리하면 잘못을 저지르는 일이 적다.

많은 것을 보라. 그리고 모호한 것은 가만두고 그렇지 않은 것을 행동에 옮겨라. 그리하면 후회하는 일이 적다.

말에 허물이 적고 행동에 뉘우침이 적으면 벼슬은 저절로 그 가운데서 생기게 마련이다."

【글자 뜻】張:베풀 장. 干:구할 간. 闕:빠뜨릴 궐. 疑:의심할 의. 餘:남을 여. 寡:적을 과.

【말의 뜻】子張(자장):성은 전손(顓孫), 이름은 사(師), 자장은 그의 자(字). 진(陳)나라 사람. 공자보다 사십팔 세 연하. 干祿(간록):「간(干)」은 구(求). 「녹(祿)」은 봉록. 「간록」은 관록(官祿), 즉 벼슬을 구함. 闕殆(궐태):「궐(闕)」은 결(缺), 가만둠. 「태(殆)」는 이미 본편 15 「思而不學則殆」에서 배웠다. 모호, 부정확. 祿在其中矣(녹재기중의):구하지 않고 저절로 녹이 손끝에 있음을 말함. 第十三 子路篇 18에 「直在其中矣」, 第十五 衛靈公篇 32에 「祿在其中矣」, 「祿在其中矣」라고 하였다. 「……在其中(재기중)」은 성어(成語)이다. 직(直)은 곧음, 고지식함. 뇌(餒)는 굶주림.

【뜻 풀이】「子張學干祿」 ― 第十三 子路篇 4에 「樊遲請學稼」, 「請學爲圃」라고 하였다. 여기서도 「학(學)」 한 자만으로는 충족치 못함을 느낀다. 「학(學)」은 거의 「문(問)」과 같다. ≪사기(史記)≫ 중니제자열전(仲尼弟子列傳)에는 「학(學)」이 「문(問)」으로 되어 있다.

「간록(干祿)」은 원래 ≪시경(詩經)≫ 대아(大雅) 한록편(旱麓篇)과 가락편(假樂篇)에 보이는 말이다. 거기서 「간(干)」은 구(求), 「녹(祿)」은 복(福)의 뜻이다. 위의 「학(學)」도 관련시켜 이 한 구를 第十一 先進篇 6의 「남용(南容)은 백규(白圭)의 시를 몇 번이고 되풀이하고 있었다.」와 마찬가지로 자장이 ≪시경≫을 배웠음을 말하는 것이라고 해석하는 설도 있다. 그러나 그것은 타당치 않을 것이다. 이 爲政篇에 있어서의 「간록(干祿)」이라는 말은 ≪시경≫의 원뜻에서 벗어나 있지만 그와 같은 예는 ≪논어≫에 또 있다.

「多聞闕疑」,「多見闕殆」―「견(見)」과 「문(聞)」도 다 같이 의(疑)와 태(殆)를 결한다. 그것을 두 구로 나누어 표현하고 있다. 수사상(修辭上)의 구성이다. 궐의(闕疑)·궐태(闕殆)하기 위해서는 가치 판단의 기준이 확고해야만 한다.

19

哀公問曰 何爲則民服. 孔子對曰 擧直錯諸枉 則民服. 擧枉
애공문왈 하위즉민복　공자대왈　거직조저왕　즉민복　거왕
錯諸直 則民不服.
착제직 즉민불복

애공이 물었다.

"어떻게 하면 백성이 따라올까요?"

공자께서 대답하셨다.

"곧은 것을 들어 올려 굽은 것 위에 놓으면 백성이 따라옵니다만, 굽은 것을 들어 올려 곧은 것 위에 놓으면 백성은 따라오지 않습니다."

【글자 뜻】 哀:슬플 애. 擧:들 거. 錯:둘 조, 어긋날 착. 諸:모두 제, 어조사 저.
【말의 뜻】 哀公(애공):노(魯)나라의 왕. 성은 희(姬), 이름은 장(將), 애공은
　　시호(諡號). 기원전 494년에 즉위. 그 14년에 사냥하여 기린을 잡았고,
　　춘추 시대(春秋時代)가 끝난다. 16년에 공자가 세상을 떠났다. 民服(민

복):백성이 국왕의 정치를 신뢰하고 따라옴. 擧直錯諸枉(거직조저왕):
「거(擧)」는 들어 올림.「직(直)」은 곧은 재목.「조(錯)」는 놓음.「저(諸)」
는 지어(之於)의 두 자가 준 것.「왕(枉)」은 굽은 재목.

【뜻 풀이】 앞에서 효에 대하여 제자들과 문답할 때에는「子曰」이라고 하였
다. 그런데 여기서「孔子對曰」이라고 한 것은 국왕에 대한 응답을 기록
하는 하나의 형식 때문이다. 이런 예는 노(魯)의 정공(定公)에 대하여(第
三 八佾篇 19와 第十三 子路篇 15), 이 밖에 노의 애공(哀公)에 대하여
(第六 雍也篇 3), 제(齊)의 경공(景公)에 대하여(第十二 顔淵篇 11), 위
(衛)의 영공(靈公)에 대하여(第十五 衛靈公篇 1) 등에 보인다.

　다만 노(魯)의 계강자(季康子)에 대하여「孔子對曰」이라고 한 경우가 第
十一 先進篇 7과 第十二 顔淵篇 17, 18, 19에 보인다. 계강자는 국왕이 아
니다. 그런데도 이런 기술을 하고 있는 것은 그가 국왕을 능가하는 위세
를 지니고 있었던 것과, 그와 ≪논어≫ 기록자와의 관계를 짐작케 한다.

　「擧直錯諸枉」— 第十二 顔淵篇 22에「곧은 재목을 굽은 재목 위에
두면 굽은 것을 곧게 할 수가 있다.」라고 하였다.「擧直錯諸枉」이라는
말에 대한 공자 자신의 견해를 나타낸다. 이 말은 필시 공자 시대의 고
어(古語)일 것이다. 그리고 본래는 재목을 쌓아 올릴 때의 지혜를 말한
것이리라. 여기서는「직(直)」과「왕(枉)」은 정직한 사람과 사곡(邪曲)한
사람에 비유되고 있다.

　「錯諸枉」을 '여러 가지 굽은 것을 버림' 이라는 뜻으로 보는 설도 있
다. 그러나「諸」자가 수량 형용사로 쓰일 때에는 실자(實字:명사로 쓰이
는 글자)에 붙는 것이 보통이며,「諸枉」,「諸直」이라는 말은 어울리지
않는 것이 아닐까?

　인재 등용을 정치의 가장 중요한 것으로 보는 것은 어느 해석이건 마
찬가지이다.

20

季康子問 使民敬忠以勤 如之何. 子曰 臨之以莊則敬. 孝慈
계 강 자 문 사 민 경 충 이 권 여 지 하   자 왈 임 지 이 장 즉 경   효 자
則忠. 擧善而敎不能則勤.
즉 충   거 선 이 교 불 능 즉 권

계강자가 여쭈었다.

"백성으로 하여금 국왕을 존경하고 충성하며 힘써 일하게 하려면 어떻게 하면 됩니까?"

공자께서 말씀하셨다.

"(국왕이) 장중한 태도로 임하면 백성은 존경합니다. (국왕이) 부모에게 효도하고 백성을 자식처럼 사랑하면 백성은 충성합니다. 착한 인재를 등용하여 쓰고 재능 없는 자를 가르쳐 나가면 백성은 일에 힘씁니다."

【글자 뜻】 康:편안할 강. 勤:힘쓸 근. 臨:임할 임. 慈:사랑할 자. 擧:들 거.

【말의 뜻】 季康子(계강자):노(魯)나라에서 가장 권세 있는 호족(豪族)인 계손씨(季孫氏)의 당주(當主). 이름은 비(肥), 강(康)은 시호. 아버지 계환자(季桓子)가 공자와 함께 노나라의 행정에 종사하고 있었으므로 공자는 자식을 가르치는 것과 같은 관계에 있다. 臨之以莊(임지이장):「장(莊)」은 장중, 단정, 엄숙. 예를 갖춘 언어·동작·용모·의복의 모든 것에 대하여 말한다. 擧善(거선):선한 인재를 등용하여 씀.

【뜻 풀이】 계강자는 第十二 顔淵篇에서도 세 번, 17, 18, 19장에서 공자에게 정치를 물었다. 그리고 그 경우 공자의 응답이 「孔子對曰」이라는 형

식으로 기록되어 있다는 것은 앞 장에서 언급하였다. 「擧善而教不能則勤」, 이 한 구도 앞 장의 「擧直錯諸枉 則民服」이라는 고어를 염두에 두고 있는 발언일 것이다.

　第十五 衛靈公篇 33에 "지모(智謀)로써 관위(官位)를 손에 넣고 인애(仁愛)로써 유지하더라도, 위의(威儀)를 바로잡고 엄하지 않으면 백성은 존경하지 않는다."라고 하였다. 이것 역시 「장(莊)」의 중요함을 말하고 있다.

21

或謂孔子曰 子奚不爲政. 子曰 書云 孝乎惟孝 友于兄弟.
혹위공자왈　자해불위정　자왈　서운　효호유효　우우형제
施於有政 是亦爲政也 奚其爲爲政.
시어유정 시역위정야 해기위위정

어떤 이가 공자께 말하였다.

"선생님은 왜 정치를 하지 않으십니까?"

공자께서 말씀하셨다.

"≪서경≫에 「효로다. 아아, 효로다. 형제가 서로 우애하니.」라고 하였다. 효와 우애를 정치에까지 확대시킨다면 이것 역시 정치를 하고 있는 것이지 어찌 따로 정치를 할 것이 있겠는가?"

【글자 뜻】 惑:혹할 혹.　謂:이를 위.　奚:어찌 해.　惟:생각할 유.　施:베풀 시.

【말의 뜻】 或謂孔子曰(혹위공자왈):「혹(或)」은 어떤 사람. 이름을 숨기고 있다. 「위(謂)」에는 인물 비평을 하는 뜻이 함축되어 있다.　子奚不爲政

(자해불위정):「해(奚)」는 하(何), 어찌.「위정(爲政)」은 직접 정치에 관여하는 것. 궁극적으로는 국정에 참여하여 책임자가 되는 것. 書云(서운): 공자에게 있어서「서(書)」라 하면 왕들의 기록을 의미하였다. 쓰인 것 전반은 아니었다. 나중에 여러 가지 학파가 저마다 자기 주장을 써서 각종 서적이 나옴에 이르러 이 왕들의 기록을 그러한 것들과 구별하기 위하여 ≪상서(尙書)≫라는 이름을 붙였다. 한대(漢代)의 일이다. ≪서경(書經)≫이라는 이름은 송대(宋代)에 이르러 비롯되었다. 孝乎惟孝 友于兄弟(효호유효 우우형제):이 구는 효(孝)를 기리고 강조하는 말. 뒤의 구는 형제가 서로 화목함을 말한다. 이 두 구는 오늘의 ≪서경≫에서는 주서(周書)의 군진편(君陳篇)에 보인다. 施於有政(시어유정):「시(施)」는 확대시켜서 미치게 함.「유정(有政)」은 정사.「유(有)」는 조자(助字).

【뜻 풀이】 군진편(君陳篇)에는 「효를 다하고 형제간에 우애하고 집안 다스리는 마음으로 정치하여 좋은 결과를 거두었다.(惟孝 友于兄弟 克施有政)」라고 하였다. 따라서 ≪논어≫의 「施於有政」까지도 ≪서경≫의 말이라고 보는 설도 있다. 그러나 군진편은 이른바 ≪위고문상서(僞古文尙書)≫의 한 편이며 동진(東晉) 때에 많은 서책 중에서 ≪상서≫의 말이라 하여 인용되어 있는 자구(字句)를 모아 다시 편집한 것이다.

　≪논어≫의 이 장도 그 일례이다. ≪위고문상서≫의 편자가 「施於有政」까지를 ≪서경≫의 말로 본 것은 사실이지만 이 견해가 옳으냐 아니냐는 별문제이다. 나는 공자께서 본 ≪서경≫의 구는 「孝乎惟孝 友于兄弟」의 4자 2구이며, 「施於有政」은 그것에 응하는 공자의 말이라고 보는 설에 따른다. 「子」와 「於」자의 사용법도 주의해야 할 것이다.

　정치는 천하 백성의 생활을 편안케 하는 것이며 그것은 사람을 사랑하는 인(仁)으로써 완수된다. 그 인(仁)은 효와 우애[孝悌]를 기본으로 하고 있다. 「군자는 근본을 유념한다. 근본이 확고하면 도(道)도 생장한

다. 효와 우애야말로 인을 실천하는 근본일 것이다.」(第一 學而篇 2)라
고 한 유자(有子)의 생각은 공자의 머리에도 항상 간직되어 있었다. 효
와 우애를 확실히 하는 것만큼 큰 위정자의 책임은 또 없는 것이다.

"선생님은 어찌 정치를 하지 않으십니까?"

어떤 사람의 이 비판은 공자에게 벼슬할 것을 권하는 것이다. 그 사람
은 필시 권세가 있는 사람이었을 것이다. 원래 정치의 책임을 맡는 것은
공자가 주장하는 바이다. 그러나 공자는 그 사람의 정치 방침이 인(仁)
으로부터도 효제로부터도, 즉 공자께서 생각하는 정치의 기본으로부터
멀리 떨어져 있는 것을 탐탁히 여기지 않았던 것이리라.

22

子曰 人而無信 不知其可也. 大車無輗 小車無軏 其何以行
자왈 인이무신 부지기가야   대거무예 소거무월   기하이행
之哉.
지 재

공자께서 말씀하셨다.

"사람으로서 그 말에 신의가 없으면 무슨 일을 할 수 있으랴. 우차에 수
레채 마구리가 없고, 마차에 수레채 막이가 없다면 그 무엇으로 가게 하겠
는가?"

【글자 뜻】 車:수레 거. 輗:끌채 끝 쐐기 예. 軏:끌채 끝 월.
【말의 뜻】 人而無信(인이무신):언행의 불일치를 말함. 大車無輗(대거무
  예):「대거(大車)」는 우차(牛車).「예(輗)」는 수레채의 마구리, 끌채[轅]
  앞끝의 가로목. 소의 멍에를 매는 곳. 小車無軏(소거무월):「소거(小

車)」는 마차. 「월(軏)」은 수레채 막이. 수레채 끝의 위가 구부러진 고리. 걸어서 멍에를 맨다.

【뜻 풀이】第三 八佾篇 3에 「사람으로서 어질지 않으면 예는 차려 무엇하며, 사람으로서 어질지 않으면 악(樂)은 하여 무엇하랴!」고 하였다. 「인이(人而)」는 '인간이면서'라는 뜻. 第十二 顔淵篇 7에 「백성의 신망을 잃으면 국가의 정치는 성립되지 않는다.」라고 하였다.

23

子張問 十世可知也. 子曰 殷因於夏禮 所損益可知也. 周因
자 장 문 십 세 가 지 야 자 왈 은 인 어 하 례 소 손 익 가 지 야 주 인
於殷禮 所損益可知也. 其或繼周者 雖百世可知也.
어 은 례 소 손 익 가 지 야 기 혹 계 주 자 수 백 세 가 지 야

자장이 여쭈었다.
"십 대의 앞일을 내다볼 수 있다고 합니다만, 그러할까요?"
공자께서 대답하셨다.
"은(殷) 왕조는 하(夏) 왕조의 예(禮)를 이어받았으나 무엇이 줄고 무엇이 늘 것인지를 예지할 수 있었다. 주(周) 왕조는 은 왕조의 예를 계승했지만 무엇이 줄고 무엇이 늘 것인가를 예지할 수 있었다. 주 왕조의 뒤를 계승하는 자는 백 대 앞까지도 예지할 수 있다."

【글자 뜻】殷:은나라 은. 損:덜 손. 繼:이을 계. 雖:비록 수.
【말의 뜻】十世(십세):왕자의 역성수명(易姓受命)을 1세라고 함. 따라서 열 번의 왕조.

【뜻 풀이】「십 대의 앞일을 내다본다.」— 역사의 추이(推移)를 예지하는 것은 가능하다는 입장에서 이 말이 하나의 명제(命題)로서 세워져 있던 것을 자장이 초들어 공자에게 물었던 것이리라. 십 세는 원래 부자(父子) 사이의 세대를 말하는 것이었는지도 모른다. 그러나 공자는 자장에게 답함에 있어 이것을 역대 왕조의 혁명으로 확대함과 동시에 역사를 일관하는 것을 인정하고 예(禮)로 좁힌 것이다. 그것은 자장이 예에 깊은 관심을 가진 사람이었던 것에도 말미암은 것이리라. 공자는 상대가 이해하기 쉬운 장소에서 문답을 하기 때문이다.

공자께서 살았던 주 왕조(周王朝) 앞에 은 왕조(殷王朝)가 있었고 그 전에 하 왕조(夏王朝)가 있었다. 아울러 '3대'라고 한다. 은(殷)이 하(夏)의 예(禮)에 근거한다는 것은 하의 예와 은(殷)의 예 사이를 일관하여 시대를 초월하는 보편타당성이 있음을 말한다.

손익(損益)하여 바라는 것은 두 왕조의 예에 있어서 변화의 부분이며 두 왕조의 특징을 보이는 것, 즉 역사적 사명을 특징짓는 것이다. 이 손익하는 바를 공자는 '알 수 있다'고 하였다. 자장이 제기한 명제(命題) 「十世可知」와 공자께서 결론에 말하는 「雖百世可知」의 「가지(可知)」가 다 같이 예지할 수 있음을 의미하는 것이므로 여기의 손익에 대하여 말하는 「가지(可知)」도 역시 예지할 수 있음을 말하는 것이라고 해석해야만 한다. 그것은 하 왕조에 있어서, 하 왕조의 역사적 사명의 관계와 다음에 오는 새 왕조의 새로운 역사적 사명을 예지할 수 있었다는 것이다. 혁명이 거기에 있다.

하와 은, 이 두 왕조의 혁명에서 인정된 현상, 보편적인 것의 계승과 왕조 각자의 역사적 사명의 전개 현상은 은 왕조와 주 왕조 사이에도 인정된다고 공자는 말한다. 이것은 곧 주 왕조와 다음의 왕조 사이에도, 그 뒤에 계속되는 백 대의 왕조 사이에도 같은 사실이 인정된다는 이치를 주장하는 것이다.

「其或繼周者」의「其或」두 자는 개연성(蓋然性)을 말하는, 말을 소극적으로 한 수사(修辭)이다. 공자는 주 왕조 역시 백 대 왕조의 하나이며 역사의 한 토막에 불과함을 조심스럽게 말하고 있다.

그 흐름의 한 토막으로 하는 각 왕조의 역사를 일관하는 것은 무엇인가? 그것을 공자는 자장에게 '예(禮)'라고 가르친다. 하·은·주 3대의 역사를 보고 공자는 그 근저에 있는 것을 예(禮)라 인정하고, 이 원리를 시대의 변화에 따라 손익가감하여 현실 사회에 구체화하는 데에 각 왕조의 특성과 사명이 있다고 생각한다. 주례(周禮)의 이념과 체제에 대한 확신과 환경에 적용하는 능력에 대한 신뢰가 공자의 사상을 떠받치고 있다.

자장(子張)은 공자보다 사십팔 세나 연하이다. 공자께서 편력 여행에서 노(魯)나라로 돌아온 뒤의 문인이다. 따라서 자장과의 이 문답은 공자께서 가장 만년에 도달한 원숙한 사상이다. 위정편(爲政篇)의 말미를 장식하기에 합당한 대문장이라 하겠다.

24

> 子曰 非其鬼而祭之 諂也. 見義不爲 無勇也.
> 자 왈 비 기 귀 이 제 지 첨 야 견 의 불 위 무 용 야

공자께서 말씀하셨다.

"자기 조상의 영이 아닌 것을 제사 지냄은 아첨하는 것이다. 옳은 일을 눈앞에 보면서도 실행하지 않음은 용기가 없는 것이다."

【글자 뜻】 鬼:귀신 귀. 諂:아첨할 첨. 義:옳을 의. 勇:날랠 용.
【말의 뜻】 其鬼(기귀):「귀(鬼)」는 죽은 이의 영(靈). 죽은 이는 흙으로 돌아

가므로 귀(鬼)라고 한다. 「귀(鬼)」와 「귀(歸)」는 같은 음이다. 「기귀(其鬼)」는 특정의 영, 즉 제사 지내는 자 조상의 영을 말한다. 諂(첨):비굴한 짓을 하여 우연한 행운을 구함.

【뜻 풀이】 ≪춘추좌씨전(春秋左氏傳)≫ 희공(僖公) 31년에 「귀신은 일가붙이가 아니면 그 제사를 받지 않는다.」고 하였고, 또 ≪예기 (禮記)≫ 곡례(曲禮) 하편(下篇)에 「자기가 제사 지낼 바가 아니면서 그것을 제사 지냄을 이름하여 음사(淫祀)라고 한다. 음사에는 신의 도움이 없다.」고 하였다.

본편 23에 예(禮)를 설명하는 문장이 있기 때문에 이 한 장이 여기에 덧붙여진 것이리라. 편말(篇末)의 문장에는 왕왕 뒤에 가서 덧붙여진 것이 있다. 「아첨하는 것이다」라는 전반과 「용기가 없는 것이다」라는 후반은 연관을 인정하기가 어렵다. 혼란되게 적힌 것 같다.

제3
팔일편
(八佾篇)

≪춘추좌씨전(春秋左氏傳)≫ 소공(昭公)
25년에 사당의 춤에 관하여 계평자(季平子)의 참상한 행위를 기록하
고 있다. 여기서 공자에게 비판당하고 있는 계씨의 당주(當主)도 계평
자일는지 모른다. 그 후 계씨는 대대로, 즉 아들 계환자(季桓子)나 손
자 계강자(季康子)도 팔일(八佾)을 행하고 있었을 것이므로 혹 계강자
가 질책을 당했을 가능성도 있다.

　하(夏)·은(殷)·주(周) 3대의 예(禮)의 계승과 손익(損益)을 말하는
문장 뒤에 ≪논어≫의 편자는 예에 대한 공자의 엄한 태도를 요약해
서 싣고 있다. 「팔일편(八佾篇)」은 전편이 모두 예악에 관한 말로 채
워져 있다.

1

> 孔子謂季氏. 八佾舞於庭 是可忍也 孰不可忍也.
> 공자위계씨 팔일무어정 시가인야 숙불가인야

　공자께서 계씨를 비판하셨다.

　"팔일(八佾)의 춤을 사당의 뜰에서 추게 하고 있다. 이것이 용인된다면 세상에 용인되지 않을 것이 없다."

【글자 뜻】謂:이를 위. 佾:줄 춤 일. 庭:뜰 정 . 孰:누구 숙. 忍:참을 인.

【말의 뜻】孔子謂季氏(공자위계씨):「위(謂)」는 논평·비판.「계씨(季氏)」는 계손씨(季孫氏). 第二 爲政篇 20에 등장하고 있는 계강자(季康子) 등의 씨족. 국왕을 능가하는 권세를 떨치고 있었다.「자위(子謂)」라 하지 않고「공자위 (孔子謂)」라고 한 것은 이 장의 기록이 공자의 직속 제자에 의해서가 아니라 제3자의 입장에서 이루어진 것임을 보인다. 八佾(팔일):「佾」은 무열(舞列).「八佾」은 여덟 줄, 줄마다 8명, 도합 육십사 명이 추는 군무(群舞). 원래 천자가 종묘 제사 때에 하는 의식이다. 그것을 감히 배신(陪臣)인 계씨(季氏)가 범한 것이다. 제후는 여섯 줄, 줄마다 6명, 경대부(卿大夫)는 넉 줄, 줄마다 4명, 사(士)는 두 줄, 줄마다 2명이 규정이다. 계손씨는 대부(大夫)이므로 십육 명의 춤으로 그쳐야 했던 것이며 팔일(八佾)로 한 것은 심히 참상(僭上)한 짓이다. 庭(정):당(堂) 아래의 땅. 여기서는 사당의 뜰. 孰不可忍也(숙불가인야):「孰」은 누구.「忍」은 용인(容認), 용서, 인정함, 참음.

【뜻 풀이】≪춘추좌씨전 (春秋左氏傳)≫ 소공(昭公) 25년에 사당의 춤에 관하여 계평자(季平子)의 참상한 행위를 기록하고 있다. 여기서 공자에게

비판당하고 있는 계씨의 당주(當主)도 계평자일는지 모른다. 그 후 계씨는 대대로, 즉 아들 계환자(季桓子)나 손자 계강자(季康子)도 팔일(八佾)을 행하고 있었을 것이므로 혹 계강자가 질책을 당했을 가능성도 있다.

계씨의 참상한 행위에는 눈 뜨고 볼 수 없는 것이 있었다. ≪논어≫는 그 몇 가지를 들어 비난하고 있다. 즉 「옹시(雍詩)를 부르고 제물(祭物)을 거둠(以雍徹)」(본편 2), 「태산에 제사 지냄(旅於泰山)」(본편 6) 및 「전유의 나라를 쳐 뺏으려 함(將伐顓臾)」(第十六 季氏篇 1) 등. 그 밖에 계씨의 엄청난 부(富)도 공격의 대상이 되었다.(第十一 先進篇 17)

이러한 계씨의 참상함에 대한 노여움은 공자 자신의 노여움임은 물론이지만 동시에 노나라 왕을 대신하여 발하고 있는 것이기도 하다.

하(夏)·은(殷)·주(周) 3대의 예(禮)의 계승과 손익(損益)을 말하는 문장 뒤에 ≪논어≫의 편자는 예에 대한 공자의 엄한 태도를 요약해서 싣고 있다. 「팔일편(八佾篇)」은 전편이 모두 예악에 관한 말로 채워져 있다.

2

三家者以雍徹. 子曰 相維辟公 天子穆穆. 奚取於三家之
삼 가 자 이 옹 철   자 왈   상 유 벽 공   천 자 목 목   해 취 어 삼 가 지
堂.
당

3가에서 사당의 제사를 끝내는데 옹시(雍詩)를 읊고 제물을 거두고 있었다. 그때 공자께서 말씀하셨다.

"그 시에 '제후들이 제사를 도와 받드니 천자의 모습 아리따워라' 하였다. 어찌 3가의 사당에서 이를 취하는가!"

【글자 뜻】雍:풍류 이름 옹. 徹:거둘 철. 辟:임금 벽. 穆:아름다울 목.
奚:어찌 해. 堂:집 당.

【말의 뜻】三家者(삼가자):노(魯)나라의 대부(大夫), 맹손씨(孟孫氏)·숙손
씨(叔孫氏)·계손씨(季孫氏). 이 3가(三家, 三桓)에 의하여 노나라의 경
제와 군사는 제어당하고 있었다. 「者」는 조사(助詞). 以雍徹(이옹철):
「雍」은 ≪시경(詩經)≫ 주송(周頌) 중의 한 편. 주(周)의 천자가 조상의
제사를 끝내고 제물을 거둘 때에 이 시를 읊었다. 「徹」은 제물을 담는
제기류를 거둠. 相維辟公 天子穆穆(상유벽공 천자목목):옹시(雍詩)의
제3, 제4구. 「相」은 도움. 여기서는 제사 의식을 도움. 「辟公」은 제후
와 하(夏)·은(殷) 두 왕조의 후예. 「穆穆」은 천자의 기색이 고운 모습,
의용(儀容)이 훌륭한 모습. 奚取於三家之堂(해취어삼가지당):「奚」는
'어찌' 3가의 사당에서 옹시(雍詩)를 읊더라도 취할 바는 없다. 무관하
다.

【뜻 풀이】3가(三家)의 무례함을 꾸짖은 말씀이다. 옹시(雍詩)의 「相維辟
公 天子穆穆」은 천자(天子)의 제사 때에나 읊는 노래인데 이를 3가(三
家)가 외람되게 자기네 조상의 제사에 쓰는 것을 보고 충고한 것이다.

3

子曰 人而不仁 如禮何. 人而不仁 如樂何.
자 왈 인 이 불 인 여 례 하　 인 이 불 인 여 악 하

공자께서 말씀하셨다.

"사람으로서 어질지 않으면 예는 차려 무엇하며, 사람으로서 어질지 않
으면 악(樂)은 해서 무엇하랴!"

【글자 뜻】 禮:예도 예. 何:어찌 하. 樂:풍류 악, 즐길 락.

【말의 뜻】 如禮何(여례하):예는 차려 무엇하랴. 「禮如何」의 강조형. 第四 里仁篇 13에도 「예양(禮讓)으로써 나라를 다스릴 수 없다면 예는 차려 무엇하랴!」라고 하였다.

【뜻 풀이】 예와 악은 천하의 조화와 질서를 표현한 것이다. 그러므로 또 예와 악은 그로써 인간을 조화와 질서로 이끌어 가는 틀이기도 하다. 그런데 만일 예악을 하는 자에게 어진 마음이 없다면 그 예악은 어떻게 되겠는가? 완전히 공허한 것으로, 형식에 구속되거나 형식의 모방이 되고 만다. 사람을 사랑하는 마음, 즉 어진 마음이야말로 천하의 조화와 질서를 표현하기 이전의 근저에서 지탱하는 것이다.

≪예기(禮記)≫ 유행편(儒行篇)에 「예절은 인(仁)의 모습이요 가악(歌樂)은 인의 화(和)이다.(禮節者 仁之貌也. 歌樂者 人之和也)」라고 하였다.

4

> 林放問禮之本. 子曰 大哉問. 禮與其奢也寧儉 喪與其易也
> 임방문예지본   자왈 대재문 예여기사야영검 상여기이야
> 寧戚.
> 영척

임방이 예(禮)의 근본을 여쭈어 보자 공자께서 말씀하셨다.

"큰 질문이다. 예는 호화롭게 하기보다는 차라리 검소하게 하며, 상(喪)은 주도(周到)하게 하기보다는 차라리 슬퍼하라."

【글자 뜻】奢:사치할 사. 寧:차라리 녕. 喪:죽을 상. 戚:슬퍼할 척.

【말의 뜻】林放(임방):≪사기(史記)≫ 중니제자열전에는 이 사람의 이름이 없다. 정현(鄭玄)은 노(魯)나라 사람이라고 하였다. 본편 6에 또 보인다. 禮與其奢也寧儉(예여기사야영검):「與其」로 시작하여 「寧」으로 응하는 것은 성어(成語)이다. 「儉」이 절대로 낫다는 것은 아니지만 사(奢)보다는 낫다는 뜻. 喪與其易也寧戚(상여기이야영척):「易」는 간(簡). 의식(儀式)을 실수 없이 해치움. 「戚」은 슬퍼함.

【뜻 풀이】임방은 예(禮)를 묻고 있는데 공자는 상(喪)도 아울러 말하고 있다. 예와 상의 이 두 구는 전해져 내려오던 고어(古語)이며 공자는 그것을 빌려 대답에 가름한 것이리라.

그러나 두 구로 이루어지는 고어는 뒤의 구에 중점이 놓이는 것이 보통이다. 이 두 구도 본래는 상(喪)을 말하는 것이 주가 되고, 예는 전제를 이루고 있는 것 같다. 공자는 대화 때에 중점을 윗구로 옮겨서 고어를 활용한 것인 듯하다.

第七 述而篇 35에 「호사하면 거만해지고 검약하면 인색해지는데, 거만하기보다는 차라리 인색한 편이 낫다.」고 하였고, 또 ≪예기≫ 단궁(檀弓) 상편(上篇)에 「자로(子路)가 말하였다. '나는 이를 그 어른에게서 들었다. 상례는 슬픔이 모자라고 예(禮)가 넘치는 것보다는 예가 모자라고 슬픔이 넘침만 못하다.' 라고」 하였다.

5

子曰 夷狄之有君 不如諸夏之亡也.
자 왈 이 적 지 유 군 불 여 저 하 지 무 야

공자께서 말씀하셨다.

"오랑캐가 군주를 가지고 있더라도 중화(中華)에 군주가 없음만 못하다."

【글자 뜻】狄:오랑캐 적. 夏:중국 하.

【말의 뜻】夷狄(이적):천하적 세계에 아직 들지 못하고 그 주변에 있는 나라들 또는 사람들. 동이(東夷)·남만(南蠻)·서융(西戎)·북적(北狄). 不如諸夏之亡也(불여저하지무야):「如」는 미침(及),「諸夏」는 천하적 세계를 구성하는 나라들, 즉 중화(中華).「亡」는 없음(無). ≪논어≫의 문장은 뒤에 목적어가 있을 때에는「無」를, 없을 때에는「亡」를 쓰고 있다.

【뜻 풀이】이 장은 중국의 예악 문화(禮樂文化)는 군주가 없어 통치가 문란해져 있을 때에도 여전히 가치가 높으며, 오랑캐 나라들이 통치는 있으나 예악이 없는 것보다 나음을 말한다.

저하(諸夏)에 임금이 없다는 것은 공자 당시 국왕이 왕왕 실권을 잃고 국왕으로서 통치할 수 없었음을 가리킨다. 혹은 좀더 단적으로, 국왕이 신하에게 추방당하여 국외로 망명하는 경우도 가끔 있었다. 이것은 정치의 큰 파탄이며 공자께서 가장 개탄하는 바였다. 그러나 공자는 중국의 예악 문화의 높이에 대한 신념은 움직이지 않았던 것이다. 하긴 이 한 장의 말은 어쩌면 천하적 세계관에 간신히 기대고 있는 자의 안타까운 고백이라 볼 수도 있겠다.

일설에 오랑캐조차 군주가 있어서 중국의 군주 없는 상태와 같지는 않다고 해석한다. 그러나 ≪논어≫에는 아마도 선진(先秦)의 고서(古書)에 있어「불여(不如)」두 자는 항상 불급(不及)을 의미하고 있다. 그러므로 이 설(說)은 성립되기 어렵다.

6

季氏旅於泰山. 子謂冉有曰 女弗能救與. 對曰 不能. 子曰
계 씨 여 어 태 산   자 위 염 유 왈   여 불 능 구 여   대 왈   불 능   자 왈
嗚呼 曾謂泰山 不如林放乎.
오 호 증 위 태 산 불 여 임 방 호

계씨가 태산에서 제사를 지내려고 하자 공자께서 염유에게 말씀하셨다.
"네가 말릴 수가 없느냐?"
염유가 대답하였다.
"말릴 수가 없나이다."
공자께서 말씀하셨다.
"아아, 그럼 태산은 임방(林放)만도 못하단 말인가!"

【글자 뜻】 冉:나아갈 염. 嗚:탄식 소리 오. 呼:탄식 소리 호. 曾:이에 증.
【말의 뜻】 季氏(계씨):본편 1「孔子謂季氏」를 참조. 旅於泰山(여어태산):
「旅」는 일시적인 큰 제사의 하나.「泰山」은 노(魯)에 있는 중국의 대표
적인 명산. 예(禮)의 규정으로는 봉국(封國) 안의 명산대천(名山大川)에
서 제사 지내는 것은 국왕이 하는 일이며, 계씨 등 경대부(卿大夫)가 할
수 있는 일이 아니다. 冉有(염유):공자의 문인. 염(冉)은 성, 자(字)가
자유(子有), 이름은 구(求). 공자보다 이십구 세 연하. 이때 그는 계씨의
재(宰:執事)로 있었다.「정사(政事)에는 염유(冉有)·계로(季路)」(第十
一 先進篇 3)라 일컬어지고 있었다. 子謂冉有曰(자위염유왈):이「謂」
에도 비판의 의미가 함축되어 있다. 女弗能救與(여불능구여):「女」는
여(汝).「弗」은 不보다 강한 부정사.「救」는 지(止).「與」는 여(歟), 의문
사. 嗚呼(오호):개탄의 말. 曾謂泰山 不如林放乎(증위태산 불여임방

호):「曾」은 내(乃), 第二 爲政篇 8의「曾是以爲孝乎」를 참조. 임방(林放)에 대해서는 본편 4 참조.

【뜻 풀이】이 두 사람의 문답이 계씨가 태산에 제를 지내려 하고 있을 때의 일인지, 아니면 제를 지내 버린 후의 일인지 어느 쪽이라고 단정하기가 어렵다. 계씨가 이 제를 올리는 것은 염유가 재(宰)로 있기 전부터 행해지던 것이겠지만, 그가 재로 있게 되니 문제 삼게 된 것이라고 생각된다.

임방(林放)이 왜 여기에서 화제에 올랐을까? 본편 4로 미루어 보아 임방조차도 예의 근본을 묻고 있는데 태산의 신령(神靈)이 비례(非禮)를 용서할 성싶냐고 비판한 것이라는 해석이 일반적으로 통용되고 있다. 그러나 이 6장의 문답이 4장 뒤에 그것과 관련해서 이루어졌다거나 기록되었다고 단정하는 것은 매우 위험하다. 또 편집자가 그것을 인정한 것이라면 중간에「오랑캐가 군주를 가지고 있더라도」운운하는 장을 삽입하지도 않았을 것이다. 또 4장에 있어서 공자의 관심은 사(奢)와 검(儉), 이(易)와 척(戚)에 있으며 경대부(卿大夫)의 참월(僭越)을 말하는 이 장(章)과는 별도이다.

특히 예를 묻는 것은 공자의 제자 모두가 하는 일이며 임방은 그중 한 사람일 뿐이다. 그러므로 여기서 공자께서 임방을 태산과 결부시켜 말한 데에는 무언가 특별한 이유가 있어야만 한다.

이 의문에 ≪태안군지(泰安郡志)≫의 기사는 중요한 참고 자료가 된다. 그에 따르면 태안의 숭례향(崇禮鄕)에 방성집(放城集)이 있는데 그곳은 임방의 고향이라고 한다. 태산을 제사 지내는 장소가 임방이 있는 곳에서 가까웠던 것이 공자께서 이렇게 말하게 한 기연이 되었을 것이다. ≪태안군지≫는 청(淸)의 성군성(成君城)이 저술했으며 양장거(梁章鉅)의 ≪논어집주방증(論語集註旁証)≫에 보인다.

7

子曰 君子無所爭. 必也射乎. 揖讓而升下 而飮. 其爭也君
자왈 군자무소쟁 필야사호 읍양이승하 이음 기쟁야군
子.
자

공자께서 말씀하셨다.

"군자는 다투는 것이 없다. 굳이 말하자면 활쏘기일까? 그 경우에도 인
사를 나누고 서로 양보하면서 당(堂)을 오르내리며, 경기 뒤에 승자가 패자
에게 술을 권하니 그 다툼도 또한 군자답다."

【글자 뜻】 所:바 소. 射:쏠 사. 揖:읍할 읍. 讓:사양할 양. 飮:마실 음.
【말의 뜻】 射(사):활쏘기. 남자의 필수 기예의 하나. 무예임과 동시에 예를
　실천하는 행위였다. 이로써 남자의 공동생활 체제가 구성되었다. ≪의례
　(儀禮)≫의 향사례편(鄕射禮篇) · 대사례편(大射禮篇), ≪예기(禮記)≫의
　사의편(射義篇)이 그 격식 절차를 기술하고 있다. 揖讓(읍양):행동 중에
　인사를 나누며 서로 양보함. 飮(음):패자(敗者)가 벌주를 마심.

【뜻 풀이】「군자는 다투는 것이 없다.」— 第十五 衛靈公篇 22에「군자는
　긍지를 가지되 남들과 경쟁하지 않는다.」고 하였다.
　　활쏘기는 원래 경기이지만 명중 여부보다도 그 행동거지가 예에 합당
　한가 아닌가를 중요시한다. 그리고 경기에 따르는 승패 결과를 진 사람
　이 많이 마시게 하는 벌주(罰酒)로써 마무리한다.

8

子夏問曰 巧笑倩兮 美目盼兮 素以爲絢兮 何謂也. 子曰
자하문왈 교소천혜 미목반혜 소이위현혜 하위야 자왈
繪事後素. 曰禮後乎. 子曰 起予者商也. 始可與言詩已矣.
회사후소 왈예후호 자왈 기여자상야 시가여언시이의

자하가 여쭈어 보았다.

"어여쁘다, 입가의 보조개. 아름답다, 시원스러운 눈매. 흰 분(粉)이 화장
의 마무리라, 하였는데 무슨 말입니까?"

공자께서 말씀하셨다.

"그림을 그릴 때에는 흰색을 나중에 칠한다는 말이다.

자하가 말하였다.

"예(禮)는 끝손질이라는 말인가요?"

공자께서 말씀하셨다.

"날 일깨워 주는구나, 상(商)아! 이제 너와 더불어 시(詩)를 이야기할 수
있게 되었구나."

【글자 뜻】 巧:예쁠 교. 笑:웃을 소. 兮:어조사 혜. 絢:무늬 현. 始:처음
시.

【말의 뜻】 子夏(자하):第一 學而篇 7을 참조. 巧笑倩兮 美目盼兮(교소천혜
미목반혜):이 두 구는 ≪시경(詩經)≫ 위풍(衛風)의 석인편(碩人篇)에 보
인다. 「倩」은 입가의 보조개가 예쁜 모습. 「盼」은 눈의 검은자위가 또렷
하여 시원스러운 모습. 素以爲絢兮(소이위현혜):「素」는 백(白).「絢」은
색채 있는 무늬. 이 한 구의 뜻은 최후에 백색을 씀으로써 색채 무늬를
돋보이게 하여 완성시킴을 말한다. 그러나 이 구는 현재의 ≪시경≫에

는 안 보인다. 천(倩)·반(盼)·현(絢)은 운을 밟고 있으므로 분명히 세 구는 일련의 노래이다. 지금의 석인편(碩人篇)과는 다르게 읊어졌던 것이리라. 禮後乎(예후호):인간은 여러 가지 교양을 쌓은 후에 예로써 완성됨을 말한다. 궁극적으로 형태를 이루는 것이다. 起子者商也(기여자상야):「起」는 마음속에 맴돌면서도 분명히 깨닫지 못한 것을 일깨워 줌. 「商」은 자하의 이름. 이름을 부른 것은 사제 간이기도 하지만 친밀한 감정을 나타낸 것이다. 始可與言詩已矣(시가여언시이의):第一 學而篇 15에서 자공과 시(詩)에 대하여 말했을 때에도 같은 찬사가 공자에 의하여 주어지고 있다. 거기서도 '사(賜)야!' 하고 이름을 부르고 있다.

【뜻 풀이】 ≪주례(周禮)≫ 고공기(考工記)에 「무릇 그림 그리는 일에서는 소공(素工)을 뒤에 한다.」라고 하였다.

중국 출토 문물(出土文物) 전람회에서 마왕퇴(馬王堆) 제1호분에서 출토된 도포(道袍)가 전시되었다. 그 색채 공정을 왕야추(王冶秋) 씨가 설명하였는데 그에 따르면 공정은 다음과 같은 순서로 이루어진다. ①판목(版木)을 파고 황갈색으로 덩굴의 가지를 염색해 낸다. ②엷은 남색으로 꽃봉오리를 그린다. ③짙은 남색으로 잎을 그린다. ④검정색으로 점(點) 장식을 넣는다. ⑤붉은색으로 화수(花穗)를 그린다. ⑥최후에 백색으로 그림과 갈고리형의 장식을 한다. 이것은 전한(前漢) 초기의 일이지만 참고가 될 것이다.

형식적인 예(禮)보다는 근본 바탕인 덕(德)이 중요하므로 사람은 덕을 먼저 갖춘 후에 예로써 다듬어야 인간이 완성된다는 뜻이다.

9

子曰 夏禮吾能言之 杞不足徵也. 殷禮吾能言之 宋不足徵
자왈 하례오능언지 기부족징야 은례오능언지 송부족징
也. 文獻不足故也. 足則吾能徵之矣.
야 문헌부족고야 족즉오능징지의

공자께서 말씀하셨다.

"하(夏)의 예(禮)에 대하여 나는 자세히 말할 수가 있지만 기(杞)나라의 그것은 고증(考證)하기에 부족하다. 은(殷)의 예에 대하여도 나는 이야기할 수가 있지만 송(宋)나라의 그것은 실증하기에 부족하다. 전적(典籍)도 고로(古老)도 부족하기 때문이다. 만일 충분히 있다면 내가 능히 실증할 수 있으련만."

【글자 뜻】 徵:증명할 징. 獻:바칠 헌.

【말의 뜻】 夏禮(하례)·殷禮(은례):第二 爲政篇 23의 「夏禮」, 「殷禮」 참조. 杞·宋(기·송):하 왕조(夏王朝)가 혁명에 의하여 은 왕조(殷王朝)로 바뀌었을 때 은 왕조는 하 왕조의 자손을 기(杞)나라[지금의 하남성(河南省) 기현(杞縣)]에 봉국(封國)하여 하 왕조의 예와 제사를 계승케 하였다. 그리고 기(杞)의 국왕은 은 왕조의 제사에도 빈객으로 참가하였다. 은 왕조에서 주 왕조(周王朝)로 바뀌었을 때에도 같은 대우가 은 왕조의 자손에게 주어져 송(宋)나라[지금의 하남성 상구현(商丘縣)]에 봉해졌다. 이른바 '2왕(二王) 이후'의 제도이다. 중국의 혁명은 다름 아닌 천명(天命)의 신진대사이다. 文獻(문헌):「文」은 문서(文書)·전적(典籍). 「獻」은 「현(賢)」과 같음. 고로(古老), 식자(識者).

【뜻 풀이】 이 한 장은 공자의 역사주의 · 실증주의적 태도를 잘 보여주고 있다. 공자는 자료 부족 때문에 자신도 타인도 충분히 납득시키는 데까지 설명하기 어려운 것에 애를 태우고 있다. 이 사실이야말로 공자께서 학구자임을 입증하는 것이리라.

　　이 한 장의 내용은 ≪예기(禮記)≫의 예운편(禮運篇)이나 중용편(中庸篇)에도 보인다. 뒷날의 유가(儒家)들에게도 큰 관심거리가 되고 있었던 것이다.

10

> 子曰 禘自既灌而往者 吾不欲觀之矣.
> 자 왈　체 자 기 관 이 왕 자　오 불 욕 관 지 의

공자께서 말씀하셨다.

"체제(禘祭)에 있어 관(灌)의 의식 이후는 나는 보고자 하지 않는다."

【글자 뜻】 禘:제사 체. 既:이미 기. 灌:물 댈 관.

【말의 뜻】 禘(체):천자가 종묘(宗廟)에 시조 이래의 조상의 신주를 모시는 제사. 노공(魯公)은 제후이기는 하지만 초대의 주공단(周公旦)이 주 왕조(周王朝)의 창립에 큰 공로가 있었으므로 특별히 이 제사가 허용되고 있었다. ≪예기≫의 명당위편(明堂位篇) · 제통편(祭統篇)에 관련 기록이 있다. 灌(관):제사의 처음에 울창(鬱鬯:香草)을 넣은 술을 땅에 부어 조상의 신령을 불러내는 의식.

【뜻 풀이】 관(灌)은 신을 불러내는 의식이며 신을 모시는 모든 제사의 처음에 행하여진다. 체(禘)에 특유한 것은 아니다. 따라서 관(灌)은 보지

만 그 후는 보고 싶지 않다는 것은 체(禘)를 전혀 보고 싶지 않다는 것과 같다. 노(魯)나라의 특권이며 자랑인 이 체제(禘祭)의 방식에 공자로서는 보고 있을 수 없는 점이 있었던 것이리라. 조상의 신주(神主)를 놓는 순서가 문란해져 있었다고도 하고 혹은 이 제사에 상서롭지 못한 일이 있었다고도 하는데 자세한 것은 알 수 없다.

≪예기(禮記)≫ 예운편(禮運篇)에 「공자께서 말씀하셨다. '노나라의 교제(交祭)와 체제(禘祭)는 예에 어긋난다. 주공(周公)의 가르침은 쇠하였다.'」라고 하였다. 「교제(交祭)」는 천자가 하늘을 제 지내는 의식. 이것도 노나라에서는 역시 주공의 공로로 인하여 특별히 허용되고 있었던 것이다. 정현(鄭玄)의 주(註)는 예에 어긋난다(원문은 非禮)는 것은 예를 잃는 것이라고 말하며 제물로 바친 소에 상처가 난 것, 쥐가 뿔을 갉은 것, 네 번 점을 쳐도 길조(吉兆)가 나오지 않는 것 등을 들고 있다.

11

或問 禘之說. 子曰 不知也. 知其說者之於天下也 其如示諸
혹 문 체 지 설   자 왈 부 지 야   지 기 설 자 지 어 천 하 야   기 여 시 제
斯乎 指其掌.
사 호   지 기 장

어떤 사람이 체제(禘祭)의 설명을 요구하자 공자께서는,
"모르겠소. 그 설명을 선뜻 할 수 있을 만한 사람이라면 그 사람에게는 천하도 바로 이 안에 있는 듯할 것이오."
라고 말씀하시면서 자신의 손바닥을 가리키셨다.

【글자 뜻】 說:말씀 설. 指:가리킬 지. 掌:손바닥 장.

【말의 뜻】 知其說者(지기설자):체(禘)의 설명을 자신 있게 하는 사람. 其如示諸斯乎(기여시저사호):「示」는 치(置) 또는 지(指). 여기서는 치(置)로 해석. 「諸」는 지어(之於)의 음이 준 것. 「斯」는 차(此).

【뜻 풀이】 여기서 말하는 어떤 사람은, 체제(禘祭)를 문제 삼는 것으로 보아 노나라에서 체제와 관계가 있는 고귀한 사람일 것이다. 그 이름을 밝히지 않은 것은 第二 爲政篇 21에서 공자에게 정치에 참여할 것을 권유하는 어떤 사람의 경우와 마찬가지로 일부러 피한 것이다. 그 질문에 '모릅니다.' 라고 답한다. 이것도 체제(禘祭)를 차마 눈으로 볼 수 없는 자신의 감정을 누르고, 드러내 놓고 말하는 것을 피하고 있는 것이다.

무엇을 손바닥 위에 놓는다는 것은 그 일을 하기가 아주 쉽다는 것을 말한다. 체제(禘祭)에 대하여 잘 아는 자가 천하를 쉽게 다스린다는 것은 체제의 중대함을 모르고 경솔하게 취급하여 예를 어기고 있는 사람들에게 통렬한 풍간(諷諫)을 던지고 있는 것이다.

손바닥 위의 비유는 재미있다. ≪예기≫의 중니연거편(仲尼燕居篇)에 「교사(郊社)의 의와 상체(嘗禘)의 예에 밝다면 나라를 다스리는 것은 마치 손바닥을 가리키는 것에 불과할 것이다.(明乎郊社之義 嘗禘之禮 治國其如指諸掌而已乎)」라고 하였고, 중용편(中庸篇)에 「교사(郊社)의 예와 체상(禘嘗)의 의에 밝다면 나라를 다스리는 것은 마치 손바닥을 보이는 것과 같을 것이다.(明乎郊社之禮 禘嘗之義 治國其如示諸掌乎)」라고 하였다.

전자는 '가리키다(指)' 라고 썼다. 옛날부터 그와 같이 읽어온 것이다. 그러나 후자는 ≪논어≫와 같이 '보이다(示)' 라고 썼다. 그리고 정현의 주(註)는 치(置)로 해석하고 있다. 이것이 아마도 본디의 의미일 것이다. '지(指)' 로 쓰는 것은 이 비유가 독보적으로 쓰이게 된 뒤의 전화(轉化)일 것이다.

12

祭如在 祭神如神在. 子曰 吾不與祭 如不祭.
제 여 재 제 신 여 신 재 자 왈 오 불 여 제 여 불 제

제사는 눈앞에 계신 것같이 지낸다. 조상 제사는 조상이 거기에 계신 것 같이 지낸다. 공자께서 말씀하셨다.

"나 자신이 제사에 직접 참여치 않으면 제사 지내지 않음과 같다."

【글자 뜻】祭:제사 제. 神:귀신 신. 在:있을 재.

【말의 뜻】祭如在 祭神如神在(제여재 제신여신재):조상신을 제지내는 마음 가짐을 말한 고어(古語)일 것이다. 운(韻)을 밟고 있다. 제1구(句)는 오 히려 제사 일반을 말하는 형태로 하고, 제2구에서 제사를 조상신에 미 치게 한 것이라고 생각된다. 吾不與祭(오불여제):자신이 제사에 참여치 않음. 남을 시켜서 제사를 지냄. 「與」는 참여.

【뜻 풀이】공자는 당시 널리 사람들의 입에 오르고 있던 속담에 응하여 자 신의 체험을 말하였다. 병이나 사고 때문에 자기 자신이 제사를 지낼 수 가 없어서 사람을 시켜 대신 하였을 경우에는 결코 제사를 지낸 기분이 아니다. 신이 계심과 같이 한다는 것은 바로 자기 자신이 조상 앞에 나 가서 경건하게 제사를 지내는 것을 말한다.

13

王孫賈問曰 與其媚於奧 寧媚於竈 何謂. 子曰 不然. 獲罪
왕 손 가 문 왈   여 기 미 어 오   영 미 어 조   하 위   자 왈 불 연   획 죄
於天 無所禱也.
어 천   무 소 도 야

왕손가가 물었다.

"'안방에 빌붙느니 부뚜막 앞에 빌붙어라.' 고들 합니다만, 이 속담을 어
찌 생각하십니까?"

공자께서 말씀하셨다.

"천만의 말씀이오. 하늘에 죄를 얻으면 빌 곳이 없습니다."

【글자 뜻】 賈:값 가. 媚:아첨할 미. 竈:부엌 조. 獲:얻을 획. 禱:빌 도.

【말의 뜻】 王孫賈(왕손가):위(衛)의 영공(靈公)을 섬기고 있던 실력자. 第十
四 憲問篇 20에서는 군사(軍事)를 맡아 다스리던 인물, 위나라를 지탱
하고 있던 세 인물 중의 한 사람으로 등장하고 있다. 왕손(王孫)이 성,
가(賈)는 이름. 與其媚於奧 寧媚於竈(여기미어오 영미어조):뒤에서 「何
謂」로 응하는 것으로 보아 이 두 구는 세간에 유행하던 일상생활에 입
각한 비근한 속담임이 분명하다. 「奧」와 「竈」가 압운을 이루고 있다.
「奧」는 방의 안쪽, 방의 서남쪽 구석, 집 안에서 가장 깊숙한 곳. 「竈」
는 부뚜막. 속담의 뜻은 안방에 있는 높은 양반에게 빌붙는 것보다는 실
제로 밥을 짓는 자에게 빌붙는 편이 실속이 있음을 말하는 것이다. 無
所禱也(무소도야):용서를 빌 곳이 없음.

【뜻 풀이】 이 한 장은 공자가 노나라를 떠나 위(衛)나라에 갔을 때, 기원전

497년경의 어느 날의 일을 기록하였다. 사실 이 한 장(章)의 해석은 구구하다. 왕손가의 인물 여하에 따라 달라지는 것이다. 보통은 왕손가가 위나라의 실력자이며 공자를 자기 진영으로 불러들인 것이라고 해석한다. 조(竈)는 왕손가 자신이며, 오(奧)는 위(衛)의 영공(靈公) 또는 부인 남씨(南氏) 등, 혹은 그들을 둘러싼 측근들일 것이나 이것은 특정지우지 않아도 된다. 왕손가 자신을 강조하면 그만이기 때문이다.

그리고 하늘에 기도드리는 것은 공자이다. 그런데 사실 왕손가는 위나라의 명신이다. 위(衛)의 영공이 무도함에도 불구하고 위를 망하지 않게 지키고 있는 세 명의 훌륭한 중신(重臣)의 한 사람으로서 공자께서 칭찬하고 있는 인물이다.(第十四 憲問篇 20). 노나라의 계씨 등과는 다르다. 권세를 휘두르는 사나이는 아닌 것 같다. 이 점에서 보면 왕손가 자신의 처신과 진퇴를 공자에게 묻고 있는 것으로도 해석된다.

오(奧)는 부인 남씨(南氏), 공자도 찾아뵙지 않을 수 없었던 여인. 조(竈)는 권신이며 총신인 미자하(彌子瑕) 등. 공자는 왕손가의 물음에 답하여 '어느 쪽에 아첨하는 것도 좋지 않소. 하늘에 죄를 짓지 않도록 행동하시오.' 하고 경고하고 있는 것이다.

나의 해석은 이쪽의 해석으로 기울고 있다. 질문을 받은 공자의 입에서 뛰어나온 「천만의 말씀이오.」라는 말도 오(奧)와 조(竈) 그 어느 쪽에 대한 관심도 다 부정하고 있는 것 같다. 앞의 해석에서는 조(竈)에 아첨하는 것을 배척하는 데 그친다.

「無所禱」 ── 질문자의 奧·竈에 압운하여 대답하는 말이 선택되고 있다. 공자의 문학이다.

> 子曰 周監於二代 郁郁乎文哉. 吾從周.
> 자 왈 주 감 어 이 대 욱 욱 호 문 재 오 종 주

공자께서 말씀하셨다.

"주(周)는 하(夏)와 은(殷) 2대를 거울 삼고 있어서 참으로 눈부시게 아름다운 문화를 이루고 있다. 나는 주(周)를 따를 것이다."

【글자 뜻】周:두루 주. 監:볼 감. 郁:성할 욱.

【말의 뜻】周監於二代(주감어이대):「監」은 감(鑑), 「二代」는 하(夏)와 은(殷). 공자의 생각으로 주(周)의 문화는 하·은의 2대를 계승하고 그것을 가감(加減)하여 이루어졌다. 第二 爲政篇 23 및 본편 9를 참조. 郁郁乎(욱욱호):무늬가 다채롭고 찬란한 모양. 文(문):아름다운 조화를 지니고 있는 것. 예(禮)에도 악(樂)에도 나타난다.

【뜻 풀이】공자의 주장은 그 당시의 쇠하고 어지러운 시대를 부정하고 주초(周初)의 세계를 부흥시키는 데 있었다. 본장(本章)은 그의 입장을 선언하는 말이다. 서설(序說) 41페이지 참조.

"하(夏)의 달력을 쓰고, 은(殷)의 의장차(儀裝車)를 타고, 주(周)의 예관(禮冠)을 쓴다." 공자는 안연(顏淵)으로부터 정치의 구체책(具體策)을 질문 받았을 때 이렇게 대답하고 있다.(第十五 衛靈公篇 11). 공자에게 있어서 주(周)는 이렇게 하(夏)와 은(殷)을 종합하고 있는 것이었다.

15

子入大廟 每事問. 或曰 孰謂鄹人之子 知禮乎. 入大廟 每
자 입 대 묘 매 사 문 혹 왈 숙 위 추 인 지 자 지 예 호 입 대 묘 매
事問. 子聞之曰 是禮也.
사 문 자 문 지 왈 시 예 야

공자께서는 대묘 안으로 들어가면 매양 물어 보셨다. 어떤 사람이,

"누가 추(鄹)의 대부 아들이 예를 알고 있다고 말했는가? 대묘에 들어와
매사를 묻지 않음이 없으니!"

하고 말하였다. 공자께서 이 말을 들으시더니,

"그것이 바로 예인 것이다."

라고 말씀하셨다.

【글자 뜻】 廟:사당 묘. 每:매양 매. 孰:누구 숙. 鄹:이름 추.

【말의 뜻】 大廟(대묘):제후의 시조의 신주를 모시는 사당. 여기서는 노(魯)
의 주공단(周公旦)의 사당. 사당에 들어간다 함은 제사에 참례하는 것.
每事問(매사문):희생·관복·식순의 하나하나에 대하여 물음. 공자의
신중함을 말한다. 孰謂(숙위):「孰」은 수(誰).「謂」는 여기에서도 비판의
뜻을 함축함. 鄹人之子(추인지자):「鄹」는 陬·鄒라고도 쓴다. 지명(地
名)으로 지금의 곡부(曲阜) 근처. 공자의 아버지 숙량흘(叔梁紇)은 이 땅
의 대부(大夫)였다. 추인(鄹人)은 추의 대부. 읍(邑)을 다스리는 대부를
그 지명을 써서 어느 사람이라고 하는 것은 ≪춘추(春秋)≫의 예이다.
≪좌씨전(左氏傳)≫ 문공(文公) 15년의「卞人以告(변인이고)」의 주(註)
및 정의(正義) 참조. 단, 여기서 공자라 하지 않고 추인(鄹人)의 아들이
라고 한 것은 은근한 경멸을 나타낸다.

【뜻 풀이】 대묘의 제사에 참례하여 여러 가지 역할을 맡고 있었으므로 공자는 상당한 지위에 있었던 것으로 생각된다. 그것에 대하여 이와 같은 비판을 하는 '어떤 사람'은 그도 역시 계씨(季氏)들, 노나라 왕족의 세력자일 것이다. 양자의 대립 양상을 짐작할 수 있다. 공자께서 매사를 물어 본 것도 새삼스럽게 예(禮)의 원점으로 되돌아가려고 한 것이리라. 여기서도 상대의 이름은 숨겨져 있다.

「入大廟 每事問」 ─ 이 두 구는 第十 鄕黨篇 18에 또 보인다.

16

子曰 射不主皮. 爲力不同科. 古之道也.
자 왈 사 불 주 피   위 력 부 동 과   고 지 도 야

공자께서 말씀하셨다.

"예사(禮射)에서는 과녁의 명중을 제일로 하지 않는다. 또 힘을 쓰는 일은 균일하게 하지 않는다. 이것이 옛 도(道)이다."

【글자 뜻】 射:궁술 사. 皮:과녁 피. 科:과목 과.
【말의 뜻】 射不主皮(사불주피):「射」는 예사(禮射).「皮」는 과녁의 중앙, 가죽으로 만든 부분. 과녁을 주로 하지 않음이란 적중(的中)을 첫째 목적으로 하지 않는 것.   爲力不同科(위력부동과):「爲力」은 힘을 사용하는 일, 즉 육체노동.「不同科」는 힘에 따라 상·중·하의 차등을 매김. 일설에,「爲」를 거성(去聲)으로 읽어 '힘이 과(科, 차등)를 동등하게 하지 않기 위해서다.' 라고 풀어 예사(禮射)를 주된 목표로 삼지 않음의 설명으로 본다. 그러나 나는「爲力」을「爲政」과 마찬가지로 옛날의 성어(成語)라고 보는 설을 따랐다.

【뜻 풀이】 예사(禮射)에서는 명중을 무시하는 것은 아니지만 그것을 가장 중요시하지도 않는다. 군자의 덕(德)을 보는 것을 주(主)로 하는 것이다. ≪의례(儀禮)≫ 향사기(鄕射記)에 「예사(禮射)는 과녁의 적중을 주로 하지 않는다.(禮射不主皮)」라 하였고, 정현(鄭玄)의 주(註)에서는 「예사(禮射)란 예악을 갖추고 쏘는 것으로 대사(大射)·빈사(賓射)·연사(燕射)가 그것이다. 과녁의 적중을 주로 하지 않는 것은 그 모습이 예(禮)에 합당하고 그 움직임이 악(樂)에 합당함을 존중하기 때문이다. 적중을 목적으로 하는 것은 일반인들이 사냥에서 쏘는 화살이며, 갑주(甲胄)를 뚫는 것을 목적으로 하는 것은 군인들이 전투에서 쏘는 화살이다.」라고 했다.

17

子貢欲去告朔之餼羊. 子曰 賜也 女愛其羊. 我愛其禮.
자 공 욕 거 고 삭 지 희 양　 자 왈　 사 야　 이 애 기 양　　 아 애 기 예

자공이 고삭(告朔) 제사에 바치는 희생양을 폐하려고 하였다. 공자께서 말씀하셨다.
"사야, 너는 양을 아끼는구나. 나는 예를 아낀다."

【글자 뜻】 朔:초하루 삭.　餼:보낼 희.　賜:줄 사.　愛:사랑 애.
【말의 뜻】 子貢(자공):第一 學而篇 15 「子貢曰」을 참조.　告朔(고삭):매월 초하루에 종묘에 나가 삭(朔)을 고하는 의식을 행한다. 그것은 달의 초하루를 정하고 따라서 달의 크고 작음과 윤달을 정하고 계절을 조정하며 그것을 백성에게 알리는 일이다. 제사·농사, 그 밖의 생활이 달력 위에 실리는 것으로서 중요한 의식이었다.　餼羊(희양):양을 희생으로 바침.　賜(사):자공의 이름. 여기서도 공자는 이름을 부르고 있다.　女

(여):「女」는 여(汝).「爾」로 쓴 책도 있다.

【뜻 풀이】 ≪한서(漢書)≫ 오행지(五行志) 하(下)에 「주(周)가 쇠퇴하여 천자는 역서(曆書)를 나누어 주지 않았다. 노(魯)의 역서는 정확하지 못하여 윤달을 두는데 그 달을 얻지 못하였으며, 달의 크고 작음도 그 법도를 얻지 못하였다.」고 하였다. ≪춘추좌씨전(春秋左氏傳)≫은 문공(文公) 16년(기원전 611년)에 문공이 네 번 삭(朔)을 보지 못하였음을 기록하고 있다.

이 문공 때부터 노(魯)에서는 고삭(告朔)의 예(禮)가 다만 한 마리의 양을 희생으로 바치는 형식뿐인 허례(虛禮)로 되어 있었다. 자공(子貢)은 경제에 예민한 사람이므로 현재로서는 한 마리의 양도 쓸데없는 낭비로 보았던 것이다. 이에 반해 공자는 한 마리의 양으로써 존속하는 예를 소중히 여겼던 것이다. 그것은 예(禮)의 부흥을 기대하는 마음이었다.

18

子曰 事君盡禮 人以爲諂也.
자 왈 사 군 진 례 인 이 위 첨 야

공자께서 말씀하셨다.
"국왕을 섬김에 예를 다하면 사람들은 그것을 아첨이라고 한다."

【글자 뜻】 盡:다할 진. 禮:예도 례. 諂:아첨할 첨.
【뜻 풀이】 예가 문란해져 있을 때에는 올바른 예의가 도리어 아첨으로 보인다. 예나 지금이나 다를 것이 없다. 공자는 가끔 안타까운 심정이었을

것이다.

19

정공이 물었다.

"임금이 신하를 부리고 신하가 임금을 섬기는 데에는 어떻게 해야 할까
요?"

공자께서 대답하셨다.

"임금이 신하를 부리는 데에는 예(禮)로써 하며, 신하가 임금을 섬기는
데에는 충(忠)으로써 합니다."

【글자 뜻】 定:정할 정. 使:부릴 사. 忠:충성 충.

【말의 뜻】 定公(정공):노(魯)나라의 군주. 이름은 송(宋), 정(定)은 시호. ≪
시법해(諡法解)≫에 따르면 「크게 염려하여 백성을 사랑함」, 「백성을 평
안케 하고 옛 법도를 본받음」, 이런 행위에 대하여 「定」의 시호가 주어
진다. 재위는 기원전 509년부터 기원전 495년. 공자는 이 군주에게 중
용(重用)되어 대신으로 발탁되기도 하였다.

【뜻 풀이】 「孔子對曰」이라고 하였다. 이 장도 역시 공자를 역사상의 인물로
보는 사람에 의한 기록일까? 第二 爲政篇 19를 참조하라.

「君使臣以禮 臣事君以忠」─ 이 두 구는 당시의 고어(古語)일 것이다.

예(禮)와 충(忠)은 국가를 성립시키고 존속시키는 두 기둥이며 본래는 나란히 서 있다. 그러나 공자께서 정공에게 답할 때의 중점은 첫째 구에 있다. 정공을 훈계하고 있는 것이리라.

20

> 子曰 關雎 樂而不淫 哀而不傷.
> 자 왈 관 저 낙 이 불 음 애 이 불 상

공자께서 말씀하셨다.

"관저(關雎)는 즐겁게는 하지만 빠져들게 하지는 않으며, 슬프게는 하지만 마음을 아프게 하는 일은 없다."

【글자 뜻】 關:빗장 관. 雎:물수리 저. 淫:빠질 음. 傷:다칠 상.

【말의 뜻】 關雎(관저):≪시경(詩經)≫의 첫머리에 있는 시편 이름. 강 속의 섬에서 '관관(關關)' 하고 우는 물수리(雎)를 노래하고, 아리따운 아가 씨가 좋은 짝을 만나 행복한 결혼을 축하하는 노래. 樂而不淫(낙이불음):「淫」은 황음(荒淫). 지나치게 빠짐, 빠져들어감. 哀而不傷(애이불상):「哀」는 비애(悲哀). 「傷」은 마음을 아프게 함.

【뜻 풀이】 애락(哀樂)은 인간 감정의 기본이다. 즐거움을 즐기고 슬픔을 슬퍼하는 것은 감정의 자연스러운 흐름이요 발로이다. 그러나 즐거움에 빠지고 슬픔에 손상된다면 인간의 생활이 무너진다. 감정의 흐름과 발로에 있어서는 조화가 유지되어야만 한다. 그 흐름과 발로를 아름다운 가락의 음(音)으로 하는 것, 그것이 시가(詩歌)이다.

「樂而不淫」, 「哀而不傷」이라는 표현법은, 즐기면 음란해지고 슬퍼하면 손상되는 것을 인정하면서도 「不淫」, 「不傷」이라고 한다. 이 표현은 시가(詩歌)의 조화 기능을 이성의 말로 표현할 때의 궁리이며 틀이다.

≪춘추좌씨전(春秋左氏傳)≫ 양공(襄公) 29년에 오(吳)의 계찰(季札)이 노(魯)에 와서 빈[豳, 빈풍(豳風):≪시경≫ 국풍(國風)의 편명] 노래를 듣고 「樂而不淫」이라 칭송하였고, 송[頌:≪시경≫의 편명] 노래를 듣고 「슬프되 근심하지 않고, 즐기되 빠져들지 않는다.……(哀而不愁 樂而不荒 云云)」하고 기리는 것도 역시 시가의 본질을 잘 말한 것이다.

아마도 「樂而不淫 哀而不傷」은 시가를 말하는 사람이 항상 입에 올리는 말이며, 공자에게 있어서도 항상 입에 올리는 말이었을 것이다. 만일 그렇다면 이 장에서 관저(關雎)라 함은 그 시 한 편을 지칭하는 것이 아니라 이 한 편을 초점으로 하는 시 삼백오 편 전부를 말하는 것이라고 하겠다.

관저(關雎)에는 즐거움은 있지만 슬픔은 없다는 의문은 쓸데없는 것처럼 생각된다. ≪시경≫ 또는 삼백오 편이라고 객관적으로 말하지 않고 관저(關雎)라고 한 것은 공자의 이때 시정(詩情)이 구체적인 대상을 개별적으로 요구했기 때문이리라.

21

> 哀公問社於宰我. 宰我對曰 夏后氏以松 殷人以柏 周人以栗.
> 애 공 문 사 어 재 아   재 아 대 왈   하 후 씨 이 송   은 인 이 백   주 인 이 율
> 曰 使民戰栗也. 子聞之曰 成事不說 遂事不諫 既往不咎.
> 왈 사 민 전 율 야.   자 문 지 왈   성 사 불 설   수 사 불 간   기 왕 불 구

애공이 사단(社壇)에 대하여 재아에게 물었다. 재아가 대답하였다.

"하(夏)의 임금은 소나무를 썼고, 은(殷)나라 사람은 잣나무를 썼으며, 주

(周)나라 사람은 밤나무(栗)를 썼습니다. 그것은 백성을 전율(戰慄)케 하기 위해서였습니다."

공자께서 이것을 들으시고 말씀하셨다.

"이미 이루어진 일을 말해 무엇하며, 다된 일을 간(諫)해 무엇하며, 지나간 일을 탓해 무엇하리오."

【글자 뜻】 宰:재상 재. 松:소나무 송. 殷:은나라 은. 栗:밤나무 율. 遂:이룰 수. 諫:간할 간. 咎:꾸짖을 구.

【말의 뜻】 哀公(애공):노나라의 왕. 정공(定公) 뒤에 즉위함. 재위 14년에 기린이 잡혔고, 16년에 공자께서 세상을 떴다. 이른바 춘추 시대(春秋時代)를 마감하는 군주이다. 「哀」라는 시호는 비극의 운명을 겪은 사람에게 주어진다. 社(사):특정한 나무를 신목(神木)으로 하여 토지신을 제사지내는 사단(社壇). 각 왕조 또는 나라의 대표적인 나무로써 한다. 宰我(재아):공자의 문인. 노나라 사람. 이름은 여(予), 자는 자아(子我). 공자 문하의 대표적인 웅변가. 第十一 先進篇 3에 「언어에 있어서는 재아(宰我)·자공(子貢)」이라고 하였다. 夏后氏(하후씨):하 왕조. ≪사기(史記)≫ 하본기(夏本記)에 「시조 우(禹)가 천자로 즉위하였을 때에 하후씨라고 일컬었다.」고 하였다. 「하(夏)」라고 함은 약칭이다. 柏(백):잣나무. 曰使民戰栗也(왈사민전율야):「曰」을 거듭 쓴 것은 이야기가 사주(社主)의 율(栗)에서 전율(戰栗)로 온당치 않은 전개를 하는 사이에 잠시의 침묵이 있었기 때문일 것이다. 일설에 이 구를 애공의 말이라고 한다. 「戰栗」은 전율(戰慄), 「栗」을 율(慄)자로 전환시킨 것이다. 사(社)는 주(周)에 있어서 형륙(刑戮)의 장소였다. 成事(성사):성취한 일. 이루어진 사항. 遂事(수사):수행되는 것이 필연의 추세이며 변경도 정지도 할 수 없는 사항. 旣往(기왕):이미 지나가 버린 사항.

【뜻 풀이】애공의 질문과 재아의 대답, 그리고 공자의 비평 — 이 세 사람의 발언은 제3자가 알아들을 수 없는 문답처럼 되어 있다. 애공은 사단(社壇)의 무엇을 물은 것인가? 사단의 나무인가? 사단의 의미인가? 도대체 이 질문을 하게 된 발단은 무엇인가?

애공의 질문 배경으로는 애공 4년 6월에 박사(亳社)가 화재를 입은 사건을 생각할 수 있다. 재건함에 있어서 그때까지 지각 없이 받아들이고 있던 사단(社壇)의 신목(神木)이 새삼스럽게 애공에게 문제가 되어 이 질문을 하게 되었을 가능성이 있다. 재아(宰我)가 나무로써 답하고 있는 것이 이 가능성을 뒷받침하고 있다.

그러나 박사(亳社)는 은(殷) 계통의 사단(社壇)이다. 박(亳)은 은(殷)의 서울이 있었던 지명이다. 천자 제후는 전 왕조의 사단을 존속시키고 있었다. 노(魯)나라에서는 서울의 동쪽에 박사(亳社)가 있었고 서쪽에 사단이 있었다. 따라서 재아의 대답으로 은나라 사람은 잣나무를 썼다고 하면 그것으로 족한 것이다. 그런데 하(夏)의 소나무, 주(周)의 밤나무까지 등장시키고 있는 것은 어째서일까? 이와 같이 3대를 아울러 말하는 것이 정중한 대답 형식이었기 때문일까? 아니면 재아가 머리와 꼬리를 단 것일까? 아무튼 웅변가 재아의 면모가 엿보인다.

나아가서 재아는 주(周)의 율(栗)에서 전율(戰栗)로 발전하여 탈선한다. 「백성으로 하여금 전율케 하기 위해서」란 힘의 정치를 강조하는 것이다. 애공은 일찍부터 3환(三桓)의 압박에 분노를 느끼고 있었다. 그 분노는 공자 문하의 한 사람인 재아의 분노이기도 하였다. 따라서 재아의 대답은 이 발전한 쪽에 중점이 옮겨져 있다. 3환에 대한 애공의 분노에 부채질을 하는 것이 된다. 그 후 공자가 죽은 뒤의 일이나, 애공은 월(越)나라의 힘을 빌어 3환을 토벌하려다가 도리어 망명하지 않을 수 없게 된다.

공자께서 말한 「成事不說」 이하의 세 구는 당시에 유행되고 있던 고어(古語)일 것이다. 중점은 세 번째 구에 있다. '말해 버린 것은 할 수 없지만, 앞으로는 말을 조심하라.'고 타이르는 것이다. 직접 그 일을 지적하여 말하지 않았으되, 또 훈계하는 말도 고어를 선택하여 그냥 하는 말처럼 되어 있지만 재아에게는 충분히 가슴에 와 닿는 것이 있었을 것이다.

공자에게는 노(魯) 왕실의 말로(末路)가 보이고 있었다. 붓을 던져야만 하는 날이 다가오고 있는 것을 알고 있었다. 이와 같이 국왕의 권위가 상실되고 국가가 문란해져 있을 때에 허튼 소리를 내뱉는 것의 위험을 공자는 애제자에게 무릅쓰게 하고 싶지가 않았던 것이다.

백성으로 하여금 전율케 한다는 말을 한 장본인을 애공이라고 볼 수도 있다. 재아가 형식을 갖추어 3대의 사단(社壇)의 나무를 말한 데 대하여 애공은 주(周)의 율(栗)을 듣고 전율케 하는 의미로 받아들인 것이다. 3환에게 권위를 빼앗겼던 평소의 울분이 반발해 나온 것이다. 군주를 이토록 격하게 만들어 파멸로 빠져들게 하는 발언을 한 것에 대해서도 공자께서 제자에게 훈계하는 바였다. 「成事不說」 이하의 세 구에서는 시국에 대한 공자의 절망의 소리가 들리기도 한다.

22

子曰 管仲之器小哉. 或曰 管仲儉乎. 曰 管氏有三歸 官事
자왈 관중지기소재 혹왈 관중검호 왈 관씨유삼귀 관사

不攝 焉得儉乎. 曰 然則管仲知禮乎. 曰 邦君樹塞門 管氏
불섭 언득검호 왈 연즉관중지례호 왈 방군수색문 관씨

亦樹塞門. 邦君爲兩君之好 有反坫 管氏亦有反坫. 管氏而
역수색문 방군위양군지호 유반점 관씨역유반점 관씨이

知禮 孰不知禮.
지례 숙불지례

공자께서 말씀하셨다.

"관중의 기량은 작았다."

어떤 사람이 말하였다.

"관중은 검소했었나요?"

공자께서 말씀하셨다.

"관중은 성(姓)이 다른 세 아내를 두었고, 가신(家臣)에게 사무를 겸임시키지 않았소. 어찌 검소하다고 할 수 있겠소!"

"그러면 관중이 예(禮)는 알고 있었나요?"

"국왕이 작은 담을 쳐서 문의 가리개로 했는데 관씨 역시 작은 담을 쳐서 문의 가리개로 하였소. 두 나라의 임금이 우호를 다질 때에 술잔을 되돌리는 대(臺)를 마련했는데 관씨도 역시 술잔을 되돌리는 대가 있었소. 관씨가 예를 안다고 하면 예를 모르는 자가 어디 있겠소!"

【글자 뜻】 管:대롱 관. 攝:겸할 섭. 焉:어찌 언. 樹:나무 수. 塞:막힐 색.

【말의 뜻】 管仲之器小哉(관중지기소재):管은 성, 仲은 자, 이름은 이오(夷吾). 제(齊)나라의 명재상. 환공(桓公, 재위 기원전 685~643)을 도와 패자가 되게 함. ≪관자(管子)≫ 소광편(小匡篇)에 「시백(施伯)이 노후(魯侯)에게 말하였다. '관중은 현인이다. 큰 그릇이다.'」라고 하였다. 이것이 관중에 대한 일반의 평가였다. 이에 반하여 공자는 예(禮)의 입장에서 새로운 평가를 내린다. 管氏(관씨):관중(管仲)을 관씨라고 말하고 있는 데에서 공자의 감정이 나타나 있다. 三歸(삼귀):여자가 시집에 가는 것을 「歸」라고 한다. 「三歸」란 세 사람의 성이 다른 여인을 아내로 맞아들이고 있는 것. 이것은 제후의 예이다. 단, ≪설원(說苑)≫에는 「관중 삼귀(三歸)의 대(臺)를 쌓음」이라고 하였는데 이는 건축물이다. 그 밖의 이설(異說)이 있으며 결정적으로 정하기가 어렵다. 管事不攝(관사불섭):「攝」은 겸임(兼任). 관중의 집안에서는 각 직무마다 전담자

가 있어서 겸임하는 일이 없었다. 이른바 관직이 완비해 있음을 말한다. 樹塞門(수색문):「樹」는 담장. 칸막이처럼 되어 있는 가리개의 작은 담장. 문 안을 들여다보지 못하게 한다. 천자는 대문 밖에, 제후는 대문 안에 세운다. 대부(大夫)는 발(簾)을, 사(士)는 휘장을 사용한다. 관중은 제후가 하는 「樹」를 하고 있다. 反坫(반점):제후가 회합에서 술잔을 주고 받을 때에 다 마신 잔을 되돌리는 대(臺). 흙을 빚어 만들고 칠을 한다. ≪사기(史記)≫ 관중전(管仲傳)에는 「관중의 부(富)는 공실(公室)에 비긴다. 삼귀(三歸)·반점(反坫)이 있다. 제(齊)나라 사람들이 사치라고 한다.」라고 하였다.

【뜻 풀이】 공자께서 관중의 그릇이 작다고 한 것에 대하여 이 장에 등장하는 어떤 사람은 검소와 예를 가지고 공자에게 맞장구를 친다.「儉」은 쩨쩨함, 예를 아는 자는 잗달다. 이것이 작은 그릇의 실태로서 당시에도 있었다. 이에 대하여 공자는 관중의 호사스러운 생활 태도와 참람한 행동을 말하여 이 사람의 경솔한 발언을 물리친다. 그러나 '그릇이 작다'는 것에 대한 설명을 직접적으로는 하고 있지 않다.

　반면 공자는 관중의 덕과 공을 찬미하고도 있다. 第十四 憲問篇 10, 17, 18을 참조하라. 그러면 여기서 '그릇이 작다'고 한 것은 관중의 어떤 점을 가리키고 있는 것일까? ≪사기(史記)≫ 관중전(管仲傳)과 ≪춘추번로(春秋繁路)≫ 정화편(精華篇), ≪신서(新序)≫ 잡사편(雜事篇)에서는 관중이 환공을 패자(覇者)로 만들기는 했지만 왕자로 만들지 않은 것을 가지고 「器小」의 설명으로 하고 있다.

　또 공자께서 망명한 노(魯)의 소공(昭公)의 뒤를 쫓아 제(齊)에 갔을 때, 제나라의 상황이 관중의 이름을 두고 상상하고 기대했던 것과 동떨어져 있었기 때문에 실망해서 한 말인지도 모른다. 그러나 공자의 진의(眞意)는 실은 이 사람에 대한 대답 속에 나타나 있는 것은 아닐까? 관중이 삼귀(三歸)·관사(官事)·색문(塞門)·반점(反坫) 등에서 제후의 흉내를 내며 우쭐대고 있는 그 사실을 가지고 공자는 관중을 '그릇이 작다'고 하는 것은 아닐까?

　대화하는 어떤 사람, 여기서도 이름을 숨기고 있는 그 사람도 역시 내로라하는 유력한 자일 것이다. 그 사람은 공자의 관중 평(評)에 검소한 예로써 반응할 수밖에 없었던 대수롭지 않은 이유로 인하여 핀잔 받았을 뿐더러, 그 자신의 호사와 참람함 때문에 '그릇이 작다'고 평가되고 있는 것이지만 과연 그것을 눈치 채고 있었던 것일까? 그저 어리둥절하여 공자의 뼈 있는 말의 뜻을 깨닫지 못한 것은 아닐까?

23

> 子語魯大師樂曰 樂其可知也. 始作翕如也 從之純如也 皦
> 자 어 노 대 사 악 왈　악 기 가 지 야　　시 작 흡 여 야　종 지 순 여 야　교
> 如也 繹如也 以成.
> 여 야　역 여 야　이 성

공자께서 주악(奏樂)에 대하여 노(魯)의 악관장에게 말씀하셨다.

"주악은 이러한 것이지. 첫머리는 종으로 음을 높이고, 늦추어서 여러 악기의 깨끗한 조화의 합주가 되며, 각 음절이 또렷하게 울리고, 끊이는 일이 없이 전개해 나가며, 그리고 끝마무리에 이르지."

【글자 뜻】 魯:노나라 노.　翕:성할 흡.　純:도타울 순.　皦:밝을 교.　繹:풀역.

【말의 뜻】 大師(대사):악관(樂官)의 장(長). 지휘자.　始作翕如(시작흡여):주악의 첫머리, 예비적 단계의 음(音)의 높임을 말한다.「翕如」는 사물의

왕성한 모양. 종박(鍾鎛)과 같은 금속 타악기를 사용한다고 한다. 從之純如(종지순여):「從」은 종(縱). 제멋대로 시키다. 주악에 참가하고 있는 악기의 충분한 장점을 발휘시킨다. 「純如」는 순일(純一), 조화가 이루어져 있는 모양. 皦如(교여):「皦」는 명(明). 각 악기의 음이 또렷이 울려 퍼짐. 繹如(역여):「繹」은 생(生). 뻗어 나아가고 끊이지 않음.

【뜻 풀이】 한자의 문학, 특히 시(詩)의 창작 활동이 시작되기 전에는 음악이 중국인의 조화 감각을 만족시키는 최대의 수단이었다. 공자께서 음악에 큰 관심을 가지고 깊은 조예가 있었던 것은 당연한 일이다. 고전음악인 「소(韶)」와 「무(武)」에 대한 비평(본편 25), 그 「소(韶)」를 듣고 오랜 동안 고기맛을 잊었다」(第七 述而篇 13), 「노래를 잘 부르는 자와 합창하였다」(第七 述而篇 31), 「소(韶)를 평화로운 정치를 위한 음악으로서 존중하였다」(第十五 衛靈公篇 11) 등 음악과 관련된 기록은 ≪논어≫에 자주 보인다.

24

儀封人請見. 曰 君子之至於斯也 吾未嘗不得見也. 從者見
의 봉 인 청 현   왈 군 자 지 지 어 사 야   오 미 상 불 득 견 야   종 자 현

之. 出曰 二三子 何患於喪乎 天下之無道也久矣. 天將以夫
지   출 왈   이 삼 자   하 환 어 상 호   천 하 지 무 도 야 구 의   천 장 이 부

子爲木鐸.
자 위 목 탁

의(儀)의 경계를 지키는 관원이 면회를 청하여 말하였다.

"군자께서 여기에 오시면 저는 그 어느 분이나 반드시 뵙고 있는 것입니다."

종자가 면회를 시키니 뵙고 나와서 말하였다.

"당신들은 문(文)이 상실되는 것을 왜 걱정하시오. 천하에 도(道)가 없어진 지 이미 오래 되었습니다. 하늘은 장차 당신들의 선생님을 도(道)를 전파하는 목탁으로 삼으실 것입니다."

【글자 뜻】 儀:거동 의. 請:청할 청. 未:아닐 미. 嘗:일찍이 상. 鐸:방울 탁.

【말의 뜻】 儀封人(의봉인):「儀」는 위(衛)나라 안의 지명이라고 함. 「封人」은 경계를 지키는 관원. 請見(청현):뵙기를 청함. 二三子(이삼자):공자를 수행하는 제자들을 일컫는 말. 「子」는 경칭. 何患於喪乎(하환어상호):「喪」은 「天之將喪斯文也」(第九 子罕篇 5)의 「喪」으로 해석한다. 공자께서 이념으로 하는 문(文)이 상실되는 것. 공자께서 조정에 지위를 갖지 않은 것이라고 해석할 수도 있다. 木鐸(목탁):「鐸」은 큰 방울. 「木鐸」은 금구목설(金口木舌), 즉 금속제의 방울에 나무의 혀(흔들이)를 매단 것. 새로운 훈령을 반포할 때에 목탁을 흔들어 사람들의 주의를 집중시켰다. 전화(轉化)하여 선각자·계몽자를 목탁이라고 한다. 군사(軍事)에는 금탁(金鐸)을 사용한다.

【뜻 풀이】 「天下之無道也久矣」 ─ 국경을 지키는 관원은 이 말로 천하의 쇠란(衰亂)이 극단에 이르고 있음을, 따라서 새로운 전개가 시작될 기운(機運)이 있음을 비치고 있다. 공자에게 희망을 거는 것이리라. 목탁에 비유함은 중앙의 높은 지위에 있는 것이 아니라 지방으로 나가 대중 속으로 들어가 가르침을 펼 기능을 평가하고 있는 것이다. 이 봉인(封人)은 자기가 지키는 문에 드나드는 사람들을 비교하고 비평하는 것에 흥미를 가지고 있었다. 공자는 그 사람에게 이런 인상을 줄 만한 의연함을 지니고 있었다.

25

子謂韶 盡美矣 又盡善也. 謂武 盡美矣 未盡善也.
자 위 소 진 미 의 우 진 선 야   위 무 진 미 의 미 진 선 야

공자께서는 소(韶) 음악을,

"미(美)가 완전하다. 게다가 선(善)도 완전하다."

라고 비평하시고, 다시 무(武) 음악을 이렇게 비평하셨다.

"미는 완전하나 선은 아직 완전치 않다."

【글자 뜻】 謂:이를 위. 韶:풍류 이름 소. 盡:다할 진.

【말의 뜻】 謂(위):이 말에는 비판하여 말한다는 의미도 있다. 韶(소):성천
자(聖天子) 순(舜)의 음악. 「韶」는 계(繼). 순이 요(堯)의 덕을 계승한 데
서 이 이름이 붙여졌다. 武(무):주(周) 무왕(武王)의 음악. 대무(大武)라
고도 한다. 무왕은 은 왕조(殷王朝)의 주(紂)를 무력으로 토벌하고 혁명
을 이룩하였다.

【뜻 풀이】 여기서 「미(美)」라고 한 것은 음악 그 자체의 아름다움과 쾌감을
주는 것을 말하고, 「선(善)」이라고 한 것은 음악의 문(文)으로서의 가치,
즉 천하적 세계관에서 본 가치를 말하는 것이리라. 천하의 태평을 이룬
다는 관점에서 말하면 주무왕(周武王)의 음악은 완전한 것은 아니다. 이
말에는 주 왕조의 현상(現狀)에 대한 비판이 가해져 있다.

《춘추좌씨전(春秋左氏傳)》 양공(襄公) 29년(기원전 544년)에 오
(吳)의 계찰(季札)이 노(魯)에 와서 노에 전해지는 음악을 들었다. 그때
대무(大武)에 대하여는,

"아름답도다, 주(周)의 번성함이 이와 같았더냐!"

라고 하였고 소(韶)에 대하여는,

"덕이 더할 나위 없도다. 크도다. 하늘의 덮음이 없는 것 같고, 땅의 실음이 없는 것 같도다. 더없는 성덕(盛德)이라 할지라도 이보다 더함이 없도다. 보는 것을 그만두겠다. 만일 다른 음악이 있더라도 나는 구태여 청하지 않으리라."

고 하였다. 공자의 판단은 객관성이 있다.

26

子曰 居上不寬 爲禮不敬 臨喪不哀 吾何以觀之哉.
자 왈 거 상 불 관 위 례 불 경 임 상 불 애 오 하 이 관 지 재

공자께서 말씀하셨다.

"사람 위에 있으면서 너그럽지 않고, 예를 행함에 공경스럽지 않으며, 조상(弔喪) 가서 애도하지 않는다면, 내가 무엇으로써 그 사람을 살피겠는가!"

【글자 뜻】居:있을 거. 寬:너그러울 관. 臨:임할 임. 喪:죽을 상.

【말의 뜻】居上(거상):윗자리에 있음. 臨喪(임상):조문하러 감.

【뜻 풀이】「너그러운즉 사람들이 모인다.」— 이 말이 第十七 陽貨篇 6과 第二十 堯曰篇 1에 보인다. ≪춘추좌씨전≫ 희공(僖公) 11년에 「예(禮) 는 나라의 근간이다. 경(敬)은 예의 수레이다. 경(敬)하지 않으면 예가 행하여지지 않고 예가 행하여지지 않으면 상하(上下)가 혼미하다. 무엇 으로써 세상을 좋게 하랴.」라고 하였다. ≪예기(禮記)≫ 곡례(曲禮) 상 편(上篇)에 「조상(弔喪) 가서는 반드시 슬퍼하는 빛이 있어야 한다.(臨 喪則必有哀色)」라고 하였다.

제4

이인편
(里仁篇)

「里」는 거(居). 공자는 이 고어를 인용하여 이야기를 전개해 나간다. 「里仁」을 「處仁」으로 바꿔 말하고 있는 것은 「處仁」이 공자 당시의 어법(語法)이었기 때문이다. 다음 장에서도 「처약(處約)」, 「처락(處樂)」이라는 어법을 쓰고 있다.

里仁篇은 모두 이십육 장, 그중 이십오 장은 공자의 말씀이다. 그런데 마지막 한 장에 이르러 갑작스레 자유(子游)의 말을 기록하고 있다. 덧붙인 것이리라.

1

子曰 里仁爲美. 擇不處仁 焉得知.
자 왈 이 인 위 미 택 불 처 인 언 득 지

공자께서 말씀하셨다.

"인(仁)에 거함을 좋게 친다고들 한다. 가치 판단을 하여 인(仁)의 입장을 지킬 수 없는 사람을 어찌 지자(知者)라고 할 수 있으랴!"

【글자 뜻】 里:마을 리. 美:아름다울 미. 擇:가릴 택.

【말의 뜻】 爲美(위미):좋다고 함. 焉得知(언득지):어찌 아는 자라 할 수 있겠는가!

【뜻 풀이】 「里仁爲美」는 고어(古語)일 것이다. 「里」는 거(居). 공자는 이 고어를 인용하여 이야기를 전개해 나간다. 「里仁」을 「處仁」으로 바꿔 말하고 있는 것은 「處仁」이 공자 당시의 어법(語法)이었기 때문이다. 다음 장에서도 「처약(處約)」, 「처락(處樂)」이라는 어법을 쓰고 있다.

「擇不處仁」의 「擇」은 사람이 언행을 할 때의 모든 것을 대상으로 하고 있다. 이웃을 택하는 것도 제외치 않지만 그것만이 아니다. 「知」는 가치 판단의 능력을 말한다.

「지자(知者)는 당혹치 않는다.」 ― 第九 子罕篇 30과 第十四 憲問篇 30에 보인다.

2

> 子曰 不仁者不可以久處約 不可以長處樂. 仁者安仁 知者利
> 자 왈 불 인 자 불 가 이 구 처 약 불 가 이 장 처 락 인 자 안 인 지 자 이
> 仁.
> 인

공자께서 말씀하셨다.

"어질지 못한 자는 오랜 곤궁에 견디지 못하며, 또 오랜 안락에 견디지 못한다. 어진 자는 인(仁)에 안주(安住)하고, 지자(知者)는 인(仁)을 이롭게 여긴다."

【글자 뜻】 處:살 처. 約:줄일 약. 安:편안할 안. 利:이로울 리.

【말의 뜻】 不可以(불가이):~하지 못함. 約(약):곤궁, 빈천. 樂(낙):안일, 부귀.

【뜻 풀이】 ≪예기(禮記)≫ 방기편(坊記篇)에 「소인(小人)은 가난하면 구차하고 부유하면 교만해진다. 구차하면 도둑질하게 되고 교만하면 어지러워진다.」라고 하였다. 第十五 衛靈公篇 2에도 「소인은 궁하면 탈선한다.」라고 하였다.

어진 자의 언행은 그 자체가 자연히 어질게 되지만, 지자(知者)는 유리하다고 판단했을 때에 인(仁)을 행한다. ≪예기≫ 표기편(表記篇)에 「어진 자는 인(仁)에 안주(安住)하고, 지자는 인을 이롭게 여기며, 죄를 두려워하는 자는 인을 행하려고 애쓴다.」고 하였으며, 또 중용편(中庸篇)에 「어떤 사람은 편안하게 이를 행하고, 어떤 사람은 이롭다 하여 이를 행하며, 어떤 사람은 힘써 이를 행한다. 그 공을 이룸에는 하나이

다.」라고 하였다.

　이 장의 주안(主眼)은 「仁者安仁」의 구에 있다. 「不仁者」는 「約」에도 「樂」에도 안주(安住)할 곳이 없다. 탈선하고 어지러워지기 때문이다. 「仁者」는 인(仁)에 뿌리박고 있다. 물론 「約」에도 「樂」에도 안주할 수가 있다. 「不仁者……」의 두 구는 「約」과 「樂」이 운(韻)을 밟는다. 고어(古語)일 것이다. 뒤의 두 구는 대구(對句)를 이루고, 또 인(仁)자를 둘 다 갖는다. 이 두 구도 역시 고어일 것이다. 「知者利仁」의 구는 「仁者安仁」의 대구이며 「仁者安仁」의 의미를 강조하여 효과를 올리고 있다.

3

> 子曰 惟仁者能好人 能惡人.
> 자 왈 유 인 자 능 호 인 능 오 인

공자께서 말씀하셨다.
　"인자(仁者)만이 사람을 사랑할 수도 있고 사람을 미워할 수도 있느니라."

【글자 뜻】 惟:오직 유.　能:능할 능.　惡:미워할 오.
【말의 뜻】 惡人(오인):사람을 미워함.

【뜻 풀이】 앞 장의 주안(主眼)인 「仁者安仁」에 응하여 그 인자가 사람을 사랑하고 사람을 미워함을 말한다. 「仁者」라 하면 사랑을 생각한다. 「仁」의 어의(語義)는 원래 사랑이다. 그런데 공자는 인자만이 사람을 미워할 수도 있다고 한다. 이것은 또 어찌된 일일까? 인자 (仁者)는 사심이 없으므로 그 애증(愛憎)은 공정하다든가, 백성의 좋아하는 바를 좋아하고

백성의 미워하는 바를 미워한다든가 하여 견강부회(牽强附會)하려는 설도 있다. 그러나 그와 같은 시도는 인자를 바보로 만드는 것이 아닌가! 결국 애증은 개인의 감정에서 나온다. 윤리적으로 변형된 애증은 이미 참된 애증일 수는 없다.

　공자께서 여기서 말하고자 하는 것은 인자는 비정하지 않다는 것, 인생은 애증의 발로임을 용인한다는 것이리라. 「인자만이」 하고 인자에 중점을 두고 있는 것은 순정에서 발로하는 애정을 평가하고 이해타산에서 나오는 것을 물리치고 있는 것이리라. 「知者利仁」 — 앞 장의 마지막 구가 엮은이의 의식을 스치고 있었을 것이리라.

4

子曰 苟志於仁矣 無惡也.
자 왈 구 지 어 인 의 무 악 야

공자께서 말씀하셨다.
"뜻을 인(仁)에 두고만 있다면, 미워하는 일은 없다."

【글자 뜻】 苟:진실로 구. 於:어조사 어.
【말의 뜻】 志於仁(지어인):「仁」에 뜻을 둠. 인을 지향함.

【뜻 풀이】 「苟」는 가설(假說)을 나타내는 조사(助詞). 「惡」는 선악의 '악'이라 읽는 것과 증오의 '오'로 읽는 것의 두 설이 예로부터 갈려 있다. 이 4장은 앞의 3장의 「仁者能惡人」에 이어진다. 「志於仁」의 구도 「仁者」를 받고 있다. 따라서 여기의 「惡」도 「能惡人」의 오, 즉 '증오'의 뜻으로 해석해야 할 것이다. 적어도 3, 4장을 계속한 엮은이의 해석은 그러할

것이다.

또 선악의 '악'으로 해석하면, 동기만 좋으면 결과를 묻지 않는다는 것 혹은 최고의 덕인 인을 추구하고 있으면 나쁜 일은 일어나지 않는다는 것이 되지만, 앞의 설은 언행에 있어서의 책임을 면제하는 것으로써 공자의 생각과는 다르다. 뒤의 설은 말할 것도 없는 내용밖에 안 된다.

「惡」을 '증오'로 해석하면 이 장은 어떻게 되는가? '악'이라 하고 '악인'이라고 하지 않으므로 '미움 받는 일이 없다'라고 해석할 수도 있다. 그러나 '증오'를 여기서 수동으로 해석하는 것은 무리가 아닐까? 인자도 사람을 미워할 수가 있으나 인을 지향하여 추구하고 있는 곳에 증오라는 것은 존재하지 않기 때문이다. 이것이 지금 나의 해석이다.

5

子曰 富與貴 是人之所欲也. 不以其道得之 不處也. 貧與賤
자왈 부여귀 시인지소욕야 불이기도득지 불처야 빈여천
是人之所惡也. 不以其道得之 不去也. 君子去仁 惡乎成名.
시인지소오야 불이기도득지 불거야 군자거인 오호성명
君子無終食之間違仁 造次必於是 顚沛必於是.
군자무종식지간위인 조차필어시 전패필어시

공자께서 말씀하셨다.

"부와 고귀한 지위는 누구나 다 갖고자 하는 바이다. 그러나 그것을 얻는 도(道)로써 얻은 것이 아니라면 거기에 안주(安住)해서는 안 된다. 가난과 천한 지위는 누구나 다 싫어하는 바이다. 그러나 그것을 얻는 도로써 그리된 것이 아니라도 그것을 피해서는 안 된다. 군자가 인(仁)을 버리고 어찌 군자의 이름을 지킬 수 있으랴! 군자는 한 식경(食頃)도 인에서 떠나는 일이 없다. 총망한 때라도 반드시 인을 떠나지 말아야 하며 좌절하여 쓰러질

때에도 반드시 이를 지켜야 한다."

【글자 뜻】 富:가멸 부. 貧:가난할 빈. 賤:천할 천. 終:마칠 종. 違:어긋날
　위. 造:갑자기 조. 次:버금 차. 顚:엎드러질 전.

【말의 뜻】 惡乎成名(오호성명):「惡」는 어떻게. 조사(助詞), 평성(平聲). 이
　용법은 ≪논어≫에서는 이 한 예뿐이다. 「成名」은 군자의 이름을 이룸,
　군자의 실(實)을 완성함. 終食之閒(종식지간):일상의 식사 한 끼를 마치
　는 동안. 짧은 시간을 말함. 閒은 間의 本字. 違仁(위인):인에서 떠남.
　造次(조차):눈 깜짝할 사이. 갑작스러운 일이 일어났을 때의 총망한 모
　습. 顚沛(전패):좌절하여 쓰러짐. 또는 허둥댐.

【뜻 풀이】 두 번의 「不以其道得之」 — 처음은 부귀를 얻음에 합당한 경과·
　공로·근면 등에 대하여 말하고 뒤에서는 빈천을 얻기에 알맞은 경과·
　무능·나태 등에 대하여 말한다. 그러나 그 해석은 「道」자와 상반하는
　의미의 내용을 주고 있다. 또 후반의 「君子去仁」부터 이하의 문장에서
　생각하면 두 「道」자는 다 같이 인(仁)을 대신한 것 같다. 그러나 그러한
　구문(構文)이 되려면 뒤의 「不以其道得之」의 「不」을 연자(衍字)로 보고
　삭제하거나 혹은 「得之」를 「去之」로 고치거나 어느 한쪽을 고쳐야만 한
　다. 또 「道」가 곧 인(仁)을 의미한다면 「道」라고만 하면 되지 「其道」라
　고 할 필요는 없을 것이다.
　　공자는 부귀를 긍정한다. 그러나 도(道)에 의하지 않고 얻는 것은 배
　척한다. 第七 述而篇 15에 「부정한 부(富)와 귀(貴)는 내게 뜬구름과 같
　다.」라고 하였다.

6

子曰 我未見好仁者 惡不仁者. 好仁者無以尙之 惡不仁者其
자왈 아미견호인자 오불인자 호인자무이상지 오불인자기
爲仁矣. 不使不仁者加乎其身. 有能一日用其力於仁矣乎
위인의 불사불인자가호기신 유능일일용기력어인의호
我未見力不足者. 蓋有之乎 我未之見也.
아미견력부족자 개유지호 아미지견야

공자께서 말씀하셨다.

"나는 아직 인(仁)을 좋아하는 사람도 불인(不仁)을 미워하는 사람도 본
적이 없다. 인을 좋아하는 사람에게는 더 이상 아무것도 말할 것이 없거니
와 불인을 미워하는 사람도 인을 행하고 있는 것이다. 불인자에게 무도한
짓을 시키지 않으니까. 하루만이라도 인에 힘을 쓰는 경우에, 그것을 할 힘
이 부족한 사람을 나는 만난 적이 없다. 있을 테지만 나는 만난 일이 없다."

【글자 뜻】 使:하여금 사. 其:그 기. 蓋:아마도 개.

【말의 뜻】 無以尙之(무이상지):「尙」은 가(加). 이보다 더한 것은 없다. 최고
임을 말함. 爲仁(위인):第一 學而篇 2「其爲仁之本與」의 해설을 참조.
加乎其身(가호기신):「加」는 능(陵), 업신여김. 「其身」은 「惡不仁者」. 一
日(일일):짧은 시간을 나타냄

【뜻 풀이】 처음의 「好仁者」와 「惡不仁者」는 적극적인 면과 소극적인 면에
서 타고난 인자(仁者)를 말한다. 공자는 '그런 사람을 만난 적이 없다.'
라고 한다. 이에 대하여 하루의 인(仁)을 이룰 수가 없는 무능자도 공자
는 만난 일이 없다고 한다. 공자께서 의식하는 대상은 항상 중간의 사람
이다. 「蓋有之乎 我未之見也」— 무능자가 없다고는 할 수 없지만, 너는

그런 사람이 아니다. 이 두 구에는 범인(凡人)에 대한 공자의 애정이 담겨 있다.

　第七 述而篇 29에 「인(仁)이 먼 저쪽에 있는 것이랴. 우리가 인을 구하기만 하면 인은 곧 가까이 온다.」고 하였고, 第十二 顔淵篇 1에 「안연(顔淵)이 인(仁)에 대하여 여쭈어 보았다. 공자께서 말씀하셨다. '내 몸을 다스려 예(禮)로 돌아가는 것, 그것이 인의 실천이다. 하루를 내 몸을 다스려 예로 돌아가면 천하가 인으로 되돌아간다.'고 하였다.

　「力不足者」― 第六 雍也篇 12에 「염구(冉求)가 여쭈어 보았다. '선생님의 도(道)가 기껍지 않음은 아니오나 힘이 모자라는 것입니다.' 공자께서 말씀하셨다. '힘이 모자란 자는 중도에 주저앉는다. 지금 너는 스스로 한계선을 긋고 있는 것이다.'」라고 하였다.

7

子曰 人之過也 各於其黨. 觀過 斯知仁矣.
자 왈　인 지 과 야 각 어 기 당　관 과　사 지 인 의

공자께서 말씀하셨다.
"사람의 잘못에는 각기 유형이 있다. 잘못을 보면 그 사람의 인(仁)의 정도를 알 수 있다."

【글자 뜻】 過:허물 과.　黨:무리 당.　斯:이 사.
【말의 뜻】 各於其黨(각어기당):「黨」은 부류, 유형. 각기 유형이 있음.

【뜻 풀이】 사람의 잘못에는 군자의 허물도 있고 소인의 허물도 있다. 너무
　　고지식한 잘못도 있고 지나치게 너그러운 잘못도 있다. 잘못을 저지르

고는 있지만 실은 인(仁)과 같은 효과를 갖는 것도 있다. 잘못에도 각기 유형이 있어서 그것을 보면 당사자의 인의 실태를 알 수 있다.

적극적인 공적에서가 아니라 소극적인 과실에서 인(仁)을 본다는 것은 그 자체가 흥미 있는 문제이다. 지금 그것에 대하여 자세히 언급할 수는 없고 다만 ≪예기(禮記)≫ 표기편(表記篇)의 문장을 소개하는 것으로 대신한다. 「공자께서 말씀하셨다. '어짊이 셋 있으니, 인(仁)과 공(功)은 한가지이며 정(情)은 다르다. 인(仁)과 공(功)을 한가지로 하면 그 인(仁)을 알 수 없는 것이다. 인(仁)과 과(過)를 한가지로 한 뒤라야 인(仁)을 알 수가 있다. 인자(仁者)는 인(仁)에 안주하고, 지자(知者)는 인(仁)을 이롭게 여기며, 죄를 두려워하는 자는 인(仁)에 힘쓴다.'」 인(仁)의 사람에 따른 차별상(差別相)은 과(過)에 있어서 분명해진다.

이 장은 원래 해석이 일정치 않은 대목이다. 이를테면 「斯知仁矣」의 「仁」의 주체를 위정자라고 하는 설이 있다. 소인이 군자의 행동을 할 수 없더라도 소인의 허물은 아니다. 잘못을 보고 사람에 따라 대처한다. 그것이 위정자의 인(仁)이다.

혹은 또 '黨을 향당(鄕黨), 행정상의 작은 한 지역 단위 안의 무리라고 해석하여 백성의 잘못은 향당 속에서 나타난다. 그 잘못을 보면 위정자의 인(仁)을 알 수 있다.'고 해석한다.

≪한서(漢書)≫ 외척효소상관후전(外戚孝昭上官后傳)에 「자로(子路)가 누님을 여의었다. 1년이 되어도 상복을 벗지 않았다. 공자께서 이를 비난하였다. 자로가 여쭈었다. '유(由)는 불행하여 형제가 적습니다. 상복(喪服)을 벗을 수가 없는 것입니다.' 라고. 그래서 과(過)를 보고 인(仁)을 안다고 하는 것이다.」라고 하였으며, 또 ≪후한서(後漢書)≫ 오우전(吳祐傳)에 아버지에게 옷을 보내려고 민전(民錢)을 멋대로 거두었던 바, 도리어 아버지에게 설복당하여 자수하러 온 손성(孫性)에 대하여 오우(吳祐)가 '아전은 부모 때문에 오명(汚名)을 쓰게 되었다. 이른바

과(過)를 보고 인(仁)을 아는 것이다' 라고 말하였다.

「觀過 斯知仁矣」는 고어로서 정착하고 있다. 그리고 모두가 허물[過]로써 한 사람의 인(仁)을 평가하고 있는 것이다.

8

子曰 朝聞道 夕死可矣.
자 왈 조 문 도 석 사 가 의

공자께서 말씀하셨다.

"아침에 도(道)를 듣는다면 그날 저녁에 죽어도 좋으리라."

【글자 뜻】 朝:아침 조. 聞:들을 문. 道:길 도.

【말의 뜻】 朝聞道(조문도):「道」는 선왕의 도.

【뜻 풀이】 이 장은 평소 공자의 대단한 구도 정신(求道精神)을 나타내고 있다.

"내일 죽어도 좋게끔 오늘을 살라." 괴테의 이 말보다 훨씬 준엄하다. 그날 저녁과 내일이라는 시차가 있으니.

혹은 또 자신의 도(道)에 사는 자가 어느 찰나에 느끼는 삶의 기쁨의 절정을 묘사해 내려고 이런 표현을 한 것일까? 삶의 극한을 말하기 위하여 죽음이라는 말을 했다. 공자가 죽음을 논하기 위하여 죽음을 말한 것은 아니다.

9

子曰 士志於道 而恥惡衣惡食者 未足與議也.
자 왈 사 지 어 도 이 치 악 의 악 식 자 미 족 여 의 야

공자께서 말씀하셨다.

"선비 된 자가 도(道)에 뜻을 두고서도 조의조식(粗衣粗食)을 부끄러워하는 자는 더불어 의논하기에 미흡하다."

【글자 뜻】志:뜻 지. 衣:옷 의. 議:의논할 의.
【말의 뜻】未足與議(미족여의):「未足」은 모자람. 족하지 않음. 미흡함.

【뜻 풀이】「士」는 천하의 정치에 연대 책임을 지고 교양을 쌓고 행동하는 자. 「서민」에 대칭되는 말. 「與議」란 당연히 치세안민(治世安民)에 대한 것, 혹은 그것을 지향하는 학문·도덕에 대한 것을 더불어 의논한다는 것이다.

　第一 學而篇 14에 「군자는 음식에 배부름을 구하지 않고 생활에 안락을 구하지 않는다.」고 하였고, 第九 子罕篇 27에 「해진 솜옷을 입고서 여우나 담비의 털옷을 입은 사람과 함께 있어도 부끄러워하지 않는 자, 그것은 유(由)일 것이다.」라고 하였다.

10

子曰 君子之於天下也 無適也 無莫也 義之與比.
자 왈 군 자 지 어 천 하 야 무 적 야 무 막 야 의 지 여 비

공자께서 말씀하셨다.

"군자는 천하의 모든 일에 대하여 치우치게 소원히 하는 일도 없고 친밀히 하는 일도 없이 오직 정의만을 가까이한다."

【글자 뜻】 適:전일할 적.　莫:없을 막.　與:줄 여.

【말의 뜻】 無適無莫(무적무막):「適」,「莫」두 자에 대해서는 해석이 구구하다. 적(敵)과 모(慕), 후(厚)와 박(薄), 친(親)과 소(疎) 등, 요컨대 호오(好惡)에 따라 치우침을 말함.　義之與比(의지여비):「比」는「親」. 거성(去聲)으로 읽음.

【뜻 풀이】 ≪후한서(後漢書)≫ 유량전(劉梁傳)에 「그래서 군자의 일에 있어서는 소원함도 친밀함도 없으며, 반드시 이를 생각함에 의(義)로써 한다.」고 하였고, ≪백호통(白虎通)≫ 간쟁편(諫諍篇)에 「군주의 신하에게 있어서는 소원함도 친밀함도 없으며, 오직 정의만을 가까이한다.」고 하였으며 그 밖에도 예가 많다. 「~之於~也 無敵無莫也 云云」은 고어로서 정착하고 있다.

11

> 子曰 君子懷德 小人懷土 君子懷刑 小人懷惠.
> 자왈 군자회덕 소인회토 군자회형 소인회혜

공자께서 말씀하셨다.

"군자는 덕에 집착하고 소인은 토지에 집착하며, 군자는 법칙에 집착하고 소인은 은혜에 집착한다."

【글자 뜻】 懷:품을 회. 惠:은혜 혜.

【말의 뜻】 懷土(회토):지금 사는 토지에 안주(安住)하여 다른 나라로 옮기려고 하지 않음. 懷刑(회형):「刑」은 법도, 전칙(典則). 懷惠(회혜):「惠」는 위로부터 베풀어지는 은혜.

【뜻 풀이】 第十四 憲問篇 3에 「선비로서 집안의 안온한 생활에 젖어 있는 자는 선비라 하기에 부족하다.」고 하였다. 오래된 것에 안주하여 변화를 꺼리는 자는 서민이다.

　「君子」는 다스리는 자, 「小人」은 다스림을 받는 자라 하고, 「刑」을 형벌로 하여, 군주가 덕으로써 인도하면 서민은 토지에 자리 잡고 산다. 군주가 형벌로써 제어하면 서민은 은혜를 베풀어 주는 자를 생각한다고 해석하는 설이 이미 양(梁) 황간(皇侃)의 ≪논어의소(論語義疏)≫에 보인다. 그러나 이 네 구의 구성과 또 德과 土, 刑과 惠의 자음(子音) 맞추기는 오히려 군자와 소인을 대조시켜 군자를 설명하는 것이라고 생각된다.

12

子曰 放於利而行 多怨.
자왈 방어리이행 다원

공자께서 말씀하셨다.

"이익을 좇아 행동하면 백성의 원망이 더한다."

【글자 뜻】 放:바랄 방. 於:어조사 어. 怨:원망할 원.

【말의 뜻】 放於利(방어리):「放」은 따르다(依). 상성(上聲)으로 읽는다. 「利」

는 물질적인 이익. 재화.

【뜻 풀이】이 장도 물론 위정자를 위한 잠언(箴言)이다. ≪한서(漢書)≫ 공
손하(公孫夏) 등의 전기(傳記)의 찬(贊)에 ≪염철론(鹽鐵論)≫의 글을
인용하여 상홍양(桑弘羊)은 '옛것을 스승으로 하지 않고 말리(末利)를
쫓는다.'고 하였다. 이 '쫓는다(放)'도 안사고(顔師古)의 주(註)는 '놓는
다(縱)'라 하여 '마음을 이익으로 달려가게 내버려 둔다'로 해석한다.
그것도 통한다.

13

> 子曰 能以禮讓爲國乎 何有. 不能以禮讓爲國 如禮可.
> 자 왈 능 이 예 양 위 국 호 하 유   불 능 이 예 양 위 국 여 례 하

공자께서 말씀하셨다.
 "예양(禮讓)으로써 나라를 다스릴 수 있을 경우에는 아무런 어려움도 없
다. 예양으로써 나라를 다스릴 수 없을 경우에는 예가 무슨 소용이 있으
랴!"

【글자 뜻】禮:예도 례. 讓:사양할 양.
【말의 뜻】禮讓(예양):「禮」는 讓의 문(文). 讓의 마음이 곱게 밖으로 나타나
서 형태를 이룬 것.「讓」은 禮의 실(實). 禮의 알맹이를 이루는 것. ≪춘
추좌씨전 (春秋左氏傳)≫ 양공(襄公) 13년에「군자가 말하기를 '讓은 禮
의 주(主)다.'라고 하였다.」라는 기록이 있다. 禮와 讓, 양자의 개념에
공통된 요소가 이 말의 의미가 된다. 爲國(위국):나라를 다스림. 何有
(하유):춘추 시대의 상용어. 무슨 곤란과 문제가 있으랴, 쉬운 일이다.

第六 雍也篇 8에 「於從政乎何有」라고 하였다. 여례하(如禮何):第三 八
佾篇 3에 「如禮何」,「如樂何」라는 말이 이미 있었다. 禮를 어찌 할 것인
가, 禮를 어쩔 수도 없다. 禮의 쓸 곳이 없음을 말한다.

【뜻 풀이】≪예기(禮記)≫ 예운편(禮運篇)에 「나라를 다스림에 예로써 하지
　　않으면 보습 없이 땅을 가는 것과 같다.(治國不以禮 猶無耜而耕也)」라
　　고 하였고, 또 ≪순자(荀子)≫ 대로편(大路篇)에 「예는 정치를 이끄는
　　줄(靷)이다. 정치를 함에 예로써 하지 않으면 정치는 이루어지지 않는
　　다.」라고 하였다.

14

子曰 不患無位 患所以立 不患莫己知 求爲可知也.
자 왈 불 환 무 위 환 소 이 립 불 환 막 기 지 구 위 가 지 야

공자께서 말씀하셨다.
　"벼슬자리가 없음을 걱정하지 말고 벼슬에 합당한 능력을 가질 것을 근
심하며, 자기를 알아주는 사람이 없음을 걱정하지 말고 남이 알아줄 만한
능력을 기르려고 힘써야 하느니라."

【글자 뜻】患:근심 환. 位:자리 위. 莫:없을 막.
【말의 뜻】所以立(소이립):지위에 합당한 능력. 求爲可知(구위가지):「求」
　　는 힘씀. 「爲可知」는 남이 알아줄 만한 일을 함. 남이 알아줄 만한 능
　　력을 기름.

【뜻 풀이】「不患莫己知 求爲可知」의 두 구는 모두 끝 자가 知로 되어 있다.

처음의 두 구도 「位」와 「立」은 같은 글자로 간주되고 있었던 것이리라. ≪춘추(春秋)≫의 한석경(漢石經)은 「즉위(卽位)」를 「즉립(卽立)」이라고 썼다. 또 ≪주례(周禮)≫ 소종백편(小宗伯篇)의 「신위(神位)」를 고서(古書)는 「신립(神立)」이라 썼고, 정사농(鄭司農)은 '옛날에는 立과 位는 같은 자였다.'라고 하였다.

「직위가 없음을 걱정하지 않는다.」, 「자기를 알아주는 사람이 없음을 걱정하지 않는다.」라고 하지만 사실 공자는 그것을 걱정하고 있는 것이다. 다만 그것을 남의 탓으로 돌려 원망하지 않고 좌절하지 않으며 스스로 힘쓰는 것을 태만히 하지 않았던 점이 위대하다. 그렇지만 그것은 그에게 있어서도 대단한 고투였을 것이다.

「남이 알아주지 않더라도 속상해 하지 않는다. 군자가 아닌가!」(第一 學而篇 1), 「남이 나를 알아주지 않음을 근심하지 말고, 내가 남을 모르는 것을 근심한다.」(第一 學而篇 16), 「나를 알아주지 않는 것을 걱정하지 말고, 내 재능 없음을 걱정하라.」(第十四 憲問篇 32), 「군자는 내 재능 없음을 염려하며, 남이 나를 알아주지 않음을 염려하지 않는다.」(第十五 衛靈公篇 19) 등, 이 여러 번의 되풀이는 공자께서 자신에게 타이르는 말이다.

「군자는 책임을 자신에게서 구하지만, 소인은 남에게서 구한다.」(第十五 衛靈公篇 21) 이 입장이 그를 간신히 지탱해 주고 있었다.

15

子曰 參乎 吾道一以貫之哉. 曾子曰 唯. 子出. 門人問曰 何
자왈 삼호 오도일이관지재 증자왈 유 자출 문인문왈 하
謂也. 曾子曰 夫子之道 忠恕而已矣.
위야 증자왈 부자지도 충서이이의

공자께서 말씀하셨다.

"삼(參)아, 내 길은 한 가지로 일관돼 있다."

증자가 말하였다.

"예."

공자께서 자리를 뜨시자 제자가 물었다.

"무슨 뜻이옵니까?"

증자가 말하였다.

"선생님의 도(道)는 충서(忠恕)의 성심 하나뿐이시다."

【글자 뜻】 參:석 삼. 貫:꿸 관. 曾:일찍 증. 唯:오직 유.

【말의 뜻】 參(삼):증자(曾子)의 이름. 자는 자여(子輿). 第一 學而篇 4에서 이미 보았다. 이름을 부르는 것은 스승의 깊은 애정에서 우러난 것이다. 吾道(오도):공자의 생활 방식. 안민(安民)을 지향하는 천하적 세계관. 그의 말로써 표현하면 선왕의 도(道)의 실천. 一以貫之(일이관지):같은 표현이 第十五 衛靈公篇 3에 보인다. 일관(一貫). 唯(유):'예.' 납득하고 승낙할 때의 대답 소리. 경의를 수반한다. 門人(문인):공자의 문인, 증자의 문인, 어느 쪽으로도 해석할 수 있다. 여기서는 이심전심, 사제 간의 친밀함. 증자의 이해가 깊음을 기리는 것이므로 증자의 문하생이 기술한 것이리라. 忠恕而已矣(충서이이의):「忠」은 진심을 다함. 「恕」는 남을 생각해 줌. 「忠恕」는 인(仁)을 바꿔 말한 것이다. 공자께서 이 말에서 의식하는 바는 오직 인(仁) 하나. 「而已矣」는 이것이 전부이고 이 밖에는 아무것도 없다는 뜻을 나타내는 조사(助詞). ~일 따름이다.

【뜻 풀이】 ≪예기(禮記)≫ 중용편(中庸篇)에 「충서(忠恕)는 도(道)에서 멀리 떨어지지 않으니 내게 행하여짐을 바라지 않는 것을 또한 남에게 행하지 말지니라.(忠恕違道不遠 施諸己而不願 亦勿施於人)」라고 하였고, 第

十五 衛靈公篇 24에「자공이 '한마디로 평생 행할 만한 것이 있을까요?' 하고 여쭈어 보았다. 그러자 공자께서 '그것은 〈서(恕)〉일 것이다. 내가 원치 않는 것은 남에게 행하지 말지니라.' 하고 말씀하셨다.」라고 하였다. 또 第十三 子路篇 19에 인(仁)을 설명하여「사람과의 교제는 성실히 할지니라.(與人忠)」라고 하였다.

16

> 子曰 君子喻於義 小人喻於利.
> 자 왈 군 자 유 어 의 소 인 유 어 리

공자께서 말씀하셨다.

"군자는 정의에 밝고 소인은 이익에 밝으니라."

【글자 뜻】喻:깨우칠 유.　義:옳을 의.

【말의 뜻】喻於義(유어의):정의에 밝음. 정의를 기준으로 하여 이해함.

【뜻 풀이】「義」와「利」가 운(韻)을 밟고 있다.

17

> 子曰 見賢思齊焉 見不賢而內自省也.
> 자 왈 견 현 사 제 언 견 불 현 이 내 자 성 야

공자께서 말씀하셨다.

"어진 사람을 보면 똑같아지려고 생각하고, 어질지 못한 사람을 보았을

때에는 마음속으로 자신을 반성한다."

【글자 뜻】賢:어질 현. 齊:같을 제. 焉:어찌 언.
【말의 뜻】賢(현):덕행이 높은 사람, 어진 사람. 思齊(사제):똑같아지기를
　　생각함. 內自省(내자성):속으로 자신을 살펴봄.

【뜻 풀이】「見賢思齊焉」— 이것은 고어(古語)로서, 그것을 다른 측면에서
　　보충하여 아래의 구를 이룬 것이라고 해석할 수도 있다.

18

子曰 事父母幾諫. 見志不從 又敬不違 勞而不怨.
자 왈 사 부 모 기 간　견 지 불 종　우 경 불 위　노 이 불 원

공자께서 말씀하셨다.
　"부모를 섬길 때에는 은미하게 간하라. 부모가 따르지 않을 뜻임을 보였
을 때에는 더욱 공경하며 섬기고 거스르지 말며, 수고롭더라도 원망하지
말아야 한다."

【글자 뜻】幾:기미 기. 諫:간할 간. 從:좇을 종. 勞:수고로울 로.
【말의 뜻】幾諫(기간):「幾」는 「미(微)」. 미간(微諫). 드러내지 않고 은미하게
　　간함. 현간(顯諫)의 반대. 「幾」는 평성으로 읽음. 見志不從(견지부종):
　　「志」는 부모의 뜻.

【뜻 풀이】≪예기(禮記)≫ 내칙편(內則篇)에 「부모에게 과실이 있으면 자
　　식은 애써 마음을 진정하고 안색을 부드럽게 하며, 언성을 낮추어 간한

다. 간하여도 듣지 않으시거든 더욱 정중하게 부모를 받들고, 부모의 기분이 좋아지시거든 다시 간한다. 부모가 좋아하시지 않으실지라도 죄를 범하여 향당(鄕黨)으로부터 비난을 받는 것보다는 되풀이해서 간하여 부모를 화나게 하는 편이 낫다. 부모가 노하여 매를 때려 피가 흘러도 참고 견디며, 미워하거나 원망하지 않고 더욱 공손히 받들지니라.」라고 하였다.

≪예기정의(禮記正義)≫는 「순숙은근(純熟慇懃)하게 간하기를 사물의 성숙함 같이 하라.」고 하였다. 또 방기편(坊記篇)에 「공자께서 말씀하셨다. '분부에 따라 분한 마음을 갖지 않고, 은미하게 간하여 태만히 하지 않으며, 수고로워도 원망치 않아야 효라 할 것이다.'」라고 하였다.

「勞而不怨」―「勞」는 내칙편(內則篇)에서 말하듯이 몇 번이고 되풀이하여 간하는 수고. 그것을 원망하지 않는다. 황간(皇侃)은 이 설을 택했다. 정현(鄭玄)이 방기편(坊記篇)의 이 구에 특별히 주를 달지 않은 것으로 보아 그도 이 수고의 설 쪽을 택한 듯하다. 일설에 「勞」를 「근심(憂)」이라 해석한다. 근심은 하지만 원망스럽게 여기지는 않는다.

19

子曰 父母在 不遠遊 遊必有方.
자 왈 부 모 재 불 원 유 유 필 유 방

공자께서 말씀하셨다.

"부모가 살아 계시는 동안은 먼 곳에는 가지 말며, 나갈 때에는 반드시 가는 곳을 정해 두어야 한다."

【글자 뜻】 遊:떠돌 유. 必:반드시 필.

【말의 뜻】 在(재):생존해 계심. 「在」는 현재 있음.   遊必有方(유필유방): 「遊」는 다님(行). 「方」은 정해진 곳.

【뜻 풀이】「父母在 不遠遊」 ― 이는 고어일 것이다. 이것을 받아 아래의 이 야기가 전개되고 있다.

　　≪예기(禮記)≫ 곡례(曲禮) 상편(上篇)에 「자식 된 자는 집을 나갈 때 에는 반드시 아뢰고, 돌아와서는 반드시 뵙는다. 노는 장소는 반드시 정 해진 곳이 있고, 배우는 것은 반드시 과업이 있다.(夫爲人子者 出必告 反必面. 所遊必有常 所習必有業)」라고 하였고, 또 옥조편(玉藻篇)에 「부 모가 연로하시거든 외출하여 목적지를 바꾸지 않고, 돌아오는 시간이 늦지 않도록 한다.(親老 出不易方 復不過時)」라고 하였다.

20

子曰 三年無改於父之道 可謂孝矣.
자 왈 삼 년 무 개 어 부 지 도 가 위 효 의

공자께서 말씀하셨다.
"3년 동안 선친(先親)의 방식을 바꾸지 않으면 가히 효(孝)라 할 수 있다."

【글자 뜻】 年:해 년. 改:고칠 개. 謂:이를 위.

【뜻 풀이】 똑같은 말이 第一 學而篇 11에 나왔다. 이것도 역시 공자께서 외 던 고어일 것이다. 되풀이하여 입에 올리고 있으며 제자들이 각각 기록 하고 있는 것이다. ≪춘추번로(春秋繁露)≫ 제의편(祭義篇)에 「공자께 서 말씀하셨다. '글이나 말이 중복된 것은 꼭 살펴야만 한다. 그 가운데

반드시 아름다운 것이 있다.'」라고 하였다.

21

子曰 父母之年 不可不知也. 一則以喜 一則以懼.
자 왈 부 모 지 년 불 가 부 지 야 일 즉 이 희 일 즉 이 구

공자께서 말씀하셨다.

"부모의 연세는 기억하고 있어야만 한다. 한편으로는 그 장수하심을 기뻐해야 하고 한편으로는 그 노쇠하심을 두려워해야 한다."

【글자 뜻】 則:곧 즉. 喜:기쁠 희. 懼:두려워할 구.

【말의 뜻】 不可不知(불가부지):알지 않으면 안 됨. 알아야만 함. 一則(일즉):하나는, 한편으로는.

【뜻 풀이】 효자는 세월을 아낀다. ≪법언(法言)≫ 효지편(孝至篇)에 「언제까지나 계속할 수 없는 것, 그것은 부모를 섬기는 일이다. 효자는 날을 아낀다.(孝子愛日)」라고 하였다.

22

子曰 古者言之不出 恥躬之不逮也.
자 왈 고 자 언 지 불 출 치 궁 지 불 체 야

공자께서 말씀하셨다.

"옛날 사람은 말수가 적었다. 그것은 실천이 그에 따르지 못함을 부끄러

워하였기 때문이다."

【글자 뜻】 恥:부끄러울 치. 躬:몸 궁. 逮:미칠 체.
【말의 뜻】 言之不出(언지불출):말을 입 밖에 내지 않음. 말을 삼감. 躬(궁):
　몸소 행함. 궁행(躬行). 不逮(불체):미치지 못함, 즉 행동이 말을 따르
　지 못함.

【뜻 풀이】 언행의 일치는 공문(孔門)의 가장 존중하는 바였다. 이미 第二
　爲政篇 13에 「자공이 군자에 대하여 여쭈어 보았다. 공자께서 말씀하
　셨다. '그 주장하는 것을 먼저 실행하고, 연후에 입 밖에 내는 사람이
　다.'라고 하였다.」 그 밖에 第十四 憲問篇 29에 「군자는 자신이 한 말
　이 실천을 웃도는 것을 부끄러워한다.」라고 하였다. ≪예기≫ 잡기(雜
　記) 하편(下篇)에도 「말한 것을 실행하지 못함을 군자는 부끄러워한
　다.」라고 하였다.

23

子曰 以約失之者 鮮矣.
자 왈 이 약 실 지 자 선 의

공자께서 말씀하셨다.
"말을 적게 하면서도 실수하는 자는 거의 없다."

【글자 뜻】 約:줄일 약. 失:그르칠 실. 鮮:드물 선.
【말의 뜻】 以約失(이약실):말을 줄여서 하면서도 실수함. 「約」은 해설 참
　조. 鮮矣(선의):「鮮」은 적음(少).

【뜻 풀이】「約」을 사치에 대한 검약의 뜻으로 해석하는 것이 보통이며, 여기서도 그것으로 통하는 것 같다. 그러나 ≪논어≫에서는 이「約」이「오랜 곤궁에 견디지 못한다.」(第四 里仁篇 2)의「곤궁」, 그리고「그 학식을 예로써 단속한다.」(第六 雍也篇 27)의「단속」의 뜻으로도 쓰이고 있다. 경제적 검약의 뜻으로 쓰인 곳은 여기밖에 없다. 그것은 여기의「約」을 검약이라 해석하는 데에 필연성이 없고, 오히려 불안스럽다. 더욱 중요한 것은 이 장의 앞뒤 모두 말을 신중히 하는 것을 표현하고 있다. 여기도 역시 같은 뜻의 것이 편집되어야만 했을 곳이다.

≪예기(禮記)≫ 방기편(坊記篇)의「군자는 말을 간략하게 하고 소인은 말을 앞세운다.(君子約言 小人先言)」가 비교되어 생각난다. 그 약언(約言)을 가지고 이「約」을 해석한다.

24

子曰 君子欲訥於言 而敏於行.
자 왈 군 자 욕 눌 어 언 이 민 어 행

공자께서 말씀하셨다.
"군자는 변설에는 굼뜨되 실행에는 민첩하고자 하느니라."

【글자 뜻】訥:말 더듬을 눌. 敏:재빠를 민.
【말의 뜻】訥於言(눌어언):말이 더딤. 입이 무거움.

【뜻 풀이】第一 學而篇 14에「군자는 일에는 부지런하고 말은 삼간다.」라고 하였다.

25

子曰 德不孤 必有鄰.
자 왈 덕 불 고 필 유 린

공자께서 말씀하셨다.

"덕 있는 자는 결코 외로운 일이 없다. 반드시 동지가 있다."

【글자 뜻】 孤:외로울 고. 鄰:이웃 린.

【뜻 풀이】「鄰」은 친(親). 덕이 있는 사람에게는 반드시 그 무리가 있어서
따른다. 마치 인심 후한 집에 이웃이 몰려드는 것과 같다.

26

子游曰 事君數 斯辱矣 朋友數 斯疏矣.
자 유 왈 사 군 삭 사 욕 의 붕 우 삭 사 소 의

자유(子游)가 말하였다.

"임금을 섬김에 끈덕지면 오히려 죄를 받고, 벗에게 끈덕지게 굴면 오히
려 멀어진다."

【글자 뜻】 數:자주 삭. 辱:욕될 욕. 疏:멀어질 소.

【말의 뜻】 子游(자유):第二 爲政篇 7「子游問孝」를 참조. 事君數(사군삭):
「數」은 혹은 아첨하고 혹은 충고하며 끈덕지게 달라붙음. 일설에「數」
을 책(責)으로 해석하여 면책 또는 현간(顯諫)의 뜻으로 해석한다. 아래

의 「朋友數」의 「數」도 같다. 음은 '삭'. 정현(鄭玄)은 '수'로 읽고 '자기의 공로를 헤아리는 것'이라고 해석한다.　斯辱矣(사욕의):「斯」는 차(此).「辱」은 죄를 받음.

【뜻 풀이】≪예기(禮記)≫ 표기편(表記篇)에「군자의 사귐은 물과 같고 소인의 사귐은 단술과 같다. 군자는 담담함으로써 교제를 이루고 소인은 단 것으로 교제를 깬다.」라고 하였고, ≪장자(莊子)≫ 산목편(山木篇)에도 역시「군자의 사귐은 담담하기가 물과 같고 소인의 사귐은 달기가 단술과 같다. 군자는 담담함으로써 친밀하고 소인은 감미로움으로써 절교한다.」고 하였다.

　第十一 先進篇 24에「훌륭한 신하라는 것은 도(道)로써 임금을 섬기고 받아들여지지 않을 때에는 물러납니다.」라고 하였고, 第十二 顔淵篇 23에「자공이 벗에 대하여 여쭈어 보자, 공자께서 말씀하셨다. '성심껏 충고하여 선으로 인도하라. 받아들여지지 않으면 거기서 그만두라. 자신을 욕되게 해서는 안 된다.'」고 하였다.

　里仁篇은 모두 이십육 장, 그중 이십오 장은 공자의 말씀이다. 그런데 마지막 한 장에 이르러 갑작스레 자유(子游)의 말을 기록하고 있다. 덧붙인 것이리라.

제5
공야장편
(公冶長篇)

공야장(公冶長)은 ≪논어≫에서 여기에 단 한 번 나올 뿐이다. 공자 문하에서도, 사회에서도 이름이 알려진 사람은 아니었다. 그러나 공자는 그 인물을 유망하다고 보고 있었다. 더욱이 당국자가 유죄라 하여 투옥하였는데도 공자는 그 영향을 받지 않고 독자적으로 무죄라고 판단하여 인물 평가를 조금도 바꾸지 않는다. 훌륭한 주체성이다.

1

> 子謂公冶長 可妻也. 雖在縲絏之中 非其罪也. 以其子妻
> 자 위 공 야 장 가 처 야   수 재 누 설 지 중   비 기 죄 야   이 기 자 처
> 之.
> 지

공자께서 공야장을 평하여,

"사위 삼을 만하다. 옥중에 구속당한 일은 있었지만 그의 죄가 아니었다."

라고 말씀하시고 당신의 따님을 그에게 출가시키셨다.

【글자 뜻】 雖:비록 수. 縲:포승 류(루). 妻:시집보낼 처.

【말의 뜻】 公冶長(공야장):공자의 제자. 公冶가 성, 長은 이름. 자는 자장(子長). ≪사기(史記)≫ 중니제자열전에는 제(齊)나라 사람이라 하고, ≪공자가어(孔子家語)≫ 제자해(弟子解)에는 노(魯)나라 사람이라 했다. 사람됨이 치욕을 잘 참는다고 하였다. 妻(처):결혼시킴. 동사. 縲絏(누설):「縲」는 죄인을 묶는 검은 줄.「絏」은 묶음. 죄인을 옥중에 구속함.

【뜻 풀이】「子謂」의 「謂」자가 '평가'의 뜻을 지녔다는 것은 이미 누차 언급해 왔다. 이 공야장편(公冶長篇)은 공야장(公冶長)을 비롯하여 공자의 인물 평론이 모아져 있다.

　공야장(公冶長)은 ≪논어≫에서 여기에 단 한 번 나올 뿐이다. 공자 문하에서도, 사회에서도 이름이 알려진 사람은 아니었다. 그러나 공자는 그 인물을 유망하다고 보고 있었다. 더욱이 당국자가 유죄라 하여 투옥하였는데도 공자는 그 영향을 받지 않고 독자적으로 무죄라고 판단하여 인물 평가를 조금도 바꾸지 않는다. 훌륭한 주체성이다.

2

子謂南容 邦有道不廢 邦無道免於刑戮. 以其兄之子妻之.
자 위 남 용 방 유 도 불 폐 방 무 도 면 어 형 륙   이 기 형 지 자 처 지

공자께서 남용(南容)을 평하여 말씀하시길,

"국가에 도가 행하여질 때에는 들어 쓰이고, 도가 행하여지지 않을 때에
는 형벌을 받지 않을 것이다."

하시고 형의 따님을 그에게 출가시키셨다.

【글자 뜻】廢:버릴 폐. 免:면할 면. 戮:죽일 륙.

【말의 뜻】南容(남용):≪사기(史記)≫ 중니제자열전에「남궁괄(南宮括), 자
는 자용(子容)」이라 하였고, ≪공자가어(孔子家語)≫ 제자해(弟子解)에
는「남궁도(南宮韜), 노(魯)나라 사람. 자는 자용(子容). 지혜로써 스스
로 행함. 세상이 맑으면 지위에서 몰아냄을 당하지 않고, 세상이 혼탁하
면 오염되지 않는다.」고 하였다.「괄(括)」과「도(韜)」두 이름을 가지고
있었다. 不廢(불폐):버려지지 않음. 쓰이다. 刑戮(형륙):「戮」은「殺」.

【뜻 풀이】이 남용(南容)의 장을 앞의 공야장의 장에 붙여서 한 장으로 하
는 텍스트가 있다.

   도(道)가 행해지는 시대에나 무도한 시대에나 다 같이 두루 쓰이는
자는 사실 유덕한 자가 아니다. 참으로 유덕한 자는 무도한 세상과는
양립하지 않는 것이 당연하다. 第八 泰伯篇 13에「천하에 도가 있으면
표면에 나서지만 도가 없을 때에는 숨는다. 국가에 도가 행하여지고
있는데 가난하고 또 낮은 지위에 있는 것은 수치요, 국가에 도가 행하
여지고 있지 않는데 부유하고 또 높은 지위에 있는 것도 수치다.」라고

하였고, 또 第十五 衛靈公篇 7에 「군자로다, 거백옥(蘧伯玉)은. 국가에 도가 행해지고 있을 때에는 벼슬하고, 국가에 도가 행해지지 않을 때에는 거두어 간직하고 있을 수 있으니.」라고 하였다. 남용도 역시 군자였다.

남용(南容)은 第十一 先進篇 6에서 「남용은 백규(白圭)의 시를 몇 번이고 되풀이하고 있었다. 공자께서는 형의 따님을 그에게 출가시켰다.」고 되어 있다. 거기서는 백규(白圭), 즉 ≪시경(詩經)≫ 대아(大雅) 억편(抑篇)에 나오는 장을 되풀이하여 애송하는 교양과 인품이 결혼 조건이었다. 이것을 요약하면 남용은 덕도 있고 교양도 있으며 진퇴를 그르치지 않는 사람이었다. 공자는 그것을 유망하다고 본 것이다.

공야장(公冶長)은 형법상 유죄이지만 도의적으로는 옳은 행위를 하고 있어서 공자는 그 도의성을 높이 평가하고 있는 것이며, 그는 오히려 의를 보고 그냥 지나칠 수 없는 용기 있는 사람이었던 것 같다.

그리고 자기 딸은 공야장에게, 조카딸은 남용에게 출가시키고 있는 데서 공자의 인정을 엿볼 수 있다. 형의 딸의 결혼을 공자가 주선했던 이유는 형이 이미 이 세상에 없었던 때문이다. 공자는 조카딸을 위하여 덕을 갖춰 평생 틀림이 없을 상대를 찾고 있었던 것이다. 자신의 딸에게는 다소의 모험도 구태여 피하지 않았지만.

자(字) 「중니(仲尼)」는 공자께서 장남이 아니었음을 보이고 있다. 그의 어머니 징재(徵在)에게는 공자가 외아들이었으므로 이 형은 배가 다른 형이다. ≪공자가어(孔子家語)≫ 본성해편(本姓解篇)은 공자의 아버지 숙량흘(叔梁紇)은 본처에게는 아들이 없고 첩에게 맹피(孟皮)가 있었다고 한다. 아버지가 공자의 어머니 안징재(安徵在)에게 구혼하기 이전의 일이다. 맹피(孟皮)의 '맹(孟)'은 그가 서자이긴 하지만 장남임을 나타내고 있다.

3

子謂子賤 君子哉若人. 魯無君子者 斯焉取斯.
자 위 자 천 군 자 재 약 인 노 무 군 자 자 사 언 취 사

공자께서 자천(子賤)을 평하여 말씀하셨다.

"참으로 군자로다, 이 사람은! 그렇지만 노(魯)에 군자 된 자가 없다면 그가 어찌 이런 덕을 몸에 지녔겠는가?"

【글자 뜻】 謂:이를 위. 賤:천할 천. 若:같을 약.

【말의 뜻】 子賤(자천):공자의 제자. 노(魯)나라 사람. 성은 복(宓), 이름은 부제(不齊), 자천은 자. ≪사기(史記)≫ 중니제자열전은 공자보다 삼십 세 연하라고 하였고, ≪공자가어(孔子家語)≫ 제자해(弟子解)는 사십 세 연하라고 하였다. 선보(單父), 즉 오늘날의 산동성(山東省) 선현(單縣) 지방의 지사(知事)로서 선정을 베푼 일화를 남기고 있다. 若人(약인):이 사람. 「若」은 차(此) 또는 여차(如此). 君子者(군자자):군자라는 이름에 타당한 사람. 군자다운 자. 斯焉取斯(사언취사):앞의 「斯」는 자천(子賤), 뒤의 「斯」는 자천이 지니고 있는 군자로서의 덕성. 「焉」은 의문사, 어찌. 다음의 해설에서 설명하듯이 ≪신서(新序)≫는 이 글을 실었는데 「焉」을 「安」으로 쓰고 있다.

【뜻 풀이】 자천(子賤)의 일화는 ≪여씨춘추(呂氏春秋)≫ 찰현편(察賢篇)에 「그는 선보(單父)에서 거문고를 뜯고 있어 당(堂)에서 내리는 일이 없었지만 선보는 잘 다스려졌다.」는 이야기를 실음과 동시에 ≪한시외전(漢詩外傳)≫에 2화(二話, 권2·권8), ≪설원(說苑)≫ 정리편(政理篇)에 5화, ≪신서(新序)≫ 잡사편(雜事篇)에 1화가 전해지고 있다.

그중 ≪설원≫은 자천이 벼슬에 나가고부터 학문·친척·붕우에 대하여 삼득(三得)이 있었다는 이야기를 「孔子謂子賤曰 君子哉若人 君子哉若人 魯無君子也 斯焉取斯」라는 글로 맺고 있다. 또 ≪신서(新序)≫는 자천이 용케 선보(單父)를 노(魯)나라 군주의 징발로부터 지킨 것을 말하고 그 끝에 「故孔子曰 君子哉子賤 魯無君子者 斯安取斯 美其德」이라고 하였다.

「魯無君子者」—「魯無君子」와 「者」 사이에 호흡을 넣어 「노(魯)에 군자가 없었다면」 하고 「者」를 조건을 제기하는 조사로 해석하는 설이 있다. 위 ≪설원(說苑)≫의 문장이 「者」를 「也」로 바꾸고 있는 것이 그 예이다. 그러나 「君子者」라는 말이 ≪논어≫에는 있다. 「得見君子者 斯可矣」(第七 述而篇 25), 「論篤是與 君子者乎 色莊者乎」(第十一 先進篇 21) 등. 또 「君子人與 君子人也」(第八 泰伯篇 6)라는 말도 있다. 이것은 군자의 개념을 강조하는 표현법이다.

나는 이 公冶長篇 3에서도 「君子者」를 연이어 읽고 그 용례(用例)를 하나 더 늘리고 싶다. ≪공자가어≫ 자로초견편(子路初見篇)에서는 「魯無君子者 則子賤焉取此」라고 바꾸어 쓰고 있다. 「斯焉取斯」— 위에서 인용한 ≪공자가어≫는 앞과 뒤 두 「斯」를 자천(子賤)과 차(此)로서 해석하고 있다. 그리고 「만일 노(魯)에 군자 된 자가 없다면 이 사람이 어디서 이것을 배울 수 있었겠는가? 노에 군자가 있음을 말하는 것이다.」라고 주(註)하였다.

그러나 사실 나의 마음속에서는 두 「斯」는 다 같은 것으로 군자의 덕을 가리키고 있으며, 斯焉取 또는 焉取斯라고 할 것을, 감동에 굳어진 공자의 입에서 이같이 불분명한 소리가 튀어나온 것은 아닐까 하는 의아심이 좀처럼 가시지 않는다.

4

> 子貢問曰 賜也何如. 子曰 女器也. 曰 何器也. 曰 瑚璉也.
> 자공문왈 사야하여 자왈 여기야 왈 하기야 왈 호 련 야

자공이 여쭈어 보았다.

"저는 어떻습니까?"

공자께서 말씀하셨다.

"너는 그릇이다."

"무슨 그릇입니까?"

"호련(瑚璉)이니라."

【글자 뜻】 賜:줄 사. 器:그릇 기. 瑚:산호 호. 璉:호련 련.

【말의 뜻】 賜(사):자공(子貢)의 이름. 女器也(여기야):「女」는 여(汝). 「器」
는 기물(器物). 瑚璉(호련):서직(黍稷:기장)을 담아 신에게 바치는 그
릇. 종묘(宗廟) 제기 중의 중요한 것. 하대(夏代)에는 「연(璉)」, 은대(殷
代)에는 「호(瑚)」, 주대(周代)에는 「궤(簋)」라고 하였다. 모두 노공(魯
公)이 제사에 쓰고 있었다. ≪예기(禮記)≫ 명당위편(明堂位篇)에 설명
되어 있다.

【뜻 풀이】 자공이 스스로 공자에게 비평을 구하고 있다. 자공의 성격과 더
불어 공문(孔門)에 있어서의 사제(師弟)의 모습도 엿볼 수 있다.

　「女器也」— 이 말을 하는 공자도, 이 말을 들은 자공도 第二 爲政篇
12의 "군자는 그릇이 아니다."의 '그릇'이 머리에 떠올랐을 것이 분명
하다. 그릇은 특정한 용도가 있다. 용도가 있기 때문에 유용하지만 그
용도가 한정되어 있기 때문에 조화의 원칙을 파악하여 그것을 정치의

각 방면으로 실천해 나가는 군자에 대하여는 바람직하지 못한 비유밖에 안 되는 것이다.

　남에게 비평을 구하는 것은 칭찬 받을 것을 기대하는 것이다. 공자의 대답에 자공은 불만을 감추지 못했을 것이다. "무슨 그릇입니까?" 언성이 토라져 있었을 것이다. 공자는 제일 중요한 의식, 게다가 제일 중요한 장소에서 쓰이는 제기(祭器)인 호련이라고 응답한다. 제자에 대한 공자의 애정과 유머이다.

　호련이라는 예스러운 그리고 아름다운 말을 사용하고 있는 것도 효과가 있다. 호련이 역사의 사실로서 하(夏)·은(殷)의 말인지 아닌지, 그것은 나는 모른다. 그러나 이 말에서 고대의 장중함을 느낀 주석자의 감각은 이해할 수 있다.

5

> 或曰 雍也 仁而不佞. 子曰 焉用佞. 禦人以口給 屢憎於人.
> 혹 왈 옹 야　인 이 불 영　　자 왈　언 용 영　어 인 이 구 급　누 증 어 인
> 不知其仁 焉用佞.
> 부 지 기 인　언 용 영

어떤 사람이 말하였다.

"옹(雍)은 어질지만 말 재주가 없나이다."

공자께서 말씀하셨다.

"말 재주가 무슨 소용이 있겠느냐? 달변으로 사람을 대하면 남에게 자주 미움을 산다. 그의 인(仁)은 모르겠으나 달변이 무슨 소용이 있겠느냐?"

【글자 뜻】雍:화할 옹. 佞 :말재주 영. 禦:막을 어. 屢:여러 누.

【말의 뜻】雍(옹):공자의 제자. 성은 염(冉), 옹(雍)이 그의 이름. 자는 중궁(仲弓). 안연(顔淵) 등과 함께 덕행으로써 기림을 받는다.(第十一 先進篇 3) 佞(영):말 재주가 좋은 것. 禦人(어인):「禦」는 금(禁), 또는 대(對). 사람이 말하는 것을 무리하게 제지함. 또는 대항함. 응대함. 口給(구급):「給」은 족(足). 능변하여 말이 끝이 없음. 또 일설에 「給」은 급(急), 말 재주가 기민함.

【뜻 풀이】공자 당시는 담론(談論)의 시대였다. 웅변은 강력한 무기였다. 「佞」자는 오늘날에는 악덕의 의미로만 쓰이고 있지만 그 당시에는 오히려 미덕이자 소중한 능력이었다.

　　그런데 공자는 말보다 행동을 중히 여겼다. 이것은 그의 가치관의 한 표현이다. 그리고 옹(雍)은 공자의 문하에서 안연(顔淵)·민자건(閔子騫)·염백우(冉伯牛)와 나란히 덕행으로써 기림을 받은 사람이다. (第十一 先進篇 3).

　　「不知其仁」— 옹의 인(仁)에 대하여는 논하지 않는다. 논할 생각이 없음을 말한다. 옹이 어질지 않다고 옹의 인(仁)을 부정하는 것은 아니다. 본편 8에도 「不知其仁」이라는 말이 되풀이되고 있다.

6

子使漆雕開仕. 對曰 吾斯之未能信. 子說.
자 사 칠 조 개 사　　대 왈 오 사 지 미 능 신　　자 열

공자께서 칠조개를 출사(出仕)시키려 하시자 그가 대답하였다.
"저는 아직 벼슬을 감당할 자신이 없습니다."
이 말을 들으시고 공자께서 기뻐하셨다.

【글자 뜻】漆:옻 칠. 雕:독수리 조. 開:열 개.

【말의 뜻】漆雕開(칠조개):≪사기(史記)≫ 중니제자열전에 「칠조개, 자는 자
개(子開)」라고 하였다. 「開」를 이름으로 보지만 ≪한서(漢書)≫ 예문지
(藝文志) 및 고금인표(古今人表)에는 이름을 「계(啓)」라고 하였다. ≪공
자가어(孔子家語)≫ 제자해(弟子解)에는 「채(蔡)나라 사람, 공자보다 십
일 세 연하, ≪상서(尙書)≫에 몰두하고 벼슬하지 않았다.」고 하였다. 칠
조개가 ≪논어≫에 등장하는 것은 여기뿐이지만 ≪사기≫ 중니제자열전
에 칠조차(漆雕哆) 및 칠조도(漆雕徒)라는 부친 이름이 보이고 ≪한비자
(韓非子)≫ 현학편(顯學篇)에 공자 사후에 갈라진 8개 학파의 하나에
「칠조씨(漆雕氏)의 유(儒)」를 들고, 「청렴으로써 존경받고 있었다.」고 기
술되어 있다. 仕(사):벼슬에 나아감. 출사 (出仕). 未能信(미능신):자신
이 없음. 할 수 있을는지 미덥지 않음.

【뜻 풀이】많은 제자들이 자신의 학업이나 실력도 모르고 등용 알선을 졸
라대어 공자를 곤혹케 하였으리라. 第八 泰伯篇 12에 「3년간 학문을 하
면 관록을 얻지 못하더라도 이미 얻은 것이나 진배없다.」고 하였다.

칠조개(漆雕開)와 칠조계(漆雕啓) ― 「啓」가 원 이름. 한(韓)의 경제(景
帝)의 이름을 기휘(忌諱)하여 「開」로 고쳤다고 왕응린(王應麟)의 ≪한서
예문지고증(漢書藝文志考證)≫ 등에서 말하고 있다. 대체로 석연치 않은
점이 있어 이 문제에는 아예 깊이 들어갈 생각은 없지만 그저 아래의 구
「吾斯之未能信」의 「吾」에 관계되는 바가 있어서 한마디 덧붙인다.

일설에 스승에게 대답할 때 「吾」라고 칭한 것을 이례(異例)라 하여
「吾」는 계(戺), 즉 계(啓)의 와전이라 보고 스스로 자신의 이름을 말하고
있다고 한다. ≪논어≫에 있어서 대명사 용법에 관한 과제이다.

7

子曰 道不行 乘桴浮于海 從我者其由也與. 子路聞之喜. 子
자왈 도불행 승부부우해 종아자기유야여 자로문지희 자
曰 由也 好勇過我 無所取材.
왈 유야 호용과아 무소취재

공자께서 말씀하셨다.

"천하에 도가 행하여지지 않는지라 뗏목을 타고 동해에 떠다닐까 하는데 나를 따를 사람은 저 유(由)일 것이다."

자로(子路)가 이 말을 듣고 기뻐하자 공자께서 말씀하셨다.

"유야, 용기를 좋아함은 나보다 더하지만 사리(事理)를 분별할 줄 모르는구나."

【글자 뜻】乘:탈 승. 桴:뗏목 부. 浮:떠다닐 부.
【말의 뜻】유(由):자로(子路)의 이름. 取材(취재):사리를 분별함.

【뜻 풀이】불우한 공자는 이따금 나약한 말을 한다. 더구나 애제자 앞에서는 체면을 가리지 않는다. 그런데 자로는 세상에 도가 행하여지지 않음을 한탄하는 스승의 심중은 헤아리지 않고 그저 스승을 모시고 바다로 나가는 것만을 기뻐할 만큼 분별이 없는 것이다. 여기에도 사제의 애정과 유머가 넘친다.

「海」─ 중국의 바다는 아침 해가 뜨는 쪽에 펼쳐진다. 공자 당시에 이미 해상 저쪽에 별천지가 보이고 있었다. 第九 子罕篇 14에 "공자께서 구이(九夷)의 땅으로 이주할 것을 생각하셨다."라고 하였다.

孟武伯問 子路仁乎. 子曰 不知也. 又問. 子曰 由也 千乘
맹무백문 자로인호 자왈 부지야 우문 자왈 유야 천승
之國 可使治其賦也 不知其仁也. 求也何如. 子曰 求也 千
지국 가사치기부야 불지기인야 구야하여 자왈 구야 천
室之邑 百乘之家 可使爲之宰也 不知其仁也. 赤也何如.
실지읍 백승지가 가사위지재야 부지기인야 적야하여
子曰 赤也 束帶立於朝 可使與賓客言也 不知其仁也.
자왈 적야 속대립어조 가사여빈객언야 부지기인야

맹무백이 공자께 여쭈어 보았다.

"자로(子路)는 어집니까?"

공자께서 말씀하셨다.

"뭐라고 말할 수 없다."

맹무백이 재차 여쭈어 보자 공자께서 말씀하셨다.

"유(由)는 천 승의 나라에서 그 부역을 관리시킬 수는 있으나 그가 어진지에 대하여는 뭐라고 말할 수 없다."

"그러면 구(求)는 어떻습니까?"

"구는 천 호의 읍이나 백 승의 경대부 집을 관리시킬 수는 있으나 그가 어진지에 대하여는 뭐라고 말할 수가 없다."

"그러면 적(赤)은 어떻습니까?"

"적(赤)은 예복을 착용하고 조정에 나가 빈객을 응대시킬 수는 있으나 그가 어진지에 대하여는 뭐라고 말할 수 없다."

【글자 뜻】 武:호반 무. 治:다스릴 치. 帶:띠 대. 賓:손 빈.

【말의 뜻】 孟武伯(맹무백):노(魯)의 젊은 대부(大夫). 第二 爲政篇 6「孟武

伯問孝」참조.　由(유):자로의 이름.　千乘之國(천승지국):천 대의 병거 (兵車)를 가진 나라.　第一 學而篇 5「道千乘之國」참조.　賦(부):백성이 부담하는 병역과 군수(軍需)의 할당.　求(구):염구(冉求). 자는 자유(子 有).　第三 八佾篇 6「子謂冉有曰」참조.　千室之邑(천실지읍):「千室」은 천 가족. 천 실의 읍은 큰 경대부(卿大夫)의 봉지(封地).　百乘之家(백승 지가):「百乘」은 제후의 「千乘」에 대비하여,「家」는 제후의 「國」에 대비 하여 말한다. 이것 역시 큰 경대부의 봉지를 말한다.　宰(재):대부(大夫) 의 가신(家臣). 읍장(邑長) 또는 집사(執事) 등.　赤(적):공자의 제자. 성 은 공서(公西), 赤은 그의 이름. 자는 자화(子華). 공자보다 사십이 세 연 하. 노(魯)나라 사람.　束帶(속대):조정에 나갈 때 예복을 가슴 높이에 매는 띠. 조복(朝服)을 착용하는 것.

【뜻 풀이】맹무백이 공자에게서 듣고 싶은 것은 제자 세 사람의 기량이다. 위정자는 인재를 찾는다. 맹무백은 '어진가?' 하고 묻는다. 인(仁)이 공 문(孔門)에 있어 최고의 덕목임을 알고 있는 자의 말투이다. 공문 사람 에게 인자(仁者)의 위치를 부여해 보는 것은 그 사람에게 최대의 경의를 나타내는 것이다. 공자에 대한 맹무백의 예(禮)이다.

　이 질문에 공자는 우선 '뭐라고 말할 수 없다.' 라고 대답을 사양한다. 이것도 예이다. 맹무백의 질문에 마음을 움츠리며 응하지 않는다. 자기 제자를 감히 인(仁)의 위치에 놓고 볼 수는 없다.

　맹무백이 거듭 질문을 되풀이한다. 정중한 예이다. 이에 비로소 공자 는 대답한다. 이것도 예이다. 질문 받은 제자 세 사람의 능력을 각각 평 가한다. 그것이 맹무백이 요구하는 점이다. 대답은 정중하고 설득력이 있다. 그런데도 역시 한 사람 한 사람의 평가 끝에 '그러나 어진지에 대 하여는 뭐라고 말할 수 없다.' 라고 되풀이한다. 첫 번째 대답인 '뭐라고 말할 수 없다.' 를 받아 말을 조정한 것이다. 이 한 구는 질문에 대하여

감사・황송・불감당(不敢當)의 감정을 담으면서도 초점을 세 사람의 행정 능력에 두고 그 능력을 강조하는 작용을 하고 있다. 제자를 위하여 등용을 요청하는 노(老) 스승의 강한 배려이다.

第六 雍也篇 8에서는 계강자(季康子)가 공자에게 역시 세 사람의 제자인 자로(子路)와 자공(子貢)과 자유(子有)의 능력을 묻고 있다. 그러나 문답 내용은 크게 다르다. 계강자는 '정치를 맡길 수가 있겠습니까?' 하고 솔직하게 묻는다. 공자는 그 말투에 응하여 '정치를 맡는 것쯤은 아무것도 아닙니다.' 하고 또한 솔직하게 대답한다.

세 사람의 능력을 말하는 것도 과단(果斷)・달관(達觀)・다재다능하다고 한 사람에 대해 한마디씩만 내릴 뿐이다. 맹무백과 계강자, 인품이 다르고 공자에 대한 태도가 다르며 그에 따라 공자의 대답도 역시 다르다. 第六 雍也篇 8을 참조.

第十一 先進篇 26에 공자가 곁에 앉아 있는 자로(子路)・증석(曾晳)・염유(冉有)・공서화(公西華)로 하여금 각각 자기 자신을 말하게 했을 때의 일이 기록되어 있다. 그때 자로・염유・공서화, 즉 유(由)와 구(求)와 적(赤)이 말하는 자화상은 공자께서 맹무백에게 말한 세 사람의 인물평과 완전히 합치하고 있다. 스승은 제자를 잘 알고 추천한 것이다.

9

子謂子貢曰 女與回也孰愈. 對曰 賜也何敢望回. 回也聞一
자위자공왈 여여회야숙유 대왈 사야하감망회 회야문일
以知十 賜也聞一以知二. 子曰 弗如也. 吾與女弗如也.
이지십 사야문일이지이 자왈 불여야 오여여불여야

공자께서 자공에게 말씀하셨다.

"너와 안회는 누가 나으냐?"

자공이 대답하였다.

"제가 어떻게 안회와 비교되겠습니까. 안회는 하나를 들으면 열을 깨칩니다만 저는 하나를 듣고 둘을 깨칠 뿐입니다."

공자께서 말씀하셨다.

"어림없느니라. 너만이 아니라 나도 도저히 못 미치느니라."

【글자 뜻】 孰:누구 숙. 愈:나을 유. 敢:감히 감.

【말의 뜻】 子貢(자공):성은 단목(端木), 이름은 사(賜), 자공은 그의 자. 第一 學而篇 10의 「子禽問於子貢曰」 참조. 回(회):안회(顔回). 공자 문하의 최고 제자. 第二 爲政篇 9 「吾與回言終日」 참조. 女與回也孰愈(여여회야숙유):「女」는 너(汝). 「孰」은 누구(誰). 「愈」는 나음(勝). 第十一 先進篇 16에 「師與高也孰賢」이라고 같은 용법이 보인다. 賜也何敢望回(사야하감망회):「賜」는 子貢의 자칭. 「望」은 방(方), 비(比). 비교함. ≪예기(禮記)≫ 표기편(表記篇)에 「다른 사람을 가지고 사람을 비교함(以人望人)」이라고 하였으며, 정현(鄭玄)의 주(註)에는 「당시 사람을 가지고 서로 비교해야 한다.」고 하였다. 弗如也(불여야):「弗」은 강한 부정사. 「如」는 미침(及).

【뜻 풀이】 자공은 공자보다 삼십일 세나 연소하다. 안회는 자공보다 한 살 아래이다. 연령상으로 두 사람은 엇비슷하다. 자공과 안회는 다 같이 이른바 공문십철(孔門十哲) 속에 이름이 들어 있다. 자공은 언어에 있어서, 안회는 덕행에 있어서 공자의 문하를 대표하고 있었다.(第十一 先進篇 3)

자공도 총명한 사람이었다. 공자께서 '사야, 이제 너와 시(詩)를 논할 수 있겠구나. 지난 일을 들려주었더니 다가올 일까지 알아채니 말이다.'하고 칭찬한 일이 第一 學而篇 15에 보이고, 자공이 공자의 의향을 백이(伯夷)·숙제(叔齊)의 고사로써 탐지해 낸 일이 第七 述而篇 14에 보인다. 또 자공이 공자보다 훌륭하다고 평하는 사람도 노나라 조정에 있었다는 사실이 第十九 子張篇 23에 보인다. 안회와 자공은 서로 맞서고 있었던 것이었다.

공자의 질문은 당연히 나와야 했기에 나왔던 것이다. 질문을 받은 자공은 자기를 아주 낮춘다. 공자는 그 겸손을 칭찬하고 또 위로한다. 그 위로하는 말은 '너만이 아니라 나도 도저히 못 미친다'이다. 나은 자를 인정하는 아량과 못한 자를 달래는 인자함이 제자를 따뜻이 감싸 준다. 이 아량과 인자한 정은 공자 문하의 제자 전부에게 골고루 미치는 것이었다.

사람을 비교하여 논평하는 일은 당시에 행하여지고 있었던 것 같다. 第十一 先進篇 16에 「자공이 여쭈어 보았다. '사(師:子張)와 상(商:子夏)은 누가 더 훌륭합니까?' 공자께서 말씀하셨다. '사는 지나치고, 상은 미치지 못한다.' '그러면 사가 더 나은 것입니까?' '지나침은 미치지 못함과 같은 것이다.'라고 하였다.」

10

宰予晝寢. 子曰 朽木不可雕也 糞土之牆不可杇也 於予與
재여주침　자왈　후목불가조야　분토지장불가오야　어여여

何誅. 子曰 始吾於人也 聽其言而信其行 今吾於人也 聽其
하주　자왈　시오어인야　청기언이신기행　금오어인야　청기

言而觀其行. 於予與改是.
언이관기행　어여여개시

재여가 대낮에 낮잠을 잤다. 공자께서 말씀하셨다.

"썩은 나무에는 조각할 수 없고, 흐슬부슬한 흙담에는 흙손질을 할 수가 없으니, 재여를 꾸짖은들 무엇하랴!"

공자께서 또 말씀하셨다.

"전에 나는 사람을 대함에 그의 말을 듣고 행실을 믿었는데, 이제는 사람을 대함에 그의 말을 듣고 또 그의 행실까지 지켜본다. 재여로 인하여 이렇게 고친 것이다."

【글자 뜻】 子:나 여. 寢:잠잘 침. 朽:썩을 후. 雕:새길 조. 糞:똥 분. 牆: 담 장. 杇:흙손 오.

【말의 뜻】 宰子(재여):여(予)가 이름. 공자의 제자. 第三 八佾篇 21 「哀公問社於宰我」 참조. 朽木不可雕(후목불가조):「朽木」은 썩은 나무. 「雕」는 조각(彫刻)함. 糞土之牆不可杇(분토지장불가오):「糞土」라는 말은 귀에 설다. 세월이 흘러 흙이 흐슬부슬해진 담장이라고 해석해 둔다. 「牆」은 담(垣), 「杇」는 흙손. 흙을 흙손으로 마무리질함. 何誅(하주):「誅」는 꾸짖음(責). 「何誅」는 꾸짖을 바가 없음, 꾸짖은들 소용없음. 심각한 질책이다. 改是(개시):「是」는 위의 「聽其言而信其行」을 가리킨다.

【뜻 풀이】「晝寢」 — 아무리 공자께서 엄격하더라도 제자가 낮잠 잔 일을 이토록 질책하고 인간을 불신하기에 이를 리는 없다는 생각에서 「晝寢」의 두 자에 대하여는 진상을 정확하게 지적하는 해석이 이루어지고 있다. 대낮부터 여자와 자고 있었다든가, 「晝」는 「畫」의 잘못으로써 침실을 장식했다든가 하는 것이다. 그러나 어느 것도 따르기가 어렵다. 순수하게 대낮의 낮잠이라고 해석해 둔다. 재아는 언변으로 사람들의 이목을 끌었지만 실은 게으름을 피우는 일이 많았던 것이다.

재아는 자공(子貢)과 함께 공자 문하의 실력자였지만 공자와 기질이 잘 맞는 것만은 아니었다. "인자(仁者)는 어진 이가 우물에 빠졌다고 들었을 경우에도 우물에 들어가야 합니까?"(第六 雍也篇 26)라든지, "3년 상은 너무 깁니다. …… 1년으로 좋을 것입니다."(第十七 陽貨篇 21) 하는 식으로 공자의 비위를 거스를 만한 질문을 던지고 있다.

「朽木」과「糞土」의 두 구는 당시에 유행하고 있던 속담일 것이다.

「子曰」이 되풀이되고 있다. 앞의 일과 관련하여 한 말이지만 한숨 돌린 뒤에 혹은 때와 장소를 달리하여 한 말일 것이다. ≪한비자(韓非子)≫ 현학편(顯學篇)에「담태자우(澹台子羽)는 군자의 용모이다. 중니(仲尼)가 보고 이를 취하였다. 오랫동안 함께 있어 보니 행동이 그 용모와 같지 않았다. 재여(宰予)의 글은 우아하고 아름답다. 중니(仲尼)가 보고 이를 취하였다. 오랫동안 함께 있어 보니 지혜가 그 변설에 미치지 못하였다. 그래서 '용모로써 사람을 취함은 이를 자우(子羽)에게서 그르쳤고, 언변으로써 사람을 취함은 이를 재여에게서 그르쳤다.'고 했다.」라고 하였다.

이 이야기는 ≪사기(史記)≫ 중니제자열전, ≪대대예기(大戴禮記)≫ 오제덕편(五帝德篇), ≪공자가어(孔子家語)≫ 자로초견(子路初見) 및 오제덕(五帝德)의 두 편에도 실려 있다. 큰 관심을 불러일으키고 있는 이야기이다. 두 오제덕편(五帝德篇)에서는 양쪽 다「재아(宰我)는 이 말을 듣고 두려워서 감히 대면하지 못하였다.」라고 맺고 있다.

이미 第二 爲政篇 10에「그 하는 짓을 보고, 그 동기를 관찰하고, 그 귀착하는 바를 자세히 살핀다면 그 인간됨을 아무리 숨기려 해도 숨길 수가 없는 것이다.」라고 하였다.

11

子曰 吾未見剛者. 惑對曰 申棖. 子曰 棖也慾 焉得剛.
자왈 오미견강자 혹대왈 신정 자왈 정야욕 언득강

"나는 아직 굳센 사람을 본 적이 없다."

어떤 사람이 대답해 말하였다.

"신정(申棖)이 있습니다."

공자께서 말씀하셨다.

"신정에게는 욕심이 있는데 어찌 굳셀 수 있겠느냐!"

【글자 뜻】剛:굳셀 강. 惑:미혹할 혹. 棖:문설주 정. 慾:욕심 욕.

【말의 뜻】剛(강):공자는 뜻(志)에 대하여 말하고, 어떤 사람은 힘(力)에 대하여 말한다. 욕심이 없어야만 비로소 성립하는 굳셈(剛), 그것은 부귀도 그의 정신을 어지럽힐 수 없고 빈천도 그의 정신을 움직일 수 없으며 위무(威武)도 그의 정신을 꺾을 수 없을 만큼의 굳센 의지를 말한다. 申棖(신정):공자의 제자, 노(魯)나라 사람. ≪사기(史記)≫ 중니제자열전에 「신당(申黨), 자는 주(周)」라고 하였다. 慾(욕):사람의 욕심. 물욕·명예욕 따위. 焉得(언득):어찌 ~할 수 있으랴.

12

子貢曰 我不欲人之加諸我也 吾亦欲無加諸人. 子曰 賜也
자공왈 아불욕인지가제아야 오역욕무가제인 자왈 사야
非爾所及也.
비이소급야

자공이 여쭈었다.

"저는 남에게서 제가 당하고 싶지 않은 일은 저도 남에게 하지 않으려고 합니다."

공자께서 말씀하셨다.

"사야, 네가 할 수 있는 일이 아니다."

【글자 뜻】 爾:너 이.   及:미칠 급.

【말의 뜻】 加諸我(가저아):「諸」는 지어(之於)의 준말. ~에게.

【뜻 풀이】 第十二 顔淵篇 2에 「중궁(仲弓)이 인(仁)에 대하여 여쭈어 보았다. 공자께서 말씀하셨다. '……자기가 바라지 않는 것은 남에게 하지 않는다.'고 하였다. 또 第十五 衛靈公篇 24에 「자공이 여쭈어 보았다. '평생을 두고서 행할 만한 한마디가 있습니까?' 공자께서 말씀하셨다. '그것은 용서일 것이다. 자기가 당하고 싶지 않은 일은 남에게 하지 말아라.'」라고 하였다. 이 두 장(章)은 지금 당면의 대상으로 삼고 있는 자공의 말, 「我不欲人之加諸我也 吾亦欲無加諸人」과 내용이 관련되어 있다. 따라서 여기의 「加」를 그 두 장의 「施」의 뜻으로 해석하는 것은 자연스러운 일이다. 결코 무리가 아니다.

　자공의 이 두 구와 공자의 위 두 장에 있어서의 「己所不欲 勿施於人」의 두 구를 비교해 보면 확실히 공자의 말이 4자 2구로 무르익어 있다. 공자와 자공의 언어 선택 감각의 차이일 것이다. 그리고 그 원숙함이 공자의 말을 하나의 요항(要項)으로서 공문(孔門) 중에서 전승시켜 나갔던 것이리라.

　자공의 말의 소박함은 처음에 그가 말한 두 구의 주어가 「我」와 「吾」의 두 가지로 다른 점에도 나타나 있는 게 아닐까? 말의 헷갈림이 그대로 기록되어 있는 것 같다. 아홉 자와 일곱 자의 구를 이룬 것도 소박하다.

이 견해에서 보면 자공의 말 「加」는 공자의 말 「施」와 의미가 반드시 일치하지는 않는다고 생각할 수도 있다. 「加」에는 모함(誣)·능멸(陵)의 뜻도 있다. 이 뜻으로 해석하면 「施」로 해석한 경우보다도 자공의 말의 내용은 한정되고 그만큼 주체성이 더하다. 다시 말하면 「施」라는 말을 사용한 공자는, 그리고 공자의 문하 사람들은 자공이 말하는 내용을 일반화하여 총괄하고 있는 것이다. 이렇게 생각을 돌리고 보면 자공의 말 「加」는 모함 또는 능멸 쪽으로 해석하는 것이 타당할 듯싶다.

≪구당서(舊唐書)≫ 권 121 「복고회은전(僕固懷恩傳)」에 실린 상서(上書)에 「가서 산북(山北)에 이르다. 봉선(奉先)·운경(雲京)이 다 같이 이견(異見)이 생겨 망녕되게 가저(加諸)함을 입었다. 성문을 닫고, 나가서 삼가 맞아들이지 않으며 그대로 몰래 도둑질을 하게 하였다.(行至山北 被奉先雲京 共生異見 妄作加諸 閉城不出 祗迎 仍令潛行竊盜)」라고 하였다. 「加諸」는 성어(成語)로 되어 있고 그 뜻은 '능멸'이다.

「非爾所及也」 — '너에게는 불가능한 일'이라고 내친 것이 아니라 어렵다고 경고하여 분발을 촉구하고 있는 것이다. 공자의 심정은 衛靈公篇에서 자공에게 용서를 가르치는 것과 다를 바 없다. 「非爾所及也」를 의역하면 '당치도 않은 말을 하는 놈이로군!' 공자는 제자에 대하여 항상 유머를 잃지 않는다.

13

子貢曰 夫子之文章 可得而聞也. 夫子之言性與天道 不可得
자공왈 부자지문장 가득이문야　부자지언성여천도 불가득
而聞也.
이문야

자공이 말하였다.

"선생님의 시서(詩書) 학문은 얻어 들을 수 있지만, 성(性)과 천도(天道)에 대하여는 얻어 들을 수가 없구나."

【글자 뜻】 章:글 장.　聞:들을 문.

【말의 뜻】 文章(문장):≪시(詩)≫, ≪서(書)≫ 등, 공자께서 의거하는 고전의 교양을 말함.　性(성):인간의 본질.　天道(천도):하늘이라는 이름의 이념.

【뜻 풀이】 第六 雍也篇 27과 第十二 顔淵篇 15에 거듭「군자는 널리 고전을 배우고 그 학식을 예로써 단속한다.(君子博學於文 約之以禮)」라고 하였고, 第九 子罕篇 11에 「안연(顔淵)이 탄식하며 말하였다. '……선생님께서는 차근차근히 사람을 잘 인도하신다. 고전으로 나의 학식을 넓히시고 예로써 나의 행동을 단속해 주신다.'」고 하였다.

　문(文)은 예(禮)에 대응하여 논의되고 있다. 공자와 제자 사이에서는 ≪상서(尙書)≫, ≪시(詩)≫ 등의 고전이 문(文)으로서 통하고 있었던 것이다. 여기서 자공이 말하는 공부자(孔夫子)의 문장도 고전에 관한 것을 말한다.

　천하적 세계관은 사람과 하늘을 기본 개념으로 성립되어 있다. 그러나 공자의 사색은 먼저 그 개념을 세우고 나서 논리적으로 이론을 전개해 나아가는 관념 철학의 방법을 취하지 않는다. 그는 ≪상서≫가 기술한 역사의 구체적 사실에 입각하여, 혹은 낱낱의 시편이 가송(歌誦)하는 바에 입각하여, 그리고 시어(詩語)의 아름다움에 입각하여 거기서부터 발족한다.

　자공은 그 강의를 들을 수 있었다. 그런데 하늘과 사람에 대해서는 자공도 말 자체는 듣고 있었을 테지만 그 이상으로 강설(講說)을 들을 수가 없었던 것이다. 「不可得而聞也」— 이 구의 끝에 「已矣」두 자가 덧붙어 있는 텍스트가 예로부터 있다. 자공의 감탄을 강하게 표현한다. 第

二. 爲政篇 16을 참조.

14

> 子路有聞 未之能行 唯恐有聞.
> 자 로 유 문 미 지 능 행 유 공 유 문

　자로는 선생님의 가르침을 듣고 그것을 아직 실행하지 못하는 동안은 다른 가르침을 듣는 것을 몹시 두려워하였다.

【글자 뜻】 唯:오직 유.　恐:두려울 공.
【말의 뜻】 有聞(유문):가르침을 받은 것이 있음.　未之能行(미지능행):이를 아직 실행하지 못함.　唯恐(유공):오직 두려워함. 몹시 두려워함.

【뜻 풀이】≪논어≫의 편집은 공자와 그 제자들의 말을 싣는 것을 원칙으로 하고 있다. 이 장(章)의 자로의 평도 공자 문하 누군가의 말일 테지만 아무개 말이라고 기술되어 있지 않다. 「有聞」― 앞 장의 「夫子之文章 可得而聞也」의 「聞」과 같다. 이것을 성문(聲聞), 즉 명성(名聲)이라 해석하여 평가가 떨어지는 것을 두려워했다는 설도 있는데 그렇지는 않을 것이다.

　第十二 顔淵篇 12에 공자께서 자로를 '미리 승낙하는 일이 없다'고 말하고 있다. 승낙한 일은 그날을 넘기지 않는 실행력을 평가하고 있는 것이다.

　≪예기(禮記)≫ 잡기(雜記) 하편(下篇)에 「군자에게 세 가지 근심이 있다. 아직 아무것도 얻어 듣지 못했을 때에는 얻어 듣지 못할까 봐 근심한다. 이미 들었을 때에는 배움을 얻지 못할까 봐 근심한다. 이미 배웠

을 때에는 실행하지 못할까 봐 근심한다.」라고 하였다.

15

子貢問曰 孔文子何以謂之文也. 子曰 敏而好學 不恥下問.
자 공 문 왈 공 문 자 하 이 위 지 문 야　　자 왈　 민 이 호 학　 불 치 하 문
是以謂之文也.
시 이 위 지 문 야

자공이 여쭈어 보았다.

"공문자는 어찌하여 문(文)이라는 시호가 주어졌을까요?"

공자께서 말씀하셨다.

"총명한데다가 배우기를 좋아하고 아랫사람에게 묻는 것을 부끄러워하지 않았다. 이런 까닭에 문(文)이라고 한 것이다."

【글자 뜻】 敏:총명할 민. 恥:부끄러울 치.

【말의 뜻】 孔文子(공문자):위(衛)의 대부(大夫). 성은 공(孔), 이름은 어(圉). 문(文)은 시호(諡號). 敏而好學(민이호학):총민(聰敏)은 천성, 호학(好學)은 후천성. 下問(하문):자기보다 손아랫사람에게 가르침을 구함. 연령·지위·학력에 구애받지 않는다. 文(문):≪일주서(逸周書)≫ 시법해(諡法解)는 「文」이라는 시호를 받을 만한 사람으로 천지를 경위(經緯)하는 사람, 도덕박후(道德博厚)한 사람, 학문에 힘쓰고 질문하기를 좋아하는 사람, 자혜(慈惠)롭고 백성을 사랑하는 사람, 백성에게 작위(爵位)를 내린 사람 등의 다섯을 들고 있다. 여기서는 제3항이 해당된다.

【뜻 풀이】 자공의 질문 배경에는 다음과 같은 사정이 있었다.

위(衛) 대숙질(大叔疾)은 송(宋) 자조(子朝)의 딸과 결혼했는데 따라온 처제 쪽을 총애하였다. 공문자(孔文子)는 대숙질에게 자조의 딸과 이혼하고 자기 딸 길(姞)을 아내로 삼게 하였다. 대숙질은 처제에 대한 총애를 끊지 못하고 저택을 짓고 살게 했으므로 아내가 두 사람 있는 꼴이 되었다. 공문자는 노하여 대숙질을 공격하려고 하였다. 그러나 공자께서 들어주지 않았으므로 그만두고 딸 길(姞)을 다시 데려왔다. 대숙질은 다른 데서도 방탕한 짓을 했으므로 송(宋)나라로 달아나 버렸다.

위(衛)나라 사람들은 질(疾)의 아우인 유(遺)를 세우고 공문자의 딸 길(姞)과 결혼시켰다. 노(魯)의 애공(哀公) 11년(기원전 484년) 겨울의 일이다. 애공 15년에는 공문자가 이미 세상을 뜨고 없었다. 이 해에 공문자의 처 백희(伯姬)가 전부터 친밀히 지내던 시동(侍童) 혼양부(渾良夫)의 꾐에 넘어가서 위(衛)나라의 상속 싸움을 불러일으켰다. 그 싸움 때문에 자로(子路)가 전사하였다. 이 사건은 공문자가 죽은 뒤의 일이므로 그에게 직접적 책임은 없었지만 칭찬받을 일은 아니다. 하물며 자로의 죽음은 공자의 제자들에게는 가슴 아픈 일이었다.

공문자가 죽은 것은 애공(哀公) 11년의 겨울부터 15년 겨울 사이의 일이다. 공자의 죽음은 애공 16년 여름이니 자공과의 이 문답은 당연히 그 전의 일이다. 대숙질과의 문제가 아직도 세인의 뇌리에서 지워지지 않은 데다가 백희(伯姬)의 사건이 일어난 후에는 더욱 더 '文'이라는 시호가 공문자에게 가당치 않음을 느낀다. 자공의 의문은 당연한 것이다. 혹은 공자께서 공문자를 평가하는 것에 대한 불만이 함축되어 있는지도 모른다.

이에 대하여 공자는 공문자의 「好學」과 「下問」을 기린다. 대숙질에 대한 조치에 대해서도 공문자는 공자에게 상의하고 그 의견에 따르고 있다. 공문자는 겸허하게 상대의 의견을 경청하는 사람이며 공자의 의견도 자주 존중되고 있었던 것이리라. 공자는 공문자를 '배우기를 좋아하고 묻기를 좋아하는 사람'이라 하여 그 점을 높이 사서 이 사람에게 「文」이라는 시호가 주어진 것을 긍정한다.

비록 세인으로부터 지탄받는 결점이 있을지라도 하나라도 훌륭한 점이 있으면 그것을 높이 사는 것이 타인에 대한 공자의 태도이다. 「군자는 남의 훌륭한 점은 도와 이루게 하고 나쁜 점은 막아 이루지 못하게 한다. 소인은 그 반대이다.」(第十二 顔淵篇 16)의 구체적인 예이다.

16

> 子謂子産 有君子之道四焉. 其行己也恭 其事上也敬 其養民
> 자 위 자 산 유 군 자 지 도 사 언   기 행 기 야 공   기 사 상 야 경   기 양 민
> 也惠 其使民也義.
> 야 혜   기 사 민 야 의

공자께서 자산을 평하여 말씀하셨다.

"군자의 도를 네 가지 갖추고 계셨다. 자신의 행동은 공손하였고, 윗사람을 섬김에는 공경하였으며, 백성을 다스림에는 자비로웠고, 백성을 부림에는 의로웠다."

【글자 뜻】 産:낳을 산. 敬:공경할 경. 義:옳을 의.
【말의 뜻】 子産(자산):정(鄭)나라 공손교(公孫僑)의 자(字). 기원전 554년에 경(卿)이 되고 543년에 집정하여 재상으로 이십이 년간 있었다. 522년, 노(魯)의 소공(昭公) 20년에 사망하였다. 춘추 시대의 가장 뛰어난 정치가이며, 서로 다투는 진(晋)·초(楚) 양 대국 사이에 있는 작은 나라 정

(鄭)을 잘 수호하고 내정과 외교에 큰 성과를 거두었다. 업적은 ≪춘추좌씨전(春秋左氏傳)≫에 자세히 실려 있다.

공자는 한 세대 전의 이 어진 재상에게 찬사를 아끼지 않는다. '사람들이 자산을 불인(不仁)하다고 할지라도 나는 믿지 않는다.'[양공(襄公) 31년]고 하였고, 그의 부음(訃音)을 듣자 '옛날의 유애(遺愛)이니라.' 하며 눈물을 흘렸다.[소공(昭公) 20년]. ≪논어≫에서는 자산을 '혜인(惠人)'이라 평하고 있다.(第十四 憲問篇 10). 君子(군자):천하적 세계관을 파악하고 그것을 실천하는 사람.(서설 참조) 자산(子産)은 정치상으로 현실적 업적을 거두고 있으므로 그 실천면이 잘 나타나 있다.

17

子曰 晏平仲善與人交. 久而敬之.
자 왈 안 평 중 선 여 인 교　구 이 경 지

공자께서 말씀하셨다.
"안평중은 사람들과의 사귐에 훌륭하다. 오래 사귀어도 경의(敬意)를 잃지 않는다."

【글자 뜻】晏:늦을 안. 仲:버금 중. 久:오랠 구.
【말의 뜻】晏平仲(안평중):晏은 성, 平은 시호, 仲은 자. 이름은 영(嬰). 제(齊)나라의 명재상. 공자보다 약간 선배. ≪사기(史記)≫ 제62권, 열전제2에 그의 전(傳)이 실려 있다. 久而敬之(구이경지):오래되어도 공경함.

【뜻 풀이】「久而敬之」— 안평중이 사귀는 상대에 대하여 언제까지고 변치 않는 경의를 지닌 것을 말한다. 「之」는 상대의 인물. 이에 대하여 「久人 而敬之」라고 쓴 텍스트도 있다. 이때의 「之」는 안평중을 가리킨다. 전자 는 안평중의 주체적인 덕의 행위를 말하고, 후자는 그의 덕에 대하여 사 람들로부터 받는 칭송을 말한다. 전자가 공자의 입장에 가까운 것이리 라.

18

子曰 臧文仲居蔡 山節藻梲 何如其知也.
자 왈 장 문 중 거 채 산 절 조 절 하 여 기 지 야

공자께서 말씀하셨다.

"장문중은 큰 거북을 기르고 있었는데 그 방의 두공(枓栱)을 산 모양으 로 만들고 동자기둥에 마름무늬를 그렸으니 어찌 예를 안다 하겠는가!"

【글자 뜻】 臧:착할 장.　蔡:거북 채.　藻:그릴 조.　梲:동자기둥 절.

【말의 뜻】 臧文仲(장문중):臧은 장손(臧孫)으로 성. 文은 시호, 仲은 자, 이름은 진(辰). 노(魯)나라의 대부(大夫). 문공(文公) 10년(기원전 617년) 에 죽음. 공자의 탄생은 그로부터 육십육 년 뒤의 일이다.　居蔡(거채): 「蔡」는 등껍데기 길이가 1척 2촌의 큰 거북. 채나라의 특산물이므로 채 (蔡)라 불리고 있었다. 이 큰 거북은 천자에게 바쳐져 점치는 데에 쓰였 다. 그런데 장문중은 이것을 자기 손끝에 두었다. 「居」는 거북을 있게 함.　山節(산절):「節」은 기둥머리 부분의 두공(枓栱), 공포(貢包). 「山」 은 그 두공을 산 모양으로 만듦.　藻梲(조절):「梲」은 대들보 위에 세우 는 작은 기둥. 동자(童子)기둥. 「藻」는 동자기둥에 마름무늬를 그림.

何如其知也(하여기지야):그「知」에 의심을 품거나 부정하는 표현법이다. 「知」는 고전적 교양을 말한다. 특히 예(禮)에 초점을 둔다. ≪춘추좌씨전(春秋左氏傳)≫ 문공(文公) 2년에 중니(仲尼)가 장문중의 세 가지 부지(不知)를 책망한 말을 싣고 있다. 그것은 허기(虛器)를 만든 일, 종사(宗祀)의 예를 어지럽힌 일, 해조(海鳥)를 신으로 모신 일의 세 가지다. 모두 예에 관한 것이다. ≪춘추좌씨전≫에서 말하는 허기(虛器)란 여기서 말하는 「蔡」와 「山節藻梲」을 가리킨다.

【뜻 풀이】≪한서(漢書)≫ 식화지(食貨志) 하(下)에 「원구(元龜)를 채(蔡)라고 한다. 사민(四民)이 기를 수 있는 것이 아니다. 가진 자는 대복(大卜)에 드리고 값을 받는다.」라고 하였다. 원구(元龜)는 큰 거북. 식화지는 또 「원구(元龜)는 등껍데기 길이 1척 2촌에 이르고 값은 이천일백육십, 대패(大貝) 십 붕(十朋)」이라고 하였다. 식화지는 계속하여 공구(公龜) 9촌, 후구(侯龜) 7촌 이상, 자구(子龜) 5촌 이상을 열기하고 있다. 「蔡」라고 불리는 큰 거북은 장문중(臧文仲)이 소유할 수 있는 것이 아니었다.

「山節藻梲」은 장문중이 이 거북을 두는 방을 위하여 치장한 내부 장식이다. 원래 「山節藻梲」은 ≪예기≫ 명당위편(明堂位篇)에 천자의 사당 장식의 하나로서 기술되어 있는 것이다. 장문중은 큰 거북이 천자의 쓰임에 바쳐지는 것이기 때문에 그 장소에 천자의 사당 장식을 베풀었던 것이다. 큰 거북을 존중한 것 같지만 실은 도리어 이중의 잘못을 저지르고 있는 것이다. 공자께서 질책하는 이유이다.

공자의 이 비판은 장문중이 예를 아는 자로서 정평이 나 있어야만 비로소 성립된다. 그렇지 않으면 대상을 잃는다. ≪춘추좌씨전≫ 양공(襄公) 24년에 노(魯)의 숙손표(叔孫豹)가 진(晋)나라에 갔을 때, 「장문중은 이미 죽었지만 그의 말은 세상에 섰다.」고 하였으며 그의 가르침이야말로 불후한 것임을 자랑하고 있다. 이때는 이미 장문중이 죽은 지 육십팔 년이나 경과하였다. 장문중을 칭송하는 소리는 노(魯)나라에 있어서 쟁쟁했던 것이다. 그러나 공자는 그 세평(世評)에 찬성하지 않는다.

공자는 이 사람에 대한 비평이 엄하다. 第十五 衛靈公篇 14에 「장문 중은 그 지위를 도둑질한 자로다.」라고 혹평하고 있다. 또 ≪춘추좌씨 전≫ 문공(文公) 2년에는 공자께서 장문중의 행위에 불인(不仁)한 것 세 가지와 부지(不知)한 것 세 가지를 들었다고 기록되어 있다. 공야장(公 冶長)의 경우에는 그에게 가한 당국자의 누설(縲絏)을 공자는 문제 삼 고 있지 않다. 장문중의 경우에는 유력 세족(有力世族)의 명성을 공자는 안중에 두지 않는다. 공자의 인물 평가는 그 자신의 기준에 의하여 거리 낌 없이 이루어지고 있었던 것이다.

19

子張問曰 令尹子文三仕爲令尹 無喜色 三已之 無慍色. 舊
자 장 문 왈 영 윤 자 문 삼 사 위 영 윤 무 희 색 삼 이 지 무 온 색 구
令尹之政 必以告新令尹. 何如. 子曰 忠矣. 曰 仁矣乎. 曰
영 윤 지 정 필 이 고 신 영 윤 하 여 자 왈 충 의 왈 인 의 호 왈
未知 焉得仁. 崔子弑齊君 陳文子有馬十乘 棄而違之. 至於
미 지 언 득 인 최 자 시 제 군 진 문 자 유 마 십 승 기 이 위 지 지 어
他邦 則曰 猶吾大夫崔子也 違之. 之一邦 則又曰 猶吾大夫
타 방 즉 왈 유 오 대 부 최 자 야 위 지 지 일 방 즉 우 왈 유 오 대 부
崔子也 違之. 何如. 子曰 淸矣. 曰 仁矣乎. 曰 未知 焉得
최 자 야 위 지 하 여 자 왈 청 의 왈 인 의 호 왈 미 지 언 득
仁.
인

자장이 여쭈어 보았다.

"초(楚)의 영윤 자문(子文)은 세 번 임용되어 영윤이 되었습니다만 기뻐

하는 기색이 없었으며, 세 번 물러났습니다만 원망하는 기색이 없이 전임(前任) 영윤으로서 반드시 신임 영윤에게 정사를 보고하였습니다. 이것을 어떻게 생각하십니까?"

공자께서 말씀하셨다.

"충실한 사람이니라."

"인자(仁者)일까요?"

"글쎄다. 인(仁)에는 좀 먼 것이 아니겠느냐?"

"최자(崔子)가 제(齊)의 임금을 죽였을 때 진문자(陳文子)는 사십 마리의 말을 가지고 있었습니다만 그것을 버리고 떠났습니다. 다른 나라에 이르렀지만 '여기도 우리 나라 대부(大夫) 최씨와 같다.'고 말하고 그곳을 떠났습니다. 또 다른 나라에 갔습니다만 '역시 우리 대부 최씨와 같다.'고 말하고 그곳을 떠났습니다. 이것을 어찌 보십니까?"

공자께서 말씀하셨다.

"청렴(淸廉)한 사람이니라."

"인자(仁者)일까요?"

"글쎄다. 인(仁)에는 좀 먼 것이 아니겠느냐?"

【글자 뜻】舊:예 구. 弑:죽일 시. 棄:버릴 기. 違:떨어질 위.

【말의 뜻】子張(자장):第二 爲政篇 18「子張學干祿」 참조. 令尹(영윤):초(楚)나라의 관명. 재상. 子文(자문):초(楚)의 대부(大夫). 성은 투(鬪), 이름은 구(穀), 자는 어도(於菟). 일설에는 이름을 구어도(穀於菟), 자는 자문(子文)이라고 한다. 그는 태어나자마자 버려졌는데 범의 젖에 의하여 죽음을 면하였다. 초(楚)의 방언으로 젖을 구(穀), 범을 어도(於菟)라고 하였으며 그로 인하여 이 이름이 붙여졌다. ≪춘추좌씨전(春秋左氏傳)≫에 따르면 그가 영윤으로서 등장하는 것은 장공(莊公) 30년(기원전 664년) 가을, 「투구어도(鬪穀於菟)가 영윤이 되어 스스로 그 집을

부수고 초나라의 난을 덜었다.」로 시작하여 희공(僖公) 23년(기원전 637년) 가을, 「자문(子文)을 자옥(子玉)의 공으로 영윤이 되게 함」에 이르는 동안, 즉 초(楚)의 성왕(成王) 8년에서 35년에 이르는 이십팔 년간의 일이다. 三仕·三已(삼사·삼이):「三」은 세 번. 일설에는 실수(實數)가 아니라 여러 번임을 말한다고 한다.「已」는 버림(去). 慍色(온색):「慍」은 원망(怨), 근심(愁). 未知 焉得仁(미지 언득인):해설 참조. 崔子弒其君(최자시기군):「崔子」는 제(齊)의 대부(大夫) 최저(崔杼).「其君」은 장공(莊公). 신하가 임금을 죽이는 것을「弒」라고 함. 장공이 최저의 처와 간통하였다. 그것에 노하여 최저가 장공을 죽였다. ≪춘추좌씨전≫ 양공(襄公) 25년(기원전 548년)의 일이다. 陳文子(진문자):陳은 성, 文은 시호, 이름은 수무(須無). 제(齊)의 대부. 馬十乘(마십승):말 사십 마리. 진문자의 부유함을 말한다. 猶吾大夫崔子也(유오대부최자야):도처에서 대부(大夫)가 임금을 업신여기고 있었던 것이다.

【뜻 풀이】「舊令尹之政 必以告新令尹」— 사무 인계 때 자문(子文)에게는 아무것도 숨길 것이 없었을 것이다. ≪국어(國語)≫ 초어(楚語) 하(下)에 「투차(鬪且)가 말하였다. '옛날 투자문(鬪子文)은 세 번 영윤을 물러났다. 한 푼의 저축도 없었다. 백성을 불쌍히 여겼기 때문이다.'」라고 하였다.

「未知 焉得人」— 본편 5의 「不知其仁 焉用佞」, 同 8의 「不知其仁」을 함께 생각하여 「知」를 동사로 보았다. '인자일까요?' 라는 질문을 받고 그것은 아직 단정할 수 없다고 일단 소극적으로 대답하고 나서 인(仁)이라는 것은 그렇게 쉽게 말할 수 없는 것임을 가르치는 것이다.

'인(仁)'은 공자에게 있어서 추구해야 할 궁극의 목표이다. 그런 만큼 제자들의 관심도 깊어 이따금 문제가 제기되고 있다. 일설에 「知」를 '지(智)'로 해석하여 '지(智)가 아닌 자가 인(仁)일 수가 없다'며 '지

(智)도 인(仁)도 다 부정하고 있다'라고 해석한다. 그러나 자장이 제기한 질문 속에 지(智)는 들어 있지 않다. 또 앞의 설의 표현법이 공자 말씨에 가깝다.

「陳文子有馬十乘」 — 진문자의 부(富)를 말하는 것이기는 하지만 그것은 진문자에게 최저(崔杼)를 공벌할 수 있는 힘이 있는데도 그것을 하지 않았음을 풍자하고 있는 것이 아닌지?

최저의 반란 때에 장공(莊公)의 난에 순사(殉死)한 사람들과 타국으로 망명한 사람들의 이름이 ≪춘추좌씨전≫ 양공(襄公) 25년에 보이고 있다. 그러나 그중에 진문자의 이름은 없다. '他邦'이라 하고 '一邦'이라 하여 구별하고 있는 나라들도 그 용어의 기발함에는 마음이 끌리지만 어느 나라인지 알 수 없다. 단, 진문자는 1년을 건너뛴 양공 27년에는 이미 제(齊)나라에 돌아와 있었고 최저가 아직도 세력을 쥐고 있는 정국에서 국정에 참여하고 있다.

최저가 장공(莊公)을 죽였을 때의 일이다. 「태사(太史)가 쓰기를 최저가 그 임금을 죽였다고 했다. 그러자 최자(崔子)가 태사를 죽였다. 태사의 아우가 이어서 썼다. 그도 죽였다. 그 아우가 또 썼다. 그러자 그도 죽였다. 그 아우가 또 썼다. 그러자 이번에는 내버려 두었던 것이다. 남사씨(南史氏)는 태사(太史)의 형제들이 모두 죽었다는 말을 듣고 간(簡)을 들고 갔으나 이미 썼다는 말을 듣고 곧 돌아갔다.」

춘추 시대 사관(史官)의 면목이 가장 생생하게 드러나 있어, ≪춘추좌씨전≫의 붓이 사람을 깊이 감동시키는 대목이다.

20

> 季文子三思而後行. 子聞之日 再斯可矣.
> 계 문 자 삼 사 이 후 행   자 문 지 왈 재 사 가 의

　계문자는 세 번 생각한 다음에 비로소 행동하였다. 공자께서는 그 말을
듣고 말씀하셨다.

　"두 번으로 좋으리라."

【글자 뜻】季:끝 계. 再:두 재. 斯:이 사.

【말의 뜻】季文子(계문자):계손씨(季孫氏), 文은 시호. 이름은 행보(行父).
　　노(魯)의 문공(文公) 때부터 벼슬하여 선공(宣公)·성공(成公)·양공
　　(襄公) 시대의 명재상으로서, 또 외교관으로서 그 언행이 ≪춘추좌씨
　　전(春秋左氏傳)≫에 많이 기재되어 있다. 신중하고 앞날의 일까지 생
　　각하는 사람이었다. 졸년(卒年)은 양공(襄公) 5년(기원전 568년). ≪춘
　　추(春秋)≫의 경(經)이 그의 죽음을 기록하고 있다. 노나라의 대사(大
　　事)였던 것이다. 물론 공자의 탄생 전 일이다. 가끔 등장하고 있는 계
　　강자(季康子)는 이 사람의 아들이다.　삼사(三思):뒤에서「再」라고 하
　　였으므로「三」을 세 번 생각한다고 해석하는 것이 무난할 것이다.「三」
　　은 빈도가 많음을 말하며 몇 번이고 되풀이하여 생각한다고 보는 설과
　　일의 경과를 처음, 중간, 끝의 3단계에 대하여 생각한다고 보는 설도
　　있다. 해설을 참조.　再斯可矣(재사가의):「再」는 재사(再思).「再思可
　　矣」로 쓴 텍스트도 있다.

【뜻 풀이】≪춘추좌씨전≫ 문공(文公) 6년에 계문자가 진후(晉侯)의 병문안
　　을 떠날 때 국상(國喪)을 당할 경우의 준비까지 하였다. 이것을 두예(杜

214 논어(論語)1

預)의 주(註)는 「이른바 문자(文子)의 삼사(三思)이다.」라고 하였다. 또 애공(哀公) 27년에 중행문자(中行文字)가 「군자가 꾀함에 처음과 중간 과 끝을 다 거(擧)하고 연후에 들어간다.」고 하였다. 이 글에 대한 두예 의 주(註)는 「하나의 일을 꾀하면 곧 이 세 가지 변동을 생각하고 연후 에 들어가서 이를 행해야 한다. 이른바 군자의 삼사(三思)이다.」라고 하 였다. 계문자의 삼사(三思)는 존중할 만한 일사(逸事)로서 전승될 성질 의 것이었다.

종래의 해석은 공자의 「再斯可矣」의 비평을 일화의 주인공 계문자에 대하여 이루어진 것으로 보았다. 그러나 그렇다면 「子聞之曰」의 구가 기능하지 않는다. 또 계문자에게 있어 지나치게 생각하여 실패한 사건 은 전해지지 않으므로 그의 삼사(三思)를 지나친 것이라고 비난할 이유 도 없다.

나는 「再斯可矣」의 비판은 계문자의 삼사 이야기를 공자에게 전한 사 람에 대하여 가해진 것이라고 해석한다. 제자 중에 돌다리를 두드려 보 고도 건너지 않는 사나이가 있어서, 계문자를 거론한 것에 대하여 '계문 자라면 모르지만 너는 자그마치 생각하렴.' 하고 놀리고 있는 것이다.

21

子曰 甯武子 邦有道則知 邦無道則愚 其知可及也 其愚不可
자 왈 영 무 자 방 유 도 즉 지 방 무 도 즉 우 기 지 가 급 야 기 우 불 가
及也.
급 야

공자께서 말씀하셨다.

"영무자는 나라에 도가 행하여질 때에는 지혜로웠으며 나라에 도가 행하

여지지 않을 때에는 바보가 되었다. 지혜로움은 흉내 낼 수 있지만 그 바보
스러움은 흉내 낼 수가 없다."

【글자 뜻】 甯:차라리 영(녕). 愚:어리석을 우.
【말의 뜻】 甯武子(영무자):甯은 성, 武는 시호. 이름은 유(俞). 위(衛)의 문
　　공(文公)·성공(成公) 시대에 활약하였다. ≪춘추좌씨전(春秋左氏傳)≫
　　희공(僖公) 28년, 30년, 31년, 문공(文公) 4년(기원전 632년)에 기사가
　　보인다.

【뜻 풀이】 춘추 시대는 원래 무도한 시대였다. 그런 가운데서 영무자는 지
　　혜를 기울여 위(衛)나라를 위해 적극적으로 활약하고 있다. ≪춘추좌
　　씨전≫ 문공(文公) 4년에 영무자가 노(魯)에 갔을 때 신분에 어울리지
　　않는 향연(饗宴)을 베풀어 준 데 대하여, 그것은 자기와는 관계가 없다
　　는 얼굴을 하고 못 들은 체하여 주객이 다 무례를 범하는 것을 피했다
　　는 이야기가 기록되어 있고, 두예(杜預)는 이것을 「其愚不可及」의 예
　　로 보고 있다.
　　　그러나 이것도 고도(高度)로 지적(知的)인 행위이다. 우(愚)라 하기엔
　　너무도 지혜롭다. 그래서 공자 시대에는 이 영무자에 대하여 지(智)나
　　우(愚)에 어울리는 일사(逸事)가 전해지고 있었던 것이리라.
　　　춘추 시대는 정치에 파란이 많은 시대였다. 그런 만큼 실은 인물의 진
　　가를 확인하기에 편리하였다. 잘 다스려질 때의 처신법과 어지러운 때
　　의 처신법을 보면 그 사람의 가치를 알 수 있다. 영무자의 평가도 양면
　　에서 이루어진 것이다. 그 양면을 「邦有道」와 「邦無道」로 나누어서 각
　　각 관찰하는 것이 인물 평가의 기준으로서 공문(孔門)에서는 형식화되
　　어 있었다. 그 일단은 이미 본편 2의 남용평(南容評)에 나타나고 있는데
　　그 밖의 예도 아울러 기술해 둔다.

전자(前者)가 「邦有道」 때의, 후자가 「邦無道」 때의 태도이다.

「不廢」 「免於形戮」(第五 公冶長篇 2), 「知」 「愚」(第五 公冶長篇 21), 「見」 「隱」, 「富貴」 「貧賤」(둘 다 第八 泰伯篇 13), 「有穀」 「無穀」(第十四 憲問篇 1), 「危言危行」 「危行言遜」(第十四 憲問篇 4), 「仕」 「卷懷」(第十五 衛靈公篇 7).

22

> 子在陳曰 歸與歸與. 吾黨之小子狂簡 斐然成章 不知所以裁
> 자 재 진 왈 귀 여 귀 여 오 당 지 소 자 광 간 비 연 성 장 불 지 소 이 재
> 之.
> 지

공자께서 진(陳)에 계실 때 말씀하셨다.

"돌아가자, 돌아가. 내 향당의 젊은이들은 꿈에 부풀어 아름다운 무늬를 이루어 내고 있었으나 나는 그것을 마름질할 줄을 몰랐으니!"

【글자 뜻】 陳:나라 이름 진. 歸:돌아갈 귀. 與:어조사 여. 黨:향리 당.
簡:대범할 간. 斐:화려할 비. 裁:만들 재.

【말의 뜻】 陳(진):나라 이름. 지금의 하남성(河南省) 중남부에 완구(宛丘), 오늘날의 회양(淮陽)을 서울로 하고 있던 작은 나라. 吾黨(오당):공자의 향당(鄕黨). 「黨」은 오백 호를 기준으로 하는 지역 사회. 小子(소자):젊은이. 狂簡(광간):「狂」은 꿈을 쫓듯 진취적인 모양. 「簡」은 큼, 뜻이 큰 모양. 斐然(비연):무늬 · 색채가 아름다운 모양. 成章(성장):「章」은 문장. 무늬 · 문채(文彩). 不知所以裁之(부지소이재지):「裁」는 재제(裁製). 만들어 냄. 「所以」는 방법. ≪사기(史記)≫ 공자세가(孔子世家)에는 「吾

不知所以裁之」라고 되어 있다.

【뜻 풀이】 공자께서 노(魯)를 떠난 것은 정공(定公) 13년(기원전 497년). 여러 나라를 편력하고 돌아온 것은 애공(哀公) 11년(기원전 484년), 육십 팔 세 때였다. 그동안 공자는 두 번 진(陳)에 갔었다. 이 개탄은 두 번째 편력 후의 일일 것이다. 애공 3년, 육십세 때의 일인 듯싶다.

공자의 편력 유세는 실패였다. 그는 고향을 생각한다. 고향의 사랑스러운 젊은이들을 생각한다. 그들은 꿈에 부풀어 큰일을 생각하고 있었다. 훌륭한 성과를 올리고 있었다. 그런데 그는 그것을 마름질해 줄 것을 생각지 못하였다. 이 젊은이들을 버리고 긴 여행을 떠나온 것이 후회스러워졌다. '돌아가자, 돌아가. 돌아가서 그들과 마름질을 하자.' 나는 이 22장을 이렇게 해석한다.

≪공자세가≫의 글과 오규소라이(荻生徂徠)의 설이 머릿속에 있다. 보통은 「不知所以裁之」의 주어를 「小子」라 보고, 소자들이 광간(狂簡)으로 인하여 스스로 처리하지 못하고 있음을 말한다고 본다. 「斐然成章」도 현재를 시점으로 하여 본다. 예로부터 널리 통용되고 있는 설이다. 물론 성립되기는 하지만 불우한 여행길에 있는 공자의 통탄함을 생각함에 있어서 좀 떨어질 것이다.

23

子曰 伯夷叔齊 不念舊惡. 怨是用希.
자 왈 백 이 숙 제 불 념 구 악   원 시 용 희

공자께서 말씀하셨다.
"백이와 숙제는 지난날의 악(惡)을 기억해 두지 않았다. 그러므로 사람을 원망하는 일도 좀처럼 없었다."

【글자 뜻】 夷:오랑캐 이. 齊:가지런할 제. 希 :드물 희.

【말의 뜻】 伯夷叔齊(백이숙제):은말(殷末) 고죽국(孤竹國)의 두 왕자. 부친
이 죽자 서로 즉위를 양보하다가 결국 형제가 다 나라를 떠나 주(周)의
서백(西伯, 뒤의 문왕)에게 몸을 의탁한다. 무왕(武王)이 무력으로써 은
의 주왕(紂王)을 공벌했을 때 그의 말을 붙들고 간하였다. 주의 혁명이
성공하자 주의 곡식을 먹는 것이 떳떳하지 못하다 하여 수양산(首陽山)
에 올라 고사리를 캐 먹다가 굶어 죽었다. ≪사기(史記)≫ 열전의 권두는
이 두 사람을 위하여 바쳐지고 있다. 怨是用希(원시용희):「怨」은 백이
· 숙제의 원망. 「希」는 드묾(稀). 또 작음(微).

【뜻 풀이】 ≪맹자(孟子)≫ 공촌추(公孫丑) 상편(上篇)에 「백이는 자기 임금
이 아니면 섬기지 않고 자기의 벗이 아니면 사귀지 않았다.」고 하였으
며, 만장(萬章) 하편(下篇)에 「백이는 갸륵하고 깨끗한 자」라고 하였다.
백이는 청렴하며 사람의 악을 미워하였다. 그러나 기왕의 일을 책망하
는 일은 없었다. 지나가 버린 일은 깨끗이 잊어버렸다. 그러므로 타인에
대하여 원망하는 일은 좀처럼 없었던 것이다.

　백이 · 숙제는 아주 불우한 상태에서 죽었다. 갸륵하고 깨끗한 그들
도 심중에 원망을 지니고 있었던 것은 아닐까? 이것이 많은 사람들이
지니고 있는 의문이었다. 第七 述而篇 14에 자공과 공자의 문답이 실려
있다.

　"백이 · 숙제는 어떤 인물입니까?"

　"옛날의 현인이니라."

　"후회하였을까요?"

　"인(仁)을 구하여 인을 얻었는데 또 무엇을 후회하겠느냐."

공자의 이 대답은 그 자신도 느끼는 의문에 대한 자신의 대답이다. 이 의문은 백이·숙제의 이야기에서 출발하고 있지만 실은 공자 자신의 신상에 대하여 일어나고 있는 의문이기도 하다. 그도 불우하며, 잊기 어려운 사람의 악에 부딪치고 있다. 따라서 그가 백이·숙제를 위한 대답은 곧 자기 자신에게 주는 답변이다.「怨是用希」,「又何怨乎(또 무엇을 원망하겠느냐)」의 한마디 한마디는 절실하게 공자 자신을 타이르고 있는 것이다.

「怨是用希」의「怨」을 남에게서 받는 원망이라고 해석할 생각은 나에게는 조금도 없다.

24

> 子曰 孰謂微生高直. 或乞醯焉 乞諸其隣而與之.
> 자 왈 숙 위 미 생 고 직 혹 걸 혜 언 걸 제 기 린 이 여 지

공자께서 말씀하셨다.

"미생고가 곧다고 말한 것이 누구냐? 어떤 사람이 식초를 얻으러 갔더니 이웃집에서 얻어다가 주었거늘."

【글자 뜻】 微:작을 미. 直:곧을 직. 醯:식초 혜. 隣:이웃 린.

【말의 뜻】 孰謂(숙위):아래에 계속되는 구의 내용을 부정하는 말투. 第三 八佾篇 15「孰謂鄹人之子知禮乎」참조. 微生高(미생고):微生은 성, 高는 이름. 노(魯)나라 사람. 행적은 잘 모른다. 第十四 憲問篇 34에 미생무(微生畝)가 보인다. 일족일 것이다. 醯(혜):초(酢). 식초.

【뜻 풀이】 일반의 해석으로는, 미생고는 정직한 자로 통하고 있었다. 어떤

사람이 식초를 얻으러 왔다. 집에 없었다. 없다고 하면 그만인데 그렇게 말하지 않고 이웃집에서 식초를 얻어다 생색을 내며 그 사람에게 주었다. 이것은 부정직한 짓이다. 그래서 공자께서 나쁘게 말하였다고 한다.

나는 이 해석에 찬성하지 않는다. 내가 보는 공자는 사람에 대한 친절한 행위를 책망하는 사람이 아니다. 또 그런 일로 정직하다 아니다 하고 말하는 사람이 아니기 때문이다.

곧다는 평판이 날 때에는 사실 도를 넘어 우직하거나 지나치게 고지식한 일이 많다. 미생고의 경우도 그럴 것이다. 공자는 그를 위하여 말하고 있다. '그 우직한 사람이 「없다.」 하고 끝낼 줄 알았는데 용케도 이웃집에 가서 식초를 얻어다 주는군. 그 녀석으로선 훌륭했다.' 하고 그 재치를 기뻐하는 것이다.

식초를 얻으러 갔던 어떤 사람이 미생고의 행위를 공자에게 말했던 것이리라. 이 사람 역시 미생고에 대한 선입관이 깨진 데 놀라서 공자에게 이야기하지 않고는 못 배겼던 것이리라.

25

> 子曰 巧言令色足恭 左丘明恥之 丘亦恥之. 匿怨而友其人
> 자왈 교언영색족공 좌구명치지 구역치지   익원이우기인
> 左丘明恥之 丘亦恥之.
> 좌구명치지 구역치지

공자께서 말씀하셨다.

"겉치레 인사와 꾸며서 웃는 얼굴과 비굴한 태도는 좌구명이 수치로 여겼거니와 나도 수치로 여긴다. 원망을 숨기고 그 사람과 친한 척 꾸미는 것은 좌구명이 수치로 여겼거니와 나도 수치로 여긴다."

【글자 뜻】 巧:공교할 교. 匿:숨을 익.

【말의 뜻】 巧言令色(교언영색):겉치레 인사와 꾸며서 웃는 얼굴. 第一 學而篇 3의 「巧言令色 鮮矣仁」 참조. 足恭(족공):걸음걸이가 정중함. 진퇴하는 태도가 부드러움. 또 일설에 「足」을 '주'라 읽고 '성(成)'으로 해석해서, 상대의 의향을 영접하여 극도로 공경함. 左丘明(좌구명):左丘가 성, 明이 이름이라고 한다. ≪사기(史記)≫ 12제후연표서(十二諸侯年表序)에는 「노(魯)의 군자」라고 하였다. 공자께서 좌구명이라고 성과 이름을 아울러 말한 것은 그때 이미 고인이었기 때문인지 자세한 것은 알 수 없다. 匿怨(익원):「匿」은 숨김(隱). 자기 마음속에 그 사람에 대한 원한을 지니면서 겉으로는 친밀히 함.

【뜻 풀이】 「足恭」 ─ ≪경전석문(經典釋文)≫은 내가 【말의 뜻】에서 말한 두 설 중 둘째 설을 먼저 들고 있다. 그러나 ≪대대예기(大戴禮記)≫ 증자(曾子) 입사편(立事篇)에서는 「족공(足恭)하고 구성(口聖)하면서 상위(常位) 없는 자는 군자가 함께 하지 않는다.」라고 '족공(足恭)'이 '구성(口聖)'과 짝을 이루고 있다. 첫 번째 설의 해석이다. 또 ≪예기(禮記)≫ 표기편(表記篇)에 「공자께서 말씀하셨다. '군자는 남에게 발동작을 잃지 않고, 안색을 잃지 않으며, 말을 실수하지 않는다.'」라고 하였다. 足恭·令色·巧言을 의식한 말투이다. 그리고 '足'은 수족(手足)의 족(足).

「左丘明」 ─ 이 사람에 대하여는 알 수 없다. 左가 성, 丘明이 이름이라는 설도 있다. 공자에게 학문을 배웠다고도 한다. 좌구명이 공자보다 선배냐 후배냐에 따라서 공자의 말 「左丘明恥之 丘亦恥之」의 뜻이 달라진다. 선배라면 「고전을 전승하여 창작하지 않는다. 믿고서 몰두하고 있다. 남몰래 나를 노팽(老彭)과 비교하고 있다.」(第七 述而篇 1)의 심경이며, 후배라면 자공(子貢)과 안회(顏回)의 우열을 비교했을 때 「너만이

아니라 나도 못 미친다.」(第五 公冶長篇 9)라고 하여 자공을 위로하면서
안회의 체면을 세워 주고 있는 것과 비슷하다.

그런데 좌구명이라는 성명을 일컫고 있는 것과 자신의 행위의 올바름
을 선인에게 비추어 보는 것이 일반적인 논법인 데서, 나는 좌구명이 공
자의 선배이며 공자, 그리고 노나라 사람들 모두가 존경하는 사람이라
고 해석하였다.

26

顔淵季路侍. 子曰 盍各言爾志. 子路曰 願車馬衣裘 與朋友
안연계로시 자왈 합각언이지 자로왈 원거마의구 여붕우
共 敝之而無憾. 顔淵曰 願無伐善 無施勞. 子路曰 願聞子
공 폐지이무감 안연왈 원무벌선 무시로 자로왈 원문자
之志. 子曰 老者安之 朋友信之 少者懷之.
지지 자왈 노자안지 붕우신지 소자회지

안연과 계로가 곁에 모시고 있는데 공자께서 말씀하셨다.
"너희의 뜻을 각자 이야기해 주지 않겠느냐?"
자로가 말씀드렸다.
"수레·말·옷·털옷을 벗들과 함께 사용하다가 그것이 해지더라도 서
운하다고 여기지 않는 사람이 되고 싶습니다."
안연이 말씀드렸다.
"착한 일을 자랑하지 않고 수고로운 일을 남에게 시키지 않는 사람이 되
고 싶습니다."
자로가 여쭈었다.
"원컨대 선생님의 뜻을 들려주십시오."
공자께서 말씀하셨다.

"노인에게는 편안케 하고, 벗들에게는 믿게 하며, 어린아이에게는 따르게 하고 싶다."

【글자 뜻】 顔:얼굴 안. 淵:못 연. 盍:덮을 합. 爾:너 이. 裘:갖옷 구. 憾:섭섭할 감. 施:베풀 시. 勞:수고로울 로. 懷:따를 회.

【말의 뜻】 顔淵(안연):안회(顔回). 자가 자연(子淵). 第二 爲政篇 9「吾與回言終日」참조. 季路(계로):자로(子路).「季」는 백중계(伯仲季)의 계. 형제간의 배행(輩行)을 보임. 자로(子路)는 중유(仲由). 第二 爲政篇 17「子曰, 由」참조. 盍各言爾志(합각언이지):「盍」은 하불(何不). 어찌 ~ 않느냐?「志」는 이제부터 실행하려고 지향하는 이상(理想). 車馬衣裘(거마의구):성어(成語).「裘」는 모피 외투. 敝之(폐지):「敝」는 옷이 해짐. 無憾(무감):「憾」은 한(恨). 유감스럽게 생각함. 伐善(벌선):「伐」은 긍(矜), 자랑함. 無施勞(무시로):수고로운 일을 남에게 시키지 않음. 일설에「施」는 저(著), 드러냄.「施勞」는 자신의 수고를 과시함.

【뜻 풀이】 세 사람이 각자 자기의 뜻을 말하여 그 인간상을 도드라지게 하고 있다. 공자의 물음에 재빨리 대답한 것도 자로(子路)이며, 공자에게 그의 뜻을 물은 것도 자로이다. 기력이 왕성한 자로의 면목이 생생하게 드러나고 있다. 그리고 마치 이 자리의 주역과 같다. 게다가 자로는 안연보다 이십일 세나 연상이다. 그런데도 여기서는「顔淵季路侍」라고 안연을 앞세우고 있다. 안연을 존경하는 사람들, 즉 그의 제자들의 기록일까?

「與朋友共 敝之而無憾」—「敝之」의 주체를 붕우에게 절대적으로 한정하는 것은 아니지만 그 경향이 있다.「敝之」도「해짐을 당하다」,「파손되다」의 의미가 된다. ≪백호통(白虎通)≫, ≪덕론(德論)≫ 및 그 밖의 책에서는「與朋友共敝之 而無憾」이라고 읽고 있다. 공동 사용의 뜻이 짙다.

27

> 子曰 已矣乎. 吾未見能見其過 而內自訟者也.
> 자 왈 이 의 호 오 미 견 능 견 기 과 이 내 자 송 자 야

공자께서 말씀하셨다.

"이제 끝장이로구나! 잘못을 깨닫고 스스로 자신의 마음을 꾸짖는 사람을 보지 못하겠으니!"

【글자 뜻】 過:허물 과. 訟:꾸짖을 송.

【말의 뜻】 已矣乎(이의호):심히 개탄하는 말. 이제 끝장이다! 다된 일이다!
第九 子罕篇 9에 「子曰 鳳鳥不至 河不出圖. 吾已矣夫」, 第十五 衛靈公
篇 13에 「子曰 已矣乎 吾未見好德如好色者也」라고 하였다. 自訟(자송):
자책(自責). 「訟」은 꾸짖음(責).

【뜻 풀이】 학문을 좋아하고, 노여움을 옮기지 않고, 잘못을 되풀이하지 않
은 안회(第六 雍也篇 3)를 여읜 후에 탄식한 말일까? 공자의 자신에 대
한 반성도 포함되는 것이리라.

28

> 子曰 十室之邑 必有忠信如丘者焉 不如丘之好學也.
> 자 왈 십 실 지 읍 필 유 충 신 여 구 자 언 불 여 구 지 호 학 야

공자께서 말씀하셨다.

"열 가구의 마을에도 충신이 나만한 사람이 반드시 있을 것이나 학문을

좋아하는 일에는 내게 못 미치리라."

【글자 뜻】 室:집 실. 信:믿을 신. 焉:어찌 언. 學:배울 학.
【말의 뜻】 十室之邑(십실지읍):열 가구의 마을. 작은 지역을 말함. 忠信(충
신):사람을 위하여 도모하면 성심을 다하고 사람과 말하면 그 말을 절대
로 어기지 않는다.

【뜻 풀이】「十室之邑」— ≪순자(荀子)≫ 대략편(大略篇)에「우(禹)가 열 가
구의 마을을 지나면 반드시 구부렸다.」고 하였고, ≪대대예기(大戴禮
記)≫ 증자(曾子) 제언편(制言篇)에「옛날에 우(禹)가 열 가구의 마을을
지날 때면 수레에서 내렸다. 덕을 갖춘 선비가 있기 때문이다.」라고 하
였다. 그리고 ≪예기(禮記)≫ 곡례(曲禮) 상편(上篇)에는「군자는 마을
에 들어가면 반드시 구부린다.」고 하였다. 모두 공자보다 뒤의 기록이
지만 공자의 말도 역시「十室之邑……」의 고어가 있어서 그것을 근거로
하여 발상된 것이리라. 고어를 먼저 들고 그것을 전개하여 자기가 말하
려는 바에 이르는 것은 공자의 논법이다.
　이 장에서 말하고자 하는 것은 자신의「好學」이다.「不如丘之好學也」
— 그것은 공자의 자부심이기도 하고 자계(自戒)이기도 하다.「焉」자를
아래 구의 머리에 붙여「焉不如丘之好學也」라고 읽어「열 가구 마을의
충신한 사람 또한 학문을 좋아한다.」고 해석하는 설에는 비록 오규소라
이(荻生徂徠) 같은 학자의 변호가 있을지라도 좇기 어렵다.

제6

雍也篇
(옹야편)

옹에게 「可使南面」이라고 한다. 「南面」은 군주를 말한다. 이 말을 하는 공자의 심정은 천자라든가 제후라든가 하는 특정한 것을 생각하고 있었던 것은 아닐 것이다. 하물며 왕후의 영광과 영화를 머리에 떠올리고 있었던 것은 아니다. 그는 옹에게서 천하적 세계관을 단단히 지니고 그것을 정치상에 실천해 나갈 덕을 보고 있는 것이다. 높은 평가이며 대단한 찬사이다.

공자께서 그의 재주를 평하여 말씀하셨다. '토지를 가진 군자이니라.'라고 하였다.

1

子曰 雍也可使南面.
자 왈 옹 야 가 사 남 면

공자께서 말씀하셨다.
"옹은 남면하게 할 만한 사나이다."

【글자 뜻】 雍:화할 옹. 使:하여금 사. 面:향할 면.
【말의 뜻】 雍(옹):공자의 제자. 雍은 이름, 성은 염(冉), 자는 중궁(仲弓).
　第五 公冶長篇 5에도 「雍也」라고 하였다. 南面(남면):군주는 남면하고
　신하를 대함. 천자나 제후나 다 같다.

【뜻 풀이】 공자의 인물평은 아직도 계속된다.
　　옹에게 「可使南面」이라고 한다. 「南面」은 군주를 말한다. 이 말을 하
　는 공자의 심정은 천자라든가 제후라든가 하는 특정한 것을 생각하고
　있었던 것은 아닐 것이다. 하물며 왕후의 영광과 영화를 머리에 떠올리
　고 있었던 것은 아니다. 그는 옹에게서 천하적 세계관을 단단히 지니고
　그것을 정치상에 실천해 나갈 덕을 보고 있는 것이다. 높은 평가이며 대
　단한 찬사이다. 「雍也可使南面」 — 이 말은 한 편의 머리를 장식하기에
　합당한 말이다.
　　第十一 先進篇 3은 공문(孔門)의 덕행을 대표하는 자로서 중궁(仲弓)
　을 들고 있다. 공자는 평가 이유를 말하고 있지 않다. 우리는 공자의 말
　에서 중궁의 인물과 그를 사모하는 사람들의 마음, 특히 공자의 이 말을
　한 편의 머리에 기록한 사람들의 마음을 생각하면 된다. 다음 장을 여기
　에 넣어 한 장으로 하여 평가 이유를 살피게 하는 것이라고 보는 설도

있지만 이 두 장이 일련의 것이라고는 생각할 수 없다. 각각 독특한 맛이 있다.

중궁(仲弓)의 인물에 대하여 ≪공자가어(孔子家語)≫ 제자행편(弟子行篇)은 「가난에 처하여 손님 같았고 그 신하를 부림에 빌림과 같았으며, 노여움을 옮기지 않았고 깊이 원망하지 않았으며, 옛 죄를 사실(査實)하지 않았다. 이것이 염옹(冉雍)의 행실이다. 공자께서 그의 재주를 평하여 말씀하셨다. '토지를 가진 군자이니라.'」라고 하였다. 「손님 같다」란 긍지를 잃지 않고 자세를 흩뜨리지 않는 것. 「빌림과 같다」란 소중히 다루는 것. 「토지를 가진 군자」는 곧 제후. 이 문장은 雍也篇 한 장을 위하여 쓰인 것이리라. 덧붙여 말하거니와 제자행편은 안회를 일러 「천자를 부리는 왕자의 재상」이라고 평가한 공자의 말을 싣고 있다.

다음 장(章)도 중궁에 대한 공자의 높은 평가를 기록하였다. 공자가 굴복하고 있다.

2

仲弓問子桑伯子. 子曰 可也. 簡. 仲弓曰 居敬而行簡 以臨
중궁문자상백자 자왈 가야 간 중궁왈 거경이행간 이임
其民 不亦可乎. 居簡而行簡 無乃大簡乎. 子曰 雍之言然.
기민 불역가호 거간이행간 무내대간호 자왈 옹지언연

중궁이 자상백자에 대하여 여쭈어 보자 공자께서 말씀하셨다.

"됐느니라. 대범한 사람이다."

중궁이 여쭈었다.

"몸가짐이 경건한 데다가 대범하게 행동하는데 그로써 백성에게 임한다면 그 또한 좋지 않겠습니까? 몸가짐이 대범한 데다가 행동마저 대범하다면 지나치게 대범한 것이 아니겠습니까?"

공자께서 말씀하셨다.

"네 말 그대로다."

【글자 뜻】桑:뽕나무 상. 簡:대범할 간. 臨:임할 림.

【말의 뜻】子桑伯子(자상백자):그에 관해서는 확실하게 이렇다 할 만한 전기가 없다. 可也(가야):우선은 좋다. 급제점이 주어지고 있다. 簡(간):대범함. 소홀히 함. 居敬(거경): 몸가짐이 경건함.

【뜻 풀이】≪설원(說苑)≫ 수문편(修文篇)에 공자께서 자상백자를 찾아갔을 때 그가 의관을 차리고 있지 않았다는 것, 공자께서는 그를 「그 질(質)은 아름답지만 문(文)이 없다.」고 평하고, 그가 공자를 「그 질(質)은 아름답지만 문(文)이 성하다.」고 평한 것이 기술되어 있다.

3

哀公問 弟子孰爲好學. 孔子對曰 有顔回者 好學. 不遷怒
애공문 제자숙위호학 공자대왈 유안회자 호학 불천노
不貳過. 不幸短命死矣 今也則亡. 未聞好學者也.
불이과 불행단명사의 금야칙망 미문호학자야

애공이 물었다.

"문제(門弟)님 중에서 누가 학문을 좋아합니까?"

공자께서 대답하였다.

"안회라는 자가 있어 학문을 좋아했습니다. 노여움을 남에게 옮기지 않았으며 잘못을 두 번 되풀이하지 않았습니다. 불행히도 단명하여 죽고 지

금은 없습니다. 이후로 학문을 좋아하는 자가 있다고 들은 일이 없습니다."

【글자 뜻】 哀:슬플 애. 遷:옮길 천. 貳:두 이.
【말의 뜻】 哀公(애공):노(魯)나라의 왕. 第二 爲政篇 19「哀公問曰」참조.
　 不遷怒(불천노):자신의 노여움을 남에게 옮기지 않음. 不貳過(불이과):
　 잘못을 두 번 되풀이하지 않음.

【뜻 풀이】 가장 사랑하던 제자의 죽음을 통탄하는 말.
　 공자는 십사 년간의 긴 편력에도 뜻을 펴지 못한 채 고향으로 돌아왔
다. 애공(哀公) 11년, 공자의 나이 육십팔 세. 그는 이미 백발이 성성하
다. 남은 희망은 다음 세대에 걸 따름이다. 그런데 그해에 그의 장남 백
어(伯魚)가 오십 세로 죽었다. 칠십 노령을 앞두고 오십 세의 자식을 잃
은 것이다. 안회가 사십일 세로 죽은 것은 그로부터 겨우 1년 뒤인 공자
의 나이 칠십 세 때이다. 아들과 애제자를 잇달아 여읜 노인의 가슴 아
픈 심정을 느낄 수 있다.
　 ≪논어≫는「안연이 죽었다. 공자께서 말씀하셨다. '오, 하늘이 날 버
렸도다. 하늘이 날 버렸도다!'」(第十一 先進篇 9),「안연이 죽었다. 공자
께서 이를 곡하시다가 슬픔으로 쓰러지셨다.」(第十一 先進篇 10)고 하
였다.
　「不遷怒 不貳過」이것은 안회의 호학(好學)의 성과이며, 공자가 그 호
학을 실증하는 말이다. 학(學)은 삶을 위하여, 덕을 위하여 이루어진다.
안회야말로 공문(孔門)에서 덕행이 으뜸가는 인물이다. 「不遷怒 不貳
過」는 이 인물의 덕행을 그가 죽은 뒤에 한 말이다. 노스승이 제자에게
준 묘지명(墓誌銘)이다. 「可使南面」의 평에 비하면 이것은 천하의 정치
를 위하여 그 덕을 발휘하지 못하고 일찍 죽어 버린 불행한 제자에게 바
쳐진 진혼가(鎭魂歌)라고 하겠다.

공자께서 안회를 애도하는 말은 계강자(季康子)와의 문답(第十一 先
進篇 7)에도 보인다. 「好學」에 대하여는 第一 學而篇 14에 「군자는 음식
에 배부름을 구하지 않고 생활에 안락을 구하지 않는다. 일에 부지런을
떨고 말을 삼가며 도(道)를 지닌 분에게 가서 자신을 바로잡는다. 이런
인물이라면 학문을 좋아한다고 평가할 수 있다.」라고 하였다. 공자의
학문의 본령을 보여 준다.

4

子華使於齊 冉子爲其母請粟. 子曰 與之釜. 請益. 曰 與之
자화사어제 염자위기모청속 자왈 여지부 청익 왈 여지
庾. 冉子與之粟五秉. 子曰 赤之適齊也 乘肥馬 衣輕裘. 吾
유 염자여지속오병 자왈 적지적제야 승비마 의경구 오
聞之也 君子周急不繼富.
문지야 군자주급불계부

자화(子華)가 제나라에 사자로 떠나게 되자 염자가 그의 모친을 위하여
곡식을 주고 싶다고 청했다. 공자께서 말씀하셨다.

"한 부(釜)를 보내 드려라."

염자가 더 주겠다고 하자 공자께서,

"한 유(庾)를 보내 드려라."

하시어 염자가 5병(秉)의 곡식을 보내자 공자께서 말씀하셨다.

"적(赤)이 제(齊)로 떠날 때에는 살찐 말을 타고 가벼운 털가죽 옷을 입고
있었다. 내가 듣건대 '군자는 곤궁한 사람을 돕지만 가진 자에게 보태 주지
는 않는다.' 라고 하더라."

【글자 뜻】 華:빛날 화. 冉:나아갈 염. 粟:조 속. 釜:가마 부. 庾:곳집 유.

秉:잡을 병. 繼:이를 계.

【말의 뜻】 子華(자화):공자의 제자. 성은 공서(公西), 이름은 적(赤), 자화는
그의 자. 공자보다 사십이 세 연하라고 한다. 第五 公冶長篇 8에 「적
(赤)은 예복을 입고 조정에 나아가 빈객과 응대시킬 수는 있습니다.」라
고 하였다. 의용(儀容)이 빼어나고 외교에 능하였다. 그러므로 제(齊)나
라에 사자로 떠났던 것이다. 冉子(염자):공자의 제자 염구(冉求). 第三
八佾篇 6 「子謂冉有曰」 참조. 「子」는 미칭. 釜・庾・秉(부・유・병):
모두 양(量)의 단위. 중국의 옛 주(註)에서는 6두 4승・십육 두・십육
석. 일본의 두량(斗量)은 그것의 약 0.9할. 오규소라이(荻生徂徠)의 ≪
도량형고(度量衡考)≫에 따르면 5승 7홉 5작강・1두 4승 3홉 7작강・1
석 4두 3승 7홉강이다. 그런데 고고학의 조사에 의하면 1두 2승 2홉・2
두 8승・2석 8두가 된다. 아무튼 5병(秉)은 1부(釜)의 일백이십오 배에
상당한다. 適齊(적제):「適」은 감(往). 君子周急不繼富(군자주급불계
부):고어일 것이다. 「周」는 주제(周濟), 모자라는 자에게 공급함. 「急」은
곤급(困急). 「繼富」는 가진 자에게 더해 줌.

【뜻 풀이】 참으로 흥미진진한 이야기이다. 그러나 재미를 실감할 수 있으
려면 몇 가지 사실이 명료해져야만 한다. 공자께서 고어를 인용하여 말
한 바에 따르면 자화의 집은 경제적으로 부족함이 없다. 풍족한 집이다.
그런데 집에 남아 있는 모친을 위하여 염자가 곡식을 모으는 것은 무엇
때문인가? 공자의 본심은 염자의 염곡(斂穀)을 어떻게 보는 것일까?
　공자는 「君子周急不繼富」라고 말한다. 그러면서 공자는 곡식을 내고
있다. 이것은 왜인가? 공자께서 염자에게 준 곡식은 한 부(釜)이다. 고
증을 통해 밝혀진 설에 따르더라도 1두 1승 2홉이다. 너무 적은 양이 아
닌가! 공자는 인색한 사람이 아니다. 인색한 사람이라면 삼천 제자가 따
르지 않는다. 또 유(庾)의 열 배가 병(秉)이므로 이 양자(兩者)는 십진법

에 따른 한 계열의 단위이지만 유(庾)와 부(釜)는 십진법이 아니다. 부(釜)는 유(庾)·병(秉)과는 다른 계열의 단위인 듯하다. 그런데 왜 이 양쪽 단위가 사용되고 있는가? 염자가 보낸 5병의 곡식은 공자의 것일까, 아니면 염자 자신의 것일까? 이런 의문에 나는 추측하여 답해 본다.

벗이 외국으로 장기간 여행을 떠나면 그의 집에 남아 있는 가족을 위문하는 것이 당시의 관습이었다. 위문은 오늘날처럼 돈을 모으는 것이 아니라 곡식을 모음으로써 이루어졌다. 이것도 역시 관행이었다. 갹출하는 곡식의 양은 한 부(釜)가 낮은 기준이었다. 공자께서 한 부를 낸 것은 남들처럼 한 몫을 낸 것이다. 자화와 염자에 대한 공자의 의리이며 인정이다. 여기까지는 공자도 싫어하지 않았다.

그러나 염자는 그것을 '너무 적습니다. 좀더 분발해 주십시오.' 하였다. 공자는 좀 기분이 언짢았겠지만 1부를 1유(庾)로 고친다. 이것도 한 단위이지만 특별한 두량이다. 내용은 두 배 남짓하다. 염자의 권유가 있었고 시사가 있었기 때문이리라. 발기인인 염자 자신은 5병의 곡식을 내었다. 1부의 일백이십오 배이다. 그것은 염자가 자화에 대한 우정의 돈독함을 보여 주는 것이며 그 자신의 도량이 큼을 보여 주는 것이기도 하다. 그것은 그 자체로 미담이라고도 하겠다.

그러나 공자는 그것을 도에 넘는 것이라고 타이른다. 염자의 귀에도 이미 익었을 법한 고어를 인용하여 조용히 타이른다. 주인공 염구를 염자라고 칭한 것은 공구(孔丘)를 공자라 부르는 것과 마찬가지로 스승을 존중하는 호칭이다. 이 장을 기록한 것은 염구의 제자 유파에 속한 사람일 것이다.

5

原思爲之宰 與之粟九百. 辭. 子曰 毋 以與爾隣里鄕黨
원사위지재 여지속구백 사 자왈 무 이여이인리향당
乎.
호

원사(原思)가 공자의 읍재(邑宰)가 되었는데 구백의 곡식이 급여되었다.
원사는 사양하였다. 공자께서는 '사양할 것 없다. 이것을 이웃에게 나누어
주면 된다.'고 말씀하셨다.

【글자 뜻】原:언덕 원. 辭:사양할 사. 隣:이웃 인. 鄕:시골 향. 黨:무리
당.

【말의 뜻】原思(원사):공자의 제자. 原은 성, 이름은 헌(憲), 자는 자사(子
思). 공자보다 삼십육 세 연하. 노나라 사람. 또 송(宋)나라 사람이라고
도 함. 청빈한 사람의 대표로서 후세에도 전해지고 있다. 爲之宰(위지
재):「之」는 공자의 영읍(領邑)을 가리킴. 공자께서 영읍을 가졌던 것은
노(魯)의 중도(中都)의 재(宰)·사공(司空) 또는 사구(司寇)였던 정공(定
公) 9년, 10년, 11년의 일일 것이다. 「宰」는 읍재(邑宰). 영읍을 다스리
는 자. 粟九百(속구백):「粟」은 곡식의 총칭. 겉곡식. 「九百」은 분량. 당
시에 있어서는 봉록의 단위가 정해져 있어 새삼스레 말할 것까지도 없
었을 것이다. ≪사기(史記)≫ 공자세가(孔子世家)에서는 공자께서 위
(衛)의 영공(靈公)의 물음에 답하여, 노(魯)에 있어서 「奉粟六萬」이라고
하였다. 여기서도 단위는 말하지 않는다. 단위야 어찌 되었든 간에 공자
의 육만과 원사의 구백의 비율은 양쪽 지위 관계도 보여 주어 주목할 만
하다. 옛 주(註)는 「九百」을 구백 두(斗)라 하지만 지금의 8석 남짓하다.

사양할 정도의 것도 아니며 이웃에게 나누어 줄 수 있는 수량도 아니다. 오규소라이(荻生徂徠)가 이것을 봉록이라고 한 것은 너무 적은 것을 꺼린 게 아닐까? 고고학적 조사가 앞·장의 부(釜)로써 단위로 한 것에 나는 관심을 가진다. 구백 부는 지금의 백여 석에 해당된다. 隣里鄕黨(인리향당):근처, 근방. 지역사회는 그 대소에 따라서 각각 호칭이 있다.

【뜻 풀이】앞의 장과 함께 재산을 쓰는 공자의 태도를 보여 준다. 인색하기도 하고 선심도 있으며, 때와 사정에 따라 적당한 처리를 자기 판단으로 결정하고 있다.

6

子謂仲弓曰 犁牛之子 騂且角 雖欲勿用 山川其舍諸.
자 위 중 궁 왈 이 우 지 자 성 차 각 수 욕 물 용 산 천 기 사 제

공자께서 중궁을 평하여 말씀하셨다.
"경우(耕牛)의 새끼라도 털이 붉고 또 뿔이 잘 났으면 제물로 쓰지 않으려 한들 산천의 신들이 그냥 두겠느냐?"

【글자 뜻】 犁:밭 갈 리. 騂:붉을 성. 角:뿔 각.
【말의 뜻】 仲弓(중궁):염옹(冉雍)의 자. 본편 1「雍也可使南面」을 참조. 犁牛之子(이우지자):「犁牛」는 경우(耕牛). 일설에 얼룩소.「犁牛之子」는 중궁의 출신이 미천함에 빗댐. ≪사기(史記)≫ 중니제자열전(仲尼弟子列傳)은 ≪논어≫의 이 장을 말하는 첫머리에서「중궁의 아버지는 천인」이라고 하였다. 騂且角(성차각):「騂」은 색깔이 붉음.

【뜻 풀이】 공자는 공야장에 대해서는 감옥살이를 개의치 않았다. 또 중궁에 대해서는 집안을 문제로 하지 않았다. 공자는 항상 인물 본위였다.

「子謂仲弓曰」 ── 公冶長篇의 처음 세 장에 「子謂公冶長」, 「子謂南容」, 「子謂子賤」과 같이 인물 평론을 할 때에는 「子謂某」라고 하는 것이 예이다. 이에 반하여 「子謂某曰」이라고 하는 것은 상대에게 직접 말할 경우이다. 이미 第三 八佾篇 6 「子謂冉有曰」, 第五 公冶長篇 9 「子謂子貢曰」의 예가 있었으며, 이 雍也篇 13에도 「子謂子夏曰 女爲君子儒. 無爲小人儒」라고 하였다.

이와 같은 용례로 보아 이 「子謂仲弓曰」도 공자께서 중궁을 직접 격려하고 있는 것이라고 해석하는 것이 이 다섯 자의 문맥으로 보아 무리가 없다. 단, 이 말의 내용 「犁牛之子……」는 제자의 면전에서 말한 것으로는 비유를 쓴 것도, 비유 그 자체도 좀 지나친 감이 있다. 제3자 앞에서 한 객관적인 인물평 같다.

第九 子罕篇 21의 「子謂顔淵曰 惜乎. 吾見其進也 未見其止也」는 안연의 사후에 한 말이다. 당연히 안연에게 말한 것은 아니다. 여기의 「子謂仲弓曰」도 그 예에 준한다. 「曰」자의 유무는 형식상으로는 다르지만 어감상(語感上)으로는 어느 쪽이든 괜찮다.

제사의 희생[牲]은 본래 목동이 관(官)에서 사육하고 있었다. 그러나 가끔 다른 데서 조건에 맞는 것을 구입하여 충당하였다. ≪주례(周禮)≫ 수인편(遂人篇)에서 말하는 「야생(野牲)」, ≪예기(禮記)≫ 곡례(曲禮) 하편(下篇)에서 말하는 「색우(索牛)」 등이 그것이다. 공자의 비유는 이러한 것을 배경으로 하여 성립하고 있다.

7

子曰 回也 其心三月不違仁 其餘則日月至焉而已矣.
자 왈 회 야 기 심 삼 월 불 위 인 기 여 즉 일 월 지 언 이 이 의

공자께서 말씀하셨다.

"회(回)는 마음이 석 달이나 인(仁)에서 떠나지 않는데 그 밖의 제자들은 하루나 한 달쯤 어쩌다가 인(仁)에 이를 뿐이다."

【글자 뜻】回:돌 회. 餘:남을 여. 至:이를지.

【말의 뜻】回(회):안회(顔回). 三月(삼월):기간이 긴 것을 말함. 第七 述而 篇 13에 「三月不知肉味」라고 하였다. 其餘(기여):안회 이외의 제자들. 焉而已矣(언이이의):구(句) 끝의 조자(助字)가 겹친다. 공자의 영탄하는 마음의 깊이를 나타낸다.

【뜻 풀이】「回也」는 본편 11의 「回也不改其樂」 또는 第十一 先進篇 11에 「回也視子猶父也」의 예와 같이 回를 초들어서 말한다. 눈앞에 안회가 있어 그에게 말을 던지는 것은 아니다.

「三月」은 긴 기간을 말하고, 그에 반하여 「日月至」는 단기간의 우연을 말한다.

「其餘」 ― 인(仁) 이외의 여러 덕이라고 해석하는 설도 있지만 따르기 어렵다. 공문(孔門)에 있어서 인에 도달하는 것은 제자 모두의 지향하는 바였다. '아무개는 어집니까?' 이 물음이 자주 되풀이되고 있다. 그때마다 공자는 '아직 잘 모른다.'고 질문의 화살을 피하고 있다. 안회는 공자께서 인(仁)을 인정한 단 한 사람의 제자이다. 이와 같은 상황을 생각하여 「其餘」를 안회 이외의 제자들이라고 해석하였다.

8

季康子問 仲由可使從政也與. 子曰 由也果. 於從政乎何有.
계강자문 중유가사종정야여 자왈 유야과 어종정호하유

曰 賜也可使從政也與. 曰 賜也達. 於從政乎何有. 曰 求也
왈 사야가사종정야여 왈 사야달 어종정호하유 왈 구야

可使從政也與. 曰 求也藝. 於從政乎何有.
가 사 종 정 야 여 왈 구 야 예 어 종 정 호 하 유

계강자가 여쭈어 보았다.

"중유(仲由)는 정치를 시킬 수 있겠습니까?"

공자께서 말씀하셨다.

"유(由)는 과단성이 있습니다. 정치에 종사시킴에 안 될 게 무엇이 있으리오."

"사(賜)는 정치를 시킬 수 있겠습니까?"

"사는 앞을 잘 내다봅니다. 정치에 종사시킴에 안 될 게 무엇이 있으리오."

"구(求)는 정치를 시킬 수 있겠습니까?"

"구는 다재다능합니다. 정치에 종사시킴에 안 될 게 무엇이 있으리오."

【글자 뜻】康:편안할 강. 賜:줄 사. 藝:재주 예.

【말의 뜻】季康子(계강자):노(魯)의 대부(大夫). 第二 爲政篇 20「季康子問」
　　참조. 由也果(유야과):「由」는 중유(仲由), 즉 자로(子路). 「果」는 과감,
　　결단. 於從政乎何有(어종정호하유):「何有」는 '뭐가 있으랴!'로 여력이
　　있음을 말한다. 賜(사):단목사(端木賜), 즉 자공(子貢). 達(달):사물의
　　이치에 통하고 있음. 환히 내다봄. 求(구):염구(冉求). 藝(예):다재다
　　능. 第十四 憲問篇 13에「염구(冉求)의 재능, 여기에 예악(禮樂)을 더하

여 문(文)으로 한다면 그런 사람은 가히 성인(聖人)이라 할 수 있을 것이다.」라고 하였다.

【뜻 풀이】 第五 公冶長篇 8에 역시 노의 대부(大夫) 맹무백(孟武伯)이 자로·염구·공서적(公西赤) 세 사람에 대하여 '어집니까?' 하고 묻자 공자께서 그 세 사람에 대하여 각자의 능력으로서 대답하고 있다. 자로에 대해서는 '천 승(千乘)의 나라에서 그 부역을 관리시킬 수 있다.' 하고, 염구에 대해서는 '천 가구의 도시나 백 승의 집을 관리시킬 수 있다.' 하고, 공서적에 대해서는 '예복을 입고 조정에 나아가 빈객을 응대시킬 수 있다.' 하였다.

  이 장에서도 역시 제자의 행정 능력을 각각 추천하여 등용을 바라고 있다. 단, 맹무백과의 문답은 은근하며, 계강자와의 문답은 단도직입적이다. 질문하는 사람의 인품에 따라 그에 대응하는 공자의 어기(語氣)도 역시 달라진다. 그리고 공자께서 한마디로 인물평을 하는 것은 第十一 先進篇 3에도 보인다. 第十一 先進篇 3은「言語」에 자공(子貢)을,「政事」에 염구와 자로를 공문(孔門)을 대표하는 제자로 들고 있다.

9

> 季氏使閔子騫爲費宰. 閔子騫曰 善爲我辭焉. 如有復我者
> 계 씨 사 민 자 건 위 비 재   민 자 건 왈   선 위 아 사 언   여 유 부 아 자
> 則吾必在汶上矣.
> 즉 오 필 재 문 상 의

계씨가 비(費)의 읍장(邑長)에 민자건을 시키려고 하자 민자건이 말하였다.

"나를 대신하여 잘 거절하여 주십시오. 만일 거듭 나에게 말하는 일이 있으면 나는 반드시 문수(汶水) 강가에 가 있을 것입니다."

【글자 뜻】 閔:성씨 민. 騫 :이지러질 건. 汶:물 이름 문.
【말의 뜻】 季氏(계씨):이미 자주 등장하고 있는 노의 대부 계손씨(季孫氏).
閔子騫(민자건):閔은 성, 子騫은 자, 이름은 손(損). 공자의 제자, 십오
세 연하. 노나라 사람. 第十一 先進篇 3에 공문의 덕행자로 안연(顔淵)
다음 민자건을 들고 있다. 費宰(비재):「費」는 계손씨가 환공(桓公)으로
부터 분봉(分封)받아 그들 권세의 지반이 되어 있었던 중요한 성읍. 옛
성이 산동성(山東省) 기주부(沂州府) 비현(費縣)의 서북 이백 리에 있다.
「宰」는 읍재(邑宰), 읍을 다스리는 자. 善爲我辭焉(선위아사언):「辭」는
변명(핑계)을 함. 또는 사퇴함. 復我者(부아자):거듭 나를 부르러 올 때
에는. 吾必在汶上矣(오필재문상의):「汶」은 강 이름. 제(齊)와 노(魯)의
국경을 흐르고 있었음. 「上」은 연안 또는 강의 북쪽. 「汶上」은 제(齊)나
라의 영역 안을 말함. 이 한 구는 민자건이 제나라로 망명할 마음의 준
비가 되어 있음을 보여준다.

【뜻 풀이】 「季氏」가 계손씨 중 누구인지 명확하지는 않다. 그렇지만 이 장
이 계강자(季康子)가 '정치를 시킬 수 있는' 사람을 구하고 있는 앞 장
에 이어지는 것으로 보아 여기서의 「季氏」를 계강자라 하고, 계강자 때
문에 민자건이 벼슬을 거절했다고 본다 해도 상황 설정을 그르치는 것
은 아닐 것이다. "나를 대신하여 잘 거절해 주십시오!"는 계씨의 의향을
전하러 온 사자에게 하는 말이다.
　민자건은 공문의 덕행을 대표하는 사람이다. 따라서 이 한 장을 ≪논
어≫에 실은 사람의 의도는 민자건의 덕행을 드러내는 것에 있는 것이
다. 사마천(司馬遷)은 ≪사기(史記)≫ 중니제자열전에 이 일화를 싣고

"대부(大夫)를 섬기지 않고 오군(汚君)의 녹을 먹지 않았다."고 하였다. 사마천의 찬사이다.

자로(子路)가 비(費)의 읍재로 자고(子羔)를 시켰을 때 공자가 '젊은이를 못쓰게 만든다.'고 탄식하였다.(第十一 先進篇 25).

10

> 伯牛有疾. 子問之. 自牖執其手. 曰 亡之. 命矣夫. 斯人也
> 백우유질　자문지　자유집기수　왈　무지　명의부　사인야
> 而有斯疾也. 斯人也而有斯疾也.
> 이유사질야　사인야이유사질야

백우가 병이 났다. 공자께서 문병 가시어 창 너머로 그의 손을 꼭 잡으셨다. 그리고 말씀하셨다.

"있을 수 없는 일이다. 운명이라는 것이냐! 이만한 사람이 이런 병에 걸리다니! 이만한 사람이 이런 병에 걸리다니!"

【글자 뜻】 牛:소 우. 疾:병 질. 牖:들창 유.

【말의 뜻】 伯牛(백우):염경(冉耕)의 자. 공자의 제자. 노나라 사람. 공자보다 7세 연소. 第十一 先進篇 3에 안연·민자건에 이어 덕행으로 이름이 열거되어 있다. 有疾(유질):「疾」은 고약한 질병. 백우는 문둥병을 앓았다고 한다. ≪사기(史記)≫ 중니제자열전은 「伯牛有惡疾」이라고 하였다. 自牖執其手(자유집기수):「牖」는 창문. 백우는 나쁜 질병이 있으므로 공자에게 보이기를 꺼려 방안으로 들어오는 것을 거절했던 것이다.「執手」는 손을 꼭 잡음. 亡之(무지):「亡」는 없음(無). '이럴 수는 없는 일이다.' 보통은 「亡」을 '망' 이라 읽고 상(喪)이라 해석한다. 斯

人也有斯疾也(사인야유사질야):되풀이하여 말하는 것은 비탄이 극심함을 나타냄.

【뜻 풀이】 공자의 이 말이 백우의 손을 잡으면서 나온 것일까? 아니면 말없이 헤어져서 다른 장소로 떠나간 후에 나온 것일까? 상황을 파악하는 방법에 따라 말의 뜻이 달라진다. 나는 전자라 생각한다. 「亡之」를 '백우가 죽는다. 그 죽음의 불가피함을 공자께서 단정했다.'고 해석하는 설도 있다. 그러나 「亡」라는 말이 그러한 경우의 죽음을 나타내는 것일까? 이것이 첫째 의문이다. 그리고 내가 묘사하는 공자는 악질을 앓는 제자의 죽음을 입에 올릴 사람은 아니다.

「亡之」는 눈앞의 사건을 통탄하는 격한 항의이다. "이럴 수가! 있을 수 없는 일이다!" 그러나 현실은 엄연한 현실이다. 그 불합리를 「命矣夫」, 즉 슬픈 운명이라고 받아들인다. 앞에서는 격하여 말이 되지 않았던 감정이 여기서 비로소 말이 된다. 백우만큼 덕행이 빼어난 사람이 이런 악질에 걸리다니, 있을 수가 없는 일이다. "이만한 사람이 이런 병에 걸리다니!" 깊은 비탄이 두 번 되풀이된다. 그리고 그 뒤에 또 "운명이라는 것이냐!"로 빠져들어간다. 사마천(司馬遷)은 공자의 말을 「命也夫. 斯人也而有斯疾. 命也夫」라고 묘사하였다.

11

子曰 賢哉 回也. 一簞食 一瓢飮 在陋巷 人不堪其憂 回也
자왈 현재 회야 일단사 일표음 재누항 인불감기우 회야
不改其樂. 賢哉 回也.
불개기락 현재 회야

공자께서 말씀하셨다.

"어질도다, 회여! 거친 밥과 한 표주박의 물, 누추한 집. 사람들은 그 시름을 견디지 못하거늘 회는 그 즐거움을 바꾸려 들지 않는구나. 어질도다, 회여!"

【글자 뜻】簞:소쿠리 단. 瓢:바가지 표. 陋:더러울 누. 巷:집 항. 堪:견딜 감. 憂:근심할 우.

【말의 뜻】回(회):안회. 一簞食 一瓢飮(일단사 일표음):「簞」은 대나무로 만든 둥근 식기. 도시락.「食」는 밥, 음(音)은 사.「飮」은 물.「一簞食 一瓢飮」은 간단하고 반찬이 빈약한 소량의 식사를 말한다. 不改其樂(불개기락):「樂」은 나의 길, 즉 선왕의 도를 걷는 즐거움.

【뜻 풀이】애제자 안회를 기린다.

第七 述而篇 15에 「거친 밥에 물 마시고 팔을 구부려 베개 삼아도 거기에 낙이 있다. 부정한 부와 지위는 내게는 뜬구름과 같다.」고 하였고, 第四 里仁篇 9에 「선비 된 자가 도(道)에 뜻을 두고도 거친 밥과 허름한 옷을 부끄러워하는 자는 더불어 의론하기에 미흡하다.」라고 하였다.

12

冉求曰 非不說子之道 力不足也. 子曰 力不足者 中道而廢
염구왈 비불열자지도 역부족야 자왈 역부족자 중도이폐
今女畫.
금여획

염구가 여쭈었다.

"선생님의 도(道)가 기껍지 않음은 아니오나 힘이 부족합니다."

공자께서 말씀하셨다.

"힘이 부족한 자는 중도에서 포기하거니와 지금 너는 스스로 한계선을 긋고 있구나."

【글자 뜻】 說:기꺼울 열.　畫:그을 획.

【말의 뜻】 冉求(염구):冉有·求·冉子 등의 호칭으로 이미 앞에 나왔었다.　非不說之道(비불열지도):「說」은 기쁨(悅).　今女畫(금여획):「女」는 너(汝).　「畫」은 한계 지음.

【뜻 풀이】 第四 里仁篇 6에 '하루만 인(仁)을 위하여 노력해 볼 경우 그것을 할 힘이 부족한 자를 나는 만난 적이 없다.' 는 공자의 말씀이 있다.

13

子謂子夏曰 女爲君子儒. 無爲小人儒.
자 위 자 하 왈 여 위 군 자 유　무 위 소 인 유

공자께서 자하에게 말씀하셨다.

"너는 군자적인 학자가 되어라. 소인적인 선비는 되지 않도록 하라."

【글자 뜻】 謂:이를 위.　儒:선비 유.

【말의 뜻】 子夏(자하):第一 學而篇 7의 「子夏曰」 참조.　儒(유):지식분자, 학자, 교양 있는 자. 선비.

【뜻 풀이】 「君子儒 小人儒」 — 당시 이 말이 세상에 유행하여 공문(孔門)의

사람들을 평가하는 데 사용하는 경우가 있었던 것이리라. 「君子儒」는 그 교양과 행위가 천하적 세계관에 입각하여 안민(安民)에 유용한 정치를 하는 사람. 「小人儒」는 시야가 좁고 기껏해야 유식쟁이이거나 혹은 길흉의 의식을 주관할 만한 자.

자하(子夏)는 공문(孔門)의 문학을 대표하는 사람이다. 고전에 대한 그의 지식이 옛 사실들에 대해 박식한 것에 그치는 점을 공자는 걱정했던 것이다. 자하가 거보(莒父)의 읍장이 되었을 때 공자는 "조급하게 굴지 말라. 소리(小利)에 눈을 돌리지 말라."고 훈계하고 있다.(第十三 子路篇 17) 또 동문(同門)인 자유(子游)는 "자하의 문인 제자들은 청소·응대·진퇴에 있어서는 제법이다. 그러나 그것은 끝부분의 일이다. 근본적인 것은 아무것도 하고 있지 않다."고 비판하고 있다.(第十九 子張篇 12) 폐해는 작은 부분에서 증폭한다. 공자가 훈계하는 이유가 여기에 있는 것이다.

14

子游爲武城宰. 子曰 女得人焉耳乎. 曰 有澹臺滅明者 行不
자유위무성재 자왈 여득인언이호   왈 유담대멸명자 행불

由徑. 非公事 未嘗至於偃之室也.
유경   비공사 미상지어언지실야

자유(子游)가 무성의 지방관이 되었다. 공자께서 말씀하셨다.

"너는 인물을 임용하였겠지?"

자유가 말씀드렸다.

"담대멸명이라는 자가 있는데, 길을 감에 지름길로 다니지 않고 공무가 아닌 한 결코 제 방에 오지 않습니다."

【글자 뜻】 遊:놀 유. 澹:담박할 담. 臺:대 대. 滅:멸할 멸. 偃:쓰러질 언.

【말의 뜻】 子游(자유):성은 언(言), 이름은 언(偃). 第二 爲政篇 7「子游問孝」참조. 武城宰(무성재):「武城」은 노(魯)나라의 지명. 요충지였다. ≪춘추좌씨전≫에 보이고 있다. 지금의 산동성(山東省) 비현(費縣)의 서남에 옛 성이 있다. 「宰」는 장관. 女得人焉耳乎(여득인언이호):「女」는 너(汝). 「焉耳乎」는 조사(助辭). 이런 형태의 조사는 눈에 설다. ≪논어≫에도 이곳 외에는 보이지 않는다. 그러므로 이 석 자가 이어져 빚어내는 어감(語感)이 어떤 것인지 파악하기 어렵다. 「焉爾乎」라고 쓴 책도 있어 '어차호(於此乎)'라고 해석하는 설이 있다. 문리적(文理的)으로는 알기 쉽지만 그만큼 도리어 문리 쪽으로 치우칠 위험이 있다. 澹臺滅明(담대멸명):「澹臺」가 성, 「滅明」이 이름, 자는 자우(子羽). 武城 사람. 공자의 제자. 삼십구 세 연하. 行不由徑(행불유경):「徑」은 좁은 지름길. 非公事 未嘗至於偃之室也(비공사 미상지어언지실야):사사로운 청탁 때문에 은밀히 찾아오는 일이 없음. 「偃」은 자유(子游)의 이름. 여기서는 그의 자칭.

【뜻 풀이】 ≪사기(史記)≫ 중니제자열전은 담대멸명의 용모가 몹시 추하며 그로 인해 입문(入門)해 왔을 때에 공자께서 그를 재능이 없는 것으로 잘못 본 것을 기록하고 있다. 자유(子游)가 이 사람을 임용한 것을 자랑스럽게 여기는 모습이 눈에 떠오른다.

「有澹臺滅明者」—「有」를 한 구로 보아 '있습니다.' 하고 공자의 물음에 답하고 나서 '담대멸명이라는 자가……,' 하고 아래의 설명에 이어지는 해석도 있다. 하긴 「有澹臺滅明者」를 한 구로 해석하면 공자는 아직 이 사람의 이름을 모르는 것이 된다.

자유가 무성(武城)의 지방관으로서 다스리는 모습은 第十七 陽貨篇 4의 「子之武城」에 보인다.

子曰 孟之反不伐. 奔而殿. 將入門. 策其馬曰 非敢後也. 馬
자 왈 맹 지 반 불 벌　분 이 전　장 입 문　책 기 마 왈　비 감 후 야　마
不進也.
불 진 야

공자께서 말씀하셨다.

"맹지반은 공(功)을 자랑하지 않는다. 패주할 때에 후위를 맡아 보았는데, 성문에 도착했을 때 자기의 말을 채찍질하며 '후위를 맡아 본 건 아니다. 말이 달리지 않았던 것이다.' 라고 말하였다."

【글자 뜻】伐:자랑할 벌.　奔:달아날 분.　殿:후군 전.

【말의 뜻】孟之反(맹지반):노(魯)의 대부(大夫).「孟」은 성,「之反」은 자. 이름은 지측(之側). ≪춘추좌씨전≫ 애공(哀公) 11년에 노(魯)의 군대가 제(齊)의 군대에게 패하여 달아날 때의 일을 「맹지측(孟之側)은 뒤에 처져서 들어왔다. 그래서 후위(後衛)가 되었다. 화살을 뽑아 말에 채찍을 가하며 말하였다. '말이 달리지 않았던 것이다.'」라고 기록하였다. 그때 공자는 육십팔 세. 눈앞의 생생한 사건이다.　伐(벌):잘한 일을 자랑함.　奔而殿(분이전):「奔」은 빨리 달림.「殿」은 후위(後衛).　將入門(장입문):「門」은 노(魯)의 국문(國門).

16

子曰 不有祝鮀之佞 而有宋朝之美 難乎免於今之世矣.
자 왈 불 유 축 타 지 영 이 유 송 조 지 미 난 호 면 어 금 지 세 의

공자께서 말씀하셨다.

"축타(祝鮀)의 능변이 없고 송조(宋朝)의 미모만 있다면 지금 세상에 살
아남기 어렵다!"

【글자 뜻】祝:빌 축.   鮀:모래무지 타.   難:어려울 난.   免:면할 면.

【말의 뜻】祝鮀(축타):「祝」은 제사를 주관하는 관직.「鮀」는 이름. 자는 자
어(子魚). 위(衛)의 대부(大夫). 태축(太祝)이었음으로 축(祝)을 성으로
함.   佞(영):변설에 능숙한 것. 第五 公冶長篇 5「雍也 仁而不佞」을 참
조.   宋朝(송조):송(宋)의 공자(公子) 조(朝). 용모가 아름다웠다. 위(衛)
영공(靈公)의 부인 남자(南子)의 젊었을 때 애인.   美(미):용모와 의용의
아름다움.

【뜻 풀이】「祝鮀」는 第十四 憲問篇 20에 다시 등장한다. 영공이 무도함에
도 불구하고 위(衛)나라는 망하지 않는다. 세 사람의 훌륭한 신하가 국
가를 유지하고 있었기 때문이다. 그중 한 사람이 축타이다. 축타의 웅변
에 대하여는 ≪춘추좌씨전≫ 정공(定公) 4년에 소릉(召陵)에서 제후들
이 회합하였을 때에 자기 나라의 우위를 설파하여 남을 압도한 대활약
이 기록되어 있다. 이 장의 논지(論旨)는 말재주가 없으면 의용의 아름
다움만으로는 이 세상을 살아갈 수 없음을 말하는 것에 있다. 외모를 중
시하는 시대의 추세를 경계한 것이리라.

「而」를 '與'로 읽어 '佞과 美가 없으면'으로 해석하는 설이 있다. 佞

과 美가 처세의 필수 조건으로 되어 있는 시세(時世)의 쇠퇴를 한탄하는 것이라면 논지는 한층 더 철저하다. 그러나 與자를 而자로 써서 나타내는 것은 ≪묵자(墨子)≫, ≪한비자(韓非子)≫ 등에는 눈에 띄지만 그것이 ≪논어≫에도 타당한지는 의문이다. 또 그 경우에는 「而」 아래의 「有」가 조화하지 않는다.

17

> 子曰 誰能出不由戶. 何莫由斯道也.
> 자 왈 수 능 출 불 유 호   하 막 유 사 도 야

공자께서 말씀하셨다.

"그 누구도 나갈 때에 문을 통하지 않는 자는 없다. 그런데 어찌하여 이 길을 통하려 하지 않는 것일까!"

【글자 뜻】 誰:누구 수. 戶:구멍 호. 莫:없을 막.
【말의 뜻】 出不由戶(출불유호):문을 통하지 않고 출입함. 斯道(사도):「道」는 선왕의 도.

【뜻 풀이】 출입할 때 문을 통하는 것은 자연스러운 일이며 또 필연적인 일이다. 같은 자연스러움과 필연성을 공자는 자신의 도에 사는 것에서 느끼고 있다. 그러나 그것을 타인들은 알아주지 않는다. 공자는 개탄한다.

또 일설에, 「誰」와 「何」는 호문(互文)으로서, 하나의 뜻을 두 문자로 표현한 것이라고 해석한다. 「何莫由斯道也」는 「誰莫由斯道也」와 같다. — 누구 한 사람 이 길을 통하지 않는 자는 없다. 누구나 통한다고 공자께서 신념을 말하는 것이 된다. 그러나 이 발언에서도 홀로 길을 가는

사람의 탄식이 느껴지는 것은 내가 묘사하는 공자의 상에 영향을 받은
때문일까? 아무튼 「不由戶」의 비유는 가까운 주변에서 비유를 택한다는
편의성보다는 그렇게 할 수밖에 없다는 절대성을 내세우고 있어서 절실
하다.

18

子曰 質勝文則野 文勝質則史. 文質彬彬 然後君子.
자 왈 질 승 문 즉 야 문 승 질 즉 사 문 질 빈 빈 연 후 군 자

공자께서 말씀하셨다.
"바탕이 꾸밈을 누르면 야인(野人)이고, 꾸밈이 바탕을 누르면 사관(史
官)이다. 꾸밈과 바탕이 잘 어울려야만 비로소 군자다."

【글자 뜻】 質:바탕 질. 野:들 야. 彬:겸비할 빈.
【말의 뜻】 質(질):인간이 소질적으로 지니고 있고 자연히 성장해 나가는
것. 文(문):인위적으로 세련되게 꾸며 나가는 것. 문채(文彩)·문식(文
飾). 구체적으로는 예악(禮樂)을 말함. 野(야):조야(粗野), 촌스러움.
史(사):붓을 들어 국가의 기록 및 제사의 추사를 맡아 보는 자. 사실을
기록하기보다는 문식(文飾)에, 혹은 틀에 박힌 기술(記述)에 빠지는 일
이 많았다. 彬彬(빈빈):이질(異質)의 것이 균형이 잡혀 아름다운 모양.

【뜻 풀이】 여기서 말하는 「史」와 같은 언어 사용법은 ≪의례(儀禮)≫ 빙례
편(聘禮篇)의 「말이 많으면 사(史)요, 적으면 이루지 못한다.」 혹은 ≪한
비자(韓非子)≫ 난언편(難言篇)의 「문채(文彩)가 지나치면 사(史)라고 한
다.」 등에도 보인다.

「文」, 「質」, 「野」, 「君子」의 문제는 第十一 先進篇 1「초기의 제자는 예악에 대하여는 야인이다. 후기의 문인은 그 면에서는 군자이다.」와 第十二 顔淵篇 8「극자성(棘子成)이 말했다. '군자는 질(質)만 있으면 된다. 문(文)을 하여 무엇하랴.'」의 장에서도 다루어지고 있다.

19

子曰 人之生也直 罔之生也 幸而免.
자 왈 인 지 생 야 직 망 지 생 야 행 이 면

공자께서 말씀하셨다.

"인생이라는 것은 곧은 것이니, 곧음이 없이도 살아가고 있음은 요행히 형벌을 면하고 있는 것뿐이다."

【글자 뜻】 直:곧을 직. 罔:없을 망.

【말의 뜻】 人之生也直(인지생야직):「人之生」은 인간 생애의 생활. 「直」은 똑바름, 정직, 성실. 罔之生也(망지생야):「罔」은 없음(無).

20

子曰 知之者不如好之者 好之者不如樂之者.
자 왈 지 지 자 불 여 호 지 자 호 지 자 불 여 낙 지 자

공자께서 말씀하셨다.

"알기만 하는 자는 그것을 좋아하는 자만 못하고, 좋아하는 자는 즐기는 자만 못하다."

【글자 뜻】 如:같을 여. 樂:즐길 락.

【말의 뜻】 知之者(지지자):이를 아는 자. 不如~:~만 못함.

【뜻 풀이】 「知」, 「好」, 「樂」 ─ 공자는 그 대상을 말하고 있지 않다. 주변의
  것에서 이 진실을 체험하고 그 진실이 무슨 일에 대해서도 들어맞음을
  말한 것이리라. 독자가 만일 요리를 사랑하는 사람이라면 이 말에 조금
  도 주저 없이 동감할 것이다. 공자는 第十 鄕黨篇 8에 보이듯이 요리에
  뛰어난 감각을 갖고 있었다. 혹 공자는 벗과 식사를 즐기는 동안에 이
  말을 하여 행복을 찬양한 것일까? 즐길 수가 있는 사람이었기에 제자들
  은 그의 언행을 따를 수가 있었던 것이다.

21

子曰 中人以上 可以語上也 中人以下 不可以語上也.
자 왈 중 인 이 상 가 이 어 상 야 중 인 이 하 불 가 이 어 상 야

공자께서 말씀하셨다.
  "중(中) 이상의 사람에게는 높은 지식을 이야기해도 되지만, 중 이하의
사람에게는 높은 지식을 이야기해서는 안 되느니라."

【글자 뜻】 語:말씀 어.

【말의 뜻】 中人(중인):중등(中等) 정도의 사람.

【뜻 풀이】 「최상의 지자(知者)와 최하의 바보만은 변하지 않는다.」(第十七
  陽貨篇 3)와 서로 호응하는 말이다. 무엇을 말하려면 상대의 능력에 따
  라서 해야만 한다. 「上」은 고원한 학문. 천(天)·명(命)·인(仁)·성(性)

등. 「中人以上」이라 하고 「中人以下」라고 하였다. 중(中)의 사람에게는 혹은 「上」을 이야기하고, 혹은 이야기하지 않는다. 상대가 이해할 수 없는 것을 말하는 것은 교만이며 나태이다. 「이야기해서는 안 된다」는 이야기할 수 없는 안타까움을 나타낸다.

22

樊遲問知. 子曰 務民之義 敬鬼神而遠之 可謂知矣. 問仁.
번지문지 자왈 무민지의 경귀신이원지 가위지의   문인
曰 仁者先難而後獲 可謂仁矣.
왈 인자선난이후획 가위인의

번지가 지혜에 대하여 여쭈어 보자 공자께서 말씀하셨다.

"백성이 옳다고 하는 일에 힘쓰고, 신(神)을 존경하면서도 멀리하면 지혜롭다 할 수 있을 것이다."

인에 대하여 여쭈어 보자 공자께서 말씀하셨다.

"인자는 어려운 일을 먼저 하고, 이록(利祿)을 얻는 것은 그 뒤의 일로 하니 그리하면 어질다 할 수 있을 것이다."

【글자 뜻】 樊:울타리 번. 遲:늦을 지. 務:힘쓸 무. 獲:얻을 획.

【말의 뜻】 樊遲(번지):공자의 제자. 第二 爲政篇 5「樊遲御」참조. 民之義 (민지의):백성이 옳다고 하는 절차. 백성을 위한 정치의 도리. 鬼神(귀신):「鬼」는 조상신. 「神」은 산천(山川) 및 그 밖의 여러 신. 先難而後獲 (선난이후획):우선 어려운 일을 해내고 이익과 봉록을 얻는 것은 그 뒤의 일로 함.

【뜻 풀이】 이 문답은 백성에 대한 태도가 주제로 되어 있다. 필시 번지가 벼슬하였을 때에 일어난 일일 것이다. 번지가 다른 때에 인(仁)을 묻고 지(知)를 물은 데 대하여 공자는 '사람을 사랑하는 일', '사람을 아는 일'로써 답하고 있다.(第十二 顔淵篇 22). 이때의 '사람'도 백성이다. 정치는 백성이 옳다고 하는 것을 힘써 해야만 한다. 번지는 이 기본에 충실하지 않고 인지(人智)를 다하지 않는 점이 있었던 것이리라.

반면 귀신에게 기도드려 행복을 비는 성향이 그에게 있었던 것은 아닐까? "귀신을 존경하면서도 이를 멀리한다." — 이 말이 그것을 연상케 한다. 신을 경원함. 이것은 대담한 말 같지만 당시에 있어서는 오히려 정론(正論)으로서 인정되고 있었던 것을 새삼스레 번지의 주의를 촉구한 것인 듯싶다.

≪춘추좌씨전(春秋左氏傳)≫의 환공(桓公) 6년(기원전 706년)에 수(隨)나라의 계량(季梁)이, 그리고 희공(僖公) 19년(기원전 641년)에 송(宋)나라의 사마자어(司馬子魚)가 다 같이 '백성은 신의 주인이다.' 라고 말하고 있다. 그러므로 공자는 고어로써 말하고 있는 것이다. 공자는 백성과 신의 한계를 명백히 하고 백성을 주로 하여 정치를 하라고 한다. 「국가가 바야흐로 흥하려 할 때에는 백성에게 묻고, 바야흐로 망하려 할 때에는 신에게 묻는다.」[≪춘추 좌씨전≫ 장공(莊公) 32년(기원전 662년)]도 공자의 뇌리에 새겨져 있었을 것이다.

「先難而後獲」 — 신에게 비는 자는 이익을 구하되 노고를 피한다. 「知」에 있어서 공자께서 훈계하는 바는 일관해 있다. 또 第十二 顔淵篇 21에 번지가 '덕을 높이는' 것을 물은 데 대하여 공자는 거기서도 '일을 먼저 하고 얻음을 뒤로 한다' 고 답하고 있다. 이와 같이 가르침을 받고 있는 번지의 인품을 상상할 수 있다.

23

子曰 知者樂水 仁者樂山 知者動 仁者靜 知者樂 仁者壽.
자왈 지자요수 인자요산 지자동 인자정 지자락 인자수

공자께서 말씀하셨다.

"지자(知者)는 물을 좋아하고 인자(仁者)는 산을 좋아하는 법이니 지자는 동적(動的)이고 인자는 정적(靜的)이며, 지자는 즐기고 인자는 장수를 누린다."

【글자 뜻】 動:움직일 동. 靜:고요할 정. 壽:오래 살 수.

【말의 뜻】 樂水(요수):「樂」는 좋아함(好). 知者樂(지자락):「樂」은 즐김(喜).

【뜻 풀이】「지자는 물을 좋아하고 인자는 산을 좋아한다.」― 공자는 이 고어에 부딪쳤다. 「知」와 「仁」을 언어로써 어떻게 표현할 것이냐 하는 그의 머릿속의 숙제가 이 고어의 적절한 표현에 의하여 실마리를 찾게 되었다. 「水」에서 「動」으로, 그리고 「山」에서 「靜」으로 그의 사유는 전개되었다. 다시 깊이 파고 들어가 「지자는 즐기고 인자는 장수를 누린다.」에 도달하였다. 여기에 이르러 그의 「知」와 「仁」의 생각은 결론을 얻었다. 그는 만족한 것이다.

　황간(皇侃)의 ≪의소(義疏)≫가 인용한 육특진(陸特進)이 이 한 장을 3단으로 나누어 병렬(並列)시키고 지자와 인자의 성(性)·용(用)·공(功)을 말한다고 설명한다. 그리고 그 해석이 세상에 유행되고 있다. 그러나 나는 그 해석을 쫓기 어렵다.

24

> 子曰 齊一變至於魯 魯一變至於道.
> 자 왈 제 일 변 지 어 노 노 일 변 지 어 도

공자께서 말씀하셨다.

"제나라는 한 번 변혁하면 노(魯)에 다다르고, 노나라는 한 번 변혁하면 도(道)에 다다르리라."

【글자 뜻】 變:변할 변. 魯:노나라 노.
【말의 뜻】 一變(일변):한 번 변혁함.

【뜻 풀이】 제나라와 노나라는 지리적으로도 서로 이웃한 나라이며, 제나라의 시조 여망(呂望)과 노나라의 시조 주공단(周公旦)은 다 같이 주 왕조(周王朝)의 창업 공신이다. 양자의 관계는 친근하다. 그렇지만 한편, 건국 후에 제나라는 공리(功利)를 존중하여 환공(桓公) 때에는 천하의 패자가 되었고 공자 당시에도 강대국이었음에 반하여, 노나라는 예악을 존중하여 주초(周初)의 문화의 전통을 지키고는 있지만 약소국이었다. 이 상황은 실은 그 현저한 대비(對比) 때문에 도리어 사람들로 하여금 양자를 비교해 보게 하였다. 공자도 그런 사람들 중 한 사람이었다.

제(齊)가 한 번 변혁하면 노나라만큼은 될 수 있다. 주(周) 문화(文化)의 전통을 새삼스럽게 이을 수가 있다는 것이다. 노(魯)가 일단 변혁하면 주초(周初)의 도, 즉 주공(周公)의 이념을 견지(堅持)하고 그것을 실천할 수 있게 된다.

이것은 공자의 소망하는 말이다. 제와 노에 훌륭한 위정자가 나타나서 이 변혁을 이룩하기를 바라고 있다. 그러나 그 말에서는 소망을 가져

보기는 하되 실현을 기대할 수 없는 허전함을 느낀다. 그것은 공자의 소망이 이루어지지 않았다는 역사적인 사실을 내가 알고 있어 그 선입관에서 오는 감정일까? 그렇지는 않고, 여기서 내뱉고 있는 공자의 말투 그 자체에서 여운이 풍기는 듯싶다. 「齊」와 「魯」와 「道」, 그리고 「一變」과 「至於」 등 어휘의 허전함 때문일까?

25

子曰 觚不觚 觚哉 觚哉.
자 왈 고 불 고 고 재 고 재

공자께서 말씀하셨다.
"고(觚)가 더 이상 고(觚)가 아니게 되었으니, 고는 어디로 갔는가!"

【글자 뜻】觚:술잔 고
【말의 뜻】觚(고):술잔. 모가 난 술잔.

【뜻 풀이】5작(勺)·8작 들이 술잔이 과연 술잔이랄 수 있을까? 요정에서 이것을 쓰는 것은 손님을 착각하게 하는 한탄스러운 기만 행위이다. 골동품점에서 볼 수 있는 옛날의 술잔에 비하면 참으로 '술잔이 술잔이 아니게 되었다.'는 것을 통감한다. 공자께서 벗과 술잔을 주고받을 때 작은 잔이 나왔거나 아니면 당시의 유행으로 술잔이 작아졌거나, 아무튼 술잔을 앞에 두고 공자는 개탄한다.

내가 서안(西安)에서 향응 받은 미주(米酒)는 이태백이 마신 술이라고 소개되고 있는데 알콜 농도가 겨우 3도, 일본에서 일찍이 '일야주(一夜酒)'라고 하던 것이다. 양조법은 고래로 변하지 않는다. 공자 때에도 필시 변함이 없었을 것이다. 이 술이라면 두주(斗酒), 우리의 한 말쯤을 기울이는 것도 키가 9척인 공자에게는 어렵지 않았을 것이다. 술잔은 큰 것이 좋다. 이것은 내가 공자의 한탄에 동정하여 직감하는 바이다.

그러나 고래의 설은 그렇지가 않다. 고래의 설은 「觚」를 예제(禮制)에 비추어 본다. 다음은 그 일설이다. 「觚」의 형체는 원래 복부에 모가 난 것이었다. 「觚」의 뜻은 모서리(稜)이다. 그런데 공자 때에 이 모서리가 없어졌다. 공자는 명실(名実)이 일치하지 않음과 전통적인 문물 제도가 상실되어 감을 개탄한 것이다. 공자는, "꼭 이름을 바로 세우리라"(第十三 子路篇 3)고 하였고, "임금은 임금으로서, 신하는 신하로서, 아비는 아비로서, 자식은 자식으로서"(第十二 顔淵篇 11)라고 하는 사람이다.

또 다른 설이 있는데, 이것이 예로부터 널리 통용되고 있는 설이다. 그 설은 이렇다. 술잔에는 작(爵)·고(觚)·치(觶)·각(角)·산(散)의 다섯 가지가 있어 각각 용량을 달리하고 1승(升)에서 5승까지 5등급을 이루고 있다. 가운데 치(觶)의 뜻은 알맞음 [適]이며 그 양은 3승, 이것이 적량(適量)의 술잔으로 2승(升), 우리의 1홉 8작을 용량으로 하는 고(觚)는 적량보다 적다. 「觚」의 뜻은 고(孤)이며 과소(寡少)를 나타낸다. 즉 「觚」는 본래 약간 적게 마실 때의 술잔이다. 그런데 공자 당시에는 이 「觚」를 사용하여 만취하는 자가 있었으므로 예(禮)가 사라진 것을 개탄한 것이다.

26

宰我問日 仁者雖告之日 井有仁焉 其從之也. 子日 何爲其
재아문왈 인자수고지왈 정유인언 기종지야 자왈 하위기

然也. 君子可逝也 不可陷也. 可欺也 不可罔也.
연야 군자가서야 불가함야 가기야 불가망야

재아가 여쭈어 보았다.

"인자는 어진 이가 우물에 빠졌다는 말을 들었을 경우에 우물에 들어가
야 합니까?"

공자께서 말씀하셨다.

"어찌 그런 짓을 하겠느냐. 군자는 현장까지 가게 할 수는 있지만 물속에
까지 빠지게 할 수는 없다. 속일 수는 있지만 사려를 잃게 할 수는 없다."

【글자 뜻】雖:비록 수. 逝:갈 서. 陷:빠질 함.

【말의 뜻】宰我(재아):第三 八佾篇 21「哀公問社於宰我」참조. 井有仁焉
(정유인언):「仁」을 '사람(人)'으로 보는 설도 있지만 '인자(仁者)'로 해
석한다. 오래된 텍스트에「仁者」로 된 것이 있다. 또 第一 學而篇 6「널
리 누구와도 서로 사랑하되 특히 어진 사람과 친하라.(汎愛衆而親仁)」
의 예가 있다. 君子可逝也(군자가서야):「逝」는 감(往). 不可陷也(불가
함야):「陷」은 우물 속에 들어감. 또 '함해(陷害)'의 뜻으로 해석할 수도
있다. 현장까지 가게 할 수는 있지만 물속에 들어가게 할 수는 없다. 可
欺也 不可罔也(가기야 불가망야):「欺」는 정(情)이나 도리로 얽어서 속
임.「罔」은 판단력을 잃은 무지한 상태

【뜻 풀이】재아에게는 공자의 감정을 거스르는 언동이 있다. 이것도 그 하

나이다. 그러나 그도 제자의 한 사람이다. 궤변적인 논법으로 공자를 놀렸다고 보는 것은 그를 위하여 너무한 것이 아닐까? 공자께서 인(仁)을 구하는 나머지 위험을 돌보지 않는 것을 염려한 풍간이라고 보는 설에 내 생각은 쏠린다.

재아의 물음은 「仁者」라고 하였다. 만일 입씨름일 따름이라면 공자의 대답도 「仁者」로써 응하고 있을 것이다. 그런데 「君子」라고 말을 바꾸고 있는 것은 그만한 이유가 있는 것이 아닐까? 「君子」라 제기하고 말하는 「君子可逝也」 이하의 네 구는 이미 원칙론으로 옮기고 있는 듯싶다. 공자는 재아의 풍론(諷論)을 평가하여 그의 걱정을 위로한다.

"나는 위험한 장소에 가는 일은 있어도 생명을 해치는 일은 없다. 속는 일은 있어도 사려를 잃지는 않는다."

27

子曰 君子博學於文 約之以禮 亦可以弗畔矣夫.
자 왈 군 자 박 학 어 문 약 지 이 례 역 가 이 불 반 의 부

공자께서 말씀하셨다.

"군자가 널리 고전(古典)을 배우고 예로써 단속한다면 도에서 벗어나는 일은 없을 것이다."

【글자 뜻】博:넓을 박.　約:묶을 약.　畔:배반할 반.

【말의 뜻】約之以禮(약지이례):「約」은 다잡음.　弗畔(불반):「畔」은 배반함.

【뜻 풀이】第十二 顔淵篇 15에 같은 말이 보인다. 또 第九 子罕篇 11에 안연이 공자를 기리어 「夫子循循然善誘人. 博我以文 約我以禮. 欲罷不能」

이라고 하였다. 「博文」, 「約禮」는 공문(孔門)의 중요한 가르침이었다.
단, 雍也와 顏淵의 두 편은 '約之'라고 하여 '之'는 위의 '文'을 가리킨
다. 子罕篇에서는 그것이 '約我'로 되어 안연 자신을 가리킨다. 변형하
고 있다. 말이 살아 있어서 상황에 응하는 것이다.
　「文」이란 천하적 세계관의 이념을 표현 또는 상징하고 있는 시(詩)·
서(書)·예(禮)·악(樂) 등 고전 문화를 총괄하여 말한다. 「約禮」의 「禮」
는 당시에 행해지고 있던 예를 가리킨다.

28

子見南子 子路不說. 夫子矢之曰 予所否者 天厭之 天厭之.
자 견 남 자 자 로 불 열 　부 자 시 지 왈 　여 소 부 자 　천 염 지 천 염 지

　공자께서 남자(南子)를 만나 뵙자 자로가 좋아하지 않았다. 공자께서 맹
세하시고 말씀하셨다.
　"만약에 맹세대로가 아니라면 하늘이 버리시리라, 하늘이 버리시리라!"

【글자 뜻】見:볼 견.　厭:물릴 염.

【말의 뜻】南子(남자):위(衛)의 영공(靈公) 부인. 강한 정치력을 가지고 있
　　었다. 그러나 송조(宋朝)를 애인으로 하고 있었던 일은 「宋朝之美」(본편
　　16)에서 언급하였다. 품행에 문제가 있었다.　不說(불열):「說」은 열(悅).
　　夫子矢之曰(부자시지왈):「矢」는 맹세(誓).　予所否者(여소부자):「所」는
　　맹세를 세우는 말의 첫머리에 쓰이는 글자. 그 뜻은 가여(假如), 만약에.
　　天厭之(천염지):「厭」은 염기(厭棄), 염절(厭絶), 내침, 버림.

【뜻 풀이】공자께서 문제 있는 인물과 회견하거나 회견코자 하면 성질이

순진하고 외곬이고 정의감이 투철한 자로(子路)는 항상 불쾌함을 감추지 못한다. 그때마다 공자는 변명을 하고 있다. 공산불요(公山不擾)의 경우(第十七 陽貨篇 5)도 그러하며 필힐(肸肸)의 경우(第十七 陽貨篇 7)도 그러하다.

그리하여 공자는 전자에게는 "나를 써 주는 자가 있으면 나는 동주(東周)로 일으켜 보이겠다."고 하였고, 후자에게는 "나는 여주[匏瓜]가 아니거늘 어찌 매달린 채 밥을 먹지 않고 있겠는가?"라고 하였다. 모두 경륜을 펼쳐 볼 지위를 구하고 있는 것이다. 여기 남자(南子)와의 회견도 같은 목적을 가진 것이리라. 자로의 불만도 세 경우에 다 통하는 것이다.

당시의 맹세의 말은 ≪춘추좌씨전(春秋左氏傳)≫에 몇몇이 기록되어 있다. 「만일 구씨(舅氏)와 마음을 같이하지 않는 자가 있다면 백수(白水) 같음이 있으리라.(所不與舅氏同心者 有如白水)」(희공(僖公) 24년), 「안영(晏嬰)이 만일 오직 임금께 충성하고 사직을 이롭게 하는 자를 편들지 않으면 상제와 같음이 있으리라.(嬰所不唯忠於君利社稷者是與 有如上帝)」(양공(襄公) 25년)

이 밖에 문공(文公) 13년, 선공(宣公) 17년, 양공(襄公) 19년, 23년, 25년에 또 하나, 소공(昭公) 31년, 정공(定公) 3년, 6년, 애공(哀公) 14년에 서사(誓辭)가 보이고, 소공(昭公) 31년과 정공(定公) 3년의 두 예 이외에는 모두 「所不」 두 자가 첫머리에 붙어 있다. 서사(誓辭)의 형식이다.

「天厭之」도 맹세를 맺는 상투어의 하나일 것이다. 위에 든 예에서는 「有如白水」, 「有如上帝」라고 한다. 「白水(청백한 마음)」 또는 「上帝(하느님)」가 맹세를 지켜보고 맹세대로 하지 않는 자를 벌함을 말한다. 이 한 장은 고래로 해석이 구구하다. 내 생각을 기록해 둔다.

29

子曰 中庸之爲德也 其至矣乎. 民鮮久矣.
자 왈 중 용 지 위 덕 야 기 지 의 호 　 민 선 구 의

공자께서 말씀하셨다.

"중용이라는 덕은 참으로 최고의 것이다. 그러나 세간에는 중용의 사람이 적어진 지 벌써 오래되었다."

【글자 뜻】 庸:범상할 용. 爲:될 위. 鮮:드물 선.

【말의 뜻】 中庸(중용):「中」은 중간. 과불급(過不及)이 없고 치우치지 않으며 조화가 잡혀 있는 모양. 「庸」은 상(常), 경상(經常). ≪예기(禮記)≫에 중용편(中庸篇)이 있다. 民鮮久矣(민선구의):「鮮」은 적음(少), 드묾(稀). 「久矣」는 그 일이 근래에 시작된 것이 아님을 말한다. ≪예기≫ 중용편에서는「子曰 中庸其至矣乎 民鮮能久矣」라고 하였다. 「능(能)」자가 더해졌다. 정현(鄭玄)은 '장기간에 걸쳐 중용의 덕을 계속 지키는 자는 드물다.'로 해석한다.

【뜻 풀이】 공자의 시대에는 처사(處士)들의 사리에 어긋난 논의와 이단의 과격한 설이 횡행하고 있었다.

30

> 子貢曰 如能博施於民 而能濟衆 何如. 可謂仁乎. 子曰 何
> 자공왈 여능박시어민 이능제중 하여 가위인호 자왈 하
> 事於仁. 必也聖乎. 堯舜其猶病諸. 夫仁者己欲立而立人 己
> 사어인 필야성호 요순기유병저 부인자기욕립이립인 기
> 欲達而達人. 能近取譬 可謂仁之方也已.
> 욕달이달인 능근취비 가위인지방야이

자공이 여쭈어 보았다.

"만일 은혜를 널리 백성에게 베풀 수 있고 환난으로부터 민중을 건질 수 있다면 어떻겠습니까? 인(仁)이라 하여도 되겠습니까?"

공자께서 말씀하셨다.

"어찌 인(仁)에 그치겠느냐. 그야말로 성(聖)일 것이다. 요임금, 순임금도 그것으로 애태우셨을 것이다. 인자(仁者)라는 것은 자기가 서고자 하면 남을 세우며, 자기가 이루고 싶은 것을 남으로 하여 이루게 한다. 자기를 미루어 남을 이해할 수 있다면 가히 인(仁)의 방법이라 할 것이다."

【글자 뜻】 濟:구제할 제. 衆:무리 중. 堯:요임금 요. 舜:순임금 순. 猶:오히려 유. 病:괴로워할 병.

【말의 뜻】 如能(여능):만일 할 수 있다면. 「如有(만일 ~하다면)」로 된 텍스트도 있음. 何事於仁(하사어인):어찌 인(仁)에 그치는 일이겠느냐. 病諸(병저):「病」은 어려움(難). 애태움. 「諸」는 지호(之乎). 近取譬(근취비):가까이서 비유를 취함. 「近」은 자신, 즉 자기를 미루어 남을 이해함.

【뜻 풀이】「堯舜其猶病諸」 — 이 여섯 자와 같은 구가 第十四 憲問篇 44의 끝머리에도 보인다. 「堯」와 「舜」은 유가(儒家)가 받드는 이상적인 성천

자이다. 요순을 꺼내어 극한을 보이고 그로써 이야기를 마무리 짓는다. 그러나 공자 자신은 아직 요순을 말하지 않았으며 그것을 말하는 것은 전국 시대 이후의 일이다. 따라서 雍也篇의 이 한 구는 후일에 덧붙여진 것일까? 아니면 이 편말(篇末)에 놓인 한 장 전체가 예(例)에 의하여 덧붙여진 것이리라.

공자는 대화하는 상대, 즉 구체적인 개인에게는 좀처럼 인(仁)을 인정하지 않는다. 자공은 그것을 알고 있다. 그는 가상으로 하나의 상황을 설정하고 묻는다. 재아(宰我)의 '우물 안에 인자 있음'의 논법과 같은 것이다. 공자는 자공의 물음을 성(聖) 차원의 것이라 한다. 그것은 자공의 관념론적인 인(仁)을 얼버무리고 있는 것이다. 그리고 자공에게 어울리는 인의 세계로 그를 유인하여, 그에게 어울리는 인의 방법을 가르치는 것이다.

제7
술이편
(述而篇)

이 한 장은 공자께서 문예 부흥자임을 명백히 말해 주고
있다. 부흥하려는 것은 주공(周公)의 도, 즉 천하적 세계관이며 구체
적으로는 그것을 표현하는 고전의 문헌 및 예악이다.

「述而不作」 — 노(魯)나라에 전승되어 내 마음에 터득한 고전의 가
치를 승계해 후세에 전하려고 노력한다. 제자백가(諸子百家)들이 다
투어 말하는 바는 각인각설로 술책·기교에 불과하며 일관된 근거가
없다. 자기 주장을 위하여 임기응변의 설을 내세우는 것을 물리치고
공자는 살기 위한 확고한 지반으로서 역사를 구한다. 그리고 그것을
고전 속에서 파악한 것이다.

1

子曰 述而不作 信而好古 竊比我於老彭.
자 왈 술 이 부 작 신 이 호 고 절 비 아 어 노 팽

공자께서 말씀하셨다.

"고전을 전승하여 창작하지 않으며, 믿고서 고전에 몰두하며, 가만히 나를 노팽에게 견주어 보노라."

【글자 뜻】 述:이을 술. 竊:남몰래 절. 彭:성씨 팽.

【말의 뜻】 述而不作(술이부작):「述」은 고전을 전승하는 것. 「作」은 자기의 새로운 설을 창작하는 것. 信而好古(신이호고):「古」는 고전. 주공(周公)의 이념과 정치를 담은 문헌 및 예악을 말함. 「好古」는 그 고전을 사랑하여 열중함. 竊比我於老彭(절비아어노팽):「老彭」은 은대(殷代)의 어진 대부라 하고 팽조(彭祖)라고도 하며, 또 노자(老子)와 팽조(彭祖) 두 사람을 말한다고도 한다. 설이 구구한 것은 결정하는 사람이 없기 때문이다. 노자로 추측하는 설은 오늘날의 상식으로는 성립하지 않는다. 수명이 칠백 세라는 팽조도 신선과 같은 인물이라 공자의 역사 존중과 맞지 않는다. 결국 지금은 일단 ≪대대예기(大戴禮記)≫ 우대덕편(虞戴德篇)에 등장하고 있는 노팽, 즉 대부에게 정치를, 선비에게 관(官)을, 서민에게 기(技)를 가르친 은초(殷初)의 현인이라 해 둔다.

【뜻 풀이】 이 한 장은 공자께서 문예 부흥자임을 명백히 말해 주고 있다. 부흥하려는 것은 주공(周公)의 도, 즉 천하적 세계관이며 구체적으로는 그것을 표현하는 고전의 문헌 및 예악이다.

「述而不作」— 노(魯)나라에 전승되어 내 마음에 터득한 고전의 가치

를 승계해 후세에 전하려고 노력한다. 제자백가(諸子百家)들이 다투어 말하는 바는 각인각설로 술책·기교에 불과하며 일관된 근거가 없다. 자기 주장을 위하여 임기응변의 설을 내세우는 것을 물리치고 공자는 살기 위한 확고한 지반으로서 역사를 구한다. 그리고 그것을 고전 속에서 파악한 것이다.

공자는 이 述而篇 27에서 또 "알지도 못하면서 지어내는 자들[作之者]도 세상에는 있는 모양이나 내게 그런 것은 없다."고 하였다. 「作之者」란 아는 것이 없는 자이다. 옛날 주초(周初)의 아름다움을 이해할 수 없는, 마음이 가난한 자들이다. 또한 본편 19에 "나는 태어나면서부터 모두 다 알고 있는 자는 아니다. 고전을 사랑하여 노력하고 탐구하는 자이다."라고 하였다. 공자의 고전 전승은 맹목적인 암기가 아니다. 자신의 가치판단하에서 구한 것이다. 당연히 그가 「述」하는 바의 고전은 갈고 닦여져 있다.

「述而不作」과 「信而好古」는 사실의 근본을 말한다. 믿기 때문에 열중할 수가 있는 것이다. 읽는 문장과 견지하는 입장이 확정되어 있기 때문에 오로지 그것을 계속 전승할 수 있는 것이다. 전부터 고전을 믿고 좋아하며 전승하는 것이다. 창작할 여지는 없다. 공자의 고전 학문의 기백을 여기서 엿볼 수 있다.

「竊比我於老彭」 — 일반 텍스트에는 「我」와 「於」가 뒤바뀌어 있다. '가만히 우리 노팽에게 견준다.'로 해석한다. 그렇게 해도 이야기는 통한다. 그러나 ≪논어≫에서는 「我」가 그와 같이 소유격으로 쓰이는 일이 드물다. 황간본(皇侃本)에 「竊比於我於老彭」으로 되어 있는 것은 「於」자 본연의 위치에 헷갈림이 있음을 보여 주는 것이다. 나는 위의 「於」자를 연자(衍字, 군더더기로 들어간 글자)로 본다.

2

子曰 默而識之 學而不厭 誨人不倦 何有於我哉.
자 왈 묵 이 식 지 학 이 불 염 회 인 불 권 하 유 어 아 재

공자께서 말씀하셨다.

"묵묵히 침잠(沈潛)하여 옛것을 알고 그것을 싫증냄이 없이 학습하며 사람들을 가르치는 일에 게으르지 않는 것은 내게는 아무 것도 아닌 일이다."

【글자 뜻】默:잠잠할 묵. 識:알 식. 誨:가르칠 회. 倦:게으를 권.

【말의 뜻】默而識之(묵이식지):「默」은 제자백가(諸子百家)가 착안한 것을 즉시 수다하게 발표하는 것에 대항하는 태도이다. 잘 궁리함을 말한다. 「識之」는 옛날의 일들을 배워서 앎. 學而不厭(학이불염):옛 지식의 하나하나를 자기와 한몸이 되기까지 학습함.「厭」은 물림(飽). 誨人不倦(회인불권):「誨」는 가르침(敎).「不倦」은 돈독히 함. 何有於我哉(하유어아재):나에게 있어 아무것도 아니다. 자기의 본령임을 말한다. 여기서는 별로 어려움 없이 일상다반사로 이루어지고 있음을 말한다.

【뜻 풀이】공자의 학문 자세를 엿보게 하는 말이 여기에도, 그리고 이 뒤에도 잇따른다.

「何有於我哉」— 第九 子罕篇 16에 「밖에서는 공경(公卿)을 잘 섬기고 집에서는 부형을 잘 섬긴다. 상사(喪事)에는 성심성의껏 힘쓴다. 술로 인하여 난잡해지지 않는다. 이런 일들은 내게 있어서 아무것도 아니다.」라고 하였다. 이것 역시 위에 말한 것이 공자에게 있어서 어려운 일이 아님을 증거한다.

공자는 또 "성(聖)과 인(仁)은 어림도 없는 일이다. 그러나 배움에 싫

증냄이 없고 가르침에 게을리하지 않는다는 것은 그렇다고 말해도 좋다."(본편 33)라고 하였다. 「學而不厭」, 「誨人不倦」은 그가 자임하는 바였다.

3

> 子曰 德之不脩也 學之不講也 聞義不能徙也 不善不能改也
> 자왈 덕지불수야 학지불강야 문의불능사야 불선불능개야
> 是吾憂也.
> 시 오 우 야

공자께서 말씀하셨다.

"덕을 닦지 않음과 학문을 익히지 않음과 의(義)를 듣고도 행동으로 옮길 수 없음과 선(善)하지 않음을 고칠 수 없음, 이것이 나의 걱정거리이다."

【글자 뜻】 脩:닦을 수. 講:익힐 강. 徙:옮길 사.
【말의 뜻】 德之不脩(덕지불수):「脩」는 닦음(修). 不講(불강):「講」은 익힘 (習). 不能徙(불능사):「徙」는 옮김(遷移).

4

> 子之燕居 申申如也 夭夭如也.
> 자 지 연 거 신 신 여 야 요 요 여 야

공자께서 집에서 한가히 지내실 때에는 유연(悠然)하시고 온화하셨다.

【글자 뜻】 燕:편안할 연. 居:있을 거. 夭:화평할 요.

【말의 뜻】 燕居(연거):한거(閑居). 공직에서 물러나와 가정에서 편안히 지냄. 申申如(신신여):마음이 확 풀린 모양. 혹은 가지런한 모양. 夭夭如(요요여):보드라움, 얼굴에 화기가 있음.

【뜻 풀이】 옛 주석은 「申申·夭夭는 화서(和舒)의 모습」이라고 하였다. 일단은 이에 따라 해석하였다. 그러나 「夭夭」에 대하여는 ≪시경(詩經)≫ 도요편(桃夭篇)의 「桃之夭夭」, 색시의 아름다움을 말하는 이 시구를 근거로 할 수 있으나 「申申」에 대하여는 그와 같은 전거(典據)가 없다.

　　≪한서(漢書)≫ 만석군전(萬石君傳)에 「雖燕必冠. 申申如也(비록 잔치일지라도 관을 쓴다. 가지런하고 바른 모습이었다.)」라고 하였다. 안사고(顔師古)는 이 「申申」을 「整敕之貌(가지런하고 바른 모습)」라고 주를 달고 있다. 이 안사고의 주는 청조(清朝)의 학자들에게 찬동 받고 있는 것만은 아니다. 그들은 여기서도 ≪논어≫의 옛 주를 사용한다. 그러나 ≪한서≫의 이 기술은 만석군의 예의범절이 반듯함을 전하기 위하여 이 일화를 적어 넣은 것이므로 안사고의 주는 십분 존중해도 된다고 생각한다. 즉 공자께서 집에 있을 때의 모습은 몸을 단정히 하고 온화하였다는 것이다.

　　「申申」을 이와 같이 해석하는 사람은 第十 鄕黨篇 2의 「君在 踧踖如也 與與如也」를 참고로 한다. 「踧踖(축적)」은 공경스러운 모습. 「與與」는 자연스럽고 알맞은 모양. 편안히 쭉 뻗고 있는 것인지, 쉬고는 있지만 자세를 흐트러뜨리지 않는 것인지 공자의 모습은 각자가 그리는 바에 따라 달라진다.

　　본편 37에 「공자께서는 온화하시되 엄격하시며, 위엄이 있으시되 세차지 않으시며, 정중하시되 딱딱하지 않으셨다.」라고 하였다. ≪논어≫를 엮는 사람들의 공자의 파악법과 표현법은 이와 같이 양면에서 접근

해 간다. 「申申如」와 「夭夭如」도 양면을 말하는 것인 듯싶다.

5

子曰 甚矣 吾衰也. 久矣 吾不復夢見周公.
자 왈 심 의 오 쇠 야 구 의 오 불 부 몽 견 주 공

공자께서 말씀하셨다.

"심하도다, 나의 노쇠함이여! 오래도다, 내가 꿈에 다시 주공을 뵙지 못
한 지도!"

【글자 뜻】 衰:쇠할 쇠. 夢:꿈 몽.

【말의 뜻】 吾衰也(오쇠야):「衰」는 노쇠함. 不復夢見(불부몽견):꿈에 다시
보지 못함.

【뜻 풀이】 주공(周公)의 이름은 단(旦). 문왕(文王)의 아들, 무왕(武王)의 아
우이다. 은주혁명(殷周革命) 때에 혁명의 이론적 근거를 확립하고 그것
을 널리 선전하여 동지를 모았으며 혁명을 이룩하고 그 후의 정치를 맡
아 보았던 훌륭한 정치가·웅변가·군인이다. 그의 지도 이념은 천하적
세계관이다. 주공이 지향하고 성취한 바를 부흥시켜 당면한 시대의 혼
란을 다스리는 것이 공자의 꿈이었다. 이 한 장은 주공에 대한 공자의
경도(傾倒)를 기가 막히게 잘 나타내고 있다. 진심을 토로한 표현이다.
그의 꿈은 결국 실현되지 못하였다. 절망과 분발의 날이 교차된다.

6

子曰 志於道 據於德 依於仁 游於藝.
자왈 지어도 거어덕 의어인 유어예

공자께서 말씀하셨다.

"도에 뜻을 두고 덕에 바탕을 두며, 인에서 떠나지 않고 예(藝)를 즐긴
다."

【글자 뜻】 據:의거할 거. 依:의지할 의. 遊:놀 유.

【말의 뜻】 志於道(지어도):「道」는 주공의 도. 주공의 사상과 사적을 일관하
고 있는 것, 다시 추상하여 말하면 선왕의 도, 즉 천하적 세계관. 그 보
편타당성에 대하여 말할 때 「道」라는 말이 된다. 「志」는 의욕을 가지고
추구함. 據於德(거어덕):「德」은 도의 실천을 지향하는 정치에 유용한
능력. 「據」는 그 능력을 바탕 삼음. 依於仁(의어인):「仁」은 만인에 대
한 사랑. 「依」는 그 사랑으로부터 떠나지 않음. 游於藝(유어예):「藝」는
다재다예. 자기 나름의 능숙한 솜씨. 第六 雍也篇 8의 「求也藝」의 「藝」
와 같다. 「游」는 그 다재자예를 마음껏 즐김, 일이 취미로 변하는 즐거
움이다.

【뜻 풀이】 간결한 문장으로 공자 자신의 진면목을 잘 묘사하고 있다. 이렇
듯 네 가지의 말을 골라서 늘어놓는 것은 용이한 일이 아니다. 다른 말
로 대체하기란 거의 불가능하다. 훌륭한 자화상이다.

7

子曰 自行束脩以上 吾未嘗無誨焉.
자왈 자행속수이상 오미상무회언

공자께서 말씀하셨다.

"스스로 속수(束脩)의 예(禮)를 행한 이상 나는 이제껏 가르치지 않은 일이 없다."

【글자 뜻】束:묶을 속. 嘗:일찍이 상. 誨:가르칠 회.

【말의 뜻】束脩(속수):「脩」는 포(脯), 건육(乾肉). 길쭉길쭉한 건육을 열 가닥 묶은 것. 스승과의 첫 대면 때 제자가 으레 가지고 가던 예물. 未嘗(미상)~:일찍이 ~하지 않은 일이 없음.

【뜻 풀이】第十五 衛靈公篇 39에 「교육을 하시되 거기에 귀천의 차별이 없다.」고 하였다. 입문(入門)의 예를 행하여 오는 자, 따라서 자주적으로 공부할 의욕을 보이는 자에게는 현우(賢愚)도 귀천도 빈부도 묻지 않고 받아들여 가르쳤던 것이다.

≪순자(荀子)≫ 법행편(法行篇)에 나오는 이야기다. 자공(子貢)이 어떤 사람으로부터,

"선생님의 문인(門人)들은 어찌 그리 잡색(雜色)이오?"

하는 책망을 듣고서,

"군자는 몸을 바르게 하고 기다리오. 오고자 하는 자는 막지 않고 가고자 하는 자는 붙들지 않소. 또한 명의(名醫)의 문에는 병자가 많고, 도지개(휜 나무를 곧게 펴는 틀) 옆에는 굽은 나무가 많은 법이오. 이래서 혼잡한 것이오."

라고 답하고 있다. ≪상서대전(尚書大傳)≫ 약설편(略說篇)과 ≪설원(說苑)≫ 잡언편(雜言篇)에도 나오는 유명한 이야기다.

「束脩」에 대하여는 전혀 다른 해석이 이루어지고 있다. 「束脩」를 검속수치(檢束脩治), 또는 속대수식(束帶修飾), 즉 '수신상으로 또는 예의 상으로 주체성을 가지고 행동할 수 있는 자'라고 해석한다. 그리고 정현(鄭玄)은 그 연령을 십오 세로 하고 '속수는 십오 세 이상을 말한다.'라고 주석한다. 이렇게 「束脩」의 해석이 크게 갈리는 것은 「自行束脩以上」이라는 구의 표현에 애매함이 있기 때문이다.

8

子曰 不憤不啓 不悱不發 擧一隅 不以三隅反 則不復也.
자 왈 불 분 불 계 불 비 불 발 거 일 우 불 이 삼 우 반 즉 불 복 야

공자께서 말씀하셨다.

"배우려고 분발하지 않으면 깨우쳐 주지 않으며, 표현하는 말에 애를 태우지 않으면 입을 틔워 주지 않으며, 한 귀퉁이를 들어 보여 나머지 세 귀퉁이를 가지고 반응해 오지 않으면 반복하지 않는다."

【글자 뜻】憤:힘쓸 분. 啓:일깨워줄 계. 悱:애쓸 비. 擧:들 거.

【말의 뜻】不憤不啓(불분불계):「憤」은 분발함. 심중에서 분이 치밀어 오르는 모양. 문제가 의식의 표면으로 끓어오르고 규명하려는 의욕에 불탐. 그러나 출구가 없는 상태. 「啓」는 개(開). 출구가 열려 실마리를 보임. 不悱不發(불비불발):「悱」는 비비(悱悱:말을 하려고 우물거리는 모양). 마음속 깊이 느끼고 있어 그것을 말로 표현하려고 하지만 말이 되지 않아 애를 태우는 모양. 「發」은 계발(啓發)의 발(發). 이것도 개(開)와 같

음. 則不復也(즉불복야):「復」은 거듭함.

【뜻 풀이】 공자의 문은 만인에게 열려 있지만 적극성이 없는 자에게는 그
    자리가 없다. 한 귀를 제시 받아 세 귀를 가지고 답하지 않는 자란 능력
    의 부족을 말하는 것이 아니라 스승이 문제의식을 불러일으키려 하고
    있는데도 그 요청에 답하기까지 문제를 스스로 연마하지 않음을 말한
    다. 공자의 교육은 엄격하다.
    「擧一隅」 ― 황간본(皇侃本)에는 이 뒤에 「而示之」 석 자가 붙어 있
    다. ≪문선(文選)≫ 서경부(西京賦) 이선(李善)의 주(註)에 인용한 논어
    텍스트에도 있다. 황간본(皇侃本)은 「則不復也」의 「則」 뒤에 「吾」자가
    있다. 뜻이 확실해진다.

9

子食於有喪者之側 未嘗飽也. 子於是日哭則不歌.
자 식 어 유 상 자 지 측 미 상 포 야 자 어 시 일 곡 즉 불 가

    공자께서는 상을 당한 사람 옆에서 식사하실 때에는 배불리 잡수시는 일
이 없으셨다. 조문 가시어 곡하고 오신 그날은 노래를 부르지 않으셨다.

【글자 뜻】 喪:잃을 상. 飽:배부를 포 哭:울 곡.
【말의 뜻】 有喪者(유상자):친족의 상을 당하여 그 장례 의식을 치르고 있는
    자. 未嘗飽(미상포):포식한 일이 없음.「未嘗」은 그것이 언제나 그러하
    며 우연이 아님을 강조함. 於是日哭(어시일곡):「是日」은 당일, 같은 날
    하루 동안.「哭」은 조문의 의례. 상가를 조문하는 사람은 슬픈 소리를
    내어 곡함.

【뜻 풀이】 상제 옆에서 배불리 먹는 자는 상제의 슬픔을 느끼지 않는 자이며, 같은 날에 곡하고 또 노래하는 자는 경망스러운 자이다.

≪예기(禮記)≫ 단궁(檀弓) 상편(上篇)에 「食於有喪者之側 未嘗飽也」라 하였고, 하편에 「弔於人 是日不樂(남을 조상한 날에는 즐기지 않았다.)」라고 하였다. 공자의 행위를 일반화하여 규범으로 삼는 것이다. 다시 곡례(曲禮) 상편(上篇)에 이르러서는 「哭日不歌(곡한 날에는 노래하지 않음)」라고 더욱 추상화하여 각종 규범 속에 병기(並記)되고 있다. 일반화됨에 따라 ≪논어≫의 문장이 지닌 박력이 덜해진다.

10

子謂顏淵曰 用之則行 舍之則藏 唯我與爾有是夫. 子路曰
자 위 안 연 왈   용 지 즉 행   사 지 즉 장   유 아 여 이 유 시 부   자 로 왈
子行三軍 則誰與. 子曰 暴虎馮河 死而無悔者 吾不與也.
자 행 삼 군   즉 수 여   자 왈   포 호 빙 하   사 이 무 회 자   오 불 여 야
必也臨事而懼 好謀而成者也.
필 야 임 사 이 구   호 모 이 성 자 야

공자께서 안연에게 말씀하셨다.

"등용되면 도를 행하고 등용되지 못하면 도를 간직해 두어야 하는데 그것을 할 수 있는 것은 오직 나와 너뿐이다."

자로가 여쭈었다.

"선생님께서 삼군을 거느리시게 된다면 누구와 함께 하시겠습니까?"

공자께서 말씀하셨다.

"범에게 맨주먹으로 달려들고 강을 걸어서 건너다 죽어도 후회하지 않겠다는 자와는 함께하지 않으리라. 굳이 말하자면 일에 임하여 신중하며 잘 생각하여 계략을 결정하는 인물과 함께하겠다."

【글자 뜻】藏:감출 장. 暴:맨손으로 칠 포. 懼:경계할 구. 謀:꾀할 모.

【말의 뜻】用之則行 舍之則藏(용지즉행 사지즉장):고어일 것이다. 「行」은 「藏」과 압운하고 있다. 「用」은 임용, 정치에 참여함. 「行」은 도를 행함. 「舍」는 사(捨), 지위를 얻지 못함. 「藏」은 도를 내 몸에 간직해 둠. 唯我與爾有是夫(유아여이유시부):「是」는 위의 고어 두 구를 가리킴. 三軍(삼군):≪주례(周禮)≫ 하관(夏官)의 서관(序官)에 「무릇 군제는 일만 이천오백 명을 군(軍)으로 한다. 왕은 6군, 대국은 3군, 차국(次國)은 2군, 소국은 1군」이라고 하였다. 暴虎馮河(포호빙하):「暴虎」는 범과 맨손으로 씨름하는 것. 「馮河」는 강을 도보로 건너는 것. ≪시경≫ 소아(小雅) 소민편(小旻篇)에 「맨손으로 범을 잡지 못하며, 걸어서는 황하를 못 건넌다.(不敢暴虎 不敢馮河)」라 하였고, 이 외에도 「暴虎」는 정풍(鄭風) 대숙우전편(大叔于田篇)에, 「馮河」는 ≪주역(周易)≫ 태괘(泰卦)의 효사(爻辭)에 보인다. 당시의 성어이다. 必也(필야):第十二 顔淵篇 13에 「必也使無訟乎」라고 하였다. 臨事而懼(임사이구):「懼」는 조심(愼). 뽐내지 않는 모양. 好謀而成(호모이성):「好謀」는 심사숙고함. 「成」은 정(定). 「謀」를 결정함.

【뜻 풀이】「舍之則藏」 —「藏」은 퇴장(退藏). 몸을 숨긴다고 보는 설도 있지만 앞 구의 「行」과 함께 도에 대하여 한 말이라고 본다. 第十五 衛靈公篇 7에 「군자로다, 거백옥(蘧伯玉)은! 국가에 도가 행하여질 때에는 벼슬하고, 국가에 도가 행하여지지 않을 때에는 거두어 간직해 둘 줄을 아는구나.」라고 하였다.

　안연에 대하여 '오직 나와 너뿐이다.'라고 한 것은 공자께서 자신을 위로함과 동시에 안연도 위로하고 있는 것이다. 자로의 발언은 그의 면목을 여실히 발휘하고 있다. 그는 자기가 자신 있게 내세울 수 있는 것으로써 스승을 위하여 소용되기를, 스승과 함께 행동할 수 있기를 진심으로 바라고 있었던 것이다.

자로의 발언에 대한 공자의 마지막 말 '굳이 말하자면 일에 임하여 신중하며 잘 생각하여 계략을 결정하는 인물과 함께하겠다.'도 자로에게 이래야 한다고 기대하는 바를 말하여 깨우쳐 주고 있는 것이다. '함께 하지 않겠다.'의 뒤에 이 말을 한다. 자로를 떼쳐 버리는 짓은 하지 않는다. 제자에 대한 공자의 사랑이다.

11

子曰 富而可求也 雖執鞭之士 吾亦爲之 如不可求 從吾所
자왈 부이가구야 수집편지사 오역위지 여불가구 종오소
好.
호

공자께서 말씀하셨다.

"부를 구하는 일이 가능한 세상이라면 시장의 문지기라도 내 또한 하려니와, 만일 세상이 그렇지 않다면 나는 내가 좋아하는 바를 따라 살겠다."

【글자 뜻】富:가멸 부. 執:잡을 집. 鞭:채찍 편.

【말의 뜻】富而可求也(부이가구야):「而」는 여(如), 만약. 가설(假說)의 조사(助辭). 執鞭之士(집편지사):≪주례(周禮)≫에 「執鞭」을 설명하는 벼슬에는 두 가지가 있다. 그 하나는 지관(地官)의 사시직(司市職). 채찍을 들고 시장의 문을 지키는 문지기다. 또 하나는 추관(秋官)의 조랑씨(條狼氏). 채찍을 들고 귀인의 수레 앞을 달리며 거리의 사람들을 물리는 별배(別陪). 둘 다 하급직이었다. 여기서는 부(富)를 말하고 있으므로 경제와 관련지어 전자라고 본다. ≪염철론(鹽鐵論)≫ 빈부편(貧富篇)은 이

글을 인용하여 「執鞭之事」라 하였다. 「士」는 혹시 「事」의 가차(假借)가
아닐까? 從吾所乎(종오소호):「所好」의 내용은 고전 또는 고전 문화. 본
편 1과 19에 공자는 「好古(고전을 좋아함)」라고 하였다.

【뜻 풀이】 「富而可求」는 '부 자체가 추구되어도 좋은 것이라면'이라고 해
석할 수도 있고, '부를 추구해도 좋을 세태에 있다면'이라고 해석할 수
도 있다. 공자는 불의의 부를 배척하지만(본편 15), 본래 부 자체를 부
정하는 것은 아니다. 따라서 위의 두 가지 해석 중 처음 것은 생각하지
않아도 될 것이다. 뒤의 해석에 따르면 '올바른 사람이 부를 얻는 세태
에 있다면, 혹은 부를 구하는 것이 부정이 아닌 세태라면, 즉 도가 행해
지고 있는 세상이라면 하급직이라도 싫어하지 않고 나가서 벼슬을 하겠
다, 정치에 참여하겠다.'는 뜻이 된다.

12

子之所慎 齊戰疾.
자 지 소 신 재 전 질

공자께서 삼가신 일은 재계와 전쟁과 질병이었다.

【글자 뜻】 慎:삼갈 신. 戰:싸움 전. 疾:병 질.
【말의 뜻】 所慎(소신):「慎」은 삼감(謹). 齊戰疾(재전질):「齊」는 재계(齋).
제사 전에 몸과 마음을 깨끗이 함.「疾」은 질병(病).

【뜻 풀이】 「齊」는 조상 등 신성한 것에 대한 두려움을, 「戰」은 국가 대사에
대한 두려움을, 「疾」은 자기 생명에 대한 두려움을 가리킨다.

第十 鄕黨篇 7에「재계에는 반드시 식사를 평소와 달리한다.」고 하였다.「戰」에 대한 두려움은 본편 10 暴虎馮河(포호빙하)를 배척하는, 자로에 대한 대답에서 엿볼 수 있다.「疾」에 대하여는 第十 鄕黨篇 12에 계강자(季康子)가 보내 준 약을 공자께서 복용하지 않은 감동적인 일화가 전해지고 있다.

13

> 子在齊聞韶. 三月不知肉味. 曰 不圖爲樂之至於斯也.
> 자재제문소 삼월부지육미 왈 부도위악지지어사야

공자께서 제나라에서 소(韶)를 들으시고 오랫동안 고기 맛을 모르셨다. 그리고 말씀하셨다.

"생각지도 못하였다, 음악이 이런 경지에까지 이르게 할 줄은!"

【글자 뜻】韶:풍류 이름 소. 圖:헤아릴 도.

【말의 뜻】在齊(재제):제나라에 체류함. 韶(소):순(舜) 시대의 음악. 第三 八佾篇 25「子謂韶」참조. 三月(삼월):상당히 긴 기간을 말함. 第六 雍也篇 7에「其心三月不違仁」이라고 하였다. 부도(不圖):예측하지 못함.

【뜻 풀이】기원전 517년, 노(魯)의 소공(昭公)이 3환(三桓)에 쫓겨 제(齊)로 망명하였다. 공자는 소공의 뒤를 쫓아 제(齊)로 갔다.「소(韶)」음악을 들은 것은 이때이다. 공자의 나이 삼십오 세.

「韶」에 대하여는 第三 八佾篇 25에 공자께서 찬미하는 말, ≪춘추좌씨전(春秋左氏傳)≫의 양공(襄公) 29년에 오(吳)의 계찰(季札)이 평가한 말이 보인다. 여기서는 되풀이하지 않으니 八佾篇 25의 해설을 참조하라.

≪사기(史記)≫ 공자세가는 「제(齊)의 태사(太師)와 음악을 이야기하였다. 그때 소(韶) 음악을 들었다. 그것을 오랫동안 배웠다. 고기 맛을 몰랐다. 제나라 사람이 이를 칭송하였다.」고 기록하고 있다. 「三月」은 학습 기간을 말한다. 따라서 「三月」 두 자를 「不知肉味」로부터 떼어서 해석하는 설도 있다. 그런데 그와 동시에 고기를 먹어도 그 맛을 몰랐던 기간이기도 하다. 구애받을 것 없다.

「不圖爲樂之至於斯也」— 「斯」는 차(此). 第三 八佾篇 25에서 「韶」를 미(美)와 선(善)이 완전한 것으로 찬미하는 것을 보면 이 구는 「韶」가 음악으로서 완성되어 있다는 것을 '여기까지 도달했는가!' 하고 놀라는 말로도 해석할 수가 있다. 그러나 八佾篇 25에서의 평가와는 별도로 고기 맛을 잊는 것과 연관시켜 공자께서 「韶」 음악에 감동하여 열중하게 된 것을 찬미하는 것이라고 해석한다.

「斯」를 제(齊)의 지방이라 보고 이 「韶」 음악이 제나라에 전해진 것에 대하여 놀란다고 보는 설은 옛 주석이지만 지나친 억측이라 하겠다.

14

冉有曰 夫子爲衛君乎. 子貢曰 諾 吾將問之. 入曰 伯夷叔
염유왈 부자위위군호 자공왈 낙 오장문지 입왈 백이숙
齊何人也. 曰 古之賢人也. 曰 怨乎. 曰 求仁而得仁 又何怨
제하인야 왈 고지현인야 왈 원호 왈 구인이득인 우하원
乎. 出曰 夫子不爲也.
호 출왈 부자불위야

염유가 말하였다.
"선생님께선 위나라 임금을 도와주시려나?"
그러자 자공이,

"그래, 내가 여쭈어 보지."

하고는 공자의 방으로 들어가서 여쭈어 보았다.

"백이와 숙제는 어떤 인물이었습니까?"

공자께서 말씀하셨다.

"옛날의 현인이니라."

"후회하였을까요?"

"인(仁)을 구하여 인을 얻었는데 또 무엇을 후회하였겠느냐."

자공은 물러나와 말하였다.

"선생님께서는 [위(衛)의 임금을] 도와주지 않을 것일세."

【글자 뜻】衛:나라 이름 위. 諾:대답할 낙.

【말의 뜻】爲衛君乎(위위군호):「爲」는 도움(助).「衛君」은 위나라의 군주, 출공(出公). 諾(낙):선뜻 승낙할 때에 하는 말. 그래. 入曰(입왈):자공이 공자를 찾아 그 방으로 들어가서 말함. 伯夷叔齊(백이숙제):은 왕조(殷王朝) 말기의 고죽군(孤竹君)의 장남과 3남. 서로 나라를 양보하여 결국 두 사람 다 나라를 떠난다. 第五 公冶長篇 23「伯夷叔齊」참조. 曰怨乎(왈원호):「怨」은 원망, 후회.

【뜻 풀이】위(衛)의 출공(出公), 이름은 첩(輒). 영공(靈公)의 손자. 괴외(蒯聵)의 아들. 영공의 부인은 남자(南子). 공자께서 만난 것을 자로(子路)가 불쾌하게 여긴(第六 雍也篇 28) 문제의 여성이다. 괴외는 남자를 죽이려다 실패했기 때문에 기원전 496년에 추방당하여 송(宋)으로, 다시 진(晉)으로 망명한다.

　기원전 493년, 영공이 세상을 뜨고 첩이 즉위하였다. 그러자 괴외가 상속권을 주장하고 진(晉)의 원조를 얻어 위(衛)로 돌아오려고 한다. 첩은 군대를 풀어 이를 저지한다. 염유ㆍ자공과 공자와의 문답은 이 같은 상황 아래에서 이루어졌다. 기원전 489년에 공자는 초(楚)에서 위(衛)로 돌아온다. 출공 4년이다. 아마도 이 무렵에 일어난 일일 것이다.

공자는 이미 육십삼 세. 위나라의 상속 전쟁의 경과를 곁들여 말하자면 기원전 480년에 괴외는 위나라로 돌아와 왕위에 오른다. 장공(莊公)이다. 출공은 노(魯)로 망명한다. 그렇지만 기원전 478년에 장공이 추방당하고 그 이듬해에 첩이 제(齊)에서 돌아와 다시 즉위한다. 부자간의 심각한 왕위 다툼이다.

伯夷ㆍ叔齊도 형제간에 왕위 계승으로 다툼이 있었다. 아버지는 숙제에게 물릴 의사를 가지고 있었는데 숙제는 형을 세우고 자기는 물러난다. 백이는 아버지의 의사를 존중하여 아우를 국왕으로 세우려 한다. 자공은 이 유명한 이야기를 꺼내어 형제의 주장 중 어느 쪽에 찬성하느냐고 공자의 의향을 묻는다. 말할 것도 없이 백이ㆍ숙제의 경우는 괴외와 첩의 경우와는 정반대이다.

백이ㆍ숙제나 괴외ㆍ첩은 둘 다 나라의 상속을 놓고 다툰 것이지만 전자는 서로 양보하느라고 다투었던 것이며 후자는 서로 빼앗느라고 다투었던 것이다. 공자는 이와 같은 백이ㆍ숙제를 '옛날의 성인'이라고 한다.

백이ㆍ숙제는 결국 두 사람 다 즉위하지 않고 나라를 떠난다. 그리고 주(周)의 문왕(文王)에게 몸을 의탁했는데 은주혁명(殷周革命) 후에는 주의 곡식을 먹는 것이 떳떳하지 못하다 하여 수양산(首陽山)에서 굶어 죽는다. 자공은 백이ㆍ숙제가 모두 국왕이 되지 않았던 것을 "원망하였을까요?", "후회하였을까요?" 하고 묻는다. 화제를 위나라 왕의 상속 전쟁으로 되돌리려 한다.

「求仁而得仁」— 이 인(仁)의 내용은 당연히 나라를 양보하는 인이다. 나라를 양보하는 것을 인이라고 한 것은 공자보다도 앞선 전례가 있다. ≪춘추좌씨전(春秋左氏傳)≫ 희공(僖公) 8년의 조항에 보인다. 송(宋)나라 환공(桓公)의 병이 위중해졌다. 적자(嫡子)인 자보(玆父)가 서형(庶兄)인 자어(子魚)를 세자로 세울 것을 간청하였다. 환공은 그 청을 받아들여 자어에게 상속을 명하였다. 그때 자어가 말하였다. "능히 나라를 양보하니 이보다 더 큰 인(仁)은 없습니다. 신(臣)은 미치지 못합니다. 그리고 또 순서가 아닙니다." 하고 사퇴하자 자보가 즉위하였다. 송양(宋襄)의 인(仁)으로 유명한 양공(襄公)이다. 자어는 재상이 된다. 상속문제의 훌륭한 해결이다.

공자는 "어느 인(仁)이 이보다 더 크랴!"라는 말을 머리에 떠올리면서 "인을 구하여 인을 얻었다."고 하였다. 백이·숙제는 나라를 양보한다는 최대의 인을 지향하여 그것을 이룩했던 것이다. 무슨 후회가 있겠는가! 나라는 서로 양보해야 할 것이지 서로 빼앗을 것은 아니다. 말이 여기까지 이르고 보면 자공도 그냥 물러나올 수밖에 없다.

"인을 구하여 인을 얻었다." 힘찬 표현이다. 후세의 사람들도 즐겨 이 표현 형식을 사용한다. "이름을 구하여 이름을 얻었다.""녹(祿)을 구하여 녹을 얻었다." 등.

15

子曰 飯疏食飮水 曲肱而枕之 樂亦在其中矣. 不義而富且貴
자 왈 반 소 사 음 수 곡 굉 이 침 지 낙 역 재 기 중 의   불 의 이 부 차 귀
於我如浮雲.
어 아 여 부 운

공자께서 말씀하셨다.
"거친 밥에 물 마시고 팔을 구부려 베개 삼아도 거기에도 즐거움은 있다. 부정한 부와 지위는 나에게는 뜬구름과 같다."

【글자 뜻】 飯:먹을 반. 疏:성길 소. 浮:뜰 부.

【말의 뜻】 疏食(소사):변변찮은 식사. 보리밥 또는 채식(菜食). 第十 鄕黨篇
8「疏食」 참조. 樂亦在其中矣(낙역재기중의):「樂」은 나의 도, 즉 선왕
의 도를 실행하는 즐거움.「～在其中」은 성어(成語). 第二 爲政篇 18「祿
在其中矣」 참조. 不義(불의):부정

【뜻 풀이】 第四 里仁篇 5에「공자께서 말씀하셨다. '부와 고귀한 지위는 누
구나 다 갖고자 하는 바이다. 그러나 도(道)를 통해 얻은 것이 아니라면
거기에 안주(安住)하지 않는다. 가난과 천한 지위는 누구나 다 싫어하는
바이다. 그러나 도(道)를 통해 그리 된 것이 아니라면 그것을 피하지 않
는다.'고 하였다. 또 第六 雍也篇 11에「어질도다, 회여! 거친 밥과 표
주박의 물, 누추한 집, 사람들은 그 시름을 견디지 못하거늘 회는 그 즐
거움을 바꾸려 들지 않는구나. 어질도다, 회여!」라고 하였다.
「於我如浮雲」─ 뜬구름의 근거 없음과 같이 덧없는 것이다. 공자가
구하는 즐거움은 그와 같은 부귀와는 인연이 먼 것이다.

16

子曰 加我數年 五十以學易 可以無大過矣.
자 왈 가 아 수 년 오 십 이 학 역 가 이 무 대 과 의

공자께서 말씀하셨다.
"내 나이에 수년을 더하여 오십 대에 《역경》을 배운다면 큰 허물이 없
을 것이다."

【글자 뜻】 數:몇 수. 易:주역 역.

【뜻 풀이】 이대로 해석하면 공자는 사십사, 오 세 때에 '오십 세가 되면 ≪역경≫이 이해될 것이다.' 라고 말한 것이다. 그는 '사십 세 때에는 확신이 있었고, 오십 세가 되어 천명을 알았다.' 라고 후년에 자신이 거쳐 온 삶을 회고하여 술회하고 있다.(第二 爲政篇 4) 이 불혹(不惑)과 지천명(知天命) 사이에 ≪역경≫에 관한 발언이 이루어지고 있다. ≪역경≫의 이치가 겨우 이해되기 시작하고 그것을 마스터하여 완전히 내 것으로 만들려면 아직도 시간이 걸린다는 것을 고백하고 있는 것이다.

이 장(章)만을 보고 있으면 문장에 이해 곤란한 점은 없다. 그러나 다른 것들과 아울러 생각하게 되면 여러 가지 문제가 일어나게 된다. ≪사기(史記)≫ 공자세가에는 공자가 만년에 역(易)을 좋아하여 연구한 일을 말하고 나서 「나에게 수년을 빌려준다면 나는 역에 있어서 빈빈(彬彬)하리라.(假我數年 若是我於易則彬彬矣)」라고 한 공자의 말을 기재하고 있다. 「假我數年」은 ≪논어≫의 「加我數年」과 같다.

그런데 ≪사기≫의 이 기사는 애공(哀公) 11년(기원전 484년), 공자께서 십사 년의 긴 편력을 마치고 노나라에 돌아온 뒤의 일로 기록되어 있다. 공자는 이미 육십팔 세이다. ≪논어≫에서 말하는 「五十」과는 거리가 멀다. 그래서 「五十」을 글자의 잘못이라 하여 다른 자로 고치려고 하는 설도 있다. 즉 「五十」을 「卒」자를 잘못 나눈 것으로 보는 설이 그것이다. 그러나 그것은 쓸데없는 억측이다. 양자는 제각기 문장을 이루고 있다. 무리하게 합일시킬 필요는 없다.

또 한 가지, 만일 공자께서 그토록 역(易)을 중시했다면 공자의 언설(言說)에 역에 대한 것이 나왔을 것이다. 그런데 ≪논어≫에 「역(易)」자가 나타난 것은 이곳뿐이다. ≪역(易)≫을 말하지 않은 것만이 아니다. ≪역경(易經)≫ 중의 자구(字句)도 나타나 있지 않다. 공자 시대에도 복서(卜筮)는 행해지고 있었다. 그러나 당시의 ≪역경≫은 아직 형태를 이루고 있지 않았으며 당연히 공자는 보고 있지 않았던 것이다.

그러면 ≪논어≫의 「易」자는 어떻게 된 것일까? 노(魯)나라에 유통되고 있던, 따라서 본바닥의 ≪논어≫ 텍스트에는 「易」이 같은 음의 「역(亦)」으로 되어 있다. 여기서는 「五十以學 亦可以無大過矣」라고 읽는 것이 옳은 것이며 「易」자는 애초부터 없었던 것이다. 이 설은 역사상의 사실을 말하는 것으로써 주목해야 할 것이다. 경학사(經學史)를 연구하는 데에는 귀중한 의견이다. 그러나 중국인이 상상하고 있는 공자는 역시 「五十以學易」하는 사람이며 「可以無大過矣」를 바라는 사람이었다.

17

子所雅言 詩書執禮 皆雅言也.
자 소 아 언 시 서 집 례 개 아 언 야

공자께서 기휘하지 않고 원문대로 읽는 것은 ≪시≫, ≪서≫를 읽을 때와 예를 집행하실 때였다. 이때에는 모두 원문대로 읽으셨다.

【글자 뜻】雅:바를 아. 皆:다 개.

【말의 뜻】雅言(아언):「雅」는 정(正). 기휘(忌諱)함이 없이 원문의 글자대로 정독(正讀)함. 「忌諱(기휘)」란 작명(作名)을 할 때나 책을 읽을 때에 임금이나 조상의 함자에 들어 있는 글자를 경외(敬畏)하여 피하는 것. 詩書執禮(시서집례):「詩書」는 ≪시경≫과 ≪서경≫. 「執」은 집행. 「執禮」는 예의 의식을 맡아 봄. ≪예기(禮記)≫ 문왕(文王) 세자편(世子篇)에 「세자와 학사는 가을에 예를 배운다. 집례자가 이를 가르친다.(世子及 學士 秋學禮 執禮者詔之)」라고 하였다.

【뜻 풀이】「雅言」을 '정언(正言)'으로 해석하는 설 중에는 기휘하지 않는다

는 설 외에 공자의 국어인 노나라 음이 아니라 왕조(王朝)의 표준음으로 말하는 것이라고 해석하는 설이 있다. 내가 기휘하지 않는다는 설을 택하는 것은 ≪예기≫ 곡례(曲禮) 상편(上篇)에 「시서에 나오는 문자는 기휘하지 않으며 글을 읽을 때에도 기휘하지 않는다.(詩書不諱 臨書不諱)」라고 한 것에 주로 의거하였다. 「글을 읽을 때」란 예를 집행하는 사람이 예법의 글을 읽을 때를 말한다. 기휘하지 않는 것은 본문의 뜻에서 벗어나는 것을 염려했기 때문이다.

「執禮」 ― 예에 있어 특별히 「執」이라 하는 것은, 예는 이수(履修)하는 것으로서 ≪시≫, ≪서≫처럼 텍스트가 없기 때문에 구별한 것이다. 이 「禮」에는 악(樂)도 포함되어 있다.

「雅言」이 처음과 끝에 되풀이되고 있는 것을 중복이라 보고 처음의 「子所雅言」은 앞 장의 역(易)에 대하여 말하는 것이라고 하는 설도 있다. 또 「子所雅言詩書 執禮皆雅言也」라고 읽는 설도 있다. 이것도 쓸데없는 억측일 것이다. 중복되고 있는 것은 이 장을 기록한 사람이 「雅言」이라는 말에 스스로 감동하여 그 감동을 강조하다 보니 그리 된 것이다.

이에 이르러서 나는 다시 생각한다. 「雅」를 '정(正)'이라 해석하는 것은 상식이며 「雅言」을 '기휘하지 않는 것'이라고 해석하는 것은 ≪예기≫에 이미 나타나 있는 전통적인 해석이다. 나는 그것을 존중하고 일단 그에 따르기로 한다. 그런데 처음과 끝에 되풀이되고 있는 「雅言」이라는 말이 과연 기휘하지 않는다는 그런 소극적이고 한정된 의미로 쓰이고 있는 것일까? 「雅」를 정(正)이라고 해석하는 것은 상식이지만 정(正)이란 말은 「雅」라는 말의 전부가 아니다.

이 장의 기록자는 공자가 ≪시≫, ≪서≫를 읊조리고 예를 집행할 때 그러한 고전과 문화를 귀중히 여기고 그것을 기림에 합당하도록 우아하고 장중하게 발음한 것을 특필하고 있는 것은 아닐까? 「雅言」은 나에게 그와 같은 느낌을 준다. 「雅」에는 또 크다는 뜻도 있다. 경서(經書)와 공

자의 관계를 생각하는 사람은 이 장(章)에 ≪역(易)≫과 ≪춘추(春秋)≫
가 나타나 있지 않은 데에 주목하여 이 두 서적은 공자 시대에는 경서로
서 성립돼 있지 않았다고 주장한다.

18

葉公問孔子於子路 子路不對. 子曰 女奚不曰 其爲人也 發
섭 공 문 공 자 어 자 로　자 로 불 대　자 왈　여 해 불 왈　기 위 인 야　발
憤忘食 樂以忘憂 不知老之將至云爾.
분 망 식　낙 이 망 우　부 지 노 지 장 지 운 이

    섭공이 공자의 인품을 자로에게 물어 보았으나 자로는 대답하지 않았다.
공자께서 말씀하셨다.
    "너는 왜 말하지 않았느냐? '그 사람됨은 학문에 발분하면 식사를 잊고,
도를 즐겨 근심을 잊으며, 늙음이 닥쳐오고 있는데도 모르는 그런 인물입
니다.' 라고."

【글자 뜻】葉:성씨 섭. 奚:어찌 해. 發:일어날 발. 將:장차 장.
【말의 뜻】葉公(섭공):「葉」의 음은 섭. 초(楚)나라의 땅. 지금의 하남성(河
    南省) 섭현(葉縣). 「葉公」은 초(楚)의 대부(大夫)로 섭(葉) 지방을 식읍으
    로 가진 자. ≪춘추좌씨전(春秋左氏傳)≫ 정공(定公) 5년과 애공(哀公)
    16년의 기사 및 ≪장자음의(莊子音義)≫ 등에 기록된 바에 따르면 그의
    성은 심(沈), 이름은 제량(諸梁), 자는 자고(子高)이며 인망 높은 초나라
    의 일류 인물이었음을 알 수 있다. ≪논어≫에서는 第十三 子路篇 16・
    18에 또 등장한다.

【뜻 풀이】 자로가 대답하지 않았던 것은 대답할 수가 없었기 때문이다. 순진한 자로는 공자에게 완전히 심취되어 있었다. 누가 갑자기 질문해 오더라도 이 심취되어 있는 선생님을 객관적으로 평가할 말을 찾아낼 수가 없었던 것이다. 공자는 이 사랑스러운 제자를 위로하면서 말한다. "어렵게 생각할 필요는 없다. 누구나 다 알고 있는 나의 평소의 모습을 말하면 그만인 것이다."라고.

「發憤忘食」은 공자께서 학문을 몹시 좋아함을 말한다. 문제를 발견하여 그것을 해결하는 데에 뜻을 두는 것이 「發憤」이다. 「不憤不啓 不悱不發」(본편 8)의 「憤」이요 「發」이다. 「樂以忘憂」는 「游於禮」(본편 6)의 경지이다. 《사기》 공자세가는 「發憤忘食」 앞에 「도를 배우되 싫증내지 않고, 사람을 깨우쳐 주되 마다하지 않는다.(學道不倦 誨人不厭)」의 두 구를 덧붙였다. 본편 2의 「學而不厭 誨人不倦」과 같은 뜻의 글이다. 사마천(司馬遷)도 역시 공자의 대답을 그의 호학(好學)으로 해석하고 있다.

《사기》에 따르면 공자가 섭(葉) 지방을 찾아간 것은 그의 나이 육십삼, 사 세 때이다. 늙음은 이미 이르고 있었다. 그것을 '늙음이 닥쳐오고 있는데도 모르고 있다' 고 한 것은 오로지 학문에 대한 열정 때문이다.

19

子曰 我非生而知之者. 好古敏以求之者也.
자 왈 아 비 생 이 지 지 자   호 고 민 이 구 지 자 야

공자께서 말씀하셨다.
"나는 나면서부터 다 알고 있는 사람은 아니다. 옛것을 좋아하여 힘써 탐구하고 있는 사람이다."

【글자 뜻】我:나 아. 敏:힘쓸 민.

【말의 뜻】好古(호고):옛것을 좋아함. 고전을 애호함. 본편 1에 「述而不作
  信而好古」라고 하였다. 敏以求之(민이구지):「敏」은 면(勉), 힘씀. 또 재
  주가 민첩함. 잽싸게.

【뜻 풀이】第十六 季氏篇 9에 「나면서부터 도(道)를 아는 자는 상(上)이요, 배
  워서 아는 자는 그 다음이요, 벽에 부딪쳐서 배우는 자는 또 그 다음이다.
  벽에 부딪쳐서도 배우지 않는 자는 백성이 하(下)라고 한다.」고 하였다.

20

子不語怪力亂神.
자 불 어 괴 력 난 신

공자께서는 괴변(怪變)과 완력(腕力)·배덕(背德)·귀신에 대한 말씀은
제자에게 하시지 않았다.

【글자 뜻】怪:기이할 괴. 亂:어지럽힐 난. 神:귀신 신.

【말의 뜻】怪(괴):괴이(怪異). 力(역):이상한 힘의 작용. 亂(난):덕에 반(反)
  하는 일. 시역(弑逆) 따위. 神(신):천신지기(天神地祇).

【뜻 풀이】「語」는 "居 吾語女(앉아라, 내가 이야기해 주마.)"의 「語」와 같
  다. 제자에게 이야기하는 것.
    공자는 번지(樊遲)의 물음에 "신을 존경하면서도 이를 멀리한다."고
  대답하였고(第六 雍也篇 22), 자로의 물음에 "살아 있는 인간을 섬길 수
  도 없는데 어떻게 죽은 이의 영을 섬길 수 있겠는가."라고 대답하였고,

또 "삶도 아직 알 수 없는데 어떻게 죽음을 알 수 있겠는가."라고 대답하고 있다.(第十一 先進篇 12)

≪순자(荀子)≫ 영욕편(榮辱篇)에 「군자는 그 상(常)을 말하고, 소인은 그 괴(怪)를 말한다.」고 하였다.

공자의 가르침은 시서(詩書)와 예악으로 시종한다. 그의 발상에는 천국도 지옥도, 천지의 창조도 파멸도 들어오는 일이 없다. 이른바 종교에 들어가지 않는다. 철저한 인간 철학이다.

21

子曰 三人行 必有我師焉 擇其善者而從之 其不善者而改之.
자 왈 삼 인 행 필 유 아 사 언 택 기 선 자 이 종 지 기 불 선 자 이 개 지

공자께서 말씀하셨다.

"세 사람이 함께 가면 그중에 반드시 내 스승이 있으니 선한 이를 골라 그를 본받고 선하지 않은 이에게서는 내 몸의 그것을 고친다."

【글자 뜻】 擇:가릴 택. 改:고칠 개.

【뜻 풀이】 「三人行 必有我師焉」은 공자 시대에 유행하던 고어일 것이다. 모두가 알고 있는 고어를 내세우고 공자는 이야기를 진행시킨다. 「行」을 언행의 행(行)이라고 해석하는 설도 있지만 '길을 함께 가는 자'라고 해석한다. 그 편이 오래된 속담으로서 친밀감을 준다고 생각하는 것은 나뿐만이 아닐 것이다. 「三人」이라는 숫자도 속담으로서 절대의 표현이다.

인생의 스승은 보고 듣는 사회의 어디에나 있다. 자공(子貢)은 위(衛)의 공손조(公孫朝)에게 공자를 소개하기를 "선생님께서는 누구에게나

배우셨습니다. 일정한 스승이 계신 것은 아닙니다."라고 하였다.(第十九 子張篇 22)

≪춘추좌씨전(春秋左氏傳)≫ 양공(襄公) 31년에 정(鄭)의 자산(子産)이 "그 선한 점은 나도 그것을 행하고, 그 악한 점은 나는 그것을 고친다. 이것이 나의 스승이다."라고 하였다. 자산(子産)은 공자도 존경했던 현인이다. 공자 자신도 "어진 사람을 보면 동등하게 되려고 생각하고, 어질지 못한 사람을 보았을 때에는 스스로 마음속으로 반성한다."고 하였다.(第四 里仁篇 17) 노자(老子)도 "훌륭한 이는 훌륭하지 않은 자의 스승이며, 훌륭하지 않은 자는 훌륭한 이의 바탕이 된다."고 하였다.(第27章)

공자가 불선자(不善者)까지 스승으로 삼는 것은 인생의 지혜가 풍부하기 때문이다. 구체적인 체험 속에서 스승을 발견하는 것이다. 관념에 사로잡히는 일이 없다.

22

子曰 天生德於予 桓魋其如予何.
자 왈 천 생 덕 어 여 환 퇴 기 여 여 하

공자께서 말씀하셨다.

"하늘이 나에게 덕을 주셨는데 환퇴가 나를 어찌하겠는가?"

【글자 뜻】桓:굳셀 환. 魋:사람 이름 퇴.

【말의 뜻】天生(천생):하늘이 부여함. 하늘이 사명으로 줌. 桓魋(환퇴):송(宋)나라의 사마(司馬). 경공(景公)의 총신. 계보(系譜)가 송의 환공(桓公)으로부터 나오므로 「桓」이라고 한다. 「魋」는 이름. 성은 상(向). 如

子·何(여여하):나를 어찌하겠는가?

【뜻 풀이】 ≪사기(史記)≫ 공자세가에 「공자가 조(曹)를 떠나 송(宋)으로 갔다. 제자들과 큰 나무 밑에서 예악을 강론하였다. 송의 사마 환퇴가 공자를 죽이고자 그 큰 나무를 쓰러뜨렸다. 공자께서 자리를 떠나자 제자가 말하였다. '빨리 가셔야 합니다.' 공자께서 말하였다. '하늘이 내게 덕을 주셨는데 환퇴가 나를 어찌하겠느냐?'」라고 기록되어 있다.

「德」에 대하여는 서설에서 이미 언급하였다. 천하적 세계를 효과적으로 다스리는 능력이다. 하늘이 그 덕을 자기에게 부여했다는 것은 공자의 신념과 사명감의 고백이다. 이해에 공자는 육십 세였다. 편력 생활은 이미 5년에 이른다. 그런데도 역시 이런 말을 하였다. 정말 위장부(偉丈夫)이다. 그러나 또 자기를 마지막 사람이라고 보는 비장감이 감돈다. 우리는 또 第九 子罕篇 5에서 「하늘이 문(文)을 버리지 않는 이상 광(匡) 사람들이 나를 어찌하겠는가?」라는 말을 찾아볼 수 있다.

23

子曰 二三子以我爲隱乎. 吾無隱乎爾. 吾無行而不與二三
자왈   이삼자이아위은호   오무은호이   오무행이불여이삼
子者 是丘也.
자자   시구야

공자께서 말씀하셨다.

"너희는 내가 숨기는 것이 있다고 생각하는 것이냐? 나는 너희에게 아무것도 숨기는 게 없다. 나는 너희와 더불어 행하지 않은 것이 아무것도 없으니 이것이 바로 나이니라."

【글자 뜻】隱:숨길 은. 爾 :너 이.

【말의 뜻】二三子(이삼자):제자들을 부르는 말.「子」는 경칭. 너희들. 吾無
隱乎爾(오무은호이):「乎爾」는 어조사(語助辭). 공자의 나라 노(魯)의 말
투라고 한다. ≪맹자(孟子)≫ 진심(盡心) 하편(下篇)에도「然而無有乎爾
則亦無有乎爾」라고 하였다. 無行而不與(무행이불여):함께 행하지 않은
일이 없음. 丘(구):공자의 이름.

【뜻 풀이】공자에게는 자명한 선왕의 도(道)도 제자들에게는 아직도 탐구
중인 불분명한 것이다. 제자와 스승 사이에는 큰 격차가 있었다. 게다가
공자의 교육은 엄격하다. "중(中) 이상의 사람에게는 높은 지식을 이야
기해도 되지만 중 이하의 사람에게 높은 지식은 이야기할 수 없다."(第
六 雍也篇 21), "배우려고 분발하지 않으면 깨우쳐 주지 않으며, 표현하
는 말에 애를 태우지 않으면 입을 틔워 주지 않으며, 한 귀퉁이를 들어
보여 나머지 세 귀퉁이를 가지고 반응해 오지 않으면 반복하지 않는
다."(본편 8) 등의 말이 이미 나왔었다.

　이 뒤에는「공자께서 말씀하셨다. '나는 아무 말도 하지 않으려 한
다.' 자공이 여쭈었다. '선생님께서 아무 말씀도 하시지 않으면 우리는
받아서 전할 것이 없어집니다.' 공자께서 말씀하셨다. '하늘이 무슨 말
을 하고 있더냐? 아무 말도 하지 않는다. 그래도 사시(四時)는 운행되고
만물은 생장한다. 하늘이 무슨 말을 하고 있더냐?'(第十七 陽貨篇 19)
라고 하였다. 제자들도 이따금 흉금을 확 터놓고 말해 주지 않는 것을
안타깝게 생각했던 것이다.

　더욱이 이 무렵 인색하여 제자들에게 불신감을 갖게 하는 교사들이
있었다는 것은 ≪예기(禮記)≫ 학기편(學記篇)에「지금의 교사는 ……사
람을 가르치는 데에 그 재(材)를 다하지 않는다.」고 한 것으로도 알 수
가 있다. 정현(鄭玄)은 이 글을 주석하여「재(材)는 도(道)이다. 스승이

숨기는 바가 있음을 말한다.」고 하였다. 공자의 제자 중에도 의심을 가지고 공자를 보며 불만을 느끼고 있던 자가 있었을 것이다. 질문할 능력이 없는 자가 스승을 원망하기 마련이다.

공자는 「二三子」라고 부른다. 친밀감과 경의가 깃든 호칭이다. '나와 가깝고 나를 알아 줄 것으로 믿고 있는 제자들, 그런 너희마저 아직도 내가 숨기는 것이 있다고 말하는 것이냐?' 공자의 말은 변명이 아니다. 고독감의 발로이다. 수제자에게까지 이해받지 못하는 스승의 서글픈 운명은 공자와 같은 인간미가 풍부한 사람까지도 예외로 하지는 않았다.

24

> ### 子以四教 文行忠信.
> 자 이 사 교 문 행 충 신

공자께서는 네 가지를 가르치셨으니, 학문과 덕행과 성실과 신의다.

【글자 뜻】敎:가르칠 교. 忠:충성 충.

【뜻 풀이】第十一 先進篇 3에서 「덕행(德行)」, 「언어(言語)」, 「정사(政事)」, 「문학(文學)」의 네 과를 들고 있다. 반드시 여기와 대응시킬 필요는 없다. 각각 기술되고 있는 것이다. 그러나 모두 네 가지 항목으로 구성되어 있는 것에 주목하여 양쪽의 관계를 생각한다면 「文」은 「문학」에, 「行」은 「덕행」에, 「忠」은 「정사」에, 「信」은 「언어」에 연관된다. 「文」은 시서예악(詩書禮樂), 「忠」은 백성을 위하여 정성을 다하여 실현하는 것, 즉 「정사(政事)」, 그리고 「信」이 있는 데에만 「언어」는 성립한다.

25

子曰 聖人吾不得而見之矣 得見君子者 斯可矣. 子曰 善人
자왈 성인오부득이견지의 득견군자자 사가의 자왈 선인

吾不得而見之矣 得見有恒者 斯可矣. 亡而爲有 虛而爲盈
오부득이견지의 득견유항자 사가의 무이위유 허이위영

約而爲泰 難乎有恒矣.
약이위태 난호유항의

공자께서 말씀하셨다.

"성인을 내가 만나 볼 수는 없지만 군자를 만나 보면 그것으로 좋다."

이어 말씀하셨다.

"선인을 내가 만나 볼 수는 없지만 항성(恒性) 있는 사람을 만나 보면 그
것으로 좋다. 없는데도 있는 체하고 텅 비었는데도 가득 찬 체하며, 구차스
러우면서도 부유한 체하니 항성 있기가 어렵다."

【글자 뜻】 聖:성인 성. 恒:항상 항. 虛:빌 허. 盈:찰 영.

【말의 뜻】 聖人(성인):주공(周公)과 같은 사람. 君子者(군자자):「君子」는
천하적 세계관을 가지고 정치하는 능력, 즉 덕을 지닌 사람. 「君子者」는
「有恒者」에 대응하는 말. 第五 公冶長篇 3의 해설 참조. 善人(선인):나
라의 기강을 유지하는 사람. 有恒者(유항자):언행에 항상성(恒常性)을
지닌 사람. 亡而爲有(무이위유):없으면서도 있는 체함. 約而爲泰(약이
위태):「約」은 구차함. 「泰」는 부유함.

【뜻 풀이】 문장 중에 「子曰」이 두 번 나오고 있다. 내용이 같은 다른 곳의
말을 편집자가 여기에 합쳤다고 본다.

「善人」 — ≪춘추좌씨전(春秋左氏傳)≫ 성공(成公) 15년에 「선인은 천

지의 벼리(紀)이다.」, 양공(襄公) 26년에 「선인이 없으면 나라가 이에 따른다.」고 했고, ≪시(詩)≫에 「이리하여 백성이 망해가는 것, 나라는 마침내 끊이려는가?(人之云亡 邦國殄瘁)」라고 하였다. 선인이 없음을 말한다. 양공(襄公) 30년에 「선인은 나라의 주인이다.」라고 하였다. 「나라가 이에 따른다.」란 선인이 없으면 나라가 따라서 망하는 것을 말한다. ≪시(詩)≫는 대아(大雅) 첨앙편(瞻仰篇). 「진췌(殄瘁)」는 모조리 병들어 초췌함.

「善人」이라는 말은 ≪논어≫에서 이 述而篇 외에도 第十一 先進篇 20, 第十三 子路篇 11 · 29, 第二十 堯曰篇 1에도 보인다. 子路篇의 글은 다음과 같다. 「공자께서 말씀하셨다. '선인이 나라를 다스리는 일이 백 년이나 계속된다면 흉포를 누르고 사형을 없앨 수가 있다고 한다. 정말이다, 이 말은.'」, 「선인이 백성을 7년간 가르치면 전쟁에 종사시킬 수 있다.」

공자는 자천(子賤)과 남궁괄(南宮适)에게 "군자로다, 저런 사람은!" 하고 칭찬하고 있다.(第五 公冶長篇 3, 第十四 憲問篇 6) 성인은 그렇다 치고 군자 · 선인 · 유항자(有恒者)는 공자도 만나 볼 수 있었을 것이다. 그런데 볼 수가 없다고 한다. "그것으로 좋다."도 보기를 소원하고 있는 말로서 현실로는 아직 보고 있지 않음을 말한다.

이에 옛 주석은 「세상에 명군(明君) 없음을 근심하는 것이다.」라고 설명한다. 오규소라이(荻生徂徠)도 이것을 전승(傳承)이 있는 설이라고 말하고 있다. 천자 · 제후 사이에 성인도 없고 선인도 없는 것은 체념한다 하더라도 적어도 군자나 유항자(有恒者)를 만나 볼 수 있었으면 하고 바라는 것이다. 「없는데도 있는 체하고」 이하의 세 구는 '항성(恒性)이 있음'과는 반대되는 일이다. 제후의 실태는 이런 상태였다. 정말 '항성이 있다'고는 보기 어렵다. 항성이 없는 자에게는 몸을 의탁하기 어렵다.

26

子釣而不綱. 弋不射宿.
자 조 이 불 강   익 불 석 숙

공자께서는 낚시질은 하시되 주낙질은 하시지 않았다. 주살질은 하시되 둥지에 든 새는 쏘지 않았다.

【글자 뜻】 釣:낚시 조. 綱:벼리 강. 弋:주살 익.

【말의 뜻】 釣而不綱(조이불강):「釣」는 낚시질.「綱」은 주낙. 긴 줄에 많은 낚시 바늘을 매달아 물살에 가로질러 놓고 일거에 많은 물고기를 잡는 방법. 弋不射宿(익불석숙):「弋」은 주살. 화살 뒤에 끝을 맨 것을 쏘아서 새를 잡는 방법.「射」은 쏘아 맞힘. 음은「석」.「宿」은 둥지에 잠들어 있는 새.

【뜻 풀이】 ≪논어≫는 어록(語錄)을 원칙으로 하고 있지만 이 장은 공자의 말이 아니라 공자의 행위를 객관적으로 기록하고 있다.

27

子曰 蓋有不知而作之者 我無是也. 多聞擇其善者而從之 多
자 왈 개 유 부 지 이 작 지 자 아 무 시 야   다 문 택 기 선 자 이 종 지 다
見而識之 知之次也.
견 이 지 지 지 지 차 야

공자께서 말씀하셨다.

"알지도 못하면서 지어내는 자들이 세상에는 있는 모양이나 내게 그런 것은 없다. 많이 들어서 그중 나은 것을 골라 좇고 많이 보아 기억해 둔다면 그것이 생지(生知)의 다음가는 것이다."

【글자 뜻】 蓋:대개 개. 多:많을 다. 次:버금 차.

【말의 뜻】 蓋有(개유):생각건대 있겠지만. 多見而識之(다견이지지):「識」는 마음에 새김. 기억함. 知之次也(지지차야):「知」는 앎. 해설 참조.

【뜻 풀이】 공자는 본편 첫머리에서 「고전을 계승하고 지어내지 않는다.(述而不作)」라고 하였다. 「不知而作之者」는 공자 당시에 논자가 다른 논자를 「무지하니까 되지 않는 소리를 지껄인다.」고 비판하기 위해 사용되고 있던 성어일 것이다. ≪시경≫ 대아(大雅) 상유편(桑柔篇)에 「豈不知而作」이라고 하였다.

　이 장의 해석에 인용하고 싶은 시구이며 중국이나 일본에서도 인용되고 있다. 그러나 이 시구를 ≪모시정전(毛詩鄭箋)≫에서는 「어찌 네가 짓는 바를 모르랴.」로 해석한다. 「而」는 너(汝). 제(齊)·노(魯)의 사람들이 어떻게 해석했는지는 알 수 없다.

　「多聞」, 「多見」은 공자가 힘쓰는 바였다. 이미 第二 爲政篇 18에 보였었다.

　「擇其善者而從之」— 본편 21 「三人行 必有我師焉」에서 「擇其善者而從之」라고 같은 말을 쓰고 있다. 그의 면학의 기본 태도이다. 「多見而識之」에서도 나은 쪽을 고름은 말할 나위도 없다.

　「知之次也」— 이것도 본편 19에 "나는 나면서부터 다 알고 있는 사람은 아니다. 옛것을 사랑하여 힘써 탐구하고 있는 사람이다."라고 한 것과 관련된다. 그 해설에서 이미 언급했듯이, 나면서부터 도(道)를 아는 자는 상(上)이요, 배워서 아는 자는 그 다음이요, 벽에 부딪쳐서 배우는

자는 또 그 다음이라고 한다.(第十六 季氏篇 9). 술이편(述而篇)의 이 장
에서는 자기 자신을 '배워서 아는 자'로서 중간 위치를 부여하고 있다.

28

> 互鄕難與言 童子見. 門人惑. 子曰 與其進也 不與其退也.
> 호향난여언 동자현 문인혹 자왈 여기진야 불여기퇴야
>
> 唯何甚. 人潔己以進 與其潔也 不保其往也.
> 유하심 인결기이진 여기결야 불보기왕야

　호향(互鄕)의 사람들은 더불어 이야기하기가 힘든 사람들인데 그곳 아이
를 공자께서 만나 주셨다. 제자가 의아스러워하자 공자께서 말씀하셨다.
　"찾아온 사람은 상대해 주고, 틀어박혀 있는 자는 상대해 주지 않는다.
어찌 오로지 심하게만 하랴. 누구든지 자기를 비우고 찾아오면 그 깨끗함
에 나는 상대를 한다. 그 사람의 지나간 일에까지는 힘이 미치지 못하지
만."

【글자 뜻】互:서로 호. 童:아이 동. 唯:오직 유. 潔:깨끗할 결.
【말의 뜻】互鄕(호향):지명. 서주(徐州)와 진주(陳州)에 모두 이 문답이 이
　루어진 곳이라는 해석이 있지만 확실한 것은 알 수 없다. 與言(여언):第
　一 學而篇 15에 이미 「賜也 始可與言詩已矣」라고 하였다. 또 第十五 衛
　靈公篇 8에 「더불어 이야기할 상대인데도 이야기를 나누지 않으면 아깝
　게도 사람을 잃으며, 더불어 이야기할 상대가 아닌데도 이야기를 나누
　면 말을 잃는다.」라고 하였다. 「難與言」은 상대가 이야기를 이해하지 못
　하는 자, 혹은 외고집인 자임을 말한다. 童子見(동자현):「童子」는 미성
　년자. 「見」은 뵈옴. 음은 「현」. 與其進 不與其退(여기진 불여기퇴):가르

침을 받으러 자진해서 오는 자는 상대를 하고, 물러나서 자신의 세계 속에 틀어박혀 있는 자는 상대를 하지 않음. 唯何甚(유하심):덮어놓고 어찌 그다지도 심하냐! 문인들의 의아심, 혹은 호향에 대한 선입관을 가리켜 말함. 人潔己以進(인결기이진):「潔己」는 자기를 비우고 가르침을 들음. 不保其往也(불보기왕야):「保」는 도와 줌, 길러 줌.「往」은 이미 지나간 일.

【뜻 풀이】「互鄕」—「鄕」이라는 이름과 같이 그다지 큰 지역은 아니다. 그런데도 여기서 일부러 그 지명을 들어「難與言」이라고 한 것은 왜일까? 「互」의 음은 오(午), 그것은 오(忤)·오(牾)와 같은데 이 지방 사람은 세상에 거슬리는 성질이 있어서 이 지명이 생긴 것이라는 설이 정씨(鄭氏)의 ≪논어집석(論語集釋)≫에 실려 있다. 부기(附記)하는 정도여서 중시하고 있다고는 생각되지 않지만 이 지명의 유래를 염두에 두고 읽으면「互鄕難與言」의 글은 완전히 살아난다.

「門人惑」—「互鄕」의 사람들은 벽창호인 데다가 찾아온 자가 미성년이어서 더욱 더 함께 이야기하기에 미흡한 것이다. 그런데도 공자는 회견에 응하였다. 문인들은 납득이 안 갔던 것이다.

「與其進 不與其退」는 당시의 속담일 것이다.

여기에 나타나 있는 공자의 교육자로서의 태도는 본편 7의「스스로 속수(束脩)의 예를 행한 이상 나는 가르치지 않은 일이 없다.」와 통하는 바가 있다. 그리고 또 第十五 衛靈公篇 39의「가르침이 있으면 차별은 없어진다.(有敎無類)」의 4자 1구에 이른다.

29

子曰 仁遠乎哉. 我欲仁 斯仁至矣.
자 왈 인 원 호 재 아 욕 인 사 인 지 의

공자께서 말씀하셨다.

"인(仁)이 먼 곳에 있겠느냐? 내가 인을 바라기만 하면 인은 바로 곁에 이른다."

【글자 뜻】遠:멀 원. 欲:바랄 욕.

【말의 뜻】仁遠乎哉(인원호재):「乎哉」는 ~이랴?

【뜻 풀이】인(仁)은 공자께서 말하는 최고의 덕이므로 제자들은 그것이 멀리 있어서 손에 닿지 않는 것이라고 생각한다. 그러나 최고의 덕이기 때문에 모든 사람에게 골고루 미쳐 있는 것이다. 자신이 인을 구하여 그 일단을 일상에 행하는지 여부가 문제인 것이다.

第十二 顔淵篇 첫머리의 말이 생각난다. 「안연이 인에 대하여 여쭈어 보자 공자께서 말씀하셨다. '내 몸을 삼가서 예로 돌아가는 것, 그것이 인의 실천이다. 하루 내 몸을 삼가서 예로 돌아가면 천하가 인으로 되돌아간다. 인을 이룸은 자기 자신에 말미암은 것이지 남에게 말미암은 것이 아니다.」 먼 것은 관념의 인(仁)이다.

30

陳司敗問 昭公知禮乎. 孔子對曰 知禮. 孔子退. 揖巫馬期
진사패문 소공지례호 공자대왈 지례 공자퇴 읍무마기
而進之曰 吾聞 君子不黨. 君子亦黨乎. 君取於吳. 爲同姓
이진지왈 오문 군자부당 군자역당호 군취어오 위동성
謂之吳孟子. 君而知禮 孰不知禮. 巫馬期以告. 子曰 丘也
위지오맹자 군이지례 숙부지례 무마기이고 자왈 구야
幸. 苟有過 人必知之.
행 구유과 인필지지

진나라 사패(司敗)가 공자께,

"소공은 예를 알고 계셨습니까?"

하고 여쭈어 보자 공자께서 대답하셨다.

"예를 알고 계셨습니다."

공자께서 퇴출하시자 사패는 무마기(巫馬期)에게 읍(揖)하고 다가가 말하였다.

"군자는 서로 감싸주지 않는다고 들었는데, 군자도 역시 서로 감싸주는 것인가요? 군주[昭公]는 오(吳)나라에서 부인을 맞았는데 동성(同姓)이기 때문에 오맹자라고 불렀습니다. 이런 소공이 예(禮)를 안다고 하면 예를 모르는 자가 어디 있겠소!"

무마기가 이 말을 공자에게 고하자 공자께서 말씀하셨다.

"나는 복되도다! 조금이라도 허물이 있으면 남이 반드시 깨닫게 해 주는구나."

【글자 뜻】 陳:나라 이름 진. 敗:패할 패. 巫:무당 무. 揖:읍할 읍.
【말의 뜻】 陳司敗(진사패):「陳」은 지금의 하남성(河南省)에 있던 작은 나

라. 「司敗」는 관명. 진과 초(楚) 두 나라에 이 관명이 있었다. 보통 「사구(司寇)」라고 하며 형(刑)을 관장한다. 昭公:노(魯)의 소공. 巫馬期(무마기):공자의 제자. ≪사기(史記)≫ 중니제자열전에 「무마시(巫馬施), 자는 자기(子旗). 공자보다 삼십 세 연하」라고 하였다. 무마(巫馬)는 성, 시(施)가 이름. 자인 자기(子旗)를 여기서는 기(期)라고 하였다. 동음가차(同音假借)라는 것이다. 揖(읍):회견하고 있는 사람이 앞으로 걸어 나올 때에 먼저 하는 의례. 깍지 낀 두 손을 가슴 앞에서 올렸다 내린다. 君子不黨(군자부당):고어일 것이다. 「黨」은 한 무리의 잘못을 서로 감쌈. 君取於吳(군취어오):「取」는 취(娶). 「吳」는 강소성(江蘇省)에 있던 나라. 爲同姓 謂之吳孟子(위동성 위지오맹자):「同姓」이란 노(魯)와 오(吳)의 군주의 성(姓)이 모두 희씨(姬氏)임을 말한다. 제후의 부인은 그 본국의 이름과 성을 부른다. 이를테면 제(齊)나라에서 강(姜)씨 성을 가진 여인이 노(魯)에 시집을 왔다면 제강(齊姜)이라고 한다. 이 관습대로 말하면 오(吳)에서 온 부인은 오희(吳姬)라고 일컬어야 할 테지만 동성불혼의 예제(禮制)가 있기 때문에 희성(姬姓)은 드러낼 수가 없었다. 부득이 자(字)를 맹자라 칭하여 국명 오와 아울러 「吳孟子」라고 일컬었다. 君而知禮 孰不知禮(군이지례 숙부지례):단정적으로 말할 때 으레 쓰는 말. 第三 八佾篇 22에도 「관씨가 예를 안다고 하면, 예를 모르는 자가 어디 있겠는가?(管氏而知禮 孰不知禮)」라고 하였다.

【뜻 풀이】 노의 소공(昭公)에게는 예를 안다는 평가도 있었다. ≪춘추좌씨전≫ 소공 5년에는 진후(晋侯)가, ≪춘추공양전(春秋公羊傳)≫ 소공 25년에는 공자가 소공을 예의 입장에서 생각하고 있다. 「昭」라는 시호도 의용(儀容)이 정중하고 아름다운 사람에게 주어지는 이름이다.

한편 소공은 부모의 상을 당하여 슬퍼하지 않았고 마지막에는 3환(三桓)에게 추방당하고 제(齊)나라로 망명하여 유랑 6년 뒤에 진(晋)나라에서, 즉 타국에서 죽는 운명을 가진 사람이다. 소공에 대한 인물 평가는 그 당시 아직 정해져 있지 않았던 것이리라.

중국에서는 동성불혼(同姓不婚)이 엄격한 제도로 되어 있었다. ≪예기(禮記)≫ 대전편(大傳篇)에는 「갈라져서 백 세대가 지났다 할지라도 혼인하지 않음은, 주나라의 예가 그러하였다.(雖百世而昏姻不通者 周道無也)」라고 하였다. 그리고 방기편(坊記篇)에서는 「공자께서 말씀하셨다. '아내를 얻는데 동성을 취하지 않음은 분별을 두렵게 하기 위함이다. 그러므로 첩을 사는데 그 성을 모를 때에는 이것을 점쳤다.'」라고 하여 소공과 오맹자의 결혼이 예제(禮制)에 위배된 것임을 지적하고 있다. 소공은 이 결혼을 천자에게 보고하지 않고 승인도 얻지 않았다. ≪춘추(春秋)≫ 및 그 ≪전(傳)≫은 이 부인의 취급에 고심하고 있다. 사패(司敗)의 질문은 이 점을 문제 삼아 공자를 괴롭힌다.

공자는 사패의 예상을 뒤엎고 "소공은 예를 안다."고 하였다. 물론 공자는 소공의 결혼이 비례(非禮)임을 알고 있다. 그런데도 "예를 안다."고 대답한 것은 왜일까? 우리는 소공이 제(齊)로 달아났을 때 공자가 그의 뒤를 따라 제에 간 것을 알고 있다. 공자는 그 사람을 이해하고 동정하는 바가 있었을 것이다. 게다가 「나라의 부끄러움을 숨기는 것이 예이다.」라는 ≪춘추좌씨전≫ 희공(僖公) 원년에 보이는 사고방식이 있었다.

사마천(司馬遷)의 해석은 이것에 의거한다. 중니제자열전(仲尼弟子列傳)은 공자의 말인 "구(丘)는 복되도다! 조금이라도 잘못이 있으면 남이 반드시 깨닫게 해 주는구나." 뒤에 "신하는 임금의 허물을 말하면 안 된다. 나라를 위하여 숨기는 것이 예이다."라고 덧붙이고 있다. 동성불혼의 금기를 어긴 비례(非禮)를 타국의 사법관이 비판하는 것은 그 사람의 자유이지만 자기 나라의 임금을, 그리고 틀림없이 그 사람을 이해하고 동정하는 국왕을 타국의 관원 앞에서 비난하는 것은 공자로서 불가능했던 것이다. 정(情)이 예(禮)보다 앞섰던 것이다.

공자의 표정은 쓸쓸했을 것이다. 사패가 무마기에게 한 말이 도리어 그 괴로움을 구제하여, 예는 정을 초월하여 존재해야 함을 확실케 한다. 정에 못 이겨 소공을 위해 "예를 안다."고 말한 공자에게, 그리고 사패의 비판에 안도의 숨을 내쉬는 공자에게 우리는 커다란 친밀감과 존경을 느낀다.

31

子與人歌而善 必使反之 而後和之.
자 여 인 가 이 선 필 사 반 지 이 후 화 지

공자께서는 남과 함께 노래를 부르시되 그 사람이 잘 부르면 반드시 다시 부르게 하시고 그 뒤에 함께 부르셨다.

【글자 뜻】 歌:노래 가. 後:뒤 후.

【말의 뜻】 與人歌而善(여인가이선):「善」은 잘함. 必使反之(필사반지):「反」은 반복함. 而後和之(이후화지):「和」는 더불어 어울림.

【뜻 풀이】 이것도 공자의 일상생활의 한 토막을 묘사한 것이다. 공자는 노래에 있어서도 「學而時習之」의 태도를 견지(堅持)한다. 함께 노래를 부르고, 귀를 기울이고, 다시 따라서 부른다.

32

子曰 文莫吾猶人也. 躬行君子 則吾未之有得也.
자 왈 문 모 오 유 인 야 궁 행 군 자 즉 오 미 지 유 득 야

공자께서 말씀하셨다.

"노력은 나도 남만큼 하고 있지만 몸소 군자의 도를 실천함에는 아직도 부족함이 많다."

【글자 뜻】猶:같을 유. 躬:몸소 궁.

【말의 뜻】文莫(문모):노력하고 힘쓰는 것. 속어(俗語)이다. 또 忞慔(민모) 라고도 씀. ≪설문해자(說文解字)≫ 권10에 「忞(민) ─ 스스로 마음을 다잡음」이라 하였고, 또 「慔(모) ─ 힘씀」이라고 하였다. 유씨(劉氏)의 ≪논어정의(論語正義)≫는 진(晋)의 난조(欒肇)가 그의 ≪논어박(論語 駁)≫에서 「연(燕)·제(齊)는 면(勉)을 문모(文莫)라고 한다.」고 한 것을 인용하고, 다시 이 말의 음의 전화(轉化) 및 그에 따라 일어나는 표기법 의 전화에 대하여 모막(侔莫) ─ 민면(黽勉) ─ 밀물(密勿) 등의 예를 들 고 있다. 吾猶人也(오유인야):第十二 顔淵篇 13에 「소송을 재판하는 일에서는 나도 남과 같다.(聽訟吾猶人也)」라고 같은 표현이 보인다. 성 어(成語)이다.

【뜻 풀이】「文莫」를 '힘씀'이라고 해석함에 있어서는 오규소라이(荻生徂 徠)가 유씨(劉氏)보다 앞선다. 또 오규소라이는「文莫吾猶人也」를 공자 시대의 속담이라고 하였다.

「文莫」를 옛날의 속담이라고 보지 않고「文」과「莫」를 나누는 설이 일 반에는 알려지고 있다. 옛 주(註)는「文莫」를 '文不'로 보고「文不吾猶

人」을 '학문은 내가 아직 남만 같지 못함', 즉 '무릇 학문을 말함이 모두 남보다 낫지 않다.'로 해석한다.

마지막 두 구는 군자에 도달해 있지 않다고 겸손해 하기보다도 오히려 군자의 능력 발휘할 기회를 아직 포착하지 못함을 한탄하는 것이리라.

33

> 子曰 若聖與仁 則吾豈敢. 抑爲之不厭 誨人不倦 則可謂云
> 자왈 약성여인 즉오기감 억위지불염 회인불권 즉가위운
> 爾已矣. 公西華曰 正唯弟子不能學也.
> 이이의 공서화왈 정유제자불능학야

공자께서 말씀하셨다.

"성(聖)과 인(仁) 같은 것이야 내가 어찌 감히……. 그렇지만 배움에 싫증 내지 않고 남을 깨우침에 게을리하지 않는다는 것은 맞다고 해도 된다."

공서화(公西華)가 여쭈었다.

"바로 그것을 저희는 흉내 낼 수가 없는 것입니다."

【글자 뜻】 抑:누를 억. 厭:싫을 염.

【말의 뜻】 若聖與仁(약성여인):「若」은 같은 것. 豈敢(기감):어찌 감히 ~할 수 있으랴. 抑(억):그러나 다만. 云爾已矣(운이이의):그렇다고 말할 따름임. 公西華(공서화):이미 第五 公冶長篇 8「赤也何如」에 이름인 적(赤)으로, 第六 雍也篇 4「子華使於齊」에 자(字)인 자화(子華)로 등장하고 있다. 正唯(정유):바로 그것.

【뜻 풀이】第九 子罕篇 6에서 태재(太宰)가 자공(子貢)에게, "공자는 성자인가?" 하고 묻고 있다. 공자를 성(聖)이니 인(仁)이니 하는 사람들이 있어 그 소리가 공자의 귀에 들어가게 되자 공자께서 이런 말을 하게 되었던 것이다. 혹은 그 말을 전한 사람이 공서화였는지도 모른다.

이 述而篇은 기록의 상호 관계가 농밀(濃密)하다. 이 장도 제2장의 「묵묵히 침잠(沈潛)하여 옛것을 알고, 그것을 싫증 냄이 없이 학습하며, 사람들을 꾸준히 가르치는 일은 내게 아무것도 아닌 것이다.」와 중첩되어 있다.

34

> 子疾病. 子路請禱. 子曰 有諸. 子路對曰 有之. 誄曰 禱爾
> 자질병　자로청도　자왈 유저　자로대왈 유지　뇌왈 도이
> 于上下神祇. 子曰 丘之禱久矣.
> 우상하신기　자왈 구지도구의

공자의 병환이 위중하셨다. 자로가 기도 드리고 싶다고 청하자 공자께서 말씀하셨다.

"그런 것이 있느냐?"

자로가 대답해 여쭈었다.

"있습니다. 뇌(誄)에 '천지신명께 빈다.'고 하였습니다."

공자께서 말씀하셨다.

"그거라면 나도 빌어온 지 오래이니라."

【글자 뜻】請:청할 청. 禱:빌 도. 誄:뇌사 뢰(뇌).
【말의 뜻】子疾病(자질병):「疾」은 병. 「病」은 병이 위독한 모양. 有諸(유

저):「諸」는 지호(之乎)가 준 것. '질병의 치유를 비는 일이 예(禮)에 있느냐?' 하고 물음.   誄曰(뇌왈):「誄」는 기도의 문장을 베낀 책일 것이다.   禱爾于上下神祇(도이우상하신기):오규소라이(荻生徂徠)나 유보남(劉寶楠)이 다 같이 「禱爾」의 「爾」를 조사(助辭)로 본다. 「上下」는 천지. 「神祇」는 신명(神明). 「神」은 천신, 「祇」는 지신.

【뜻 풀이】 공자는 병 낫기를 신에게 빌려고는 생각하고 있지 않다. 그러나 순진하고 충실한 자로가 자기를 생각하여 즉각 행동으로 나와 주는 마음은 고맙다. 공자는 그 자리에서 기도를 소용없다고는 말하지 않는다. 「有諸」— "예전(禮典)에 그런 것이 있느냐?" 하고 예전을 끄집어내어 자로의 머리를 식힌다. 자로는 뇌(誄)의 문구로써 대답한다.

「禱爾于上下神祇」— 일반적으로는 「爾」를 「너(汝)」라고 해석한다. 그러나 기도하는 것은 '병이 낫는 일'이지 '너'가 아니다. 「爾」를 조사(助辭)로 보는 설을 존중하고 싶다.

「誄」는 아마도 기도문례집(析禱文例集)일 것이다. 기도의 문구를 찾아낼 수는 있어도 당면한 문제인 기도하는 것의 당부(當否), 즉 예로서 옳으냐 옳지 않으냐를 이 「誄」로는 판단할 수 없다. 자로(子路)는 덮어 놓고 천지신명께 매달리려고 하였다. 스승에 대한 그의 사랑이 그렇게 하지 않고는 못 배겼던 것이다.

공자는 기도하겠다는 그의 말과 마음을 따뜻하게 받아들여 말하였다. '나도 오랫동안 기도하고 있는 것이니 특별히 염려해 주지 않아도 된다.'라고. 공자는 틀림없이 주공(周公)의 도(道)를 부흥시킬 때까지 살아남았으면 하고 항상 기도하고 있었을 것이다.

35

子曰 奢則不孫 儉則固 與其不孫也寧固.
자 왈 사 즉 불 손 검 즉 고 여 기 불 손 야 영 고

공자께서 말씀하셨다.

"호사하고 있으면 거만해지고 검약하고 있으면 인색해지는데, 거만하기보다는 차라리 인색한 편이 낫다."

【글자 뜻】 奢:사치할 사. 儉:검소할 검. 寧:차라리 녕.

【말의 뜻】 不孫(불손):불손(不遜). 자신의 분수를 모르고 주제넘게 나섬. 참람(僭濫)은 불손이 심한 것. 固(고):고루(固陋). 쩨쩨하고 인색함. 與其不孫也寧固(여기불손야영고):「與其~寧~」는 ~하기보다는 차라리 ~하는 편이 낫다. 第三 八佾篇 4 「禮與其奢也寧儉」 참조.

【뜻 풀이】 第三 八佾篇 4에서 예의 근본에 대하여 공자는 「예는 호화롭게 하기보다는 차라리 검소하게 하라.(禮與其奢也寧儉)」고 말하였다. 「奢」가 「不孫」으로, 「儉」이 「固」로 바뀌어 놓였을 뿐으로 같은 뜻을 말하고 있는 것이다. 「與其~寧~」의 표현도 같다.

36

子曰 君子坦蕩蕩 小人長戚戚.
자 왈 군 자 탄 탕 탕 소 인 장 척 척

공자께서 말씀하셨다.

"군자는 마음이 편안하고 너그러우나, 소인은 언제나 걱정에 싸여 마음이 초조하다."

【글자 뜻】 坦:평탄할 탄. 蕩:광대할 탕. 戚:근심할 척.

【말의 뜻】 坦蕩蕩(탄탕탕):「坦」은 안(安), 편안함.「蕩蕩」은 넓고 넓음. 마음이 넓고 너그러움. 長戚戚(장척척):「長」은 늘(常).「戚戚」은 걱정에 싸여 마음이 초조함. 안달함.

37

子溫而厲 威而不猛 恭而安.
자 온 이 려 위 이 불 맹 공 이 안

공자께서는 온화하시면서도 엄격하시고, 위엄이 있으면서도 무섭지 않으시며, 공손하시면서도 침착하셨다.

【글자 뜻】 溫:따뜻할 온. 厲:사나울 려 威:위엄 위.

【말의 뜻】 溫而厲(온이려):「溫」은 온화함.「厲」는 엄격함. 恭而安(공이안):「恭」은 공손함.「安」은 편안함, 침착함.

【뜻 풀이】 사물의 두 측면을 말함으로써 실체(實體)를 그려내는 일은 ≪논어≫에서 자주 행하여지고 있다. 표의문자(表意文字)이자 단음절(單音節)인 한자는 이 표현법에 유력한 효과를 발휘한다. 의미가 상반하는 말을 나란히 열거하여 서로 뜻을 죽이지 않고 치우침 없이 올바른 인물상(人物像)을 독자에게 인식시키는 것은 한자에 의한 사고의 장점이 될 것이다.

第十九 子張篇 9에 「떨어져서 바라보면 엄숙하며, 곁으로 다가가면 온화하며, 그 말을 들으면 엄정(嚴正)하다.」라고 하였다.

제8

태백편

(泰伯篇)

주 왕조(周王朝)는 문왕(文王)과 무왕(武王) 2대에 의하여 창립되었다. 그 문왕의 아버지가 계력(季歷)이다. 계력에게는 두 형이 있었다. 태백(泰伯)과 중옹(仲雍)이다. 이 3형제의 아버지가 태왕(太王)이다. 태왕은 주나라가 계력에게서 문왕으로 계승되는 것에 희망을 가졌다. 태백과 중옹은 아버지의 이러한 의향을 살피고 주나라를 떠나 당시는 만지(蠻地)였던 오(吳)나라로 가서 그곳 사람이 되었으며 태왕이 죽은 뒤에도 그 뒤를 계승하지 않고 계력에게 주나라의 왕위를 양보하였다.

1

> 子曰 泰伯其可謂至德也已矣. 三以天下讓 民無得而稱焉.
> 자왈 태백기가위지덕야이의 삼이천하양 민무득이칭언

공자께서 말씀하셨다.

"태백은 최고의 덕을 지녔다고 말할 수 있다. 세 번이나 천하를 양보하였
는데도 백성은 그것을 칭송할 길이 없었다."

【글자 뜻】 泰:클 태. 讓:사양할 양. 稱:칭찬할 칭.

【말의 뜻】 泰伯(태백):주 왕조(周王朝)는 문왕(文王)과 무왕(武王) 2대에 의
하여 창립되었다. 그 문왕의 아버지가 계력(季歷)이다. 계력에게는 두
형이 있었다. 태백(泰伯)과 중옹(仲雍)이다. 이 3형제의 아버지가 태왕
(太王)이다. 태왕은 주나라가 계력에게서 문왕으로 계승되는 것에 희망
을 가졌다. 태백과 중옹은 아버지의 이러한 의향을 살피고 주나라를 떠
나 당시는 만지(蠻地)였던 오(吳)나라로 가서 그곳 사람이 되었으며 태
왕이 죽은 뒤에도 그 뒤를 계승하지 않고 계력에게 주나라의 왕위를 양
보하였다. 至德(지덕):지상(至上)의 덕. 三讓(삼양):세 번 양보함. 철저
히 양보하여 상대가 받아들일 수밖에 없도록 함. 民無得而稱焉(민무득
이칭언):백성이 칭송할 수가 없음.

【뜻 풀이】「其可謂至德也已矣」— 같은 칭송이 본편 20에서 주(周)의 문왕
에게도 바쳐지고 있다. ≪논어≫에서 「至德」이라고 평가되고 있는 것은
태백과 문왕 두 사람뿐이다. 그 가치가 높음을 알 수 있다. 둘 다 천하적
세계를 평화로 이끌어 나가는 데에 공이 있었던 사람이다. 천하가 최대
이므로 그 천하에 대한 공이 지상(至上)인 것이다.

「三以天下讓」 ─ 태백이 계력에게 양보한 것은 주나라의 왕권이지 '天下'가 아니다. 그러나 나라를 양보함으로써 계력·문왕·무왕으로 계승되어 주(周)의 천하가 성립되었다. 공자는 그 주(周)의 천하에 살고 있다. 이 현실을 좇아 '천하'라고 한 것이다. 「三讓」에는 여러 설이 있다. 그 중요한 것의 하나는 ≪논형(論衡)≫ 사휘편(四諱篇)에 보인다. 태백이 두 번 양보했는데도 계력이 승낙하지 않아 세 번 양보하였다고 한다. 삼양(三讓)은 양보를 철저히 하는 것을 말한다.

또 하나는 정현(鄭玄)의 설이다. 태왕이 죽은 뒤에 태백이 주(周)로 돌아가지 않고 계력을 상주(喪主)로 만든 것을 일양(一讓), 계력이 오(吳)에 부고(訃告)를 냈지만 태백이 분상(奔喪)하지 않은 것을 이양(二讓), 상을 마친 다음에 산발하고 몸에 문신을 하여 오나라 사람이 되어 보인 것을 삼양(三讓)이라고 한다.

「民無得而稱焉」 ─ 태백이 계력에게 나라를 양보한 것은 아버지 태왕의 재세(在世) 중에 그가 몰래 오(吳)로 출분(出奔)함으로써 이루어졌다. 민중에게는 아직 나라를 양보한 사실이 알려지지 않은 것이다. 그래서 태백이 나라를 양보한 것을 칭찬할 수가 없었다. 선행은 명성을 의식하지 않을 때에 가장 빛난다.

2

子曰 恭而無禮則勞 愼而無禮則葸 勇而無禮則亂 直而無禮
자왈 공이무례즉로 신이무례즉사 용이무례즉난 직이무례
則絞. 君子篤於親 則民興於仁 故舊不遺 則民不偸.
즉교 군자독어친 즉민흥어인 고구불유 즉민불투

공자께서 말씀하셨다.

"공경에 예(禮)가 없으면 헛수고로 끝나며, 신중에 예가 없으면 외축되며, 용기에 예가 없으면 난폭해지며, 정직에 예가 없으면 가혹해진다. 군자가 친척에게 후하게 하면 백성들 사이에 인(仁)이 흥왕(興旺)하며, 옛 친구를 버리지 않으면 백성은 박정해지지 않는다."

【글자 뜻】 篤:도타울 독. 舊:예 구. 偸:야박할 투.

【말의 뜻】 無禮(무례):예의절도에서 벗어남. 葸(사):두려워함, 외축(畏縮), 주눅이 듦. 絞(교):꽉 조름, 가차 없음. 故舊(고구):옛 친구. 오래 전부터 사귀고 있는 사람. 偸(투):박정(薄情).

【뜻 풀이】 第十七 陽貨篇 8에 「인(仁)을 좋아하더라도 학문을 좋아하지 않으면 그 해(害)는 어리석게 되며, 지혜를 좋아하더라도 학문을 좋아하지 않으면 그 해(害)는 방탕해지며, 신의를 좋아하더라도 학문을 좋아하지 않으면 그 해(害)는 남을 해치며, 정직을 좋아하더라도 학문을 좋아하지 않으면 그 해(害)는 가혹해지며, 용기를 좋아하더라도 학문을 좋아하지 않으면 그 해는 난폭해지며, 굳셈을 좋아하더라도 학문을 좋아하지 않으면 그 해는 무모해지는 것이다.」라고 하였다. 이와 같은 취지이다. 거기서는 「학문」이라고 하였다.

여기서는 예(禮)를 배워 예절에 맞추는 것을 말한다. 요컨대 ≪예기(禮記)≫ 곡례(曲禮) 상편(上篇)의 도덕인의(道德仁義) '예가 아니면 이루어지지 않는다.'는 생각으로 일관하고 있다. 사회생활의 실천을 중요시하는 공자는 이 원칙을 이런 저런 경우에 되풀이하여 설명하고 있다.

제5 공야장편(公冶長篇) 20에서 계문자(季文子)가 삼사(三思)하는 이야기에 공자가 "두 번이면 될 것이다."라고 말하였다. 신중하다가 외축되는 것을 배경으로 한 발언일 것이다.

제13 자로편(子路篇) 18에 보이는 이야기에서 섭공(葉公)이 양을 훔친

아버지를 아들이 고발한 것에 대해 자랑하자 공자는, "우리 고을에서
말하는 정직은 그와 다릅니다. 아버지는 아들을 위하여 숨기고 아들은
아버지를 위하여 숨깁니다. 그런 가운데 저절로 정직이라는 것이 있습
니다."라고 하였다. 아버지를 고발하는 아들의 행태는 정직하더라도 가
혹한 예이다.

　「君子篤於親」 이하의 말투나 내용이 그 이전과 다름을 선인들은 주목
한다.

3

曾子有疾. 召門弟子曰 啓予足 啓予手. 詩云 戰戰兢兢 如
증 자 유 질　소 문 제 자 왈　계 여 족　계 여 수　시 운　전 전 긍 긍　여
臨深淵 如履薄氷. 而今而後 吾知免夫 小子.
림 심 연　여 리 박 빙　이 금 이 후　오 지 면 부　소 자

증자가 병이 들자 문인(門人) 제자들을 불러들여 말하였다.

"내 발을 봐라, 내 손을 봐라. ≪시(詩)≫에 「두려워하고 조심하여 깊은
연못에 임한 듯, 얇은 얼음을 밟은 듯하라.」고 하였으나 이제부터 나는 그
런 걱정을 하지 않아도 되는구나, 애들아!"

【글자 뜻】 啓:열 계. 戰:두려워할 전. 兢:삼갈 긍. 深:깊을 심.
【말의 뜻】 門弟子(문제자):문인(門人)과 제자. 제자는 밖으로부터 와서 수
　학하는 자. 문인은 스승의 집에 있으면서 심부름을 하는 자. 혹은 「門弟
　子」는 문인을 말하는 것일까? 제9 자한편(子罕篇) 2에 또 한 번 이 말이
　쓰이고 있다.　啓予足 啓予手(계여족 계여수):「啓」는 개(開). 이불을 젖
　히고 손발을 보라고 함.　詩云 戰戰兢兢(시운 전전긍긍):≪시경≫ 소아

(小雅)의 소민편(小旻篇).「戰戰」은 두려워하는 모습.「兢兢」은 조심하는 모습. 如臨深淵(여림심연):깊은 연못에 추락할까 두려워함. 如履薄氷(여리박빙):밟고 있는 얇은 얼음이 깨져 물에 빠질까 두려워함. 앞의 구와 함께 몹시 조심함을 비유함. 而今而後(이금이후):「而今」은 여금(如今), 지금 이때. 吾知免夫(오지면부):「免」은 형벌이나 재난으로부터 요행히 벗어남.「夫」는 조자(助字).

【뜻 풀이】증삼(曾參)이 《논어》에서 특별히「曾子」라는 경칭으로 쓰이고 있는 것은 그의 제자들이 그렇게 했으리라고 이미 언급하였다. 이 장부터 연속 다섯 장은 모두 증자(曾子)의 말을 기록하고 있다. 증자의 자성(自省)은 죽음에 이르러서야 비로소 그친다.

　　《효경(孝經)》에「신체발부는 부모로부터 받았으니 두려워 감히 훼상치 않음이 효의 시작이다.(身體髮膚 受之父母 不敢毁傷 孝之始也)」라고 하였다. 또 《예기(禮記)》 제의편(祭義篇)에 증자가 공자에게서 들은 말로서 "하늘이 낳은 것과 땅이 기른 것 중에서 사람보다 큰 것은 없으니 부모가 완전한 형상으로 낳아 주신 몸을 자식은 완전한 형상으로 되돌려 줌이 효라 할 수 있다. 몸을 손상함이 없고 더럽힘이 없는 것을 온전하다고 할 수 있다."라고 하였다.

　　거의 같은 문장이 《대대예기(大戴禮記)》 증자(曾子) 대효편(大孝篇) 및 《여씨춘추(呂氏春秋)》 효행람(孝行覽)에 보인다. 문학을 구하는 독서인의 본능이 이야기를 전개하고 전승해 나간다.

4

曾子有疾. 孟敬子問之. 曾子言曰 鳥之將死 其鳴也哀. 人之
증자유질 맹경자문지 증자언왈 조지장사 기명야애 인지
將死 其言也善. 君子所貴乎道者三. 動容貌 斯遠暴慢矣. 正
장사 기언야선 군자소귀호도자삼 동용모 사원포만의 정
顏色 斯近信矣. 出辭氣 斯遠鄙倍矣. 籩豆之事 則有司存.
안색 사근신의 출사기 사원비패의 변두지사 즉유사존

증자가 병이 들어 맹경자가 위문하자 증자가 엄숙하게 말하였다.

"새가 죽을 때 그 울음소리는 애처롭고, 사람이 죽을 때 그 말은 선하다
고 합니다. 군자는 살아가는 데에 소중한 도가 셋 있습니다. 용모를 단정히
하여 난폭과 교만에서 멀어야 하며, 얼굴 표정을 엄정히 하여 신의에 가까
워야 하며, 말을 부드럽게 하여 천박함과 이치의 어긋남에서 멀어야 합니
다. 제기(祭器) 다루는 일은 담당자에게 맡기면 됩니다."

【글자 뜻】鳥:새 조. 鳴:울 명. 貌:얼굴 모. 暴:사나울 포. 慢:거만할 만.
鄙:천할 비.

【말의 뜻】孟敬子問(맹경자문):「孟敬子」는 노(魯)의 대부(大夫). 敬子는 시
호. 맹손씨(孟孫氏) 계통. 성은 중손(仲孫), 이름은 첩(捷). 3환(三桓) 가
문의 한 사람. 그 아버지는 맹무백(孟武伯). 그는 第二 爲政篇 6에서 효
를, 第五 公冶長篇 8에서 인(仁)을 공자에게 질문하고 있다. 「問」은 문
병(問病), 문질(問疾). 曾子言曰(증자언왈):「曰」이라고만 하지 않고 「言
曰」이라고 한 것은 증자의 어조가 엄숙함을 기록자가 나타내려고 한 것
이리라. 증자가 맹경자를 똑바로 보며 이제부터 하는 말을 받아들이게
하고야 말겠다는 엄숙한 기백을 엿볼 수 있다. 鳥之將死 其鳴也哀. 人

之將死 其言也善(조지장사 기명야애. 인지장사 기언야선):속담이다. 주지(主旨)는 제3·4구에 있고, 제1·2구는 그것을 돋운다. 증자도 역시 이야기의 도입(導入)에 속담을 이용한다. 당시의 논법이다. 君子所貴乎道者三(군자소귀호도자삼):「道」는 인간이 살아가는 방식. 정현(鄭玄)은 「이 도는 예를 말함」이라고 주(註)를 한다. 動容貌(동용모):「容貌」는 자태(姿態). 「動」은 거동함. 몸의 움직임을 아름답게 함. 斯遠暴慢(사원포만):「斯」는 곧(卽). 「動容貌」와 「遠暴慢」과의 관계가 긴밀함을 나타냄. 正顔色(정안색):「顔色」은 얼굴 표정. 「正」은 엄정(嚴正)히 함. 出辭氣(출사기):「辭氣」는 말할 때의 어기(語氣). 「出」은 그것을 온화하게 함. ≪예기(禮記)≫ 곡례편(曲禮篇)의 첫 머리에 「安定辭」(말을 안정하게 함)라고 하였고, 관의편(冠義篇)에 「順辭令」(응대하는 말을 순하게 함)이라고 하였다. 鄙倍(비패):비루하고 이치에 어긋남. 「倍」는 배(背), 음은 「패」. 籩豆(변두):제사 때에 제물을 담는 그릇. 「籩」은 대를 엮어서 만들고 「豆」는 나무로 만든다. 有司存(유사존):「有司」는 일을 맡아서 하는 자, 담당관. 「存」은 재(在).

【뜻 풀이】 맹경자의 인물상이 ≪예기(禮記)≫의 단궁(檀弓) 하편(下篇)에 묘사되어 있다. 노(魯) 애공(哀公)의 아들 도공(悼公)의 시대가 되자 ≪사기(史記)≫ 노세가(魯世家)에 「도공(悼公) 때 3환(三桓)이 세력을 떨쳐 노(魯)는 소후(小侯)와 같았다. 3환(三桓)의 가문보다 낮았다.」라고 기록될 정도였다.

이 도공(悼公)이 죽어 신하가 임금의 상을 입었을 때의 일이다. 식사를 어떻게 하느냐가 맹경자(孟敬子) 등 사이에서 문제가 되었다. 상례(喪禮)의 식사에는 원래 규칙이 있다. 새삼스레 문제가 되는 것조차 기괴한 일인데 맹경자의 태도는 정말로 방약무인하다. 그는 말했다.

"죽을 먹는 것이 천하의 모든 사람이 지키는 예인 줄은 알고 있다. 그러나 우리 3환가(三桓家) 사람들이 임금에게 신하의 예를 취하지 않았다는 것은 사방 사람들이 다 알고 있다. 여기서 노력하여 죽을 먹고 수척해 보이는 일은 나도 할 수 있다. 그러나 본심에서 수척해졌다고는 아무도 생각하지 않을 것이다. 나는 평소대로 식사를 하겠다."

맹경자가 증자에게 문병을 가고 있다. 그는 증자의 제자 중 한 사람이었으리라. 증자는 죽음에 임하여 틀림없이 이 예제(禮制)에 얽매이지 않을 사나이의 장래를, 더욱이 노나라의 유력자이니만큼 한층 더 염려하였을 것이다. 말투가 진지해진다.

「容貌」,「顔色」,「辭氣」 이 세 가지를 인간 행위의 기본이며 가치 기준의 결정적인 요소라고 하는 것은 중국 고전인(古典人) 사고의 틀이다. ≪예기(禮記)≫ 관의편(冠義篇)에 「몸가짐을 바르게 하고 안색을 고르게 하며, 응대하는 말을 순하게 함」이라고 하였고, 표기편(表記篇)에 「이 때문에 군자의 모양은 두렵고 안색은 조심스러우며, 말은 믿음이 있다.」고 하였으며, ≪대대예기(大戴禮記)≫ 사대편(四代篇)에 「확실히 사람이 알아야 할 것이 있다. 용모·안색·음성에 대중의 귀엽게 여김이 있으면 반드시 그 속에 미질(美質)이 있고, 용모·안색·음성에 대중의 미워함이 있으면 반드시 그 속에 악질(惡質)이 있다.」고 하였다.

5

曾子曰 以能問於不能 以多問於寡 有若無 實若虛 犯而不
증자왈 이능문어불능 이다문어과 유약무 실약허 범이불
校. 昔者吾友 嘗從事於斯矣.
교   석자오우 상종사어사의

증자가 말하였다.

"재능이 있더라도 없는 자에게 묻고, 학식이 많으면서도 적은 이에게 물으며, [도(道)를] 지녔으면서 없는 듯이 하고, 가득 차 있으면서도 텅 빈 듯이 하며, 침해당해도 보복하지 않는다. 옛적 내 친구는 이런 일에 유의하고 힘썼다."

【글자 뜻】 寡:적을 과.   實:열매 실.

【말의 뜻】 犯而不校(범이불교):「校」에는 '조사하여 따진다'는 뜻과 '갚다, 보복하다'의 뜻이 있음.   昔者(석자):옛적.   吾友(오우):고주(古註)는 안연을 가리키는 것이라고 하였음. ≪대대예기(大戴禮記)≫ 증자(曾子) 질병편(疾病篇)에 증자가 두 아들에게 "내가 그 안씨(顔氏)의 말이 없다면 무엇을 가지고 너희에게 말하겠느냐?"고 말하고 있다. 안회(顔回) 한 사람으로 좁힐 수 있는지의 여부는 문제이지만, 한 사람인 편이 감회가 깊고 설득력이 강하다.

6

曾子曰 可以託六尺之孤 可以寄百里之命 臨大節而不可奪
증자왈 가 이 탁 육 척 지 고 가 이 기 백 리 지 명 임 대 절 이 불 가 탈
也 君子人與 君子人也.
야 군 자 인 여 군 자 인 야

증자가 말하였다.

"부왕을 여읜 어린 왕을 맡길 수 있고, 국가의 정령(政令)을 맡길 수 있으며, 국난(國難)을 당하여도 그 뜻을 빼앗을 수 없다면 이야말로 군자 된 사람일 것이다, 참으로 군자이다."

【글자 뜻】 託:부탁할 탁.　孤:외로울 고.　節:마디 절.　奪:빼앗을 탈.

【말의 뜻】 六尺之孤(육척지고):아버지를 여읜 어린 국왕. 유보남(劉寶楠)은
옛적의 1척을 청(淸)의 6촌이라 하고, 오규소라이(荻生徂徠)는 주(周)의
1척을 곡척(曲尺) 7촌 2푼이라 하여 각각 「六尺」, 즉 3척 6촌과 4척 3촌
2푼은 어린 임금의 키를 말한다고 하였다. 정현(鄭玄)은 6척을 십오 세
이하라고 한다.　百里之命(백리지명):「百里」는 제후의 봉국(封國) 면적.
「命」은 정령(政令). 일설에 백성의 생명.　大節(대절):큰일, 중요한 고비.
君子人與　君子人也(군자인여 군자인야):「君子人」을 거듭 말함은 몹시
찬미하는 것임.

【뜻 풀이】 「六尺之孤」를 정현이 '십오 세 이하'라고 하는 것은 ≪주례(周
禮)≫ 지관향대부직(地官鄕大夫職)의 「七尺」과 ≪한시외전(韓詩外傳)≫
의 「二十」으로 미루어 7척을 이십 세, 6척을 십오 세, 5척을 십 세로 계
산함. 정현이 '십오 세 이하'라고 하는 것은 ≪논어≫의 주(註) 때문에
특별히 '이하' 두 자를 더한 것이다. 유군(幼君)은 십오 세로 제한하지
않기 때문이다.

　　「君子人與　君子人也」 ─ 「與」는 평성(平聲). 의문사(疑問辭)로도 영탄
사(詠嘆辭)로도 됨. 의문사라면 윗구에서 의문형으로 '군자 된 사람일
까?'라고 제기하고 아랫구에서는 그에 답하여 긍정하는 문장이 된다.
영탄사라면 「君子人」을 거듭하여 찬탄을 강조하는 문장이 된다. 의도하
는 바는 양자가 다 같다. 어느 쪽의 표현이 그 목적에 보다 큰 효과를 갖
느냐는 독자가 문학상으로 선택할 일이다.

　　「君子人」이라는 말은 ≪논어≫에서 여기에만 사용되고 있을 뿐이다.
「君子人」이라고 하면 군자라는 이름의 범위 안에 있는 사람을 가리키
며, 그저 '君子'라고 하는 것보다는 폭이 넓어짐과 동시에 두께가 엷어
진다. ≪경전석문(經典釋文)≫이 근거한 책은 「君子人與　君子也」라 하

였다. "군자라고 할 만한 사람이냐?" 하고 꺼낸 다음, 한층 어세(語勢) 를 높여 바로 군자 그 자체라고 단정하는 것이다. 이 텍스트에 나는 흥 미를 갖는다.

7

曾子曰 士不可以不弘毅 任重而道遠. 仁以爲己任 不亦重
증자왈　사불가이불홍의　임중이도원　인이위기임　불역중
乎. 死而後已 不亦遠乎.
호　사이후이　불역원호

증자가 말하였다.

"선비는 뜻이 크고 굳세어야만 하니 임무가 무겁고 갈 길이 멀기 때문이 다. 인(仁)을 임무로 삼아야 하니 어찌 무거운 짐이 아니랴? 죽은 후에야 끝나는 길이니 어찌 먼 길이 아니랴?"

【글자 뜻】毅:굳셀 의. 遠:멀 원.
【말의 뜻】不可以不~(불가이불~):~하지 않으면 안 된다. ~해야만 한다. 弘毅(홍의):「弘」은 큼(大).「毅」는 굳세고 결단력이 풍부함. 不亦重乎 不亦遠乎(불역중호 불역원호):제1 학이편(學而篇) 1에 「不亦~乎」를 세 번 되풀이한 표현이 있다.

【뜻 풀이】「士」는 경대부(卿大夫)와 구별되는 선비가 아니라 백성과 구별되 는 선비이다. 그들은 배우는 사람들이다. 그들이 배우는 것은 선왕의 도 이며 공자께서 뜻하는 바이다. 나의 말로써 표현하면 천하적 세계관을 자신의 세계관으로 하는 사람들을 널리 이른다. 따라서 '인(仁)'이 그들

의 궁극적 목표가 된다.

8

子曰 興於詩 立於禮 成於樂.
자 왈 흥 어 시 입 어 례 성 어 악

공자께서 말씀하셨다.
"시(詩)로써 일어나고, 예(禮)로써 서고, 악(樂)으로써 이룬다."

【글자 뜻】興:일 흥. 樂:풍류 악.

【말의 뜻】興於詩(흥어시):「興」은 일을 시작함. 「於」에는 '기대다, 의지하
다' 의 뜻이 있으나 여기서는 어조사 '以' 와 같음. 成於樂(성어악):「成」
은 끝맺음. '완성하다' 의 뜻.

【뜻 풀이】여기서는 인간의 형성 과정을 말한다. 이해를 돕기 위하여 관련
된 문장을 열거해 보겠다.
「공자께서 말씀하셨다. '너희는 왜 시(詩)를 배우지 않는 것이냐? 시로
써 흥을 느낄 수 있으며, 시로써 볼 수 있으며, 시로써 어울릴 수 있으며,
시로써 슬퍼할 수 있으며, 가까이는 아버지를 섬기고 멀리는 임금을 섬
길 수도 있고, 금수 초목의 이름도 많이 알게 된다.'」(第十七 陽貨篇 9)
「시(詩)를 배우지 않으면 말이 막힌다. ……예(禮)를 배우지 않으면 세
상에 설 수 없다.」(第十六 季氏篇 13) 「예를 모르면 세상에서 입신(立
身)할 수 없으며, 말을 모르면 사람을 알 수 없다.」(第二十 堯曰篇 3)
「맹희자(孟僖子)가 바야흐로 죽으려 함에 이르러 그 대부(大夫)를 불
러 말하였다. '예(禮)는 사람의 줄기이다. 예가 없으면 설 수가 없다.'」

≪좌씨전(左氏傳)≫ 소공(昭公) 7년.

「樂」에 대하여는 공자께서 소(韶) 음악을 듣고 열중했다는 것이 第七 述而篇 13에 보이고 있지만 「成於樂」이라고 확실히 말한 문장은 눈에 띄지 않는다. 음악을 배우는 것은 최고의 조화로 들어가는 것이다. 음악을 완전히 익혔을 때에 그 사람의 인간 형성은 완성되는 것이다.

여기서는 시(詩)·예(禮)·악(樂)을 말하면서 서(書)는 말하지 않는다. 「공자께서 원문대로 읽는 것은 ≪시≫, ≪서≫, 그리고 예를 집행할 때」라고 第七 述而篇 17에서 말하고 있다. 또 ≪사기(史記)≫의 공자세가에는 「공자는 시서예악으로써 제자를 가르쳤다.」고 되어 있다.

여기에 「興於詩 立於禮 成於樂」이라고 한 것은 오로지 인간의 기본 형성에 관계된다. 「書」는 선왕의 정치를 쓴 역사책이다. 거기서 이념을 파악하고 스스로 천하적 세계에 참여하는 지식을 갖는 것은 인간의 기본이 형성된 후의, 그것과는 다른 차원에 속하는 활동이다.

9

子曰 民可使由之 不可使知之.
자 왈 민 가 사 유 지 불 가 사 지 지

공자께서 말씀하셨다.
"백성들로 하여금 따르게 할 수는 있어도 알게[깨닫게] 할 수는 없다."

【글자 뜻】 民:백성 민. 由:따를 유.
【말의 뜻】 由之(유지):따름. 좇음. 不可使(불가사):~하게 할 수 없음.

【뜻 풀이】 이것은 위정자에게 정치의 전 책임을 요구하고 백성에게 책임을

물어서는 안 됨을 말하는 것으로서 위정자를 엄히 훈계한 말이다. 정치에는 정치를 하는 자와 정치를 받는 자가 있다. 후자가 백성이다. 백성은 원래 정치를 분담하지 않는 자이다. 정치는 백성을 다스리는 것이기 때문에 백성의 신뢰를 받지 못할 때 그 정치는 성립할 수 없다.

자공(子貢)이 정치의 요건을 물었을 때의 일이다. 공자는 식량과 군비와 백성의 신뢰로써 답하였다.

"그 셋이 갖추어지지 않을 때에는 무엇을 버립니까?"

"군비를 버려라."

"나머지 두 가지가 갖추어지지 않을 때에는 어떻게 합니까?"

"식량을 버려라. 죽음은 예로부터 있는 것, 백성의 신뢰가 없는 곳에 정치는 성립할 수 없다."

第十二 顔淵篇 7에 보인다.

또 "천하에 도가 행해지면 백성은 정치 비판을 하지 않는다."고 第十六 季氏篇 2에 말하였다. 천하에 도가 있다는 것은 예악정벌(禮樂征伐)이 천자의 손에 있다는 것, 정치의 최고 책임의 소재가 명확하다는 것을 말한다. 백성이 믿고 안 믿고는 위정자의 자세와 정치의 실적에 의하여 좌우된다. 거짓으로 꾸민 정보(情報)로써 기만할 수 있는 것이 아니다, 백성은 정치에 의지하는 것이지 정치를 아는 것은 아니다, 이것이 공자의 사상이며 천하적 세계관에서 볼 때 당연히 나오는 말이다.

10

子曰 好勇疾貧 亂也. 人而不仁 疾之已甚 亂也.
자 왈 호 용 질 빈 난 야   인 이 불 인 질 지 이 심 난 야

공자께서 말씀하셨다.

"용맹을 좋아하고 가난을 싫어하면 난을 일으키며, 사람이 어질지 않다고 해서 너무 미워하면 난을 일으킨다."

【글자 뜻】 勇:날랠 용. 貧:가난할 빈. 甚:심할 심.
【말의 뜻】 疾貧(질빈):「疾」은 미워함. 已甚(이심):「已」는 너무.

【뜻 풀이】「勇」은 미덕의 하나이지만 규제를 잃으면 문란해진다. 공자는 이점을 자주 주의시키고 있다. 본편 2에서 이미「용기도 예가 없으면 폭력화한다.」고 하였다. 그 밖에 第十七 陽貨篇 8에「용기를 좋아하고 학문을 좋아하지 않으면 그 해(害)는 사람과 다툰다.」, 또 23에「군자가 용감하면서 예의가 없을 때에는 난을 일으킨다. 소인이 그러한 때에는 도둑질을 한다.」라고 하였다.

당시 용기에 치우쳐서 난을 일으키는 자가 많았던 것이다. 다만 이 같은 기술(記述)들이 덕목을 들어 형식적임에 반하여 이 장(章)의 기술에는 인정이 담겨 있다. 빈곤은 용기 있는 자로 하여금 난동을 부리게 한다. 불인(不仁)은 최대의 악덕이지만 너무 책망하면 불인자(不仁者)로 하여금 난동을 부리게 한다. 불행한 사람에 대한 공자의 동정을 엿볼 수 있다.

11

子曰 如有周公之才之美 使驕且吝 其餘不足觀也已.
자 왈 여 유 주 공 지 재 지 미 사 교 차 린 기 여 부 족 관 야 이

공자께서 말씀하셨다.
"설사 주공(周公)만큼의 재능과 훌륭한 점을 지니고 있더라도 교만하고

또 인색하다면 그것만으로도 다른 것은 모두 볼 것이 없느니라."

【글자 뜻】驕:교만할 교. 吝:아낄 린. 餘:남을 여. 觀:볼 관.
【말의 뜻】如~使~(여~사~):비록 ~하더라도 ~하면.

【뜻 풀이】「周公之才之美」— ≪상서(尚書)≫가 전하는 주공의 설화는 그
  자신이 다재다예(多才多藝)하다고 말하고 있다. 「周公之才」라는 말은
  공자의 입에서 곧 튀어나왔을 것이다. 그러나 거기서 짧게 한숨 돌리고
  나서 또 「之美」라고 덧붙여 말하였다. 주공의 재(才)를 주공의 미(美)라
  고 고쳐 말하려고 했든지, 아니면 「才」라고만 하기에 여기서는 충분치
  못하여 「美」를 덧붙여 말한 것이리라. 「才之美」라고 읽는 것은 어떨까?
  왕필(王弼)의 「言才美以驕吝也」나 오규소라이(荻生徂徠)의 「才美豈足
  觀哉」도 「才美」를 나란히 하여 말하는 것이리라.
   「驕且吝」—「驕」는 자기 재주를 뽐냄. 충고가 귀에 들어오지 않고 상
  대를 깔보므로 상대방의 마음을 잃는다. 「吝」은 자기가 가지고 있는 것
  을 아끼고 내놓지 않는 것. 자신의 이익만 도모하면 인심을 잃는다. 교
  만한 자는 지닌 것이 많으면 동시에 인색하다. 「且」는 그것을 말한다.
  천하의 정치는 인심을 얻는 것으로써 시작하고 또 그것으로써 끝난다.
   「其餘不足觀也已」— 다른 어떤 재능이나 미덕이 있더라도 교만과 인
  색은 그 모든 것을 소용없는 것으로 만들어 버림을 말한다.

12

子曰 三年學 不至於穀 不易得也.
자왈 삼 년 학 부 지 어 곡 불 역 득 야

공자께서 말씀하셨다.

"3년 동안 학문을 하면 관직을 얻지 못하더라도 이미 얻고 있는 것과 다름없다."

【글자 뜻】 穀:곡식 곡. 易:바꿀 역.

【말의 뜻】 不至於穀(부지어곡):「穀」은 녹(祿). 不易得也(불역득야):「易」은 바뀜, 달라짐.

【뜻 풀이】 공자에게도 제자들에게도 벼슬하여 녹봉을 얻는 일은 중요한 관심거리였다. ≪논어≫에는 「자장(子張)이 벼슬을 구하는 방법을 배웠다.」(第二 爲政篇 18), 「학문을 해도 녹(祿)이 그 속에 있다.」(第十五 衛靈公篇 32)라고 하였다. 또 「나라에 도가 행하여지고 있으면 녹봉을 받는다. 나라에 도가 행하여지고 있지 않은데 녹봉을 받는 것은 수치이다.」(第十四 憲問篇 1)라고 하였다. 이 「穀」도 봉록을 받는 것을 말한다. 「易」은 변역(變易)의 「역」. 이것은 손작(孫綽)의 설이다. 정현(鄭玄)은 「易」을 「용이(容易)」의 「이」로 읽고, '3년 배우고서도 벼슬에 뜻을 두지 않기란 쉽지 않다.'고 해석한다.

13

子曰 篤信好學 守死善道. 危邦不入 亂邦不居. 天下有道則
자왈 독신호학 수사선도 위방불입 난방불거 천하유도즉
見 無道則隱. 邦有道 貧且賤焉 恥也. 邦無道 富且貴焉 恥
현 무도즉은 방유도 빈차천언 치야 방무도 부차귀언 치
也.
야

공자께서 말씀하셨다.

"굳게 도(道)를 믿고 학문을 좋아하며 목숨을 걸고 도를 완수한다. 위태로운 나라에는 가지 않고 어지러운 나라에는 살지 않는다. 천하에 도가 있으면 나아가 벼슬하지만 도가 없을 때에는 숨는다. 나라에 도가 행하여지고 있으면 가난하고 지위가 낮은 것이 수치이며, 나라에 도가 행하여지고 있지 않으면 부유하고 높은 지위에 있는 것이 수치이다."

【글자 뜻】 篤:도타울 독. 隱:숨길 은. 貧:가난할 빈. 賤:낮을 천.

【말의 뜻】 篤信(독신):「篤」은 굳음(固). 굳게 도(선왕의 도)를 믿음. 第十九 子張篇 2에「도를 믿더라도 굳지 못하면……」이라고 하였다. 好學(호학):선왕의 도를 배우는 것을 좋아함. 第七 述而篇 1에「믿고서 고전을 좋아하여 열중하고 있다.」라고 하였다. 守死(수사):죽기까지 그만두지 않는다. 목숨을 걸고 지킴. 善導(선도):「善」은 십선(十善). 도를 완수함. 危邦(위방):어지러울 조짐이 있는 나라. 亂邦(난방):신하가 임금을 죽이고 자식이 아비를 죽이는 나라. 有道則見(유도즉현):「見」은 나타남(現). 邦有道(방유도):선왕의 도가 정치상에 행하여지고 있는 나라.

【뜻 풀이】 오규소라이(荻生徂徠)는 처음의 여섯 구를 두 구씩 세 개의 고언이라 보고 이 고언을 증거로 하여「邦有道 貧且賤焉 恥也. ……」을 주장한다고 하였다. 고어(古語)로써 논지(論旨)를 도입해 나가는 것은 ≪논어≫의 상투 수단임을 이미 여러 번 언급하였다.

그리고 여기서「邦有道」와「邦無道」의 말을 대비시켜 논지(論旨)를 전개시키는 것 역시 아주 잘 사용되고 있는 형식이다.「邦有道穀 邦無道穀 恥也」(第十四 憲問篇 1),「邦有道 危言危行. 邦無道 危行言孫」(第十四 憲問篇 4),「邦有道則仕 邦無道則可卷而懷之」(第十五 衛靈公篇 7) 등은 모두가 하나의 형식에서 나온 변형이다.

하나의 형식 안에 있음으로써 이것들은 입언(立言)의 근거를 가지고 진리성을 주장하고 있는 것이다. 이「邦有道」,「邦無道」의 두 구도 예외는 아니다. 세 개의 고어가 한 개의 논지(論旨)를 증명하는 것이 아니라 네 개가 다 금언(金言) 의식을 가지고 발언되고 있는 것이리라.

「守死善道」는 설이 구구한 구이다. ≪맹자≫ 진심(盡心) 상편(上篇)의「도를 다하고 죽는 자는 정명(正命)이다.」를 염두에 두고 해석하였다.

14

> 子曰 不在其位 不謀其政.
> 자 왈 부 재 기 위 불 모 기 정

공자께서 말씀하셨다.
"그 직위에 있지 않고서 그 정사(政事)를 논해서는 안 되느니라."

【글자 뜻】位:자리 위. 謀:의논할 모. 政:정사 정.
【말의 뜻】不謀其政(불모기정):「謀」는 논의함.

【뜻 풀이】「그 지위에 있지 않은」자는 그 지위에 책임을 갖지 않은 자이다. 방관자의 무책임한 논평을 경계한 것이다.

第十四 憲問篇 27에 같은 문장이 기재되어 있다. 듣는 사람과 기록하는 사람이 한 사람이 아니었던 것이다. 더욱이 그 다음의 28장에도「증자(曾子)가 말하였다. '군자는 생각을 자신의 직위에서 벗어나게 하지 않는다.'」라고 같은 주지(主旨)의 증자의 말을 싣고 있다. 당시에는 무책임한 정책 논의를 하는 자가 많았던 것이리라.

15

子曰 師摯之始 關雎之亂 洋洋乎盈耳哉.
자 왈 사 지 지 시 관 저 지 란 양 양 호 영 이 재

공자께서 말씀하셨다.

"악사장 지(摯)가 연주하는 관저의 악곡은 처음과 끝이 아름답게 물결쳐
귀에 뿌듯하다."

【글자 뜻】 師:벼슬 사.   摯:잡을 지.   雎:물수리 저.   盈:찰 영.

【말의 뜻】 師摯之始(사지지시):「師」는 태사(太師), 악사장(樂師長).「摯」는
그 악사장의 이름. 노(魯)나라의 악사장이다.「始」는 악곡의 첫머리. 關
雎之亂(관저지란):「關雎」는 ≪시경≫의 처음에 있는 시편 이름. 남녀간
의 그리움과 사랑을 노래한 시.「亂」은 악곡의 끝, 종장(終章). 洋洋乎
(양양호):아름다운 음이 넘칠 만큼 풍족하게 퍼지는 모양.

【뜻 풀이】「師摯之始 關雎之亂」은 서로 뜻을 보충하고 있는 문장 구성, 이
른바 호문(互文)일 것이다. 악사장 지(摯)가 연주하는 관저(關雎)의 시가
시종 큰 감동으로 사람을 감쌈을 말하는 것이리라. 그러나 이 장에서는
특히「始」의 해석에 대하여 여러 설이 있다.

16

子曰 狂而不直 侗而不愿 悾悾而不信 吾不知之矣.
자 왈 광 이 부 직 통 이 불 원 공 공 이 불 신 오 부 지 지 의

공자께서 말씀하셨다.

"일에 열광하면서도 외곧이 아닌 자, 아이다우면서도 선량하지 않으며 어리숭하면서도 믿을 수 없는 자, 이런 자들은 나로서도 감당할 수가 없다."

【글자 뜻】 狂:미칠 광. 愿:착할 원. 悾:정성 공.

【말의 뜻】 狂而不直(광이부직):「狂」은 열광하여 일을 하는 사람. 侗而不愿 (통이불원):「侗」은 아이(童), 동몽(童蒙).「愿」은 선량(善良). 悾悾(공 공):어리석은 모양. 꾸밈이 없이 고지식한 모양.

17

> 子曰 學如不及 猶恐失之.
> 자 왈 학 여 불 급 유 공 실 지

공자께서 말씀하셨다.

"학문은 미치지 못하는 듯 꾸준히 해야 하며, 오히려 잃을까 두려워해야 하느니라."

【글자 뜻】 及:미칠 급. 恐:두려울 공. 失:잃을 실.

【말의 뜻】 學如不及(학여불급):「不及」은 쫓아가지 못함. 목표에 이르지 못함. 猶恐失之(유공실지):「猶」는 오히려(尙).

子曰 巍巍乎 舜禹之有天下也 而不與焉.
자 왈 외외호 순 우 지유 천 하 야 이 불 여 언

공자께서 말씀하셨다.

"위대하였도다, 순(舜)과 우(禹)의 천자 됨이여! 천하를 지니고도 정치에 직접 관여치 않았으니."

【글자 뜻】 巍:높고 클 외.

【말의 뜻】 巍巍乎(외외호):높고 큼. 웅장하게 우뚝 솟은 모양. 舜禹(순우): 옛날의 이상적인 성천자(聖天子)로서 전해지는 인물. 순(舜)은 요(堯)의, 우(禹)는 순의 선양(禪讓)을 받아 평화롭게 천하의 주인이 되고 훌륭한 통치를 하였다. 「禹」는 하 왕조(夏王朝)의 창시자. ≪상서(尙書)≫에 순전편(舜典篇)·우공편(禹貢篇)이 있다. 有天下(유천하):천하를 지님, 즉 천자가 됨. 不與(불여):자신의 의사로써 참여치 않음. 순우(舜禹)는 자기 자신은 작위(作爲)하지 않고 현신(賢臣)을 써서 그 보좌로 인하여 좋은 정치를 하였다. 본편 20에 「舜에게는 다섯 신하가 있어 천하가 다스려졌다.」고 하였다.

【뜻 풀이】 세상에 널리 쓰이는 텍스트에 따르면 「巍巍乎」라고 찬탄하고 있는 것은 「舜禹之有天下」의 모양이다. 「而不與焉」은 그 위에 아름다운 점을 덧붙여 기록하고 있는 것이다. 유가(儒家)의 천하적 세계관은 이론을 압축해 가면 선양론(禪讓論)에 이른다. 요·순·우는 이 선양론을 구성하는 주인공이다. 여기에 「有天下」라고 한 것은 선양(禪讓)을 가리켜 말하는 것이리라.

그러나 한편, ≪백호통(白虎通)≫의 성인편(聖人篇), ≪한서(漢書)≫의 왕망전(王莽傳), ≪논형(論衡)≫의 어증편(語增篇) 등에 인용한 데에는 「也」자가 없다. 「舜禹」 이하 「不與焉」까지를 한 구로 읽고, 찬탄은 오로지 순·우가 직접 정치에 개입하지 않고 현신(賢臣)들에게 맡겨 두고 있었던 것을 대상으로 하고 있다. 나는 그 텍스트에 흥미를 갖는다.

19

子曰 大哉 堯之爲君也 巍巍乎. 唯天爲大 唯堯則之. 蕩蕩
자왈 대재 요지위군야 외외호 유천위대 유요칙지 탕탕

乎民無能名焉. 巍巍乎 其有成功也. 煥乎其有文章.
호민무능명언 외외호 기유성공야 환호기유문장

공자께서 말씀하셨다.

"웅대하도다, 요(堯)의 임금 됨이여, 우뚝 솟아 있구나! 웅대함은 오직 하늘뿐인데 요만이 그것을 본받았구나! 그 그지없이 넓음을 백성은 무어라 말로 형언하지 못하네. 높고 높아라, 그 이루신 공(功)이여! 빛나도다, 그 문장(文章)이여!"

【글자 뜻】蕩:넓고 클 탕. 煥:빛날 환.

【말의 뜻】堯(요):유가(儒家)의 이념을 상징하는 성천자. 앞 장의 순(舜)보다 앞서 천자가 되고 순에게 천하를 선양하였다. ≪상서(尙書)≫의 첫머리에 요전편(堯典篇)이 있어 이를 기술하고 있다. 유가의 세계사인 천하의 역사는 이 사람으로부터 시작된다. 唯天爲大(유천위대):「唯」는 밑에 계속되는 말을 강조하는 조사(助辭). 다음 구의 「唯」도 같다. 이 한 구는 크다고 할 만한 것은 하늘뿐이라는 뜻. 唯堯則之(유요칙지):「則」은 법

(法). 본받음. 요(堯)만이 하늘의 크기에 견줄 수가 있음. 蕩蕩乎(탕탕
호):넓게 퍼져서 그 한계를 지각할 수 없는 모양. 民無能名焉(민무능명
언):「名」은 대상을 인식하고 그것을 말로 표현하는 것. 成功(성공):이룬
공(功). 정치의 공업(功業). 煥乎(환호):「煥」은 밝음(明). 산뜻하게 빛나
는 모양. 文章(문장):≪상서≫ 요전편(堯典篇) 등, 요의 정치를 기린 고
전의 서술.「文章」이라는 말은 第五 公冶長篇 13의「天子之文章」참조.

【뜻 풀이】 처음의「巍巍乎」는 흔히 뒤의「唯天爲大」에 잇대어 읽는다. 그
러나「唯天爲大」의 구는 다음의「唯堯則之」의 4자구와 아주 긴밀하게
결합되어 있어 거기에 한 자도 더할 여지가 없다. 또「蕩蕩乎」라는 말은
앞 장에서는 순(舜)을, 이 장에서는 요(堯)를 기리고 있다. 하늘에 대하
여 하는 말이 아니다. 이 점은 오규소라이(荻生徂徠)도 말하고 있다. 그
리고 이 석 자를 윗구에 붙이고 있다. 부득이한 일이다. 혹 이 석 자는
앞뒤로 헛갈려서 잘못 들어간 구가 아닐까?

「唯堯則之」 ― ≪상서(尙書)≫ 요전편(堯典篇)에「공경하여 호천(昊
天)에 따르고, 일월성신을 역상(曆象)하고, 공경하여 백성에게 절기(節
氣)를 주었다.(欽若昊天 曆象日月星辰 敬授人時)」라고 하였다.

「巍巍乎其有成功也. 煥乎其有文章」―「蕩蕩乎」하게 굉장한 '성공'이
있고 그것을 나타내는 환호(煥乎)한「文章」도 있다고 늘어놓을 마음이
었을 것이다. 굳이 말하자면「文章」은 성공의 결과이다. 오규소라이는
「文章」을 예악(禮樂)이라 해석하고,「成功」뒤에는「也」자가 있는데「文
章」뒤에는 그 자가 없는 데서,「成功」이 있었던 것은「文章」이 있었기
때문이라며 양자를 결부시켜 설명한다. 그 자상함에는 경의를 표하지만
황간본(皇侃本)에는「文章」뒤에도「也」자가 있다.

≪한서(漢書)≫ 유림전(儒林傳)·서전(叙傳) 및 ≪논형(論衡)≫ 제세
편(齊世篇) 등에 인용한 것도 같다.「也」자는 있는 것으로 보아야 할 것

이다. 그러나 없더라도 이 장 전체의 문장 구성이 뜻을 동요시키지는 않는다.

20

舜有臣五人 而天下治. 武王曰 予有亂十人. 孔子曰 才難
순유신오인 이천하치 무왕왈 여유란십인 공자왈 재난

不其然乎. 唐虞之際 於斯爲盛. 有婦人焉 九人而已. 三分
불기연호 당우지제 어사위성 유부인언 구인이이 삼분

天下有其二 以服事殷. 周之德 其可謂至德也已矣.
천하유기이 이복사은 주지덕 기가위지덕야이의

순(舜)에게는 다섯 신하가 있어서 천하가 잘 다스려졌다. 무왕은 '내게는 대신 다스려 주는 자가 열 사람 있다.'고 말하였다. 공자께서 말씀하셨다.

"인재는 얻기 힘들다고 하는데 정말 그런 것 같다. 요순시대 이후에는 이 주초(周初)야말로 인재가 번성한 때였다. 그러나 부인이 들어 있으므로 아홉 사람뿐이다. 천하를 셋으로 쪼갠 것 중 둘을 소유하면서도 역시 은(殷)을 섬기고 있었으니 주의 덕은 지상(至上)의 덕이라 하여도 좋을 것이다."

【글자 뜻】唐:나라 이름 당. 虞:나라 이름 우. 際:때 제. 殷:은나라 은.

【말의 뜻】舜有臣五人(순유신오인):「五人」은 우(禹)·기(棄)·설(契)·고요(皐陶)·백익(伯益). ≪상서≫ 순전편에 순이 우(禹)에게 홍수를 다스리게 한 다음에 백규(百揆:총무)를 맡아보게 하고, 기(棄)를 직(稷:농정장관)에, 설(契)을 사도(司徒:민정장관)에, 고요(皐陶)를 사(士:사법장관)에, 백익(伯益)을 우(虞:수렵장관)에 임명한 사실이 기록되어 있다. 武王(무왕):주(周)의 문왕(文王)의 아들. 이름은 발(發). 은주혁명(殷周革命)을 수행하여 주 왕조를 창립함. 予有亂十人(여유란십인):≪상서≫태

서편(泰誓篇)에 있는 무왕의 말. 「亂」은 다스림(治). 정무를 수행함. 「亂」 뒤에 「臣」자(字)가 있는 텍스트도 있다. 「十人」은 문왕의 비인 태사(太姒)·주공단(周公旦)·소공석(昭公奭)·태공망(太公望)·필공(畢公)·영공(榮公)·대전(大顚)·굉요(閎夭)·산의생(散宜生)·남궁괄(南宮适). 이것은 마융(馬融)·정현(鄭玄) 등의 옛 주(註)에 보인다. 才難(재난):인재는 얻기 힘듦. 공자의 말투로 보아 고어임을 알 수 있다. 「才」는 재(材). 唐虞之際(당우지제):「唐」은 요(堯), 「虞」는 순(舜)의 별칭. 「之際」는 이하, 즉 요순 이후의 시대. 婦人(부인):태사(太姒)를 가리킴. 三分天下有其二 以服事殷(삼분천하유기이 이복사은):천하의 3분의 2의 나라들이 문왕의 덕을 사모하여 주(周)에 귀복(歸伏)하였다. 그러나 문왕은 여전히 은(殷)을 섬기고 있었다. 은왕 주(紂)를 방벌(放伐)하는 짓을 하지 않았던 것이다. 至德(지덕):지상의 덕. 본편 1에 태백(泰伯)을 「至德」이라 평가하고 있다. 「也已矣」라는 감탄사도 같다.

【뜻 풀이】「予有亂十人」 ― 이 예스러운 말은 ≪상서(尙書)≫ 태서편(泰誓篇)·≪춘추좌씨전(春秋左氏傳)≫ 양공(襄公) 24년 등에 보이는 고어이다. 처음의 「舜有臣五人 而天下治」도 필시 고어일 것이다. 두 고어를 제기하고 공자는 자기 의견을 말해 나간다. 덧붙여 말하거니와 ≪논어≫에서나 위에 든 여러 책에서도 「亂臣十人」이라고 한 텍스트가 있다. 「臣」자가 없는 것이 오래된 것인 듯하다.

「唐虞之際 於斯爲盛」 ― 「唐虞」부터 뒤는 이 주(周)에 이르러 인재가 많았다고 해석하는 설 외에 「於」를 '여(與)'로 해석하여 여덟 자를 한 구로 보고 「唐虞」 때와 주(周) 시대에 많았다고 해석하는 설이 있다. 「斯」한 자로써 「唐虞之際」 넉 자와 대응시키는 것은 균형을 잃는 듯싶다.

성천자(聖天子)라고 정평이 나 있는 요순 때조차 5명, 그 후로는 오직 주초(周初)에 이르러 겨우 열 명. 게다가 그중 한 명은 문왕의 비, 무왕의 어머니이다. 규중의 여성이다. 외부로부터 얻은 인재는 9명뿐이다. 하지만 당우(唐虞)의 5명에 대한 주초(周初)의 9명, 그것은 하 왕조(夏王朝)나 은 왕조(殷王朝)에는 없었던 것이다. 공자의 주초(周初)를 기리는 마음을 읽을 수 있다.

「三分天下有其二 以服事殷」─ 이것도 고어를 인용하고 있는 것이리라.「周之德 其可謂至德也已矣」는 그 고어를 기점(起點)으로 해서 발설된 그의 의견이다. 고어를 내세우고 그 뒤에 자기 의견을 말한 것은 전반(前半) 부분과 같은 형식이다.

이 두 부분이 어떻게 관계하는가? 그것이 문제가 된다.「三分天下有其二」이하를 따로 독립된 한 장으로 보는 사람도 있다. 그럴 경우에는「周之德」앞에「孔子曰」의 석 자가 필요하다. 여기서는 역시 전후를 합쳐 한 장을 이루어 주 왕조의 창업을 기리는 것이리라. 문왕과 무왕을「周之德」이라는 말을 골라 대신하고 있는 데서 그 의도가 엿보인다.

은 왕조(殷王朝)를 타도할 실력을 충분히 갖추고 있으면서도 역시 방벌(放伐)하지 않는다. 이것을「至德」이라고 한다. ≪맹자≫가「獨夫紂」라고 한 것과 큰 격차가 있다. 태백(泰伯)을「至德」이라고 찬탄한 것은 그가 아우 계력(季歷)에게 양보한 나라를 문왕·무왕이 계승하게 되어 주 왕조의 성립을 가져오게 한 것을 평가한 결과였다.

21

子曰 禹吾無間然矣. 非飲食 而致孝乎鬼神 惡衣服 而致美
자왈 우오무간연의 비음식 이치효호귀신 악의복 이치미
乎黻冕 卑宮室 而盡力乎溝洫. 禹吾無間然矣.
호불면 비궁실 이진력호구혁 우오무간연의

공자께서 말씀하셨다.

"우(禹)는 나와 현격한 차이가 있는 분이시다. 음식을 검소하게 하고 조상의 제상을 풍성하게 차리셨고, 평소의 의복을 검소하게 하고 제사 때의 예복을 더없이 아름답게 하셨으며, 주택을 작게 하고 수로(水路) 만드는 데에 진력하셨다. 우(禹)는 나와 현격한 차이가 있는 분이시다."

【글자 뜻】 黻:수놓을 불. 冕:면류관 면. 盡:다할 진. 溝:도랑 구.

【말의 뜻】 禹(우):「禹」는 순임금 때에 중국의 치산치수(治山治水)를 하고, 경역(境域)을 정하고, 교통을 트고, 물산(物産)을 구비하여 중국의 자연을 정치 세계로 개조한 위인. 순의 양위를 받아 천자가 되고 하 왕조(夏王朝)를 창건함. ≪상서(尚書)≫ 우공편(禹貢篇)과 ≪사기(史記)≫ 하본기(夏本紀)에 그의 이야기가 기록되어 있다. 吾無間然矣(오무간연의):「間」은 간치(間厠), 속에 들어가 섞임. 일설은 이간, 비방함.「然」은 언(焉). 非飲食(비음식):「非」는 박함(薄也). 致孝乎鬼神(치효호귀신):「致孝」는 효를 다함. 구체적으로는 제사를 성대히 지냄.「鬼神」은 조상신. 惡衣服(악의복):평소의 의복에 거친 것을 사용함. 致美乎黻冕(취미호불면):「致美」는 아름다움을 극함.「黻冕」은 제사 때의 의복과 관. 卑宮室(비궁실):「卑」는 낮고 작음.「宮室」은 주택. 盡力乎溝洫(진력호구혁):「溝洫」은 크고 작은 수로(水路).

【뜻 풀이】 「間」을 속에 들어가 섞인다고 보는 것은 옛 주(註)의 설이다. 이에 따르면 공자께서 '우(禹)와는 그 동료에 끼일 수 없다.', '발밑에도 미치지 못한다.', '현격한 차이가 있는 인물이다.' 라고 말한 것이다. 우의 위대함을 찬탄하는 말로서 이 해석은 납득이 간다. 옛 주(註)의 설은 유래하는 바가 있을 것이다. 일반적으로 「間」은 '비방' 이라고 해석되고 있다. 여기의 「間」을 '비(非)' 라고 해석하는 것은 이미 당대(當代)에 볼

수 있다.

≪후한서(後漢書)≫ 상제기(殤帝紀)에 인용한 ≪논어≫의 이 구절에 이현(李賢)은 「비(非)는 박(薄)이다. 간(間)은 비(非)이다.」라고 주(註)를 달고 있다. 좀더 일찍이 황간(皇侃)의 ≪의소(義疏)≫가 「비간(非覸)」이라고 한 것도 같은 계통의 선례이다. 이것도 역시 유래하는 바가 있다고 하겠다. 그러나 비난할 데가 없다고 하는 것은 소극적인 찬사일 뿐이다. 그보다는 현격한 차이가 있다고 하는 편이 어울린다고 생각된다. 특히 우(禹)가 윤리상의 성인이기보다는 치산치수(治水治山)에 성공한 대사업가이기 때문에 더욱 그러하다.

"우(禹)는 나와는 현격한 차이가 있는 분이다." — 우리의 귀에 익고 입에 붙은 구이다. 지금 일단 이대로 해석해 둔다. 그런데 나는 중국어로 읽을 때에 「간연(間然)」 두 자가 한 단어를 이루는지의 여부에 의문을 가진다. 섞임이든 비방이든 간에 「間」 한 자로 문장이 성립한다.

第十一 先進篇 5「人不間於其父母昆弟之言」의 「間」과 第九 子罕篇 12 「疾間」의 「間」의 예도 있다. chien이라고 발음하는 이 문자는 한 자로 작용하고 있다. 또 「間然」이라는 두 자의 구성은 간치(間廁) 또는 비간(非間)처럼 「間」의 의미를 명확히 하는 것일까? 오히려 「間」과 「然」의 결부에 위화감(違和感)을 느낀다.

第十一 先進篇 13에 「若由也 不得其死然」이라고 하고, 第十四 憲問篇 6에 「羿善射 奡盪舟. 俱不得其死然」이라고 하였다. 이들의 「然」은 ≪예기(禮記)≫ 단궁(檀弓) 하편(下篇)에 「穆公召縣子而問然」의 「然」, 즉 정현(鄭玄)이 "연(然)은 언(焉)이다."라고 한 그 '연(然)'으로 해석된다. 이 「禹吾無間然矣」의 「然」도 음이 가까운 '언(焉)'이라고 해석해야 할 것이다. 일본의 아시카카(足利) 씨의 소장본에는 구말(句末)의 「矣」자가 없다.

「致孝」라고 하였으므로 '鬼神'을 조상신에 중점을 둔 말로 해석하였다.

「禋冕」은 널리 제사 일반에 대하여 말하는 것이리라. ≪사기(史記)≫ 하본기(夏本紀)는 우(禹)가 고산대천(高山大川)의 제사를 정한 사실을 기록하고 있다.

「溝洫」은 천하의 수로(水路)를 말한다. 반고(班固)가 ≪한서(漢書)≫의 10지(十志) 중 하나에 「구혁지(溝洫志)」를 마련하였다. ≪사기≫ 하본기(夏本紀)는 「궁실을 허술히 하고 비용을 구혁(溝洫)으로 돌렸다.」고 하였다.

제18장 이하의 4장은 모두가 요·순·우에 대하여 말하였다. 후세의 편집자가 합쳐서 편말에 덧붙인 것이리라.

제9
자한편
(子罕篇)

    '공자는 이·명·인의 개념을 관념적으로는 설명하지 않았다. 항상 구체적인 경우에 입각하여 설명하였다.'고 해석하면 이것은 위에서 말한 ≪논어≫의 사실과의 모순을 피할 수가 있다. 그러나 이들 세 글자의 짜맞춤과 순서의 문제는 남는다.

    이러한 모순을 피하기 위하여 「子罕言利」를 하나의 구로 하고 「與命與仁」을 또 하나의 구로 하여 해석하는 법이 송(宋)의 사승조(史繩祖) ≪학재점필(學齋點畢)≫에서 이미 시도되고 있다.

子罕言利與命與仁.
자 한 언 이 여 명 여 인

공자께서는 이(利)와 명(命)과 인(仁)에 관하여는 좀처럼 말씀하시지 않
았다.

【글자 뜻】 罕:드물 한.

【말의 뜻】 罕言(한언):드물게 말함. 좀처럼 말하지 않음.

【뜻 풀이】 불과 여덟 자의 간단한 문장이지만 어려운 문제를 내포한다. 문
자를 따라 고지식하게 읽으면「子 罕言 利 與命 與仁」으로 되어「이(利)
와 명(命)과 인(仁)을 말함이 드물었다.」라는 식으로 된다.

그러나 ≪논어≫에는「이(利)를 쫓아 행동하면 백성의 원망이 더한
다.」(第四 里仁篇 12)「소인은 이(利)에 밝다.」(第四 里仁篇 16)라든가,
또「운명이란 말이냐! 이만한 사람이 이런 병에 걸리다니.」(第六 雍也篇
10),「도가 행하여질 경우 그것도 천명입니다. 도가 쇠퇴해 갈 경우 그
것도 천명입니다.」(第十四 憲問篇 38) 등「利」,「命」에 관한 감동적인
발언이 재삼 이루어지고 있다.

「仁」에 대하여는 이인편(里仁篇)을 비롯하여 여기저기에 주요한 과제
로서 언급되고 있다. 이 사실이「罕言」이라고 한 말과 모순된다. 이 모
순을 극복하는 방법은 기록자가 우연히 공자에게서 이 세 가지에 대하
여 들은 것을 객관적으로 적었을 경우, 혹은 만족할 만큼 충분히 듣지
못하였기 때문에 주관적으로「말하는 일이 드물다.」고 생각한 경우 등
을 상정할 수 있다. 이런 일은 있을 수 있는 일이다.

자공(子貢)에게도 "그 어른의 성(性)과 천도(天道)에 관한 말은 들을 수 없다."는 탄식이 있었다.(第五 公冶長篇 13). 그러면 왜 이질(異質)의 이(利)가 명(命)과 인(仁)과 짝지어져 있는 것일까? 또 이(利)가 명(命)과 인(仁)보다도 앞에 놓여 있는 것은 무엇 때문일까?

'공자는 이·명·인의 개념을 관념적으로는 설명하지 않았다. 항상 구체적인 경우에 입각하여 설명하였다.'고 해석하면 이것은 위에서 말한 ≪논어≫의 사실과의 모순을 피할 수가 있다. 그러나 이들 세 글자의 짜맞춤과 순서의 문제는 남는다.

이러한 모순을 피하기 위하여 「子罕言利」를 하나의 구로 하고 「與命與仁」을 또 하나의 구로 하여 해석하는 법이 송(宋)의 사승조(史繩祖) ≪학재점필(學齋佔畢)≫에서 이미 시도되고 있다.

그 경우 「與」를, 공자께서 자로(子路)에게 「나는 함께할 수 없다.(吾不與也)」(第七 述而篇 10)라고 한 경우의 「與」나, 호향(互鄉)의 동자를 위하여 「찾아오는 자는 상대한다. 물러나 있는 자는 상대하지 않는다.(與其進也. 不與其退也)」(第七 述而篇 28)라고 한 경우의 「與」나, 증석(曾晳)에게 「나는 점에게 찬성한다.(吾與點也)」(第十一 先進篇 26)라고 한 경우의 「與」나, 「내게는 이 백성의 무리와 함께 있을 수밖에, 함께 있을 자는 없는 것이다.(吾非斯人之徒 與而誰與)」(第十八 微子篇 6)라고 한 그 「與」로 해석하여, "명(命)과 인(仁)은 평소에 도타이 함께하고 있었다."라고 푼다.

이 학설의 경우 「子罕言利」를 한 구로 보는 것은 「子罕言利」의 리듬이 된다. 그러나 위의 여러 예문의 「與」는 구체적인 사람을 가리켜서 말하는 것이다. 명(命)이니 인(仁)이니 하는 말에도 그대로 사용할 수 있는 것일까? 가령 이 용법을 인정한다 하더라도 「與命與仁」의 문장 구성이 과연 사씨(史氏)가 말하는 의미를 나타낼까?

또 「與」를 '종(從)'으로 해석하여 '이(利)를 말하는 일은 드물고, 오로지 명(命)에 따르고 인(仁)에 따른다.'라고 푸는 설도 있다. 그러나 원문 문체와의 사이에 여전히 위화감이 가시지 않는다. 오규소라이 (荻生徂徠)도 「子罕言利」를 한 구로 보고 아래의 구를 '命과 함께하고 仁과 함께한다.'로 보아 「利」만을 말하는 일은 드물고 「命」 또는 「仁」과 함께 말하였다로 해석한다. 「與」자 한 자의 해석에 가장 무리가 없다.

그러나 ≪논어≫에서 이(利)를 말할 때의 실태는 오규소라이가 말하는 바를 실증하지 않는다. 대체로 「與命與仁」을 독립시키는 해석법은 문장의 글자에 따르기보다는 다른 것으로 미루어 이치에 쏠리고 있는 흠이 있다.

여기서는 주어져 있는 문장에 충실하여 가장 순리적이라고 생각되는 바에 따라 해석한다. 공자는 「의심스러운 것은 제쳐 놓음(闕疑)」(第二 爲政篇 18)라고 가르치되 굳이 의문에 떠밀려 나가는 것에는 저항한다.

2

達巷黨人曰 大哉孔子. 博學而無所成名. 子聞之 謂門弟子
달항당인왈 대재공자   박학이무소성명   자문지 위문제자
曰 吾何執. 執御乎 執射乎. 吾執御矣.
왈 오하집 집어호 집사호   오집어의

달항 마을 사람이 말하였다.

"위대하도다, 공자시여! 너무도 두루 알고 계시어 지어 부를 명칭이 없도다!"

공자께서 이 말을 들으시고 문인 제자들에게 말씀하셨다.

"나는 무엇으로 할까? 마부로 할까, 궁수(弓手)로 할까? 나는 마부로 하

리라."

【글자 뜻】達:통달할 달. 巷:거리 항. 執:잡을 집. 射:쏠 사.

【말의 뜻】達巷黨人(달항당인):「達巷」은 당 이름.「黨」은 원칙적으로는 오백 호로 구성된다. 일설에「巷黨」을 성어(成語)로 보고 '달(達)이라는 항당(巷黨) 안의 사람' 이라고 해석한다. 無所成名(무소성명):「成名」은 무어라 부를 명칭을 지어 붙임. 門弟子(문제자):第八 泰伯篇 3의「召門弟子曰」참조. 吾何執(오하집):「執」은 골라잡음. 執御·執射(집어·집사):「御」는 마차를 몰다, 거느려 바른 길로 나아가게 한다는 뜻이 있음. 「射」는 화살을 쏨. 둘 다 남자의 기본적인 기예이다.

【뜻 풀이】달항(達巷) 마을 사람이 공자를「博學」하다고 찬탄한 것은 공자께서 지닌 고전이나 예악(禮樂) 등의 고도로 문화적인 학식을 주로 의식하고 한 말일 것이다. 그러나 공자는 이 말을 가장 기본적인 교양인「御」와「射」로 받아들이고 마지막에「御」로 낮추어 간다.「博學」과「御」의 대비가 재미있다. 일반적으로는 공자의 겸허한 자세를 말하는 것으로 보고 있지만 내게는 그의 유머를 보여 주는 것으로 생각된다.

공자께서 다재다능하였다는 것은 본편 6에도 보인다.

3

子曰 麻冕禮也 今也純儉 吾從衆. 拜下禮也 今拜乎上泰也
자왈 마면례야 금야순검 오종중 배하례야 금배호상태야
雖違衆 吾從下.
수위중 오종하

공자께서 말씀하셨다.

"삼실로 만든 관이 예이지만 요즈음 명주실로 만든 것이 검소하니 나도 대중을 따르겠다. 당하로 내려와 절을 하는 것이 예이지만 요즈음 당상에서 절을 하는 것은 교만한 짓이니, 무리와는 다르나 나는 당하 쪽을 따르겠다."

【글자 뜻】 麻:삼 마. 冕:면류관 면. 拜:절 배.

【말의 뜻】 麻冕(마면):삼베 실로 만든 관. 종묘(宗廟)의 제사에 씀. 純儉(순검):「純」은 명주실. 拜下(배하):「下」는 당하(堂下), 뜰. 군신 간(君臣間)에 공식적인 식전이 행하여질 때 처음에 신하는 당 아래로 내려가 돈수(頓首) 재배하고 나서 당상으로 올라가 식전(式典)을 집행한다. 拜乎上(배호상):「上」은 당상(堂上). 신하가 당상에 앉은 채로 절을 한다. 泰(태):교태(驕泰), 우쭐댐.

【뜻 풀이】 예(禮)와 관행에 대한 공자의 유연한 자세를 볼 수 있다. 자주적으로 정확한 가치 판단을 하여 행동을 결정하는 것이 스승 된 자의 조건이다.

「麻冕」보다 「純冕」 쪽이 검소하다는 것은 잘 알 수 없다. 삼실로 만든 관은 이천사백 가닥의 날실을 쓰므로 제작이 힘드나 명주실로 만들면 수공이 덜 든다는 설명이 성립되고 있다.

4

子絶四. 毋意 毋必 毋固 毋我.
자 절 사 무 의 무 필 무 고 무 아

공자께서는 네 가지를 하지 않으셨다. 억측하지 않았고, 장담하지 않았으며, 고집하지 않았고, 자신을 과시하지 않았다.

【글자 뜻】 絶:끊을 절. 意:뜻 의. 固:굳을 고.

【말의 뜻】 毋意(무의):「毋」는 「勿」로, ~하지 않음. 「意」는 억(臆), 억측. 必(필):기필(期必). 기약(期約). 固(고):고집. 현재 이루어져 있는 것에 집착하여 움직이지 않음. 我(아):자아를 주장한다고 해석할 수도 있지만 위의 셋이 모두 자아의 입장에서 하는 말이다. 그러므로 그것들과 구별하여 자기를 과시 내지 선전하는 것이라고 해석해 보았다.

【뜻 풀이】 「四絶」이 가능했던 것은 공자께서 자기를 초월한 선왕의 도를 파악하고 있어 그것에 의거하여 자기 자신을 비판할 수가 있었기 때문이다.

5

子畏於匡. 曰 文王旣沒 文不在玆乎. 天之將喪斯文也 後死
자 외 어 광　왈 문 왕 기 몰　문 부 재 자 호　천 지 장 상 사 문 야　후 사
者不得與於斯文也. 天之未喪斯文也 匡人其如予何.
자 부 득 여 어 사 문 야　천 지 미 상 사 문 야　광 인 기 여 여 하

공자께서 광(匡)에서 위기에 처하자 말씀하셨다.

"문왕은 이미 돌아가시고 없으나 그의 문(文)은 내게까지 전하여 있지 아니한가. 하늘이 장차 이 문(文)을 멸하려 하신다면 후세에 사는 내가 이 문(文)과 함께하지 못하겠지만 하늘이 이 문(文)을 멸하지 않는 이상 광(匡) 사람들이 나를 어찌하겠는가?"

【글자 뜻】 畏:두려워할 외. 沒:죽을 몰. 玆:이 자.

【말의 뜻】 畏於匡(외어광):「畏」는 구(懼), 두려운 생각을 함. 「匡」은 지명. 그 위치는 여러 설이 있어 일정치 않다. 文王(문왕):주 왕조의 체제와 문화를 구축한 사람. 공자는 이 사람이 완성시킨 천하적 세계를 그 당시에 부흥시키고자 하였다. 그를 지탱한 이념을 발견한 원천이다. 文不在 玆乎(문부재자호):「文」은 문왕에게 현현(顯現)하고 있는 선왕의 도. 구체적으로는 주초(周初)의 전적(典籍)에 기록되어 있는 정치의 사적(事蹟) 및 전승되고 있는 예악. 「玆」는 차(此), 공자 자신을 가리킴. 後死者 (후사자):공자 자신을 말함. 「後死」라는 것은 그에 앞서 죽은 사람에 대하여 말함. 그의 선배들도 역시 도를 전해 준 것이며 공자는 그것을 계승하고 있는 것이다. 문왕에 대하여 「後」라고 하는 통설은 오규소라이 (荻生徂徠)도 말했듯이 격차가 너무 심하고 어기(語氣)가 약화된다. 不 得與於斯文也(부득여어사문야):「與」는 관여함. 「斯文」은 이 문(文). 「文」은 「文不在玆乎」의 문(文). 「斯文」은 이후에 성어(成語)가 되어 공자의 이념을 계속 떠맡는다. 匡人其如子何(광인기여여하):第七 述而篇 22에 「天生德於子. 桓魋其如子何」라고 하였다. 같은 표현법이다.

【뜻 풀이】 ≪사기(史記)≫ 공자세가에는 다음과 같이 기록되었다. 「공자가 위(衛)를 떠나 진(陳)에 가려고 광(匡)을 지나갔다. 안각(顏刻)이 마차를 몰았다. 그는 채찍을 들어 가리키며,

"예전에 내가 이리로 들어갔다가 그로 인하여 깨졌다."

광 사람이 이 말을 듣고 노(魯)의 양호(陽虎)로 잘못 알았던 것이다. 양호는 일찍이 광 사람을 침범하였다. 광 사람은 결국 공자를 멈추게 하였다. 공자의 모습이 양호와 비슷하였기 때문이다. 그래서 닷새나 붙잡혀 있었다. 안연(顏淵)이 뒤처져 늦게 오니 공자가 말하였다.

"나는 네가 죽은 줄 알았다."

안연이 말하였다.

"선생님이 계신데 제가 어떻게 죽겠습니까?"

광 사람이 공자를 구속하기를 더욱 급박하게 하니 제자들이 두려워하였다.」

그리고 나서 이 장의 「文王既沒……」의 말이 이어진다. 그 배경을 대충 짐작할 수 있다. 여기에 기록되어 있는 안연과의 사제애는 第十一 先進篇 23의 문장에 의거한 것이다. 이것은 노의 정공(定公) 13년, 공자 오십육 세 때의 일이다.

「不得與於斯文也」 — 공자는 편력 중에도 전적(典籍)을 가지고 다녔을 것이다. 「斯文」은 그 전적이며 이 한 구는 공자께서 실제로 그 전적을 가리켜 발언한 것이라는 설이 있다. 무대 효과를 돋우는 연출자의 기량으로 평가해도 된다.

공자께서 겪은 이 「광(匡)의 난(難)」은 ≪장자(莊子)≫ 추수편(秋水篇) 과 ≪한시외전(韓詩外傳)≫에도 나와 있다.

6

太宰問於子貢曰 夫子聖者與. 何其多能也. 子貢曰 固天縱
태재문어자공왈 부자성자여 하기다능야   자공왈 고천종
之將聖 又多能也. 子聞之曰 太宰知我乎. 吾少也賤. 故多
지장성 우다능야 자문지왈 태재지아호   오소야천 고다
能鄙事. 君子多乎哉. 不多也.
능비사 군자다호재 부다야

태재가 자공에게 물었다.

"그 어른은 성인이신가요? 어쩌면 그리도 다능하신가요?"

자공이 대답하였다.

"원래부터 하늘이 낸 대성(大聖)이시며 게다가 다능하십니다."

공자께서 이 말을 들으시고 말씀하셨다.

"태재가 나를 잘도 보았느니라. 나는 어릴 때에 빈천하였다. 그래서 잡스러운 일에 다능한 것이다. 군자는 다능해야 하는 것일까? 그렇지는 않다."

【글자 뜻】 太:클 태. 貢:바칠 공. 縱:놓아줄 종. 鄙:속될 비.

【말의 뜻】 太宰(태재):재상(宰相). 총리대신. 여기서는 오(吳)의 태재 비(嚭). 固天縱之將聖(고천종지장성):「固」는 「원래」. 아래 구의 「又」에 대함. 「天縱」은 하늘이 제멋대로 하게 함. 마음껏 발휘시킴. 「將聖」은 대성(大聖). 鄙事(비사):하찮은 사람이 하는 잡된 일.

【뜻 풀이】 ≪춘추좌씨전(春秋左氏傳)≫은 노의 애공(哀公) 7년 여름과 12년 여름에 태재 비(嚭)가 자공을 만난 것을 기록하고 있다. 오(吳)가 힘을 뽐내어 예가 아닌 것을 노(魯)에 요구하였는데 자공이 그것을 거절하고 있다. 이 대화는 이 중의 어느 한때에 이루어졌던 것이리라. 애공 12년이라면 기원전 483년, 공자의 나이 육십구 세 때이다.

　　≪설원(說苑)≫ 선설편(善說篇)은 태재 비(嚭)가 "공자는 어떠한 분입니까?" 하고 묻고, 자공이 "신(臣)은 그것을 알 수 없습니다." 하고 대답하는 것으로 시작된다. 공자의 인물론이 전개되고 있다.

　　「夫子聖者與. 何其多能也」 —「聖」과 「多能」의 관계를 어떻게 보느냐에 따라 태재가 질문한 뜻은 전혀 달라진다. 「聖」과 「多能」을 상반되는 것이라고 보면 태재는 공자께서 성자임을 그 다능 때문에 의심하는 것이다. 이미 칠십 세가 가까워진 공자는 성자로서의 평판이 여러 나라에 퍼져 있었을 것이다. 만일 「聖」과 「多能」을 같은 계통의 가치라고 보면 「多能」을 조건으로 해서 공자는 「聖者」라고 기림을 받고 있는 것이 된다.

질문자의 진의(眞意)는 어느 쪽일까? 끝머리에 나오는 공자의 말을 읽으면 「多能」이 「鄙事」와 결부되어 있고 「君子」가 「不多也」한 것으로 규정되어 있다. 또 처음에 질문할 때에 「聖者」라고 한 것도 「성(聖)」이라는 이름에 해당하는 사람이라는 뜻을 지니고 있어서, 그저 「성(聖)」이라고만 하는 경우보다도 공자를 멀리 두고 있다.

　　그리고 질문자는 예를 모르는 오(吳)의 태재(太宰) 비(嚭)이다. 이런 여러 가지 점에서 나는 의심하는 설, 즉 고주(古註)의 설을 따른다. 태재는 성인은 유연히 큰 자세를 보이는 것으로 생각하고 있었던 것이다.

　　「固天縱之將聖 又多能也」―「將聖」을 대성(大聖)이라고 해석하는 것은 고주(古註)의 설이다. 「將」을 「크다(大)」로 새기는 것은 ≪이아(爾雅)≫ 석고편(釋詁篇)에 보이고, ≪모시(毛詩)≫에 그 용례가 있으며 ≪순자(荀子)≫ 요문편(堯問篇)에는 「將聖」이라는 말이 보이고 있다. 「將聖」을 '대성'이라고 해석하는 데에는 아무런 저항도 없다. 자공(子貢)은 '선생님은 원래 하늘이 제멋대로 시키고 있는 대성이다. 그 위에 다능을 겸하고 계시다.'라고 말한다. 「固~又~」의 조사(助辭)는 그렇게 작용하고 있다. 「多能」하다는 것은 「聖」에 지장을 주지 않는다.

　　「將聖」을 '바야흐로 성인이 되려고 한다.'로 해석하는 설도 있다. ≪논형(論衡)≫ 실여편(實如篇)에 이미 보이고 있으므로 유래가 있다. 태재의 질문을 공자의 성(聖)을 칭송하는 것이라고 해석하는 사람들은 대개 이 해석을 취한다.

　　「太宰知我乎」― 공자는 자기가 다능하다는 것을 인정하고 있다. 태재가 그것을 옳게 알아맞힌 것을 "나를 잘 보았다."고 말한 것이다.

　　「君子多乎哉 不多也」― 태재가 「聖者」라고 하는데 공자께서 「君子」라고 말을 바꾸고 있는 것은 언제나 겸손해하는 그의 성격 때문이다. 그도 역시 「多能」을 군자나 성자의 조건으로 보지는 않는다. 그리고 「多能」을 자랑으로 여기지도 않는다. 그것은 어린 시절에 가난한 생활을 극복해 나가기 위하여 할 수 없이 몸에 익힌 것임을 담담하게 말한다. 사실 공자의 인간미는 이 고생으로 말미암아 성숙되어 있었다.

7

> 牢曰 子云 吾不試 故藝.
> 로 왈 자 운 오 불 시 고 예

로(牢)가 말하였다.

"선생님께서는 '나는 등용되지 못하였기 때문에 다재(多才)하게 된 것이니라.' 하고 말씀하셨다."

【글자 뜻】 牢:우리 로. 試:임용할 시.

【말의 뜻】 牢(로):공자의 제자 이름. 단, ≪사기≫ 중니제자열전에 이 이름의 제자는 기재되어 있지 않다. ≪공자가어≫ 72제자해에 「금로(琴牢), 위(衛)나라 사람, 자는 자개(子開), 또 하나의 자는 장(張)」이라고 하였다. 「牢」라고 이름을 쓴 것은 이 사람이 이 장(章)의 전승자임을 보인다. 제14 헌문편(憲問篇) 1「憲問恥」 참조. 吾不試(오불시):「試」는 용(用).

【뜻 풀이】 앞의 장과 같은 주지(主旨)이다. 신주(新註)는 앞의 장과 합쳐서 한 장으로 한다.

「子云」 ― 이 예(例)뿐이다. 「子曰」이라고 하는 것이 상례이다. 여기서는 「牢曰」의 속에 인용하므로 「子云」이라 바꾸고 있다.

8

子曰 吾有知乎哉. 無知也. 有鄙夫問於我 空空如也. 我叩
자왈 오유지호재 무지야 유비부문어아 공공여야 아고
其兩端而竭焉.
기량단이갈언

공자께서 말씀하셨다.

"내가 아는 것이 있는 것일까? 아는 것이 없다. 오죽잖은 사람이라도 내
게 질문해 오면, 그것이 진지하다면 나는 질문을 캐물어서 알고 있는 한껏
답해 준다."

【글자 뜻】 空:빌 공. 兩:두 량. 端:끝 단. 竭:다할 갈.

【말의 뜻】 鄙夫(비부):교양 없는 사나이, 천한 신분의 사나이. 空空如(공공
여):제8 태백편(泰伯篇) 16에서 말한 「悾悾」과 같다. 고지식함, 어리석
은 모양. 我叩其兩端而竭焉(아고기량단이갈언):「叩」는 꼬치꼬치 캐물
음. 「兩端」은 본말(本末), 시종(始終) 또는 상반하는 양면. 「端」은 진
(盡). 「竭」은 다함. 알고 있는 지식을 다하며 아까워하지 않는다.

【뜻 풀이】 「吾有知乎哉. 無知也」의 「知」는 단순히 지식 일반에 대해 있고
없음을 말하는 것만은 아니다. 숨기고 남에게 보이지 않는 지식, 이기심
이 섞여 있는 지식을 말한다. "너희는 내가 숨기고 있다고 생각하느냐?
나는 숨기지 않는다."(第七 述而篇 23)와 그 마음은 통한다.

子曰 鳳鳥不至 河不出圖. 吾已矣夫.
자 왈 봉 조 부 지 하 불 출 도 오 이 의 부

공자께서 말씀하셨다.

"봉황도 오지 않고 황하에서 도문(圖文)도 나오지 않으니 나도 이제 그만이로구나!"

【글자 뜻】 鳳:봉새 봉. 圖:그림 도. 已:끝날 이.

【말의 뜻】 鳳鳥不至(봉조부지):「鳳鳥」는 봉황. 신비로운 새. 성인(聖人)이 천명을 받을 때 나타남. 길조(吉兆)이다. 河不出圖(하불출도):「河」는 황하.「圖」는 신비로운 그림. 성인이 천명을 받을 때 거북 또는 용이 하도(河圖)와 낙서(洛書)를 등에 지고 나타남. 이것도 길조(吉兆)이다. 吾已矣夫(오이의부):절망의 탄식이다.

【뜻 풀이】「鳳鳥」와「河圖」가 나타나지 않는 것은 천명을 받을 성인이 없기 때문이다. 공자는 그것을 한탄한다. 그 자신이 성인으로서 이 길조를 가져오지 못하는 것을 한탄한다고 보는 설과 이 길조를 가져오게 할 만한 성천자를 만나지 못하는 것을 한탄한다고 보는 설로 그 옛날의 한대(漢代)부터 갈라져 있다. 공자를 이념의 상징으로 보는 입장과 공자를 역사적 시야에서 보는 입장이 서로 판이한 것이다.

10

> 子見齊衰者 冕衣裳者與瞽者見之 雖少必作 過之必趨.
> 자 견 자 최 자 면 의 상 자 여 고 자 견 지 수 소 필 작 과 지 필 추

공자께서는 자최(齊衰)의 상복을 입은 사람을 만났을 때와 관복을 갖추
어 입은 사람 및 악사장이 찾아왔을 때에는 상대가 젊더라도 반드시 일어
나셨으며 옆을 지나가실 때에는 반드시 종종걸음으로 걸으셨다.

【글자 뜻】冕:면류관 면.　裳:치마 상.　瞽:소경 고.　趨:종종걸음칠 추.

【말의 뜻】齊衰者(자최자):모친의 상복을 입고 있는 자.　冕衣裳(면의상):공
사(公事)에 있어서의 관복을 입고 있는 자.　瞽者(고자):맹인. 일설에 악
사장.　雖少必作(수소필작):「少」는 연소. ≪사기≫ 공자세가는「동자라
하더라도 반드시 변한다.(雖童子必變)」이라고 하였다.「作」은 일어남
(起).　過之必趨(과지필추):「趨」는 빨리 감. 경의를 나타내는 걸음걸이.
허리를 굽히고 종종걸음으로 감.

【뜻 풀이】「瞽者」— 한대(漢代) 이래 '맹인' 이라 해석하며, 이 한 장은 모
친상을 입은 사람을 슬퍼하고 지위에 있는 사람을 존경하며 부자유로운
사람을 가엾이 여기는 공자의 행위를 말하는 것이라고 보았다. 단 한 사
람 오규소라이(荻生徂徠)는「瞽者」를「사(師)」, 즉 음악가라고 한다. 나
는 이 해석에 흥미를 갖는다.「師摯(악사장 지)」(第八 泰伯篇 15),「師冕
(악사장 면)」(第十五 衛靈公篇 42)에 대한 공자의 태도가 머리에 떠오른
다.
　　제10 향당편(鄕黨篇) 21에「見齊衰者 雖狎必變. 見冕者與瞽者 雖褻必
以貌」라고 하였다. 여기와 서로 맞닿으며 서로 보충할 수가 있다.

그런데 여기의 문장을 일반적으로는 「子見齊衰者冕衣裳者與瞽者」를 한 구로 보고 「見之」를 아래 구에 붙인다. 그러나 이것은 「子見」과 「見之」가 중복되어 「見之」는 군더더기 말이 된다. 이에 대하여 「見之」는 아래의 「過之」에 대하여 문장을 정리하기 위한 작문이라고 한다.

그러나 이치에 맞지 않는다. 오규소라이(荻生徂徠)는 「子見齊衰者冕衣裳者與瞽者見之」라 읽어서 자최자는 집 밖에서 만날 때의 일이라 하고, 뒤의 둘은 공자를 만나러 왔을 때의 일이라고 한다. 나는 처음에 이것이 괴이하고 얄궂게 느껴졌지만 지금은 이 설에 따른다. 「必作」은 앉아 있던 공자가 이 두 사람의 방문을 받고 자리에서 일어나는 것이다.

위에 든 第十 鄕黨篇 21의 글도 자최자(齊衰者)와 면자(冕者)·고자(瞽者)를 따로 취급하고 있다. 자최자에게는 동정을, 면자·고자에게는 경의를 표하는 듯하다. 이것은 「瞽者」를 악사장으로 보는 것과도 통한다.

「齊衰」는 모친상에 입는 상복이다. 부친상에는 참최(斬衰)를 입는다. 공자께서 「齊衰者」에게만 마음을 움직이고 참최자(斬衰者)에게 반응하지 않을 리가 없다. 여기서 「齊衰」라고 하는 것은 모친과 동시에 부친도 말하는 것이리라. 만일 「齊衰者」에게 강하게 마음을 동요한 것이라면 그의 모자(母子) 감정은 이상하리만큼 격하다고 해야만 한다.

11

顔淵喟然歎曰 仰之彌高 鑽之彌堅. 瞻之在前 忽焉在後. 夫
안 연 위 연 탄 왈 앙 지 미 고 찬 지 미 견 첨 지 재 전 홀 언 재 후 부
子循循然善誘人 博我以文 約我以禮. 欲罷不能 既竭吾才
자 순 순 연 선 유 인 박 아 이 문 약 아 이 례 욕 파 불 능 기 갈 오 재
如有所立卓爾 雖欲從之 末由也已.
여 유 소 립 탁 이 수 욕 종 지 말 유 야 이

안연이 한숨을 쉬며 말하였다.

"우러러보면 볼수록 더욱 더 높으시며, 뚫으면 뚫을수록 더욱 더 굳으시며, 눈앞에 계시던 분이 홀연히 뒤에 계신다. 선생님께서는 차근차근히 사람을 잘 인도하시어 고전으로써 나의 학식을 넓히시고 예로써 나의 행동을 단속해 주신다. 그만두려 해도 그만둘 수 없이 끌려가게 되어 내 능력을 다해 쫓아가 보지만 서 계신 바가 다시 우뚝한지라 곁에 다가가고 싶어도 그게 안 된다."

【글자 뜻】歎:탄식할 탄. 仰:우러를 앙. 彌:더욱 미. 鑽:뚫을 찬. 瞻:볼 첨. 循:돌 순.

【말의 뜻】喟然(위연):탄식 소리. 仰之彌高 鑽之彌堅(앙지미고 찬지미견):「彌」는 큼(大), 더욱 더. 「鑽」은 뚫음. 이 두 구는 상대를 다 규명할 수 없음을 말함. 아마도 고어를 사용한 것이리라. 瞻之在前 忽焉在後(첨지재전 홀언재후):「瞻」은 봄(視). 「忽焉」은 홀연. 이 두 구는 상대를 파악할 수 없음을 말함. 이것도 당시에 귀에 익은 말일 것이다. 循循然(순순연):하나하나 순서가 선 모양. 또 친절하고 정중한 모양. 博我以文 約我以禮(박아이문 약아이례):「博」은 넓힘. 「文」은 고전 문화. 「約」은 약속, 제약. 중심을 향하여 단단히 죔. 卓爾(탁이):높이 솟아 손이 닿지 않는 모양. 末由(말유):「末」은 없음(無). 「由」는 손 붙일 곳.

【뜻 풀이】공자는 안연을 알고 안연은 공자를 안다. 서로 가장 잘 알고 서로 존경하는 사제의 모습이 여기에 나타나 있다.

「博我以文 約我以禮」는 「循循然善誘人」하는 내용이다. 동시에 안연이 힘을 다하여 배우는 목적이기도 하다. 제6 옹야편(雍也篇) 27에 「군자가 널리 고전을 배우고 그 학식을 예로써 단속한다면 도(道)에서 벗어나는 일은 없을 것이다.」라고 하였다.

12

子疾病. 子路使門人爲臣. 病間. 曰 久矣哉 由之行詐也. 無
자질병 자로사문인위신 병간 왈구의재 유지행사야 무

臣而爲有臣. 吾誰欺. 欺天乎. 且予與其死於臣之手也 無寧
신이위유신 오수기 기천호 차여여기사어신지수야 무령

死於二三子之手乎. 且予 縱不得大葬 予死於道路乎.
사어이삼자지수호 차여 종부득대장 여사어도로호

공자께서 병환이 위중해지자 자로가 문인들로 하여금 신하 노릇을 하게
하였다.

공자께서는 병환이 좀 차도가 있으실 때에 말씀하셨다.

"지금도 여전하구나, 유(由)의 엉터리 짓은! 신하가 없는데 신하가 있는
것처럼 하니 나더러 누구를 속이란 말이냐? 하늘을 속이란 말이냐? 또 나
는 그런 신하의 시중을 받으면서 죽는 것보다는 차라리 너희의 시중을 받
으며 죽는 편이 낫다. 비록 성대한 장례는 치러 받지 못한다 하더라도 설마
내가 길가에 쓰러져 죽기야 하랴!"

【글자 뜻】 詐:속일 사. 誰:누구 수. 葬:장사지낼 장.

【말의 뜻】 子疾病(자질병):「疾」은 병. 「病」은 심한 병. 病間(병간):「間」은
병이 나음(癒). 由之行詐也(유지행사야):「由」는 자로의 이름. 「詐」는 사
실과 다른 행위. 子與其死於臣之手也 無寧死於二三子之手乎(여여기사
어신지수야 무령사어이삼자지수호):「無寧」은 영(寧)과 같음. 단 「寧」 한
자의 경우보다도 망설이는 듯한 바램을 나타냄. 「與其~寧~」에 대하여
는 第三 八佾篇 4 「禮與其奢也寧儉. 喪與其易也寧戚」 참조. 大葬(대
장):훌륭한 장례식. 혹은 제후의 예로써 장사지내는 것일까?

【뜻 풀이】 노나라에서 공자는 대부(大夫)였다. 그렇지만 노나라를 떠난 뒤에는 관등(官等)이 없다. 편력 도상에서 병이 위독해졌을 때 성질이 순진하고 외곬이며 스승을 생각하는 마음이 뜨거운 자로는 공자를 쓸쓸하게 죽게 하고 싶지 않았다. 문인을 관원인 신하로 만들어서 성대한 장례를 준비하려 하였다. 중국에서는 후세에 와서도 부모를 위하여 굉장한 관(棺)을 장만하는 것을 효(孝)라고 한다. 자로의 심정은 그와 흡사하다 하겠다. 그러나 자로는 또다시 선생에게 꾸중을 듣는다.

자로는 어떠한 장례 준비를 하였는가? ≪예기(禮記)≫ 왕제편(王制篇)에는 「대부(大夫)가 관직을 물러난 뒤에 달리 벼슬을 하지 않고 죽었을 때에는 사(士)의 예로써 장사 지낸다.」고 하였다. 이 예제(禮制)가 자로(子路) 당시까지 거슬러 올라갈 수 있는 것인지는 알 수 없다.

다만 나에게는 자로가 「使門人爲臣」한 것이나 공자께서 「子與其死於臣之手也」 운운한 것이나 본문에서 「大葬」이라고 하는 것은 사(士)의 예는커녕 대부(大夫)의 예조차 의식하는 말은 아닌 듯싶다. 신하를 갖는 것은 임금이다. 호기로운 자로(子路)는 어쩌면 제후의 장례 비슷한 것을 생각하고 있었던 것은 아닐까? 공자의 눈동자가 더욱 더 휘둥그레지지 않을 수가 없다.

공자의 질책은 따끔하다. 「欺天乎」라는 심한 말까지 튀어나오고 있다. 공자는 거짓 장례식을 엄히 배척한다. 그리고 말한다. '너희의 손으로 묻어 주면 그것으로 족하다. 너희가 있는 한 길바닥에 쓰러져 죽는 일은 없을 것이다.' 라고. 「二三子」라고 부르는 제자 중에는 물론 자로도 들어 있다. 오히려 자로 자신의 얼굴 위에 노스승의 시선은 멈추어 있었을 것이리라. 스승을 생각해 주는 귀여운 제자를 다독거리는 뜨거운 애정이 담긴 시선이!

13

> 子貢曰 有美玉於斯. 韞匵而藏諸 求善賈而沽諸. 子曰 沽之
> 자공왈 유미옥어사   온독이장저 구선가이고제   자왈 고지
> 哉 沽之哉. 我待賈者也.
> 재 고지재   아대가자야

자공이 여쭈어 보았다.

"여기에 아름다운 옥이 있습니다. 궤 속에 소중히 간직해 두어야 합니까, 좋은 구매자를 찾아 팔아야 합니까?"

공자께서 말씀하셨다.

"팔아야지, 팔아야 하고말고. 나는 구매자를 기다리고 있는 것이다."

【글자 뜻】 韞:감출 온. 匵:궤 독. 藏:감출 장. 賈:장사 고.

【말의 뜻】 韞匵(온독):「韞」은 감춤(藏), 「匵」은 궤(櫃). 藏諸(장저):「諸」는 지호(之乎). 물어 보는 조사(助辭). 善賈(선고):「賈」는 상인. 물건 값을 잘 아는 자. 현군(賢君)에 비유됨. 「賈」의 음은 「고」, 일설에 음을 「가」로 읽고 값(價)이라고 한다. 沽諸(고제):「沽」는 팖(賣). 가게에 앉아서 팖(坐賣).

【뜻 풀이】 옥(玉)의 아름다움은 고래로 중국인이 가장 존중하는 것이다. 왕왕 군자의 덕에 비유된다. 여기서는 「美玉」으로써 공자를 비유하여, 세상에 나갈 것인가 숨을 것인가 하고 공자의 의향을 여쭈어 본다.

위(衛)의 영공(靈公)을 도울 것인지 아닌지 공자의 의향을 여쭈어 보면서 자공은 백이·숙제를 인용하고 있다.(第七 述而篇 14). 여기와 같이 재간 있는 말솜씨이다. 第十一 先進篇 3에 공문(孔門)의 '언어'를 대

표하는 자로서 자공을 들고 있는 대목이 머리에 떠오른다.

「沽之哉 沽之哉」— 거듭 말하는 것은 팔려는 마음이 절실함을 나타
낸다. 그러나 이쪽에서 광고하며 팔러 돌아다니는 것은 아니다. 「沽」는
행상이 아니다. 물건을 늘어놓고 올바른 평가를 해 줄 좋은 구매자를 기
다리는 것이다. 「我待賈者也」는 그 심중을 명백하게 말한다. 공자는 '기
다린다[待]'고 한다. 자공은 '찾아야[求] 하는 게 아니냐?'고 질문한다.
두 사람의 마음이 앞서의 차이를 자연적으로 나타내고 있다.

14

子欲居九夷. 或曰 陋如之何. 子曰 君子居之 何陋之有.
자 욕 거 구 이 혹 왈 누 여 지 하 자 왈 군 자 거 지 하 루 지 유

공자께서 구이(九夷)의 땅에 이주하실 것을 생각하시자 어떤 사람이 여
쭈었다.

"누추할 터인데 어찌하시렵니까?"

공자께서 말씀하셨다.

"군자가 사는데 어찌 누추함이 있겠느냐."

【글자 뜻】 欲:하고자 할 욕.　夷:오랑캐 이.　陋:더러울 루(누).

【말의 뜻】 九夷(구이):「夷」는 중국의 동쪽 지방에 사는 미개 민족. 그 종족
　　이 아홉 있으므로 「九夷」라고 함.　陋(루):누추함. 문화가 낮고 예의가
　　없는 것.

【뜻 풀이】 第五 公冶長篇 7에서 공자는 "선왕의 도가 행해지지 않는다. 뗏
　　목을 타고 동해에 뜨리라."고 말하고 있다. 공자도 이따금 중국으로부

터 도피하고 싶은 마음이 들었던 것이다. '바다' 니 '오랑캐' 니 하는 것
은 모두 동해 저쪽에 있다고 들었으며 환상적으로 생각하고 있었음을
나타낸다. 공자 당시에 이와 같은 곳이 구전되어 오고 있었던 것이다.

그러나 「夷」에 산다는 것은 사실 모순을 내포한다. 천하적 세계관을
공통으로 소유하는 범위의 세계가 천하이다. 동이(東夷)·남만(南蠻)·
서융(西戎)·북적(北狄)은 이 천하적 세계관에 살기에 이르지 못한 미개
민족인 것이다. 어떤 사람이 「夷」라는 이름을 듣고 이것을 「陋」라고 하
며 질문해 오는 것은 당연하다. 이에 대하여 공자는 「君子居之 何陋之
有」라고 대답한다.

일반적으로는 「君子」를 공자라 보고 '자기가 살면 「陋」는 문제가 없
어진다.'라고 해석한다. 그러나 공자께서 자신을 '君子'라고 칭하겠는
가? 더욱이 중국에 선왕의 도가 행하여지지 않아 실망하고 있을 때에
천하 밖의 오랑캐 나라에서 그들을 교화한다고 큰소리치겠는가? 또 「九
夷」는 바다 저쪽 지방이다. '뗏목을 타고 동해에 뜨리라'고 한 말이야말
로 적절하다. 처음부터 「居之」(자리잡고 산다)라는 것은 너무 당돌하지
않은가?

동이(東夷)에 관하여는 기자(箕子) 전설이 있다. 은 왕조(殷王朝) 말기
그 쇠운에 절망한 기자가 조선(朝鮮)으로 피하여 조선의 천성이 유순한
백성을 교화하여 예의가 행하여지는 곳으로 만들었다고 한다. 이 기자
전설을 공자도 역시 듣고 있었던 것이리라. 그러하기에 바다에 뜨는 것
도 「九夷」에 사는 것도 생각할 수 있는 것이다.

「君子居之」는 심각하게 기자를 의식하고 있다. '기자'라 하지 않고
'군자'라고 한 것은 이 말을 매개로 하여 자기도 거주할 수 있음을 믿는
것이다. 「何陋之有」— 기자에 의하여 「陋」 문제는 해결되어 있다. 그곳
에 기자가 있었다는 사실은 공자께서 「九夷」로 가는 것을 꿈꾸게 하는
데에 크게 관계될 것이다.

공자도 혼자 갈 생각은 일으키지도 않았을 것이다. 뗏목을 타고 바다에 뜰 것을 문득 생각한 것은 자로(子路)가 눈앞에 있었기 때문이리라. 순정스럽고 스승을 끔찍이 생각하며 힘이 세고 듬직한 사나이가 공자의 꿈을 달리게 하였던 것이다.

15

子曰 吾自衛反魯 然後樂正 雅頌各得其所.
자 왈 오 자 위 반 노 연 후 악 정 아 송 각 득 기 소

공자께서 말씀하셨다.

"내가 위(衛)나라로부터 노(魯)에 돌아와서야 비로소 음악은 바로잡히고, 아(雅)와 송(頌)도 각각 제자리를 잡게 되었다."

【글자 뜻】 衛:나라 이름 위. 雅:맑을 아. 頌:기릴 송.

【말의 뜻】 雅頌(아송):「雅」는 주 왕조(周王朝) 시대에 향연 때 연주되던 악곡(樂曲).「頌」은 종묘(宗廟)에서 조상신을 제지낼 때 연주하는 무악(舞樂).

【뜻 풀이】 공자께서 십사 년의 편력에 종지부를 찍고 위나라로부터 노에 돌아온 것은 애공(哀公) 11년, 기원전 484년이다. 공자는 이미 육십팔 세였다. 그 후에는 노나라의 풍부한 문화의 전승 덕택으로 고전의 정리에 몰두한다. 이 장(章)은 그중에서 특히 음악의 전반적인 정리에 대하여 말한다. 《시경(詩經)》 삼백오 편의 편장(篇章)에 대해서만 말한 것은 아닐 것이다.

공자께서 음악에 대단한 관심이 있었으며 뛰어난 귀를 가지고 있었다

는 것은 "악사장 지(摯)가 연주하는 관저(關雎)의 악곡은 처음과 끝머리가 아름답게 물결쳐 귀에 뿌듯하다."(第八 泰伯篇 15)는 말, "제(齊)에서 소(韶) 음악을 들었다. 오랫동안 고기 맛을 몰랐다."(第七 述而篇 13)는 말 등으로 분명하다. 여기의 "아·송이 각각 제자리를 잡고 있다."는 말도 「음악은 바로잡히고」에 이어 말하고 있다. 각각의 악곡의 음률이 조정된 것이다.

현실 정치에서 뜻을 이루지 못하고 고국(故國)인 노(魯)에 돌아와서 음악의 정리를 한 것을 이르는 것뿐이라면 「自衛」의 두 자가 필요할까? 물론 그것은 그의 귀국 경로를 말한다. 그런데 만일 음악의 정리가 공자의 위(衛)나라 경유와 무관하다면 이 경로를 말하는 것도 군더더기다. 공자께서 "위(衛)나라로부터 노(魯)에 돌아와서야 비로소 음악은 바로잡혔다."라고 한 것은 위(衛)의 음악이 그의 음악 정리에 중요한 계기를 마련해 준 것을 고백하고 있는 게 아닐까?

위(衛)의 음악은 흔히 정(鄭)나라의 음악과 병칭(並稱)된다. 더욱이 ≪예기(禮記)≫ 악기편(樂記篇)에서 「정(鄭)이나 위(衛)의 음악은 난세의 음악이다.」라고 하였으며, 「색(色)에 젖어 덕을 해친다.」라고 하였다. 악기편에서는 또 위(衛)의 문후(文侯)가 자공(子貢)에게 "옛 음악을 들으면 졸린데 정(鄭)이나 위(衛)의 음악을 들으면 싫증이 안 난다. 이것은 왜인가?" 하고 물어 보고 있다. 위(衛) 음악은 당시의 음악으로 옛 음악과는 상반되는 성격을 가지고 있었기 때문이다.

≪논어≫에서는 第十五 衛靈公篇 11에 「정(鄭)나라의 음악을 그만두게 하라. 정나라 음악은 바른 곡조를 흩뜨린다.」라고 하였고, 第十七 陽貨篇 18에 「정(鄭)나라의 음곡(音曲)이 아악(雅樂)에 섞여듦을 미워한다.」라고 하였다. 둘 다 공자의 말이다. 정나라 음곡을 말하며 위(衛)나라의 음곡은 말하고 있지 않다. 오히려 第十三 子路篇 7에서는 「노(魯)와 위(衛)의 정치는 형제이다.」라고 하여 양국의 친근함을 나타내고

있다.

공자에게 있어서 정나라의 신악(新樂)은 음란하여 추방해야 할 것이지만 위나라의 신악은 그렇지 않았던 것이다. 오히려 그가 노(魯)의 고악(古樂)을 정리한 것은 위나라의 당대 음악을 듣고 그것에 자극되어 이루어진 것이리라. 그것이 「위나라로부터 돌아와서야 비로소 음악은 바로잡혔다.」라는 문장으로 표현된 것이리라. 공자의 음악 애호는 대단하여 고전 음악에 국한하고 당대 음악에 거부 반응을 보이는 그런 좁은 것은 아니었던 듯싶다.

16

子曰 出則事公卿 入則事父兄. 喪事不敢不勉 不爲酒困. 何
자 왈 출 즉 사 공 경 입 즉 사 부 형   상 사 불 감 불 면 불 위 주 곤   하
有於我哉.
유 어 아 재

공자께서 말씀하셨다.

"밖에서는 공경(公卿)을 잘 섬기고 집에서는 부형을 잘 섬긴다. 상사(喪事)에는 열심히 힘쓰고 술로 인해 어지러워지지 않는다. 이런 것들은 내게는 아무것도 아니다."

【글자 뜻】 卿:벼슬 경. 敢:감히 감. 勉:힘쓸 면. 困:흐트러질 곤.
【말의 뜻】 出則事公卿(출즉사공경):조정에 나갔을 때에 예를 다함. 「公」,
   「卿」은 다 조정의 고관. 不敢不(불감불):불가불(不可不)보다 뜻이 강함.
   不爲酒困(불위주곤):「困」은 어지러움(亂). 第十 鄉黨篇 8에 「술은 제한
   이 없지만 어지러워지는 데까지는 이르지 않는다.」라고 하였다. 何有

於我哉(하유어아재):같은 구가 第七 述而篇 2에 보인다.

17

子在川上曰 逝者如斯夫. 不舍晝夜.
자 재 천 상 왈   서 자 여 사 부   불 사 주 야

공자께서 냇가에서 말씀하셨다.

"흘러가는 것은 모두 이와 같은가? 밤낮으로 쉬는 일이 없구나."

【글자 뜻】 逝:갈 서. 舍:쉴 사. 晝:낮 주.

【말의 뜻】 川上(천상):냇가. 逝者如斯夫(서자여사부):「逝」는 감(往). 흘러
가 버리는 것. 「斯」는 이(此). 「夫」는 영탄의 조사(助辭). 不舍晝夜(불사
주야):「舍」는 쉼(止息), 멈춤.

【뜻 풀이】 냇가에 멈춰 서서 물의 흐름을 응시할 때 그 사람은 이미 철인
(哲人)이다. 자연의 무한한 행위 앞에서 자신의 하찮은, 그러나 무엇과
도 바꿀 수 없는 인생을 응시한다. 끝도 없이 흘러오는 냇물에서 무한한
생명을 느끼기도 할 것이다. 그저 끊임없이 흘러가는 물에 막을 수 없는
조락(凋落)을 슬퍼하기도 할 것이다. 흘러가는 물은 끊임없지만 이전의
물이 아님에 덧없음을 느끼기도 할 것이다. 유유히 그리고 깊이 흘러가
는 대하(大河)라면 영원의 시간, 불변의 안정에 내 인생을 맡길 수도 있
을 것이다. 냇물은 인생 각자의 그때그때 운명에 따라 온갖 양상을 나타
낸다.

　　지금 공자는 냇물을 앞에 두고 "흘러가는 것은" 하고 말한다. 허전하
며, 늙고 돌아오지 않는 인생을 응시하고 있다. 이 장(章)은 「냇가의 탄

식(川上之歎)」이라 하여 고래로 많은 사람들이 언급하고 있다. 그에 따라 해석도 구구하다.

18

子曰 吾未見好德 如好色者也.
자 왈 오 미 견 호 덕 여 호 색 자 야

공자께서 말씀하셨다.

"나는 덕(德) 사랑하기를 미녀 사랑하듯 하는 사람을 아직 본 일이 없다."

【글자 뜻】未:아닐 미. 好:좋을 호. 色:빛 색.

【말의 뜻】未見(미견):아직 보지 못함. 好色(호색):미녀를 좋아함.

【뜻 풀이】당시 여러 나라의 임금에 대한 통렬한 비판이다. 현군(賢君)이 없고 현신(賢臣)이 모이지 않으며 정치는 어지럽고 백성은 고통을 받는다.

　第十五 衛靈公篇 13에도「已矣乎 吾未見好德如好色者也」라고 하였다. 「已矣乎」는 '이제 끝장이다.' 라는 뜻. ≪사기(史記)≫ 공자세가(孔子世家)는 공자께서 위(衛)의 영공(靈公)에게 절망했을 때의 말이라 하여 이것을 기재하고 있다. 영공의 부인은 미모인 남자(南子)이다.

19

> 子曰 譬如爲山. 未成一簣 止 五止也. 譬如平地. 雖覆一簣
> 자왈 비여위산 미성일궤 지 오지야 비여평지 수부일궤
> 進 吾往也.
> 진 오왕야

공자께서 말씀하셨다.

"[학문은] 비유컨대 산을 만드는 것과 같다. 이제 한 삼태기가 모자라 이루지 못하고 그만두는 자를 나는 도와주지 않는다. 땅을 평평히 고르는 데 비유하자면 이제 한 삼태기 덮었을 뿐이라도 나아가는 자는 내가 함께 가준다."

【글자 뜻】 譬:비유할 비. 簣:삼태기 궤. 覆:덮을 부.

【말의 뜻】 譬如(비여):비유컨대 마치 ~와 같다. 爲山(위산):산을 만듦. 簣(궤):삼태기. 平地(평지):땅을 평평하게 함.

【뜻 풀이】「簣」는 흙을 담아 나르는 삼태기. 이 장을 '학문의 완성을 눈앞에 둔 자라도 면학을 정지하는 자에게는 공자도 가르침을 중단한다. 겨우 착수했을 뿐인 자라도 자진하여 배우는 자에게는 공자는 적극적으로 상대를 한다.' 라고 해석하는 것은 고주(古註)의 설에 따랐다.

　신주(新註)의, 그리고 일반적으로 행하여지고 있는 해석은 '그침은 내가 그침이다.' '나아감은 내가 나아감이다.' 라고 새겨, 주어(主語)를 모두「吾」와 동일 인물로 하여 한 삼태기의 일의 분량이라도 그치는 것은 내가 그치는 것이며, 나아가는 것은 내가 나아가는 것이며, 실패도 성공도 모두 본인의 책임임을 말한다고 본다. 그렇지만 산을 만드는 자와 땅

을 고르는 자는 학생이고 「吾止也」, 「吾往也」의 「吾」는 그와 구별하여 공자 자신을 말하고 있다고 나는 생각한다.

특히 공자는 「배우려고 분발하지 않으면 깨우쳐 주지 않으며, 표현할 말에 애태우고 있지 않으면 입을 틔워 주지 않는다.」(第七 述而篇 8)고 하였고 또 호향(互鄕) 동자(童子)와의 회견에 즈음하여 「찾아오는 자는 상대해 주고, 틀어박혀 있는 자는 상대해 주지 않는다.」(第七 述而篇 28)고 말한 바 있다.

'산을 만드는 데 한 삼태기를 붓는다.' 또는 '땅을 고르는 데 한 삼태기를 덮는다.'와 같은 의미와 비유가 당시 속담에 있었던 것이리라.

20

子曰 語之而不惰者 其回也與.
자 왈 어 지 이 불 타 자 기 회 야 여

공자께서 말씀하셨다.

"이야기를 해 줄 때에 자세를 흐트리지 않고 듣는 것은 안회(顔回)일 것이다."

【글자 뜻】語:말씀 어. 惰:게으를 타.

【말의 뜻】語之(어지):말해 줌. 가르쳐 줌. 不惰者(불타자):「惰」는 태만히 함.

【뜻 풀이】「回」는 말할 것도 없이 안회(顔回), 공자께서 가장 사랑하고 기대하는 제자이다. 이 장에 대하여는 "회는,……내가 무슨 말을 하더라도 좋다고 할 뿐이다."(第十一 先進篇 4)라고 한 공자의 말이 우선 머리에 떠오른다. 공자는 또 "회와 종일 이야기하고 있어도 이론을 제기하는 일

이 없고 마치 어리석은 자 같다. 그러나 물러간 다음 그의 일상생활을 보고 있으면 충분히 사람을 계발하고 있다. 회는 어리석지 않다."(第二 爲政篇 9)라고 하였다. 잠자코 경청하고 있는 안회의 모습이 눈에 선하 다.

21

子謂顔淵曰 惜乎. 吾見其進也 未見其止也.
자 위 안 연 왈 석 호   오 견 기 진 야 미 견 기 지 야

공자께서 안연을 평하여 말씀하셨다.

"애석하구나! 나는 그가 나아가는 것은 보았지만 멈추는 것은 본 일이 없 다."

【글자 뜻】惜:아까울 석.　進:나아갈 진.

【말의 뜻】惜乎(석호):애석하다. 안연의 죽음이 애석하다.

【뜻 풀이】앞에서는 「回」라고 그 이름을 부르고 여기서는 「顔淵」이라고 성 과 자(字)로 부른 것은 생전과 사후의 구별이다. 「惜乎」는 그의 죽음을 통석해 함.

22

子曰 苗而不秀者有矣夫 秀而不實者有矣夫.
자 왈 묘 이 불 수 자 유 의 부 수 이 불 실 자 유 의 부

공자께서 말씀하셨다.

"싹인 채로 이삭이 패지 않는 사람도 있기는 있으며, 이삭이 팬 채로 결실하지 않는 사람도 있기는 있다."

【글자 뜻】苗:모 묘. 秀:이삭 수. 實:열매 실.

【말의 뜻】苗而不秀者有矣夫(묘이불수자유의부):「秀」는 이삭, 벼가 팸.「有矣夫」는 '있기는 있다' 라는 뜻. 항상 있다는 것은 아니다.

【뜻 풀이】 안회가 일찍 죽은 것을 애도하는 말이라 보고 있다. 한(漢) · 육조(六朝) · 당(唐) 사람의 문장에서 그 예를 볼 수 있다. 수재가 학업을 완성하지 못하고 중도에서 요절하는 것은 가장 애처롭다. 이 말은 그 애처로움을 표현하는 데 가장 적합한 비유이다. 그러나 나에게는, 그 적합함 때문에 그 방면의 문학자들이 유용한 것이며「苗而不秀者」,「秀而不實者」라고 단계를 나누어 말하고 있는 본래의 뜻은 천부의 재능이 사람마다 다름을 감개무량하게 말하려고 한 것처럼 생각된다.

　　그것은 공자께서 개별적으로 그 사람의 개성과 재능에 따라 교육을 한 것과 연관된다.「상지(上知)를 하우(下愚)로 만드는 것과 하우를 상지로 만드는 일은 불가능하다.(唯上知與下愚不移)」(第十七 陽貨篇 3)라고 한 말도 머리에 떠오른다.

23

子曰 後生可畏也. 焉知來者之不如今也. 四十五十而無聞
자왈 후생가외야　　언지래자지불여금야　　사십오십이무문
焉 斯亦不足畏也已.
언 사 역 부 족 외 야 이

공자께서 말씀하셨다.

"젊은이는 두렵다. 어찌 뒤에 오는 자가 오늘의 우리에게 미치지 못한다고 하겠는가? 단, 사, 오십이 되도록 이름이 나지 않는다면 이는 역시 두려워할 것이 못 된다."

【글자 뜻】來:올 래. 聞:알려질 문. 亦:또 역.

【말의 뜻】後生可畏(후생가외):「後生」은 후배.「可畏」는 두려워할 만함. 그 앞날이 두렵다는 뜻. 焉知(언지)~:어찌 ~함을 알겠는가? 無聞焉(무문언):(학문이나 덕으로) 이름이 알려지지 않음.

【뜻 풀이】「後生可畏」는 젊은이가 지닌 가능성을 존중하는 성어(成語)일 것이다. 공자는 이 성어를 들어 사, 오십 대를 경계한다. 주지(主旨)는 여기에 있다.「後生可畏」라는 말에 안주하고 있는 사이에 사, 오십 대가 된다. 필시 자기 자신에 대한 경계이기도 하다. 공자에게는 또 "군자는 죽은 후에 이름이 잊히는 것을 걱정하느니라."(第十五 衛靈公篇 20), "나이 사십이 되어 남에게 미움 받는다면 그것으로 끝장이다."(第十七 陽貨篇 26)라는 말이 있다.

24

子曰 法語之言 能無從乎 改之爲貴. 巽與之言 能無說乎 繹
자왈 법어지언 능무종호 개지위귀 손여지언 능무열호 역
之爲貴. 說而不繹 從而不改 吾末如之何也已矣.
지위귀 열이불역 종이불개 오말여지하야이의

공자께서 말씀하셨다.

"옳은 말로 이야기하면 경청하지 않을 수 없다. 그러나 중요한 것은 들었다면 잘못을 고치는 것이다. 점잖게 이야기하면 기꺼운 마음이 되지 않을 수 없다. 그러나 중요한 것은 말의 참뜻을 이해하는 것이다. 기꺼워하기는 하면서도 이해하지 못하고, 듣고서도 고치지 않는다면 나로서도 어찌할 도리가 없다."

【글자 뜻】 貴:귀할 귀. 巽:부드러울 손. 說:기꺼울 열. 繹:풀어낼 역.
【말의 뜻】 法語之言(법어지언):이해하기 어려운 구이다. 고주(古註)는 「法」을 '정(正)', 「語」를 '고(告)'로 새겨 「以正道告之(정도로써 이에 고함)」이라고 해석한다. ≪경전석문(經典釋文)≫은 「法語之」의 「語」에 「어거반(語據反)」이라고 음을 달고 있다. '고해 말함'이라고 새긴다. 고주(古註)와 같다. 그러나 이 고주의 새김법은 어색하며 넉자 한 구에 「語」와 「言」이 중복하는 흠이 있다. 오규소라이(荻生徂徠)가 '法語의 言'이라고 새긴 것은 일리가 있기는 하지만 「法語」를 선왕의 법언(法言)이라고 해석하는 데에는 근거가 없다. 더욱이 이 말과 짝을 이루는 다음의 구 「巽與」에 대하여 미상(未詳)이라고 손을 드는 데에는 '法語'의 해석도 설득력이 없다. 「法語之」를 한 구로 하고 「言」자를 아래 구에 붙이려는 시도도 있다. ≪경전석문(經典釋文)≫의 새김도 그러하다. 그러나 이것도 좀 무엇하다. 어쨌든 고주가 「巽與之言」의 구도 아울러 두 구로 읽고 있으므로 나는 일단 그에 따라 둔다. 巽與之言(손여지언):마융(馬融)은 '巽은 공손(恭遜)이다. 공손근경(恭遜謹敬)한 말을 이른다.'라고 해석한다. 「巽」을 공손이라고 새기는 것은 보통이며, 문제는 없다. 그러나 이 마융의 주(註)는 「與」자를 설명하고 있지 않다. 황간(皇侃)은 '나는 겸손하여 그와(與彼) 공언(恭言)함. 그래서 손여지언(遜與之言)이라고 함'이라고 해석한다. 能無說乎(능무열호):「說」은 열(悅). 繹之爲貴(역지위귀):「繹」은 실을 뽑음. 여기서는 조리를 세워 음미함을 말한다. 吾末如

之何也已矣(오말여지하야이의):「末」은 없음(無).「也已矣」는 깊은 감개를 나타내는 조사(助辭). 이 여덟 자 한 구는 제15 위령공편(衛靈公篇) 16에도 보인다. 제2 위정편(爲政篇) 16「斯害也已矣」의 해설 참조.

【뜻 풀이】 사람을 설득하는 말에는 두 가지가 있다. 옳은 말로써 따끔하게 말하거나 상대의 기분을 상하지 않게 부드럽게 말하거나 해야 한다. 훌륭한 스승인 공자는 사람에 따라 또 경우에 따라 이 두 가지의 말을 택하고 있었다. 그런데도 불구하고 이 성인으로 하여금 탄식케 하는 일이 적지 않았던 것이다.

25

子曰 主忠信 毋友不如己者 過則勿憚改.
자 왈 주 충 신 무 우 불 여 기 자 과 즉 물 탄 개

공자께서 말씀하셨다.
"충과 신을 주로 하고, 나보다 못한 자를 벗하지 말며, 잘못이 있으면 지체 말고 고쳐라."

【글자 뜻】 忠:충성 충. 信:믿을 신. 憚:꺼릴 탄.

【뜻 풀이】 같은 말이 第一 學而篇 8에도 나와 있다. 또「충(忠)과 신(信)에 힘쓰고 의(義)로 옮겨 나감이 덕을 높이는 것이다.(主忠信從義 崇德也)」라는 말이 第十二 顏淵篇 10에 보인다. 중요한 것은 공자도 때와 장소를 달리하여 되풀이해서 말했을 것이며 여러 제자가 동시에 듣고 각각 기록한 것이기도 하리라.

"나보다 못한 자를 벗하지 말라." — 이것은 「충과 신을 주로」 하는
데서 나오는 말이다. 「나보다 못한 자」는 '忠信'의 분위기가 되지 않으
며 '덕을 높이는' 것이 되지 않기 때문이다. 이것은 자신의 엄격한 수양
을 말하는 것이지 독선을 권장하는 것은 아니다. 이것을 학이편(學而篇)
에서 말하지 않았기 때문에 여기에 기재한다.

26

子曰 三軍可奪帥也 匹夫不可奪志也.
자 왈 삼 군 가 탈 수 야 필 부 불 가 탈 지 야

공자께서 말씀하셨다.
"삼군의 장수는 빼앗을 수 있지만 한 사나이의 뜻을 빼앗을 수는 없다.

【글자 뜻】 軍:군사 군. 奪:빼앗을 탈.
【말의 뜻】 三軍(삼군):대국의 군비. 제7 술이편(述而篇) 「子行三軍」 참조.
  帥(수):군사령관. 匹夫(필부):미천한 사나이. 옛날 귀족은 처첩을 많이
  거느렸지만 미천한 사나이는 한 명의 처를 데리고 산 데서 나온 말.

【뜻 풀이】 힘에는 힘으로써 이길 수 있지만 신념은 힘으로써 누를 수가 없
다. 공자께서 제후에 대하여 선언한 말이다.
  "삼군의 장수는 빼앗을 수 있다." — 이것도 당시의 사람들에게는 입
에 오르던 말이었을 것이다.

27

> 子曰 衣敝縕袍 與衣狐貉者立而不恥者 其由也與.
> 자 왈 의 폐 온 포 여 의 호 학 자 입 이 불 치 자 기 유 야 여

공자께서 말씀하셨다.

"해진 풀솜 도포를 입고서 여우나 담비 털가죽 옷을 입은 사람과 함께 섰어도 부끄러워하지 않는 자, 그것은 유(由)일 것이다."

【글자 뜻】 敝:해질 폐. 縕:헌솜 온. 狐:여우 호.

【말의 뜻】 衣敝縕袍(의폐온포):「衣」는 입음(着). 동사. 「敝」는 폐(弊). 해진 것. 「縕」은 풀솜, 설면자(雪綿子). 「袍」는 도포. 狐貉(호학):(여우·담비의) 귀한 털가죽. ≪춘추번로(春秋繁露)≫의 복제편(服制篇)에 「백공 상고(百工 商賈)는 호학(狐貉)을 입을 수 없다.」고 하였다. 由(유):중유(仲由), 자는 자로(子路). 여기서 '由'라고 이름을 부른 것에는 친밀감이 담겨 있다.

【뜻 풀이】 여기서도 자로(子路)를 칭찬하고 있다. 제4 이인편(里仁篇) 9에 「선비 된 자는 도에 뜻을 둔다. 그런데도 악의악식(惡衣惡食)을 수치로 여기는 자는 더불어 의논할 여지가 없다.」라고 하였다. 공자의 생활신조이다.

자로가 물질에 담박하였다는 것은 제5 공야장편(公冶長篇) 26에 나오는 자로의 말, "수레·말·옷·털옷을 벗과 함께 사용하여 그것이 해지더라도 아깝다고 생각지 않는 사람이 되고 싶습니다."에서도 볼 수 있다.

28

不忮不求 何用不臧. 子路終身誦之. 子曰 是道也 何足以
불기불구 하용부장   자로종신송지 자왈 시도야 하 족 이

臧.
장

"사람을 해치지 않고 탐욕을 갖지 않으면 어찌 좋지 못한 일이 일어나겠
는가!"

자로는 늘 이 시구를 읊조리고 있었는데 공자께서 말씀하셨다.

"그것만으로 어찌 좋은 일이 일어나겠느냐!"

【글자 뜻】 忮:해칠 기. 臧:좋을 장. 誦:읊을 송.

【말의 뜻】 不忮不求 何用不臧(불기불구 하용부장):≪시경(詩經)≫ 패풍
(邶風)의 웅치편(雄雉篇) 끝의 두 구. 「忮」는 해함(害). 「不忮」는 사람
을 해치지 않음. 「求」는 요구, 지나친 탐심(貪心). 「臧」은 좋음(善). 是
道(시도):시구(詩句)를 읊조리는 것. 何足以臧(하족이장):결국 좋아지지
는 않음.

【뜻 풀이】 공문(孔門)에서의 시구 전승 모습이 여기에도 보이고 있다. 자신
의 인생훈이 되는 시를 평생 읊조리는 것이다. 제11 선진편(先進篇) 6에
「남용(南容)은 백규(白圭)의 시를 몇 번이고 되풀이하고 있었다.」라고 하
였다. 「白圭」는 ≪시경≫ 대아(大雅) 억편(抑篇)의 시구를 가리켜 말한
다. 자로도 역시 시구를 하루에 몇 번이고 되풀이하여 읊조렸을 것이다.

「不忮不求」는 틀림없이 선행이다. 그런데도 공자는 자로에게 「何足
以臧」이라고 비평한다. 이 말은 시경의 「何用不臧」을 얼버무린 것이며

공자의 의식적인 농담일 것이다. 공자와 자로는 나이도 아홉 살의 차가 있을 뿐이며 두 사람 사이에는 아주 따뜻한 친근감이 있어서 농담이 통한다.

그러면 공자는 「不忮不求」라는 시구를 읊조리는 것의 어디에 이의를 다는 것일까? 「不忮不求」에 이의는 없다. 다만 자로가 늘 자나 깨나 이것을 읊조리는 단조로움에 공자는 쓴웃음을 짓는 것이다. 「是道也 何足以臧」은 말장난을 차치하고 말한다면 "네 방식은 뭔가 한 가지를 암기하는 것에 불과한 거야."라고 놀리고 있는 것이다. 고주(古註)가 공자의 말을 설명하여 「그 위에 또 이보다 아름다운 것이 있다. 어찌 좋다고 할 수 있겠느냐?」라고 한 것도 그 주지(主旨)는 같은 방향에 있는 것이리라.

29

> 子曰 歲寒然後 知松柏之後彫也.
> 자 왈 세 한 연 후 지 송 백 지 후 조 야

공자께서 말씀하셨다.
"날씨가 추워진 후에야 비로소 소나무와 전나무가 시들지 않고 있음을 알 수 있다."

【글자 뜻】歲:해 세. 寒:찰 한. 松:소나무 송. 柏:잣나무 백.
【말의 뜻】歲寒(세한):추운 계절. 後彫(후조):더디 시듦

【뜻 풀이】「彫」는 시듦(凋), 조잔(凋殘), 잎이 말라서 쇠약함. 「後彫」는 나중에 시든다는 것이 아니라 뭇 나무가 시들 때에도 시들지 않고 있음을

말한다.

　이 비유도 공자 당시의 사람들에게 회자(膾炙)되고 있던 것이리라. 이
대로 또는 다소 변형하여 여러 가지 책에서 쓰이고 있다. 그 하나로 ≪
사기(史記)≫ 백이전(伯夷傳)에 「날씨가 추워짐으로써 비로소 소나무와
전나무가 시들지 않고 있음을 알 수 있다. 온 세상이 혼탁함으로써 청사
(淸士)가 나타난다.」라고 하였다.

30

子曰 知者不惑 仁者不憂 勇者不懼.
자 왈　지 자 불 혹　인 자 불 우　용 자 불 구

공자께서 말씀하셨다.
　"지자(知者)는 당혹하지 않고, 인자(仁者)는 근심하지 않으며, 용자(勇者)
는 두려워하지 않느니라."

【글자 뜻】惑:미혹할 혹.　憂:근심할 우.　懼:두려울 구.

【뜻 풀이】「不惑」,「不憂」,「不懼」― 이 세 가지는 군자의 덕(德)의 나타남
　이다. 제14 헌문편(憲問篇) 30에 「君子道者三」이라 하고,「仁者不憂」,
　「知者不惑」,「勇者不懼」를 들고 있다. 거기에서는 「仁者」가 앞에 나오
　고 있다. 또 제12 안연편(顔淵篇) 4에서는 사마우(司馬牛)에 답하여 "군
　자는 걱정도 하지 않고 두려워하지도 않는다."고 말하고 다시 "속으로
　반성하여 뒤가 켕기지 않으면 무엇을 걱정하고 무엇을 두려워하겠는
　가?"라고 하였다.

31

> 子曰 可與共學 未可與適道. 可與適道 未可與立. 可與立
> 자왈 가여공학 미가여적도 가여적도 미가여립 가여립
> 未可與權.
> 미가여권

공자께서 말씀하셨다.

"함께 어깨를 나란히 하고 배울 수는 있으되 함께 선왕의 도(道)에 나아갈 수는 없고, 함께 도에 나아갈 수는 있으되 함께 확고한 입장을 가질 수는 없으며, 함께 입장을 가질 수는 있으되 함께 대의(大義)에 맞게 처리할 수는 없다."

【글자 뜻】適:갈 적. 權:저울 권.

【말의 뜻】 共學(공학):두 사람 이상이 함께 학업에 힘씀. 適道(적도):「適」은 감(往).「道」는 선왕의 도. 立(립):자신의 사상적 입장. 천하적 세계관을 확고히 지님. 제2 위정편(爲政篇) 4의 「三十而立」의 「立」과 같음. 權(권):권량(權量). 사물이나 사태의 경중을 자신의 식견으로 판단하여 자주적으로 처리함.

【뜻 풀이】 학문은 「權」에 이르러 완성된다. 「權」은 자기 판단과 책임하에 일을 처리하는 것이다. 경상(經常)의 일이라면 경상의 원칙으로 처리해 나갈 수 있다. 그러나 비상사태가 일어났을 때, 그리고 그것을 경상의 원칙으로 처리하면 백성의 생활을 해치게 된다고 판단했을 때 학문하는 자는 경상의 원칙에 반할지라도 궁극적으로 백성의 생활을 편안히 하는 입장에서 판단하고 조치를 취해야만 한다.

이 대국적인 판단과 행위가 가능해져야만 비로소 그 학자의 천하적 세계관은 완성되는 것이다. 평상을 알고 변고를 모르는 것은 그 학문이 아직 얕은 것이다. 그러니 똑같이 학문에 뜻을 둔 동지들 중 몇 사람이 여기까지 함께 도달할 수 있겠는가?

≪춘추공양전(春秋公羊傳)≫ 환공(桓公) 11년에 「권(權)이란 경상(經常)에 반한 연후에 잘함이 있는 것이다.」라고 하였고, ≪회남자(淮南子)≫ 범론훈(氾論訓)에 「권(權)이란 성인(聖人)이 홀로 보는 바이다. 그러므로 거스른 연후에 합하는 자를 일러 권을 안다고 하고, 합한 연후에 어기는 자를 일러 권을 모른다고 한다. 권을 모르는 자는 선(善)을 추(醜)로 뒤집는다.」라고 하였다.

32

> 子曰 唐棣之華 偏其反而. 豈不爾思 室是遠而. 子曰 未之
> 자왈 당체지화 편기번이 기불이사 실시원이 자왈 미지
> 思也. 夫何遠之有哉.
> 사야 부하원지유재

산앵두 꽃이 펄펄 흩날린다.
널 생각 않으랴만, 집이 너무 멀구나.
이 시를 보시고 공자께서 말씀하셨다.
"생각이 모자란 것이다. 어찌 사랑 길에 멂이 있으랴!"

【글자 뜻】 唐:당나라 당. 棣:산앵두나무 체.

【말의 뜻】 唐棣之華 偏其反而. 豈不爾思 室是遠而(당체지화 편기번이. 기불이사 실시원이):민요이다. ≪시경≫에는 수록되어 있지 않다. 「唐棣」

는 산앵두. 「偏」은 꽃잎이 펄럭임(翩). 「反」은 꽃잎이 흩날림(翻). 「爾」는 너(汝). 두 「而」는 어조사. 단, 고주(古註)에서는 「偏」도 「反」도 그 글자대로 새긴다.

【뜻 풀이】 노래의 첫 두 구에서는 사나이가 꽃을 보고 여인을 생각한다. 나머지 두 구는 사나이의 사랑의 농간이다. 공자의 말은 마치 여인의 답가 같다. 공자는 민간의 가요에 세련된 감상을 흘려 넣은 것이다.

　공자의 이러한 일면을 누군가가 전하고 있어서 그것을 ≪논어≫의 편집자가 여기에 적어 둔 것이리라. 편말에는 왕왕 이와 같은 덧붙임이 행하여지고 있다. 덧붙여진 것이기에 그것이 독자에게 당돌한 느낌을 주더라도 이상할 것은 없다. 이 한 장이 이색적인 것임은 부정할 수가 없다. 나는 이 장을 그러한 것으로 간과해 버린다. 그러나 경학자(經學者)는 전편에 교훈이 일관하고 있는 것으로 ≪논어≫를 보고 있다.

　고주(古註)는 이 장을 앞의 장과 관계 지어 한 장으로 만들고, 「權」을 말하는 것이라고 해석한다. 그들의 설명에 따르면 다른 꽃들은 먼저 합하고 뒤에 열리는 것이지만 산앵두 꽃은 그것이 역으로 피어 먼저 뒤집히고 뒤에 합한다. 꽃잎의 모습을 말하는 것이리라. 뒤집힌다는 것은 꽃이 피어 꽃잎이 뒤로 젖혀지는 것일까? 아무튼 고주(古註)는 이와 같이 산앵두 꽃을 특징 짓는다. 그리고 먼저 뒤집고 뒤에 합하는 것에서 「權」은 경상(經常)에 반하지만 결국은 보다 더 큰 조화로 합치는 것을 본다. 즉 산앵두 꽃을 「權」의 상징으로 삼는다.

　따라서 둘째 구는 「偏」과 「反」을 글자 그대로 '일편단심 뒤집는구나.'라고 새긴다. 그리고 「反」을 「權者反於經」(권이란 경상에 반함)의 반(反)이라고 본다. 셋째, 넷째 구는 「權」을 생각하지 않는 것은 아니나 좀처럼 손이 닿지 않는다고 풀면서 「權」에 도달하기가 어려움을 한탄한다. 공자는 그것을 노력의 부족이라고 하면서 좋은 말로 타이른다.

≪춘추번로(春秋繁露)≫의 죽림편(竹林篇)에는 「居棣之華」의 장과
앞 장의 「可與適道」를 아울러 설을 이룬 1절이 있다. 이와 같이 두 장을
하나로 만드는 일은 한대(漢代)부터 있었던 것이리라. 고주(古註)의 설
도 전승이 있는 것이다. 그러나 「可與共學 ……」의 장에 「居棣之華
……」의 장을 붙이는 것은 나무에 대(竹)를 접붙이는 것으로써 무리라
고 생각된다.

또 제각기 「子曰」의 전제가 있다. 나는 고주를 중시하지만 여기서는
따르기 어렵다. 또 ≪시경≫이나 그 밖의 고어를 장(章)의 첫머리에 내
세우는 것은 ≪논어≫에 흔히 있는 모양이다. 신주(新註)가 이것을 두
장으로 나누는 것은 올바르다. 그러나 이 장을 즉시 제7 술이편(述而篇)
29의 「인(仁)은 먼 저쪽에 있는 것일까? 우리가 인을 구하기만 하면 인
은 바로 곁으로 온다.」와 결부시키는 것은 찬성하기 어렵다. 공자는 그
저 가요의 가사에 대해 가요를 좋아하는 사람으로서 한마디 하였을 뿐
인 것이다.

「未之思也 夫何遠之有」―「夫」를 위 구에 붙여서 읽는 일이 ≪경전
석문(經典釋文)≫에 이미 언급되어 있다. 그러나 ≪논어≫에는 「夫何學
何懼」(第十二 顔淵篇 4), 「夫何爲哉」(第十五 衛靈公篇 5) 등 「夫何」라고
이어지는 예가 있다.

세상을 보는 눈과
마음을 키우는 책 !

세상을 움직이는 책 시리즈

※세상을 움직이는 책 시리즈는 계속 출간됩니다.

경기도 고양시 일산동구 산두로 128, 909동 202호 | T·031-902-9948 | F·031-903-4315   육문사
Yukmoonsa

학문을 키워주는 미래로의 산책

온고지신
인문학

온고지신(溫故知新)

'온고(溫故)'는 옛것을 익힌다는 뜻이고, '지신(知新)'은 새것을 안다는 뜻으로
새로운 것을 알기 위해서 옛것을 익히고 배워야 한다.